Das Hallwag Handbuch

Essen
und Wein

NATALIE LUMPP

Das Hallwag Handbuch
Essen
und Wein

Hallwag

Essen und Wein

Extra

Rezepte

Für Rezepte, die mit einem QR-Code versehen sind, können Sie über Ihr Smartphone ganz einfach zusätzliche Weinempfehlungen abrufen und Weine direkt beim Händler bestellen.
Für das Scannen der Codes benötigen Sie einen QR-Code-Reader auf Ihrem Handy. Um die Software herunterzuladen, geben Sie bitte http://m.tagnition.de in den Browser Ihres Handys ein.

Anhang

Vorwort

Über Wein und Essen zu reden oder zu schreiben ist eigentlich ganz profan – schließlich trinken und essen wir ja jeden Tag. Warum also ein ganzes Buch dazu?

Mit der Speise und dem Wein ist es wie bei einer Ehe – erst wenn die Partner richtig gut miteinander harmonieren, kann diese wirklich erfolgreich sein. Ich gehe sogar noch weiter: dann gibt es gar nichts Schöneres mehr. Oder denken Sie an die Mode. Ein tolles rotes Kleid – sehr nett! Nun stellen Sie sich eine bildhübsche Frau mit einer umwerfenden Ausstrahlung in diesem Kleid vor. Wow!

Sicherlich haben Sie schon ein genauso beeindruckendes Wein-Ess-Erlebnis gehabt. Vielleicht Gänseleber mit einem süßen Gewürztraminer, Pilzrisotto mit einem gereiften weißen Burgunderwein oder einen Rinderschmorbraten mit einem subtilen Spätburgunder. Es gibt so geniale Kombinationen, bei denen sich ein Genuss entfaltet, dem sich niemand mehr entziehen kann, und sie bleiben einem ewig im Gedächtnis haften.

In einem renommierten Restaurant hatte mir der Sommelier einen sehr reifen Weißwein eingeschenkt. Zuerst war ich etwas verwundert, warum es so ein reifer Weißwein sein sollte. Dazu bekamen wir dann ein Risotto mit Steinpilzen und einer Sherryglace serviert. Der Wein schmeckte dazu einfach nur noch himmlisch!

Seit mehr als zwanzig Jahren beschäftige ich mich mit dem Thema Wein, und für mich gehört die Harmonie zwischen Wein und Essen seit jeher zu den wichtigsten Weinthemen. Ich finde es immer wieder faszinierend, wie sehr ein Wein mit dem passenden Gericht noch deutlich besser schmecken kann. Eine geeignete Speise kann einen Wein regelrecht anheben.

Das persönliche Aha-Erlebnis vieler Weinfreunde hängt oft eng mit dieser Thematik zusammen: Jeder hatte sicherlich irgendwann einmal ein Urerlebnis, bei dem er von einem Wein derart begeistert war, dass er fortan zu den Weinliebhabern gehörte. Meist geschieht dies, wenn ein Wein perfekt mit dem Essen harmoniert. Vielleicht haben Sie selbst eine solche Erfahrung einmal im Urlaub gemacht, wenn zum Wein der Region das regionale Essen gereicht wurde. Selten hat ein Wein so gut geschmeckt!

Ich hoffe sehr, ich kann Ihnen mit diesem Buch viel Appetit machen und einige tolle Wein-Ess-Erlebnisse verschaffen! Vielleicht animiert Sie dieses Buch aber auch, wieder einmal etwas Neues auszuprobieren, was Wein und Kochen anbetrifft.

Ihre

Essen und Wein

Vom Winzer ins Weinregal

Oft sagen mir Leute, dass sie sich auch gerne mit Wein befassen würden. Aber viele schrecken vor dem Thema zurück, weil es so umfangreich ist. Stimmt! Aber ich kann Sie nur ermuntern: Fangen Sie einfach an, Wein zu probieren – vom Winzer, aus dem Fachgeschäft oder vom Discounter. Je mehr Sie probieren, desto eher finden Sie heraus, welche Richtung Ihnen am besten mundet. Und das ist der wichtigste Punkt: Der Wein muss *Ihnen* schmecken! Nach und nach bekommen Sie immer mehr Sicherheit in Sachen Wein, und es wird Ihnen noch mehr Freude machen, den passenden Wein zum Essen zu kredenzen.

Wein einkaufen

Das Etikett erlaubt kein Urteil über die Qualität eines Weines. Und: Jeder Jahrgang schmeckt anders. Wenn Ihnen heuer ein Riesling Spätlese trocken von einem bestimmten Winzer schmeckt, kann es sein, dass im nächsten Jahr der Riesling Kabinett trocken der bessere Wein ist. So muss man in jedem Jahr eigentlich wieder von vorne anfangen zu probieren. Als Hobby-Weinliebhaber hat man da nicht so viele Möglichkeiten, deshalb schreiben wir ja auch so viel über unsere Verkostungen.

Lassen Sie sich kompetent beraten. Tipps in der Presse sind nicht zu verachten, aber auch Jahrgangstabellen sind hilfreich. Diese sagen Ihnen, ob etwa 2009 in Baden oder in der Toskana ein besonders guter, ein guter, ein mittelmäßiger oder ein weniger guter Jahrgang war. Letzterer kann gut schmecken, ganz sicher aber bringt er nicht das Potenzial für eine längere Lagerung mit.

Wenn Sie im Restaurant oder auf einem Fest einen guten Wein trinken, nehmen Sie den Korken mit, sofern darauf der Name des Weinguts steht, oder lassen Sie sich den guten Tropfen notieren. Zu Hause können Sie dann im Internet recherchieren, wo dieser Wein zu beziehen ist.

Mir machen Neuentdeckungen besonders viel Spaß: Weine, die von Weingütern kommen, die noch unbekannt sind oder auf denen es gerade einen Generationswechsel gegeben hat. Wenn ich auf eine Weinmesse oder Verkostung gehe, probiere ich gerne erst einmal die Weine, die ich noch nicht kenne. So findet man immer wieder Neues und Interessantes. Zudem reise ich sehr viel, besuche die Weingüter vor Ort und lasse mir auch gerne in den dortigen Restaurants Weine empfehlen.

Alltagstauglich sind Weine, die nicht zu teuer, dabei aber bekömmlich und unkompliziert zu trinken sind. Doch für besondere Anlässe sollten Sie ein paar gute Tropfen bereit haben. Wenn Sie etwa einen runden Geburtstag feiern, sollten Sie etwas ganz Besonderes genießen. Ein außergewöhnlicher Wein macht den Festtag unvergesslich, und Sie können in der Erinnerung an den Wein schwelgen.

Solche besonderen Weine kaufen Sie am besten im Fachhandel oder direkt beim Winzer. Ich persönlich finde ja, die Weine schmecken noch besser, wenn Sie sie beim Winzer verkostet und dort erworben haben. Dann können Sie Ihren Mittrinkern auch noch ein bisschen über das Weingut erzählen. Und kaufen Sie nicht zu knapp von diesen Schätzen, denn sie werden über einen längeren Zeitraum hinweg gelagert immer besser.

Lagerung

Wein leidet am meisten, wenn er direkten Lichtquellen ausgesetzt wird. Von daher eignet sich ein Keller hervorragend – oder auch der Dielenschrank oder der Platz unter dem Bett.

Es sollte aber nicht nur dunkel, sondern auch kühl sein. Denn kühle Lagerung hält den Wein länger jung. Wissenschaftlich ist belegt, dass ein Wein bei 12°C am langsamsten reift. Höhere Temperaturen hingegen beschleunigen die Reifung. Eine relativ konstante Temperatur wäre ideal, wenn aber Ihr Keller im Sommer fünf Grad wär-

mer ist als im Winter, halte ich das für kein großes Problem. Solange der Temperaturwechsel langsam und natürlich vonstatten geht, schadet es den Weinen nicht so sehr.

Weißweine brauchen eigentlich gar nicht gelagert zu werden, sie sollen in der Regel so jung wie möglich getrunken werden. Ausnahmen können große Riesling- und Burgunderweine sein, etwa im Barrique gereifte.

Gute Rotweine dagegen werden oft erst nach zwei oder drei Jahren ausgewogen und rund. Ein leichter und fruchtiger Roter sollte jedoch keine fünf Jahre alt werden; ein kraftvoller und schwerer hält in der Regel schon zehn Jahre. Rotweine aus exzellenten Jahrgängen und von sehr guten Erzeugern können natürlich auch mehrere Jahrzehnte reifen. Wenn sie schon ein paar Jahre Reife haben, sollten sie besonders sorgfältig gelagert werden, damit die Qualität möglichst lange erhalten bleibt.

In Rotweinflaschen, die gelagert werden, setzt sich im Laufe der Jahre das Depot des Weines ab. Es sieht ähnlich aus wie Kaffeesatz und besteht aus Ablagerungen aus den Traubenschalen und Kernen, im Wesentlichen Farb- und Gerbstoffe, und ist mitbestimmend für die Qualität des Weins. Wenn Sie eine solche Flasche vorsichtig aus dem Lagerfach nehmen, und bis zum Öffnen möglichst wenig bewegen, dann bleibt das Depot unten in der Flasche liegen, und Sie können dann durch Dekantieren (vorsichtiges Umfüllen) in eine Karaffe den Wein vom Depot trennen.

Flaschen mit Korken sollten liegend und bevorzugt bei hoher Luftfeuchtigkeit gelagert werden, damit der Korken nicht austrocknet. Flaschen mit Drehverschluss können Sie hingegen stehend lagern. Übrigens sollte Hochprozentiges ebenfalls stehend lagern, die Korken gehen nämlich bei dem hohen Alkoholgehalt von Portwein, Sherry, Madeira & Co. schneller kaputt.

»Enthält Sulfite«

Kopfschmerzen nach kräftigem Weingenuss wurden früher oft dem Schwefel angelastet. So werde ich öfters nach Wein ohne Schwefel gefragt. Doch solchen gibt es kaum! Denn Schwefel wird benötigt, um den Wein zu stabilisieren. Das betrifft Farbe, Aromen und Geschmack sowie die unerwünschte Nachgärung und Oxidation. Aber Wein enthält heute weniger Schwefel denn je! Denn die Kellermeister verarbeiten heute gesunde Trauben, arbeiten akribisch im Keller und setzen nur noch minimale Schwefeldosen ein. Auf nach dem 25. November 2005 abgefüllten Flaschen muss stehen: »enthält Sulfite«, also Schwefel. Für jede Weinart gilt eine Obergrenze für den Schwefelgehalt. Rotwein benötigt am wenigsten, Weißwein etwas mehr; Süßweine haben die höchsten Grenzwerte. Wenn Sie auf Schwefel mit Kopfschmerz reagieren, trinken Sie am besten in Maßen und immer mindestens so viel Wasser wie Wein.

Weine öffnen, dekantieren und servieren

Weinflaschen öffnen

Dazu verwende ich am liebsten die ausklappbare Klinge des klassischen Kellnermessers. Viele Kapselschneider trennen die Kapsel oberhalb des Wulstes am Flaschenhals ab, was falsch ist. Schneiden Sie die Kapsel unter dem Wulst ab. Dann putzen Sie mit einem sauberen Tuch oder einer Stoffserviette den Flaschenhals und ziehen den Korken vorsichtig heraus. Aus fachlicher Sicht ist ein »Plopp« nicht erwünscht: Der schnelle Wechsel vom Unterdruck beim Ziehen zum Normaldruck danach kann dem Wein schaden. Säubern Sie nach dem Öffnen nochmals den Flaschenhals und riechen Sie am besten am Korken. Achtung: Riecht dieser »nach Keller«, kann es sein, dass der Wein einen Korkschmecker hat. Mich erinnert ein Korkschmecker meist an ein Walnussbrot mit überalterten Nüssen. Können Sie sich das vorstellen?

Serviertemperaturen

Schaumweine	6°C
junge, frische Weißweine	6–8°C
Roséweine	6–8°C
Süßweine	8–10°C
kraftvolle Weißweine	8–10°C
Rotwein	18°C

Dekantieren

Sie können einen jungen Rotwein, der noch etwas streng wirkt, in eine Karaffe umfüllen. Durch das Umfüllen ebenso wie durch die größere Oberfläche in der Karaffe kann der Wein mehr Sauerstoff aufnehmen. Das bewirkt eine Oxidation – und damit eine Art Reifung. Ich finde, wenn ein Wein zwei Stunden vor dem Trinken in die Karaffe gegeben wurde, wirkt das ähnlich wie zwei Jahre Reifung.

Bei alten Weinen, in denen sich ein Depot abgesetzt hat, sollten Sie das Umfüllen über einer Kerze vornehmen. Dabei halten Sie den Flaschenhals über die Kerze. Gegen Ende des Vorganges sehen Sie das Depot und beenden das Umfüllen. So haben Sie einen klaren Wein in der Karaffe.

Die richtige Temperatur

Häufig wird leider unterschätzt, wie wichtig die genaue Weintemperatur für den optimalen Genuss ist. Wenn er zu kalt serviert wird, riechen und schmecken Sie nicht viel. Die Blume – die Summe der Geruchsaromen – ist praktisch eingefroren. Es ist dann auch schwierig, einen Korkschmecker herauszufinden, denn oft fällt der erst auf, wenn der Wein etwas Temperatur bekommen hat. Wenn Sie im Restaurant einen Korkschmecker erst nach einer Weile bemerken, reklamieren Sie trotzdem den Wein – Sie sollen ja den vollen Genuss haben. Auch eine zu hohe Serviertemperatur kann allerdings dem Geschmack schaden: Wenn Rotwein zu

Die typische Barolo-Karaffe bietet dem Wein mit ihrem weiten Durchmesser maximalen Luftkontakt.

warm ist, tritt der Alkohol in den Vordergrund, was brandig schmeckt. Glücklich, wer einen Weinklimaschrank besitzt!

Ausnahmen bestätigen die Regel: So können sich manche kraftvollen und mächtigen Weißweine, vor allem im Barrique gereifte, erst mit etwas höherer Temperatur richtig entfalten, also bei 10 bis 12°C. Es spricht für die Qualität des Weins, wenn er ein wenig wärmer besser schmeckt. Und bedenken Sie, dass der Wein sich im Glas schnell um 2 bis 3 Grad erwärmt.

Zum Kühlen und Kühlhalten der Weinflaschen empfehlen sich die wunderbaren Kühlmanschetten, die ich immer im Eis liegen habe. Wenn Sie lieber den klassischen Sektkühler mit Eis und Wasser verwenden, füllen Sie ihn bitte bis oben; sonst kühlen Sie nur die halbe Flasche.

Gläser

Um einen Wein optimal zu genießen, brauchen Sie natürlich das richtige Glas. Weingläser, die oben auseinandergehen, sind meist hübsch anzusehen; der Duft des Weines geht in einem solchen Glas aber rasch verloren. Ideal ist eine Form, die sich oben verjüngt. Gar nicht mehr angesagt sind schwere, gar bunt eingefärbte Bleikristallgläser.

Heute sind perfekt ausgeklügelte Weingläser verfügbar: dünnwandige, große Kelche, in denen die Weine sich entfalten können, und das Grundmaterial ist so gut, dass es praktisch alle Aromen des Weines widerspiegelt. Etwas Vorsicht ist dabei geboten, weil die Gläser auch andere Gerüche entsprechend leicht aufnehmen. Beim Spülmittel angefangen, über den Schrank, Karton etc. Wenn Sie den Eindruck haben, dass der Wein nicht so richtig fruchtig riecht, geben Sie einen Schluck Wein in das Glas, und schwenken Sie es erst einmal aus. In der Fachsprache heißt das avinieren. Danach riecht und schmeckt der Wein nach Wein pur.

Für Weißwein brauchen Sie normalerweise ein Glas mit kleinerem, für Rotwein eher eines mit größerem Kelch. Barrique-gereifte Weine serviere ich ganz gerne in größeren Gläsern, am besten in Burgundergläsern, die immer etwas kugelförmig oder bauchig sind. Ansonsten merken Sie schon, dass sich ein frischer und fruchtiger Weißwein in einem zu großen Glas schnell verlieren kann, während die Rotweine größere Gläser benötigen, damit sie sich richtig entwickeln können.

Gleiches gilt für Sekt- und Champagnergläser: Am besten sind sie tulpenförmig und ebenfalls oben enger. Auch ein guter Sekt will sich schließlich entfalten. Sektflöten helfen da nicht, und die berühmten Sektschalen nehmen Sie am besten für den Krabbencocktail.

Wein- und Sektgläser sollten einen langen Stiel haben. Der Duft wird dann nicht vom Geruch der Hand beeinflusst (vielleicht hatten Sie ja zum Aperitif ein Canapé mit Forellenfilet), und der Wein von der Hand nicht zu schnell angewärmt.

Das Verkosten von Weinen

Bestimmt haben Sie schon einige Erfahrung mit dem Weinverkosten. Hier beschreibe ich Ihnen, wie es die Profis machen.

■ **Als erstes halten Sie Ihr Glas schräg gegen einen hellen Hintergrund**, um die Farbe des Weines zu beurteilen: Ist er brillant, also klar? Ist er hell oder dunkel? Beim Rotwein ist es ferner ganz wichtig, auf den Rand des Weines zu achten. Wenn dieser noch wasserklar ist (wir sagen: einen Meniskus besitzt), handelt es sich um einen jungen Wein, der noch Potenzial hat. Der Wein kann in diesem Fall durchaus schon zehn Jahre alt sein, ist aber immer noch in seiner Jugendphase. Ein orangefarbener oder brauner Rand hingegen weist auf eine bereits fortgeschrittene Entwicklung des Weins hin. Einen solchen Wein sollten Sie nicht mehr allzu lange aufbewahren.

■ **Dann riechen Sie in den Wein**, zuerst noch ohne das Glas vorher zu schwenken. Konzentrieren Sie sich darauf, am Geruch zu erkennen, ob der Wein sauber und klar ist. Wenn Sie einen Geruch nach Keller, Moder oder alten Walnüssen wahrnehmen, hat er vielleicht einen Korkschmecker.

■ **Nun schwenken Sie das Glas kräftig**, damit der Wein weitere Aromen freigibt und im Geruch noch intensiver wird. So können Sie erkennen, ob der Wein leicht oder kraftvoll ist, fruchtig, floral oder würzig etc. Arbeiten Sie sich durch den Duft des Weines. Wenn er fruchtig ist, an welche Frucht erinnert er? Besitzt er vielleicht einen Duft wie von Birnen, Mirabellen, Aprikosen, Kirschen? Riecht er nach frischen oder nach getrockneten Früchten? Zeigen sich mehr blumige oder eher kräuterige, vegetale (grüne), würzige oder karamellartige Aromen? Riechen Sie Rosen, Geranien, Akazie oder Heu? Würzige Komponenten können beispielsweise an Zimt, Nelken oder Vanille erinnern. – Ganz typisch ist die Situation, dass man denkt: »Ich kenne den Duft, doch was ist es nur?« Wenn Sie die hier beschriebenen Duftnoten nochmals nachlesen, fällt es Ihnen sicherlich etwas leichter, sie zuzuordnen.

Die professionelle Weinverkostung

1. Halten Sie das Glas schräg gegen einen hellen Hintergrund und betrachten Sie den Inhalt: Ist der Wein klar oder trüb? Hellfarbig oder dunkelfarbig? Mit klarem oder dunklerem Rand?
2. Riechen Sie in den Wein – zunächst ohne das Glas zu schwenken!
3. Schwenken Sie nun das Glas und riechen Sie nochmals intensiv den Wein.
4. Nehmen Sie einen Probierschluck und spülen Sie ihn kräftig im Mund hin und her.
5. Achten Sie nach dem Hinunterschlucken darauf, wie lange Sie den Wein noch schmecken.

■ **Dann nehmen Sie einen Probeschluck und bewegen ihn kräftig im Mund hin und her**, damit alle Ihre Geschmackspapillen animiert werden, sonst haben Sie ja nur das halbe Vergnügen. Am besten entwickelt sich der Geschmack, wenn Sie noch etwas Luft mit einziehen. Dabei ist auch ein vernehmbares Schlürfgeräusch erlaubt. Mancher Weinverkoster »kaut« den Wein regelrecht, damit sich dieser im Mundraum voll entfaltet.

Sie können dann entscheiden, ob es sich um einen schlanken oder eher breiten Wein handelt, um einen tiefgründigen oder dünnen etc. Konzentrieren Sie sich: Füllt der Wein den ganzen Gaumen aus? Dann ist er füllig und breit. Tiefgründigkeit ist ein großes Qualitätszeichen; sie bedeutet, der Wein geht im Gaumen nicht einfach weg, sondern erzeugt geradezu eine Spannung. Er wirkt so intensiv, dass Sie ihn erst erspüren müssen und gar nicht so schnell herunterschlucken können.

Wenn der Wein eine kräftige Säure mitbringt, haben Sie regelrecht das Gefühl, dass er schlank im Gaumen wirkt, wie eine Ballerina. Schmecken Sie im Gaumen eher wenig und der Wein wirkt nicht anhaltend, dann ist er einfach dünn und vielmehr als Alltagswein anzusehen. Bringen die Weine einen relativ hohen Alkoholgehalt mit, schmecken sie manchmal etwas süß, obwohl sie ganz trocken ausgebaut wurden. Und auch wenn die Weine wenig Säure besitzen, schmecken sie trotz geringer Restsüße oft etwas süßlich. Umgekehrt gilt: Je mehr Säure der Wein hat, desto weniger schmeckt man die Restsüße heraus.

■ **Nun schlucken Sie den Wein**: Für eine hohe Qualität spricht ein langer Nachhall bzw. Abgang. Früher haben die Weinkoryphäen die Sekunden gezählt, wie lange der Wein im Nachhall noch spürbar ist. Ich persönlich finde es absolut faszinierend, wie lange man die Weine zum Teil noch nachschmecken kann!

Worte für den Wein

Die Weinsprache hat sich in letzter Zeit verändert. Wurden die Weine früher als »fruchtig« und »mit langem Schwänzle« (Abgang) umschrieben, werden sie heute viel klarer und ausführlicher definiert. In aller Welt hat es sich durchgesetzt, die Weine mit detaillierten Aromen zu beschreiben. Wenn ich ihnen von den einzelnen Aromen erzähle, müssen sie dem Wein einfach viel mehr Zeit widmen. Geht es Ihnen nicht auch so, dass Sie viel intensiver in den Wein hineinriechen, wenn ich Ihnen sage: »Der Wein riecht nach Orangenblüten!« Es liegt mir fern, von Ihnen zu verlangen, künftig zwanzig Aromen aus einem Wein herausriechen zu müssen. Aber so ein bis zwei Aromen können Sie bestimmt herausfinden. Und Sie werden sehen, dass Sie dem Wein dabei sehr viel näher kommen.

Geschmacksrichtungen und Aromen differenzieren

Gerne sagen wir, dass uns der Wein gut schmeckt. Immerhin können wir fünf Geschmacksqualitäten im Mund unterscheiden: süß, sauer, salzig, bitter und Umami. Letztere ist nicht so bekannt, weil sie nicht so nachvollziehbar ist wie die anderen. Ein japanischer Wissenschaftler stellte 1908 fest, dass man im Mund noch etwas schmeckt, das weder salzig, süß noch sauer oder bitter ist. Es wirkt wohlschmeckend und verstärkt den Geschmack. Dabei handelt es sich um Glutaminsäure, eine einfache Aminosäure.

Mehr schmecken Sie wirklich nicht! Machen Sie einen einfachen Test, indem Sie mit zugehaltener Nase etwas Zimtzucker in den Mund nehmen. Sie schmecken absolut nur süß! Erst wenn Sie die Nase öffnen, werden Sie vom Zimtaroma überwältigt.

Während Sie im Mund also nur fünf Geschmacksrichtungen differenzieren können, ist Ihre Nase in der Lage, in einem Duft mindestens

400 Aromen zu unterscheiden. Trainierte Parfümeure können sogar bis zu 1.000 Gerüche differenzieren. Einzige Voraussetzung: Sie wissen, wie frische Himbeeren oder Aprikosen riechen; sonst werden Sie deren Duftnoten nicht im Wein erkennen. Ich finde, besonders fruchtige Aromen lassen sich gut trainieren und schnell erkennen. Bei den balsamischen und floralen Aromen braucht es dagegen vielleicht etwas mehr Übung.

Der Duft eines Weines wird geprägt von Primär-, Sekundär- und Tertiär-Aromen.

Primäraromen sind bereits im Fruchtfleisch und im Traubensaft enthalten. Es sind die Aromen, die ganz charakteristisch für die jeweiligen Rebsorten sind, wie zum Beispiel Pfirsich oder Ananas beim Riesling.

Sekundäraromen kommen während der Gärung zustande, die Hefen beeinflussen hier maßgeblich das Aroma.

Tertiäre Aromen kann man dagegen als Alterungsaromen umschreiben; sie entstehen, wenn die Weine durch Reifung Aromen von Pilzen, Unterholz, Quitte oder Sherry bekommen. Entsprechend spannend finde ich vor allem die reiferen Weine; sie können nämlich eine Menge erzählen. Sobald die Weinflaschen geöffnet werden, nimmt der Wein Sauerstoff auf und entwickelt sich. Die älteren Weine verändern sich dabei schneller, und das Verkosten ist für mich oft so spannend wie das Lesen eines Buches. Natürlich muss der Wein auch noch beim Trinken Spaß machen – aber wenn er aus einem guten Jahrgang stammt, kann er ja entsprechendes Alterungspotenzial mitbringen.

Mineralität – dieses Wort hören und lesen Sie bestimmt in letzter Zeit häufig in Weinbeschreibungen. Und das ist gar nicht so einfach zu erklären. Am besten schließen Sie die Augen und stellen sich vor, Sie stehen am Meeresstrand. Dort bekommen Sie oft eine leicht salzige Brise auf die Lippen. Diesen salzigen Geschmack finden Sie in sehr hochwertigen Weinen, und der wird als mineralisch umschrieben. Diese Weine passen am allerbesten zum Essen! Immer und immer wieder mache ich die Erfahrung, dass genau diese Weine ruckzuck ausgetrunken sind. Mineralität kommt in einem Wein nur zustande, wenn die Reben schon sehr alt sind und deshalb sehr tief wurzeln. Um sie zur Geltung zu bringen, müssen die Winzer zudem mit extremen Ertragsreduzierungen arbeiten. Das bedeutet, dass sie im Frühjahr sehr kurze Ruten schneiden, im Sommer ganze Trauben herausschneiden oder die Trauben teilen (nach abgeschlossener Blüte wird der untere Teil der Traubendolde abgeschnitten).

Sommer, Sonne, Süden – und kräftiger Rotwein mit passendem Käse. Da können Sie sich nur noch dem Genuss hingeben.

Der Einfluss von Stimmungen und Emotionen

Sicherlich haben Sie selbst schon einmal festgestellt, dass die Wahrnehmung von Wein sehr stark von Stimmungen, Emotionen und äußeren Einflüssen mitgeprägt wird! Dafür gibt es einen handfesten Grund: Die Zentren für die Wahrnehmung von Geschmack und für Gefühle sind im Zwischenhirn unmittelbare Nachbarn.

Der Wein, den Sie beim Sonnenuntergang am Hafen als herausragend empfunden haben oder derjenige, der in einer netten Runde sensationell gemundet hat, entpuppt sich später zu Hause vielleicht als unspektakuläres Durchschnittsgetränk.

Auch die Jahreszeiten beeinflussen uns ganz stark beim Weingenuss. Geht es Ihnen nicht auch so? Im Sommer können die Weine gar nicht knackig und frisch genug sein, während man im Winter eher zu warmen Rotweinen greift. Man sollte sich deshalb kein objektives Urteilsvermögen einbilden.

Niemand ist außerdem davor gefeit, sich von großen Namen beeindrucken zu lassen, das kann ich Ihnen aus eigener Erfahrung versichern. So habe ich bei Blindverkostungen, aus denen ein eher unbekannter Wein als eindeutiger Sieger hervorging, immer wieder erlebt, dass danach doch erneut der bekannte Wein über den grünen Klee gelobt wurde. Also wenn schon auf dem Etikett *Château Lafite-Rothschild* steht, dann muss der Wein doch hervorragend sein, oder?

Nur so kommen Mineralität, Extrakte, Tiefe und Länge in den Wein. Sie können sich sicherlich gut vorstellen, dass mineralische Weine besonders zu Fischen und Meeresfrüchten hervorragend passen. Ich denke gerade zum Beispiel an frische Austern oder an ein Carpaccio von der Jakobsmuschel.

Möglichkeiten der Verkostung

Wenn Sie mehrere Weine verkosten möchten, bei einem Winzer, auf einer Weinmesse oder zu Hause, um einen bestimmten Wein auszuwählen, können Sie einen Wein auch mal ausspucken. Ich weiß, es mutet ganz fürchterlich an, hilft Ihnen aber, einen klaren Kopf zu behalten! Wenn Sie daheim keinen sogenannten Spucknapf haben, können Sie auch eine Vase oder einen Flaschenkühler stattdessen benutzen. Sie riechen den Wein wie besprochen, nehmen einen Schluck, den Sie kräftig im Mund hin und her spülen, und dann spucken Sie den Wein mit einem kurzen Impuls in das Behältnis. Für alle ist es beim ersten Mal ein merkwürdiges Gefühl, aber man gewöhnt sich ganz schnell daran. Für mich ist dies alltäglich, sonst würde ich wahrscheinlich immer auf Wolke sieben schweben, und ich hätte vermutlich keinen Führerschein mehr.

Morgens hat man im Allgemeinen den feinsten Geschmack – auch für das Verkosten von Wein. Aber keine Sorge, solange Sie den Wein aus Vergnügen probieren, können Sie dies auch ruhig auf die gemütlichen Abendstunden verschieben. Im Gegensatz zu Fachproben – bei denen nur Wasser gereicht wird – finde ich es zu Hause ganz sinnvoll, mit viel Wasser und Brot zu neutralisieren.

Ganz spannend finde ich es, Wein blind zu verkosten. Jemand serviert Ihnen einen Wein in einem Glas, und Sie wissen beim Probieren noch nicht, um welchen Wein es sich handelt. Bestimmt haben Sie einen Wein noch nie so intensiv verkostet. Sie versuchen alle Nuancen aufzunehmen und jede Schublade im Kopf zu öffnen, um herauszufinden, was für ein Wein es wohl ist. In jedem Fall beurteilen Sie ihn auf diese Weise völlig neutral. Sie können sich auch schon ein passendes Essen dazu überlegen. Sie müssen sich an keinerlei Richtlinien halten, sondern nur überlegen, was Sie geschmacklich erleben.

Noch mehr Spaß macht eine Blindverkostung gemeinsam mit anderen Weinfreunden. Sprechen Sie mit ihnen ab, dass jeder eine Flasche aus seinem Keller mitbringt. Einer muss natürlich eingeweiht sein und sich um das Ausschenken der Weine kümmern. Vielleicht wählen Sie für Ihre Verkostung ein Thema: Finden Sie beispielsweise heraus, ob der Wein im Glas aus Spanien, Italien oder doch aus Australien kommt … Oder Sie lassen ausschließlich Weine aus der Toskana, aus Bordeaux, nur Rieslingweine etc. mitbringen und machen die Geschmacksprobe. Zu solchen speziellen Weinthemen können Sie sich auch etwas vorbereiten, sich kundig machen über die jeweilige Weinregion, das dortige Klima, die Rebsorten … Dann können Sie die Verkostung regelrecht als Weinschulung ansehen. Interessant ist es wiederum, gemeinsam zu überlegen, welches Essen zu welchem Wein passen könnte, und diese Kombination bei nächster Gelegenheit auch einmal auszuprobieren.

Persönliche Weinnotizen

Ich empfehle Ihnen, sich einen besonders guten Wein zu notieren. Bei der enorm großen Auswahl vergisst man einen Wein nämlich auch schnell wieder. Zu diesem Zweck gibt es sehr hübsche Kellerbücher und sogar Computerprogramme. Ein simples leeres Notizbüchlein tut es aber auch. Der erste Eindruck beim Weinprobieren ist immer der beste! Schlank, spritzig, Ananas, fleischig, pfeffrig etc. – halten Sie es mit kurzen Worten fest. Ideal finde ich es mit einem kleinen Bewertungssystem zu arbeiten. Drei Sterne für einen persönlichen absoluten Topwein, zwei für einen sehr guten Wein und ein Stern für einen guten Wein.

Wasser und Wein

Eine Weinprobe ohne Wasser ist für mich gar nicht vorstellbar! Meine Empfehlung ist, mindestens so viel Wasser wie Wein zu trinken. Wenn Sie sich daran halten, werden Sie es nach umfangreicherem Weinkonsum vor allem am nächsten Morgen nicht bereuen. Ich persönlich trinke Wein grundsätzlich nur in Verbindung mit Wasser. Wein pur kann ich leider gar nicht vertragen. Da Alkohol dehydrierend wirkt, scheidet der Körper auch mehr Mineralstoffe und Spurenelemente aus, wenn Sie mal etwas mehr trinken. Schon aus diesem Grund sollten Sie also ausreichend (Mineral-) Wasser zum Wein trinken.

Mittlerweile gibt es ganze Bücher nur darüber, welches Wasser besonders gut zum Wein passt. Es ist durchaus interessant, einen Wein in Kombination mit verschiedenen Sorten Mineralwasser zu probieren. Die Wässer schmecken tatsächlich ganz unterschiedlich gut zum Wein. Ein natriumreiches Wasser beispielsweise schmeckt in Kombination mit Wein manchmal unangenehm salzig. Viel positiver wirken sich Calcium und Magnesium im

Bei Fachverkostungen werden die Weine meist verdeckt probiert (fachsprachlich: Blindverkostung) und üblicherweise nach einem 20- oder 100-Punkte-System benotet.

Wasser aus: Diese beiden Elemente lassen ihn runder erscheinen. Ein zu flaches Wasser kann dem Wein die lebendige Säure nehmen, während zu viel Kohlensäure ihn hart erscheinen lassen kann.

Ich finde aber, dass beim Wasser vor allem die persönlichen Vorlieben wichtig sind. Seit vielen Jahren trinke ich ein bestimmtes Heilwasser, weil es mir schmeckt, und ich trinke es deshalb in großen Mengen. Den Trend zum Mediumwasser finde ich sehr sympathisch, denn viel Kohlensäure kann schon etwas stören, vor allem Rotweine leiden schnell darunter. Bei süßen Weinen hingegen kann sie aber auch erfrischend wirken.

Auch bei großen Weinproben wird natürlich Wasser bereitgestellt. Zum Neutralisieren gibt es nichts Besseres! Brot enthält Stärke, und die schmeckt manchmal ziemlich süß im Mund, was den Geschmack etwas verändert. Wasser hingegen bleibt neutral. Der darauf folgende Wein kann dann wieder ein völlig neues und intensives Geschmackserlebnis auslösen.

Geöffnete Flaschen aufbewahren

Leichte und fruchtige Weine halten sich nicht besonders gut, wenn die Flasche geöffnet ist. Barrique-gereifte Weine hingegen können über ein paar Tage stabil bleiben – sie kamen schon während des Ausbaus mit Sauerstoff zusammen, denn ein Holzfass ist nicht absolut luftdicht.

Je mehr Wein in der Flasche fehlt, desto mehr Sauerstoff bekommt der verbliebene Wein, und umso schneller wird er reifen. Wenn nur ein kleiner Schluck in der Flasche fehlt, macht es dem Wein dagegen nicht ganz so viel aus.

Sehr empfehlen kann ich Ihnen eine Vakuumpumpe. Diese setzen Sie auf die Flaschenmündung, die sie dicht verschließt. Indem Sie ein bisschen pumpen, ziehen Sie Luft und damit den Sauerstoff aus der Flasche. Die Weine halten sich dann viel länger frisch.

Generell möchte ich Ihnen empfehlen, geöffnete Weine kaltzustellen, damit Ihnen der volle Trinkgenuss bis zum letzten Tropfen bleibt.

Einteilung von Weinen

Am einfachsten finden Sie den passenden Wein zum Essen, wenn Sie beispielsweise den Eindruck haben: »Da gehört ein filigraner und frischer Wein dazu« oder aber »dieses Gericht braucht einen mächtigen und muskulösen Wein als Partner«. Mit nachstehender Einteilung der Weine fahre ich seit einigen Jahren am besten:

Leichte, unkomplizierte Weißweine

Diese Weine enthalten in der Regel nicht allzu viel Alkohol bzw. der Wein wird nicht vordergründig vom Alkohol getragen. Es sind Weine, die sehr frisch daherkommen, die fruchtig wirken und sich auch ebenso gut solo genießen lassen. Diese Weine sollten so jung wie möglich getrunken werden, weil sie von ihrer frischen Art leben.

Beispiele für solche Weine sind **Rivaner** (Müller-Thurgau), **Silvaner**, **Gutedel**, **Riesling** und **Weißburgunder**, letztere wenn sie als QbA oder Kabinett ausgebaut sind. In Portugal gilt seit jeher der **Vinho Verde** als leichter Weißwein, sowohl geschmacklich als auch vom Alkoholgehalt her, der oft zwischen 8,5 und 11 Volumenprozent liegt. Während Spanien früher eher für kraftvolle Rotweine stand, gibt es von dort inzwischen auch leichte Weißweine wie beispielsweise **Verdejo** oder **Sauvignon Blanc** in Rueda. Auch in Frankreich ist der superfruchtige **Sauvignon Blanc** weitverbreitet – nicht nur an der Loire. In Italien entsprechen die Weißweine oft dieser Kategorie, wie **Pinot Grigio**, **Gavi**, **Trebbiano**, **Verdicchio** oder **Vermentino**. In Österreich werden **Grüne Veltliner** und **Welschriesling** oft sehr leicht ausgebaut.

Kraftvolle Weißweine

Diese Kategorie umfasst Weine mit mehr Alkohol. Dieser ist bei Getränken ein Geschmacksträger wie Fett beim Essen und lässt sie üppiger und mächtiger wirken. Sie erscheinen deshalb oft zu schwer, um »pur« getrunken zu werden. In der Verbindung mit kräftigeren Zubereitungen beim Essen blühen diese Weine dann regelrecht auf.

Riesling und **Weißburgunder** passen in hohen Qualitäten (Spätlese) in diese Kategorie. **Chardonnay** und **Grauburgunder** kommen ebenfalls meist etwas kräftiger daher. **Sauvignon Blanc** und **Bukettsorten** (siehe rechts) zählen je nach Art des Ausbaus auch oft zu den mächtigeren Weißen. In Frankreich fallen **Chardonnay, Viognier, Sémillon** und **Sauvignon Gris** (mit mehr Alkohol als ein Sauvignon Blanc) unter die ausdrucksstarken Weißen. Je nach Ausbau würde ich auch den spanischen **Albariño** zu den charaktervollen Weinen zählen. In Österreich gibt es hochwertige und ausgereifte **Grüne Veltliner, Rieslinge, Sauvignon Blanc** und **Morillon** (Chardonnay). In Übersee – Kalifornien, Australien, Chile, Argentinien, Südafrika – haben **Chardonnay, Sauvignon Blanc** oder **Viognier** meist einen vergleichsweise üppigen Alkoholgehalt. Das warme Klima sorgt für schnelle und hohe Reifung, die den Weinen reichlich Volumen und Körper beschert. Auch **Barrique-gereifte Weine** gehören in diese kräftigere und gehaltvollere Kategorie. Ein leichter Weißwein im kleinen Eichenholzfass würde eher wie verbranntes Wasser schmecken. Für einen solchen Ausbau braucht ein Wein Komplexität, Kraft und Tiefe.

Bukettsorten

Rebsorten wie **Muskateller, Traminer** und **Ge-würztraminer, Scheurebe, Kerner** (auch als **Jus-tinus K.** bezeichnet) und **Sauvignon Blanc in speziellen Ausbauformen** wirken schon im Duft sehr parfümiert und laut. Sie haben einen wirklich intensiven Duft, teilweise an Rosen, Gewürze oder exotische Früchte erinnernd. Früher wurden diese Weine überwiegend süß ausgebaut, um die ausschweifende Art noch mehr zu betonen.

Autochthone Rebsorten

Besonders spannend sind für mich Weine aus sogenannten autochthonen Traubensorten. Aufgrund ihrer speziellen Ansprüche an Klima und Boden gedeihen sie nur in eng umgrenzten Gebieten, für die sie dann sehr typisch sind. Gerade heute, wo Sie Chardonnay, Cabernet Sauvignon und andere moderne Rebsorten in jeder Weinbauregion der Welt antreffen, sind solche Spezialitäten für mich wieder besonders interessant. Zu diesen Rebsorten gehören unter anderen Arneis im Piemont, Teroldego im Trentino, Xynomavro in Griechenland, Touriga Nacional in Portugal. Sie können sich natürlich vorstellen, dass solche regionaltypischen Weine perfekt zu den spezifischen dortigen Gerichten passen! Beispielsweise ist es eine geschmackliche Sensation zu den Amêijoas (Venusmuscheln mit Olivenöl und frischem Koriander) einen Vinho Verde zu trinken! Oder wenn Sie in Griechenland eine Lammkeule mit schwarzen Oliven und dazu einen Xynomavro genießen können – das hat etwas!

Heute werden die Bukettsorten oft auch trocken ausgebaut. Manchmal haben die Winzer bei den Bukettsorten das Problem, dass diese besonders hohe Oechslegrade (Zuckergehalte) mitbringen. Werden diese Weine dann ganz trocken ausgebaut, kommen manchmal ziemlich hohe Alkoholwerte dabei heraus. Soll der Alkoholgehalt begrenzt werden, muss der Winzer dem Wein also mehr Restsüße belassen. Er kann die alkoholische Gärung dann beispielsweise mithilfe von Kälte oder Schwefel stoppen.

Bukettweine wirken schon unglaublich betörend mit ihrem intensiven Aroma. Sie können zudem schnell einen sättigenden Effekt haben. Zu den meisten Gelegenheiten und auch Gerichten wirken sie eher erschlagend. Daher sind Bukettweine in den letzten Jahren nicht mehr so en vogue. Ich glaube aber, sie kommen wieder zu größerer Beliebtheit. Wunderbar eignen sie sich etwa zu asiatischen Gerichten!

Leichte Rotweine

In Deutschland gibt es noch einen ganzen Reigen leichter Rotweine. Ich glaube, das liegt daran, dass man hierzulande auch ganz gerne mal ein Glas Rotwein pur genießt. Diese Weine sind nicht tiefschwarz, sondern eher von leuchtendem Kirschrot, sie duften sehr fruchtig und haben einen nur mäßigen Gerbstoffgehalt. Gerbstoffe bzw. Tannine erkennen Sie, wenn Sie auf dem Rotwein kauen und er im Mund zusammenziehend (auch adstringierend genannt) wirkt.

In diese Kategorie der leichteren Rotweine gehören **Schwarzriesling** (der mittlerweile auch als **Pinot Meunier** bezeichnet wird), **Trollinger, Portugieser** und **Spätburgunder**, wenn sie nicht gerade im Barrique oder als Auslese gebaut sind. So einen typisch leichten Rotwein finden Sie auch in Südtirol – als **St. Magdalener** oder **Kalterersee**.

Diese beiden Weine werden aus der Vernatschtraube hergestellt, die bei uns als Trollinger bezeichnet wird.

In Frankreich greift man zu einem **Gamay**, Sie kennen ihn hauptsächlich als **Beaujolais**. In Italien nehmen Sie einen **Dolcetto** oder **Barbera** oder auch **Sangiovese** – je nach Ausbauart.

Fruchtigere und leichtere Rotweine können übrigens gut relativ kühl serviert werden, also mit 14 bis 16° C.

Kraftvolle Rotweine

Muskulös und kraftvoll ist für mich der **Syrah** – in Übersee **Shiraz** genannt. Diese Rebsorte wurde immer als der Klassiker an der Rhône sowie in Australien gesehen, erobert heute aber die Weinregionen weltweit – auch in Deutschland. Ähnlich verhält es sich mit **Cabernet Sauvignon**, der sehr fleischig und warm wirkt, sowie mit **Merlot** (etwas pflaumiger, weicher und süßlicher). Diese beiden warmen und vollmundigen Weine und **Cabernet Franc** treffen Sie heute weltweit an.

In Deutschland gehören zu dieser Kategorie zudem **Lemberger/Blaufränkisch** (sehr beerig, mit straffen Tanninen), **Dornfelder**, **Regent**, die neuen Cabernetsorten wie **Acolon**, **Cabernet Dorsa**, **Mitos** und **Cubin**. Auch **Spätburgunder** und **Frühburgunder** in Spätlese- oder Auslesequalität oder Barrique-gereift können hier mithalten.

Die französisch-spanischen Rebsorten **Grenache/Garnacha**, **Mourvèdre/Monastrell** und **Carignan/Mazuelo** vertragen heißes Klima und erbringen entsprechend kräftige Rotweine. In Italien haben Sie warme **Nero d'Avola** auf Sizilien, kraftvolle **Barolo** im Piemont, mächtige **Amarone** aus Venetien und zum Teil alkoholstarke **Primitivo** aus Apulien. **Pinotage** aus Südafrika passt wie der chilenische **Carmenère** und der **Malbec** in Argentinien ebenfalls gut in diese Kategorie.

Roséweine

Während international von Roséwein gesprochen wird, setzen viele deutsche Winzer noch auf den Weißherbst. Dieser darf im Gegensatz zum Rosé aus nur einer einzigen Rebsorte ausgebaut werden. Rosés hingegen dürfen nur aus blauen Trauben gewonnen werden. Die EU wollte 2009 Rosé als Verschnitt aus roten und weißen Trauben erlauben; Proteste der Winzer haben dies verhindert.

Seit einigen Jahren liegt Rosé voll im Trend! Die Händler freuen sich über die große Nachfrage. Ich gestehe gerne, dass ich mich mittlerweile auch habe mitreißen lassen. Früher war ein Weißherbst oder Rosé für mich weder Fisch noch Fleisch. Ich wäre sicherlich nie auf die Idee gekommen, mir einen solchen Wein zu bestellen. Das hat sich mittlerweile geändert: Heute habe ich manchmal einen regelrechten Heißhunger auf so einen verspielten, leichten und frischen roséfarben schillernden Wein. Dieser Boom geht wohl in erster Linie auf die gestiegene Qualität zurück. Früher hat man die roten Trauben, wenn sie nicht ganz gesund waren und damit keine dunkelfarbigen Rotweine mehr ergeben konnten, meist als Rosé weiterverarbeitet. So fehlte diesem die frische Fruchtigkeit. In Deutschland wurde diesen Weinen dann gerne etwas Restsüße belassen, was den Mangel an Qualität ein wenig kaschiert hat.

Heute möchte niemand mehr solche Weine trinken, und die Winzer mussten darauf reagieren. Das hatte zur Folge, dass Roséweine heute sauber ausgebaut sind und sich frisch, fruchtig und lebendig präsentieren. Im Sommer ist Rosé gar nicht mehr wegzudenken! Nach wie vor lassen sich Roséweine wirklich als universelle Begleiter einsetzen. Sie schmecken zu allen Gelegenheiten, pur oder zum Essen, und sie wirken immer sehr unkompliziert. Bei einer Sommerparty etwa werden sie immer der Renner sein.

Bei den Roséweinen setzt sich der Trend durch, dass die Trauben nicht mehr gepresst werden. Es wird der sogenannte Ablaufmost verwendet, der also frei ablaufende Traubensaft. Stellen Sie sich ein großes Fass vor, in dem die roten Trauben samt ihrem Saft gelagert sind und in dem sich die Maischegärung vollzieht. Die Winzer entnehmen einen Teil des Saftes aus dem unteren Teil des Fasses. Der so abgezogene Saft schmeckt sehr fein, und der Rotwein fällt entsprechend kräftiger aus. In Frankreich heißt diese Methode »saignée« (Aderlass), und auch im spanischen Navarra rühmen sich die Winzer, dass für ihre Rosados keine Trauben mehr gepresst werden.

Süßweine

In Deutschland kommt eigentlich jede Rebsorte für den Ausbau zum Süßwein in Frage. In diese Kategorie gehören die **Auslesen, Beerenauslesen, Trockenbeerenauslesen** und **Eisweine**. Und wenn eine Spätlese mit Restsüße ausgebaut ist, würde sie unter Umständen auch als Süßwein durchgehen. In Österreich stoßen Sie beim Süßwein auf die Qualitätsbezeichnungen **Ausbruch** oder **Stroh**wein; mehr dazu auf Seite 348. An der Loire gibt es wunderbare Süßweine, beispielsweise den **Vouvray, Montlouis, Coteaux du Layon** und **Quarts de Chaumes**. Beliebt sind auch die Weine der Qualitätsstufe **Vendage tardive** (vergleichbar mit unserer Auslese) und **Sélection des Grains Nobles** (Beerenauslese bzw. Trockenbeerenauslese) aus dem Elsass sowie die **Jurançon**-Weine der Qualitätsstufe Vendage tardive. Aus dem Bordeaux kommen **Sauternes, Barsac, Loupiac** und **Monbazillac** oder die »Vins doux naturels« wie **Banyuls, Muscat** und **Maury**. In Italien schätzt man zum Dessert oder zu den Cantucci (Mandelkekse) **Vin Santo** oder **Marsala**. Die Spanier genießen **Vino dulce, süße Sherrys** oder **Madeira**. Zu den großen Klassikern in dieser Weinkategorie gehört natürlich auch der **Portwein**. Ungarn hat den **Tokajer** zu bieten. In Übersee werden die edelsüßen Weine meist als **Late Harvest** bezeichnet. Über mehrere Jahrhunderte schon ist der **Vin Constantia** aus Südafrika legendär, der zu Napoleons Lieblingsweinen zählte, und der wohl auch in sein letztes Exil nach St. Helena geschickt wurde. Und Kanada ist der größte Eisweinproduzent der Welt – hätten Sie's gewusst?

Dessertweine und ihre Aromen

Gewürztraminer	Rosen, Litschis, Gewürze
Grauburgunder	Aprikosen, nussige und würzige Aromen, Karamell
Gutedel	Mandeln, Nüsse, Jute
Muskateller	Orangenblüten, Sandelholz, Muskatnuss
Riesling	Ananas, Pfirsich, Aprikose, Minze
Scheurebe	exotische Frucht, insbesondere Mango und Papaya, Zitrusfrüchte
Spätburgunder	Schwarzkirschen, Schokolade, Lakritz
Weißburgunder	Birne, florale Aromen wie Weißdorn
Weißherbst	Steinobst, insbesondere Mirabellen und Zwetschgen

Essen und Wein perfekt kombinieren

Vertrauen Sie auf Ihr Gefühl!

Jeder hat ein gewisses Grundgefühl für die Vermählung von Wein und Essen. So würde wohl niemand einen hochwertigen Süßwein zur Haxe mit Kraut servieren. Sie schmecken mehr als Sie glauben und werden rasch herausfinden, ob ein Essen mit einem bestimmten Wein rund schmeckt.

Die gelungensten Wein-und-Essen-Kombinationen kommen durch die Aromen zustande. Während meiner Zeit als Sommelier im Restaurant war es immer mein Bestreben, meine Gäste mit außergewöhnlichen Kombinationen zu überraschen. Heute versuche ich das zu Hause… Neulich hatten wir Besuch und servierten eine Orangen-Möhrensuppe mit Gambas, abgeschmeckt mit einem speziellen Rieslinggewürz (siehe Kasten Seite 31). Passend dazu haben wir einen Riesling von der Saar getrunken. Was soll ich Ihnen sagen? Es schmeckte zusammen so wundervoll, dass wir acht Personen ruckzuck drei Flaschen dazu geleert hatten. Normalerweise hätten wir eine Flasche, höchstens zwei dazu getrunken. Aber das ist ja gerade das Geniale, wenn es so gut miteinander harmoniert.

Bitte sehen Sie es mir nach, wenn ich zu den Aromen ein wenig ausholen muss. Es gehört zu meinen Lieblingsthemen. Ich halte das Riechen für einen immens wichtigen Bestandteil unseres Lebens. Unser Geruchssinn wird jedoch überhaupt nicht mehr gefordert! Täglich, nahezu jederzeit müssen Sie hören, sehen, fühlen… aber riechen? Selbst beim Kochen ist heute alles mit einem Mindesthaltbarkeitsdatum versehen. Warum also noch die Nase einsetzen?

Kennen Sie den Geruch einer frisch gemähten Wiese oder den von gerade eben gebackenem Brot? Erinnern die Düfte auch Sie an Ihre Kindheit? Als Kinder waren wir noch offen, haben intensiv gerochen. Heute rasen wir mit Tunnelblick durch den Alltag. Dabei kann Geruch so viele Erinnerungen hervorrufen, uns eine Situation viel intensiver erleben lassen und uns Glücksgefühle bescheren!

Immer der Nase nach

Darum fordere ich Sie auf, mehr von der Nase Gebrauch zu machen, auch beim Wein: Genießen Sie ihn mit allen Sinnen und prägen Sie sich seine Aromen ein. Wenn Sie mehrere Weine an einem Abend trinken, sagen Sie vielleicht: »Der zweite Wein war ganz nach meinem Geschmack.« Können Sie sich jedoch zwei Wochen später noch an diesen speziellen, aber nicht näher mit Worten definierten Geschmack erinnern? Wenn Sie das eine oder andere Aroma im Wein identifizieren können, bleibt Ihnen der Wein viel länger in Erinnerung. Beispielsweise: »Der Sauvignon Blanc duftete wie Maracuja, Cassis und Holunderblüten«.

Der nächste Schritt nach dem Erkennen und bewussten Merken der Aromen ist, dass Sie diese mit denen des Essens kombinieren. Sie probieren beispielsweise einen Cabernet Sauvignon, der im Duft an Paprika, geröstete Mokkabohnen, an Kräuter der Provence erinnert und ein wenig »au goût« mitbringt, also ein gewisses Geschmäckle. Und dazu lassen Sie sich eine Lammkeule mit Kräutern der Provence, im Ofen auf Ratatouillegemüse geschmort, schmecken. Die fleischigen Aromen des Weins mit denen des Lamms, der Duft von Kräutern der Provence von Wein und Gericht sowie die Paprikaaromen aus dem Wein mit dem Ratatouille – alles ergänzt sich und verschmilzt zu einem großen Traum.

Manche Weine riechen wie eine Frühlingswiese, etwa mit Aromen von frisch geschnittenem Gras, Blüten oder Kräutern.

Tipps für die Vermählung von Wein und Essen

Am einfachsten ist es, zu einem feinen Gericht einen eleganten, geschliffenen Wein zu wählen oder umgekehrt zu einem rustikalen Gericht einen kräftigeren und robusteren. So wäre zu einer Haxe ein herzhafter Müller-Thurgau oder Grauburgunder nicht verkehrt, falls Sie nicht doch besser ein Bier dazu trinken. Ein feines gedämpftes Fischfilet ergänzt sich wunderbar mit einem eleganten Riesling oder einem schlanken Weißburgunder.

Oft schreckt man vor kraftvollen oder alkoholbetonten Weinen zurück. Wenn Sie aber ein kräftiges Fleisch in einer ebenfalls kräftigen Zubereitung haben, dann schmeckt ein solcher Wein

dazu ganz sachte und harmonisch. Ein leichter und fruchtiger Wein kann in dieser Kombination hingegen schnell untergehen.

Den Spieß umdrehen

Das umgekehrte Vorgehen funktioniert oft auch sehr gut. Eine fette Sauce kann mit einem kraftvollen Wein schnell zu sättigend werden. Hier wäre eher ein eleganter Weißwein mit kraftvoller Säure hilfreich, sowohl geschmacklich als auch bezüglich der Bekömmlichkeit.

Oder Sie gehen die Menüplanung einmal von der Weinseite her an: Sie haben einen guten Wein, den Sie schon kennen, und richten sich in der Auswahl eines Gerichts nach diesem Wein. Ist Ihr Lieblingswein zum Beispiel ein cremiger und runder Chardonnay, dann servieren Sie einen Fisch in Buttersauce, ein Risotto mit Sahne abgeschmeckt oder Pilze à la crème dazu. Und Ihr Lieblingswein wird zu einem großen Star! Oder Sie haben einen grasigen und kräuterigen Sauvignon Blanc und bereiten dazu einen Salat, einen Gemüseauflauf oder Gemüsewok – perfekt! Das Aromenspiel macht mir die größte Freude.

Spektakulär finde ich junge und kraftvolle Rotweine, die ein Aroma von Leder mitbringen in Begleitung zu einem Lamm- oder Wildgericht. Dies sind vor allem Syrah/Shiraz, Cabernet Sauvignon oder Lemberger. Alle drei bringen dieses »au gôut« mit. Der Rotwein und das Wild ergänzen sich dann perfekt.

Zu meinen größten Wein-und-Essen-Erlebnissen gehört ein reifer Riesling mit Restsüße zu einem Wildhasenfilet in Spekulatiuskruste! Das hätte ich mir nicht träumen lassen, aber der Wein mit seiner würzigen, fruchtigen und leicht süßlichen Art war dazu der Hammer! Früher war man mit solchen Kombinationen vorsichtig. Es galt: helles Fleisch mit weißem, dunkles mit dunklem Wein. Grundsätzlich liegen Sie damit schon richtig, aber geschmacklich viel interessanter ist es, wenn man mit den Aromen spielen kann. Beispielsweise werden Sie immer wieder feststellen können, dass ein kräftiges Essen, vor allem Fleisch, die Tannine im Wein mildert. In Frankreich habe ich mich oft gewundert, dass sie ihre Bordeauxweine zum Teil so jung trinken, dass diese noch herzhafte Tannine besitzen.

Das Geheimnis ist, dass Franzosen Wein nur zum Essen trinken. Anschließend kann man noch einen Kaffee, Digestif oder ein Glas Champagner genießen, aber dass ein Franzose dann noch ein Glas Wein pur genießt, habe ich eigentlich noch nicht erlebt.

Alkohol macht bekömmlich

Kraftvolle, fettreiche Gerichte werden mit alkoholreicheren Weinen besser verdaulich. Bei mehrgängigen Menüs werden Sie merken, dass eine Gänseleberpastete zur Vorspeise und dann ein Fisch in Beurre-blanc-Sauce Sie nur mit Wasser schnell sättigen wird. Mit einem Glas Wein dazu essen Sie dann leicht und unbeschwert auch noch Hauptgang und Dessert. Alkohol regt bekanntermaßen die Verbrennung im Körper an, während die Säure im Wein behilflich ist bei der Aufspaltung von Fett und Eiweiß.

Eher selten werden bei uns in Deutschland Sekt oder Schaumweine zum Essen genossen. Dabei können sich mit diesen ebenfalls ganz spannende Kombinationen ergeben. Durch die Perlage von Sekt & Co. treten Salzigkeit und Bitterkeit im Gericht in den Hintergrund. Gereifte Schaumweine sind sensationell zu Pilzen und zu leichteren Fleischgerichten mit sanftem Jus.

Sie können sich aber auch einmal dafür entscheiden, dass der Wein nur eine untergeordnete Rolle spielen soll. Wenn Sie etwa Freundinnen eingeladen haben, mit denen Sie vor allem plaudern wollen, macht es sicherlich mehr Sinn, einen leichten und unkomplizierten Wein zu wählen, den man einfach gern nebenbei trinkt, ohne ihm Unrecht zu tun.

Der Aspekt der Region

Regionale Weine und regionale Speisen, das passt in der Regel sehr gut zusammen. Trinken Sie beispielsweise zur Elsässer Gänseleberterrine einen Elsässer Gewürztraminer, begleiten Sie einen Epoisses Käse aus dem Burgund mit einem roten Burgunderwein; oder Sie kosten im Piemont zum Zicklein einen Barbaresco – es ist zum Reinlegen gut. Und diese Liste könnte ich Ihnen wirklich unendlich fortführen! Frischer deutscher Spargel mit einem guten fränkischen Silvaner ist wirklich nicht zu übertreffen. Oder wenn Sie am Bodensee die frischen Eglifilets mit einem Müller-Thurgau vom See genießen, lässt sich das nicht toppen. Im Schwäbischen gehört so zu meinen Lieblingskombinationen ein Rostbraten mit einem Lemberger. In der Schweiz ist ein Raclette mit einem Glas Fendant ein absolutes Muss! In Österreich kommen Sie nicht umhin, zum Tafelspitz einen Grünen Veltliner zu genießen.

Wein und Speisen – Grundregeln

- Zu feinen Gerichten elegante, zu rustikalen Gerichten robustere Weine wählen.
- Kräftiges Essen (Fleisch und fettreiche Speisen) mildert die Tannine im Wein.
- Alkoholstärkere Weine machen kräftige Gerichte bekömmlicher.
- Säure und Säure verdoppeln sich, das kann unangenehme Effekte haben.
- Süße und Süße heben sich auf, der Dessertwein muss mindestens so süß wie das Dessert sein.
- Salzige Speisen lassen die Säure im Wein stärker hervortreten.
- Schaumweine gleichen Salzigkeit und Bitterkeit aus.
- Gereifte Weine passen sich besonders gut dem Essen an.
- Barrique-gereifte Weine passen perfekt zu geschmorten, gegrillten und stark gebratenen Gerichten.
- Bei klaren Suppen etwas von dem Wein mitkochen, den Sie später dazu anbieten.
- An Suppen und Saucen, die mit Eiern, Sahne oder Butter gebunden sind, passen sich Weine mit etwas Restsüße gut an.
- Spielen Sie mit den Aromen: gefüllte Paprika mit Hackfleisch zu einem Cabernet Sauvignon (der an Paprika erinnert).
- Stark gewürzte Gerichte kommen gut mit Bukettsorten, leichteren Weinen und restsüßen Weinen zurecht oder auch mit würzigen Rotweinen.
- Gegensätze können sehr reizvoll sein, etwa ein Apfelpfannkuchen mit Zimtzucker und einem gereiften Burgunderwein. Oder gekochtes Rindfleisch/Siedfleisch mit Weißwein, ein Wildragout in Sahne-Pilz-Sauce mit einem gereiften edelsüßen Wein …
- Regionale Weine verbinden sich meist toll mit der entsprechenden regionalen Küche.

Zubereitungsarten und Weinauswahl

Ein wichtiger Faktor ist für die Weinauswahl zum Essen natürlich die jeweilige Zubereitung der Speisen. So ist beispielsweise die Art der Sauce wichtiger als die Fleischsorte. Und die Garmethode entscheidet, ob es ein leichter Wein oder ein kräftiger, im Barrique gereifter Wein sein soll.

Pochierte oder gedünstete Gerichte

Schonend gegarte Gerichte kommen mit leichteren Weinen bestens zur Geltung. Denn ein zu kräftiger und mächtiger Wein kann Ihnen das Gericht leicht erdrücken. Denken Sie an ein pochiertes Forellenfilet mit einem Sektsößchen. In diesem Fall ist es ganz klar die beste Wahl, ein Glas Sekt dazu zu trinken, vielleicht auch einen leichten Riesling oder einen Weißburgunder.

Vor Kurzem durfte ich einen in Niedergartemperatur zubereiteten Kabeljau genießen. Der Fisch sah fantastisch aus, weiß und glasig, fast wie ein pochiertes Ei von außen. Dazu war ein sehr feiner und schlanker Riesling gereicht worden – wow, wie gut! Der leichte und filigrane Charakter des Weines passte so gut zu dieser zarten Zubereitung, und der Riesling zeigte sich sehr mineralisch, was wiederum sehr gut mit dem Fisch harmonierte.

Aber zurück zum Pochieren – Sie können auch wunderbar Fleisch pochieren: zum Beispiel Lammfilets im Gemüsesud oder ein Rinderfilet im Rotwein. Der passende Rotwein sollte dabei ebenfalls nicht zu kräftig und vor allem nicht zu

tanninbetont ausfallen. Leichtere und fruchtigere Rotweine wie Spätburgunder, Chianti Classico oder ein Rotwein von der Loire, überhaupt Weine aus Cool-Climate-Regionen, eignen sich in diesem Falle besonders gut.

Gebratene Gerichte

Ich finde, gebratene Gerichte bringen immer besonders viel Geschmack mit. Sehr gut kann ich mich noch erinnern, wie ich als Kind geweint habe, wenn es bei uns samstags Siedfleisch (gekochte Ochsenbrust) gab. Aus meiner Sicht durften andere Kinder lecker gebratenes Fleisch oder gebratene Hähnchenkeulen essen, während ich auf Fleischstücken hart wie Schuhsohlen herumkauen sollte. Heute hingegen esse ich ganz gerne Siedfleisch. Am liebsten beim Plachutta in Wien, der es in mehreren Gängen regelrecht zelebriert. Dort trinke ich dann einen leichten Grünen Veltliner dazu.

Aber zurück zu den gebratenen Gerichten. Durch das Anbraten kommen leckere Röststoffe zustande, manchmal kann es sogar geschmacklich in Richtung Karamell gehen, oder Sie braten mit Knoblauch, Zwiebeln, verschiedenen Gewürzen etc. Die Weine müssen dann entsprechend kräftig und füllig sein. Viele Weinliebhaber fragen mich, ob der Barrique-Ausbau – die Reifung im kleinen Holzfass – wirklich sinnvoll ist. Meine Antwort: Unbedingt! Die Toastingaromen im Barriquewein verschmelzen perfekt mit den Röstaromen von gebratenen und auch gegrillten Gerichten. Geschmacklich ist das nicht zu toppen! Denken Sie an einen Zander, auf der Haut gebraten und mit einer Weißwein-Buttersauce serviert – und dazu einen Chardonnay, der im kleinen Holzfass ausgebaut ist. Oder stellen Sich sich ein Entrecôte vor, außen kräftig angebraten, innen schön rosa, dazu gegrillte Paprika und gebackene Kartoffeln. Das schmeckt gigantisch gut mit einem kraftvollen Rotwein, der im Holzfass gereift ist. Hier wäre auch ein Cabernet Sauvignon aus Übersee perfekt oder ein Bordeaux-Blend. Das ist ein ausschließlich aus in der Bordauxweinregion erlaubten Traubensorten verschnittener Wein.

Gegrillte Gerichte

Ähnlich wie gebratene Gerichte vertragen scharf gegrillte Gerichte Barrique-gereifte Weine. Hier ergänzen sich wiederum die Röststoffe, Rauchtöne oder auch karamellartige Aromen bei Lammkoteletts, Stücken vom Rind oder Spare Ribs ideal mit kraftvollen Rotweinen. Weine aus dem Süden Frankreichs, aus Süditalien, Spanien oder Übersee kommen hier richtig zum Zuge. Und auch gegrillte Calamares, Doraden und Gambas können sich in Begleitung von Barrique-gereiften Weißweinen wie Chardonnay, Weiß- oder Grauburgunder bestens präsentieren.

Die andere Variante – die ich persönlich meist vorziehe – ist, beim Grillen statt eines gleichwertigen Weinpartners einen unkomplizierten Wein zu finden, der sich unterordnet. Gegrillt wird eher bei heißen Temperaturen; da können kräftige Weine ohnehin schnell in den Kopf und in die Knie gehen! Die Alternative ist dann ein leichter Weißwein, wie ein Sauvignon Blanc, ein Gavi oder am besten ein Rosé. Ersterer passt auch optimal zu Gemüse vom Grill, Zucchini, Paprika, Auberginen, Lauchzwiebeln etc.

Wenn das Grillgut in Folie eingepackt ist, wie beispielsweise ein Zucchinifächer mit Schafskäse darin und Olivenöl, sollte auch der Wein etwas sachter sein, etwa ein leichter Weißwein, ein Rosé oder ein leichter, fruchtiger Rotwein.

Kochen mit Wein

Öfters werde ich gefragt, ob man zum Kochen wirklich den Wein verwenden soll, der später zu dem Gericht serviert wird. Wenn das Gericht mitsamt dem Wein länger geköchelt wird, schmecken Sie dessen hohe Qualität nachher natürlich nicht mehr heraus. Übrigens verkocht der Alkohol – so Sie den Wein tatsächlich mitkochen – vollständig. Dafür einen besonders hochwertigen Wein zu nehmen, ist daher nicht sinnvoll. Ein Alltagswein ist sicher die richtige Wahl. Oder halten Sie es wie Vincent Klink: Der gibt erst zum Schluss einen kleinen Schuss desjenigen hochwertigen Weines zum Gericht, der dazu getrunken werden soll.

Unschlagbar sind etwas süßere Weine zum Kochen. Wenn Sie eine Spätlese oder Auslese haben, geben Sie davon einen Schluck in die Sauce oder ins Gemüse. Kalbsfilet mit einem Sahnesößle und etwas edelsüßem Wein – hmm, genial! Im Elsass habe ich gelernt, dass man Sauerkraut in Olivenöl anbraten und es anschließend mit etwas süßem Wein und Sahne abschmecken kann. Dazu passen dann besonders gut Fisch, Meeresfrüchte – aber auch Würste und ein kräftiger Weißwein.

Schmorgerichte – das ist zartrosa geschmortes Fleisch und dazu frische Kräuter (einige Kräuter gibt man eher zum Ende hin zu, damit sie geschmacklich nicht verkochen). Sie aromatisieren das ganze Gericht und bauen eine Brücke insbesondere zu Rotweinen.

Geschmorte Gerichte

Hier befinden wir uns in meiner Lieblingsabteilung: Schmorgerichte mit Wein sind unübertrefflich! Leider gibt es in den Restaurants heute überwiegend Kurzgebratenes. Wenn wir zu Hause Besuch haben, widme ich mich deshalb gerne den Schmorgerichten. Schon das Schmorgemüse – Karotten, Sellerie, Lauch und Zwiebeln – tut den Weinen sehr gut. Also wird erst das Gemüse scharf angebraten, dann das Fleisch! Und anschließend wird mit Brühe und Wein aufgefüllt. Wenn das Fleisch so über längere Zeit schmort, wird es wunderbar zart. Danach reduziere ich den Wein ein, und am Ende binde ich die Sauce. Zum Essen reiche ich dann einen kraftvollen Barrique-gereiften Wein. Ob Rinderschulter, Beinscheiben oder Lammkeulen – vollmundige Rotweine leben bei solchen Gerichten regelrecht auf. Wenn Sie noch einen ganz besonderen Rotwein im Keller liegen haben, zögern Sie nicht, sondern fangen Sie gleich an zu schmoren!

Vor kurzem habe ich bei einem Winzer in Weißwein geschmortes Kaninchen bekommen. Passend dazu gab es einen kraftvollen, etwas stoffigen Grauburgunder. Ich schwärme noch heute davon! Wenn Sie also mit Weißwein schmoren: Kraftvolle oder Barrique-gereifte Weißweine bringen ein solches Gericht zur Vollendung.

Im Ofen gegarte Gerichte

Das Braten im Backofen kommt auf meiner Hitliste der Zubereitungsarten gleich auf Platz zwei nach dem Schmoren. Auch beim Ofengaren lässt man dem Gericht ausgiebig Zeit zum Garwerden, und dabei verbindet sich sein Eigengeschmack besonders intensiv mit den Aromen der übrigen Zutaten und denen der Gewürze. Fleisch, Wild, Fisch und Geflügel bekommt oft eine knusprige Kruste mit kräftigem Röstaroma, und durch die trockene Hitze werden die Aromen konzentriert.

Zweifellos kommen zusammen mit Ofengerichten geschmacksintensive und kraftvolle Weine bestens zur Geltung. Eine Poularde aus dem Rohr bildet mit einem kräftigen Weiß- oder Grauburgunder, einem Viognier oder Chardonnay eine sensationelle Kombination. Ente oder Gans – außen knusprig, innen saftig – und ein vollmundiger Wein dazu: verführerisch!

Zicklein oder Lammbraten bereite ich gleichermaßen vorzugsweise im Backofen zu – und übergieße sie während der Garzeit immer wieder mit Rotwein. Zum Trinken dazu eignen sich warme Rotweine aus südlichen Regionen perfekt. Auch mit Überseeweinen profitieren diese aromatischen Fleischgerichte. Allerdings gibt es auch in Deutschland ja mittlerweile ebenbürtige Rotweincuvées, die nicht selten mit 13,5 oder 14 % Volumenprozent Alkohol aufwarten. Um diese Weine pur zu trinken, wäre mir der Alkoholgehalt etwas zu hoch, aber zum Essen merkt man den Alkohol nicht gar so sehr.

Bei im Ofen gegarten Fischgerichten achte ich darauf, dass ich einen mineralischen Weißwein dazu bekomme. Riesling und Chardonnay bringen oft den passenden leicht salzigen Geschmack mit. Fischfilets lasse ich im Ofen mit etwas Weißwein und Brühe (teilweise mit Zitronenscheiben oder Kapern belegt) garen, ihr Geschmack wird dadurch leicht und zart. Ein großer Fan bin ich auch vom Garen in der Salzkruste. Der Fisch bleibt darin besonders saftig und aromatisch. Dazu passen dann etwas schlankere Weißweine wunderbar.

Weingewürze

In der letzten Zeit habe ich wunderbare Weingewürze entdeckt – eine ganze Palette von Gewürzmischungen, die zu einer bestimmten Weinsorte passen und mit denen man das dazu servierte Essen würzt. Da gibt es beispielsweise speziell für Rieslinge eine Kreation mit Orangenschalen und Ingwer, für Shiraz eine Komposition mit schwarzen Johannisbeeren, rosa Pfefferbeeren und Rosmarin oder für Merlot eine Rezeptur mit viel Zimt. Ich habe bereits mehrmals damit gekocht; so haben wir beispielsweise Kalbsleberscheiben zubereitet und mit Syrahgewürz verfeinert. Dazu haben wir einen Rotwein von der Rhône (Syrah) getrunken. Mit diesen speziellen Aromen angereichert, schmeckte das Gericht wirklich noch viel besser zum Wein. Mir sind die Weingewürze sehr sympathisch, und sie werden bei uns zu Hause häufig eingesetzt. Teilweise bekommt man sie bereits gemahlen in Dosen, es gibt aber auch Mischungen in Gewürzmühlen. Die jeweils passenden Gewürzkombinationen gibt es zu den bekannten Rebsorten wie Riesling, Weißburgunder, Chardonnay, Sauvignon Blanc, Spätburgunder, Cabernet Sauvignon. Sie können sie im Internet wie auch im Fachhandel erwerben.

Welcher Wein zu welcher Speise?

Nun haben Sie schon eine Menge zum Thema Wein und Essen erfahren. Damit es Ihnen aber so richtig gelingt und zu Ihrem persönlichen »Aha-Erlebnis« wird, habe ich nun auch ganz konkrete Empfehlungen für Sie:

Salate und Rohkost

Beides, Salat und Rohkost, ist im Geschmack nicht üppig, sondern eher fein und frisch. Dementsprechend passen leichte und frische Weiß- oder Roséweine exzellent dazu.

Ich finde es geschmacklich reizvoll, wenn im Salat frische Kräuter verarbeitet sind wie Kerbel, Salbei, Basilikum etc. Solche **Kräutersalate** können einen Weißwein regelrecht heben. Gute Partner sind frische und fruchtige Weißweine, etwa Müller-Thurgau, Silvaner und leichte Weiß- und Grauburgunder. Oder auch Roséweine. Je nach Zubereitung kann ein Riesling ebenfalls sehr gut harmonieren. Aber Vorsicht: Säure und Säure verdoppeln sich! Wenn das **Dressing** deutlich vom Essig geprägt ist, gilt es, einen säurearmen Wein zu wählen, zum Beispiel einen Gutedel, Silvaner, Rivaner oder Grauburgunder.

Spannend finde ich eine **Vinaigrette** mit etwas Honig und Gewürzen und dazu einen bukettreicheren Wein wie Muskateller oder Gewürztraminer. Oder Sie wählen statt des Essigs einen frisch ausgepressten Orangensaft und kredenzen dazu einen Muskateller oder Grauburgunder!

Wenn Sie auf den Salat etwas gebratenen **Fisch**, gebratenes **Geflügel** oder Ähnliches geben, kann der Wein ein bisschen kräftiger und stoffiger ausfallen. Aber nur ein bisschen, denn man möchte ja zu Beginn eines Essens im Allgemeinen einen nicht allzu kräftigen Wein haben.

Zu **Gemüserohkost** passt oft perfekt ein Sauvignon Blanc. Er hat schon von Natur aus das grasige und kräuterige Aroma, welches an Paprika erinnert. Oder Sie servieren einen trockenen Traminer oder einen trocken ausgebauten Muskateller. Wenn Sie zur Rohkost **Aïoli, Guacamole oder Cocktailsauce** reichen, kann es auch ein kräftigerer Weiß- oder Roséwein sein. In der Provence haben wir zu Möhren, Staudensellerie, Blumenkohl und Kohlrabi mit Guacamole einen sehr kräuterigen regionalen Roséwein bekommen – das war himmlisch!

Terrinen

Fischterrinen lassen sich meist gut mit schlanken und frischen Weißweinen kombinieren. Wenn jedoch **Krustentiere** mitspielen, wie Hummer, Languste, Königskrabben, oder wenn die Terrine mit einer Krustentiersauce nappiert ist, sollte eher ein gehaltvoller Weiß- oder Grauburgunder oder ein Chardonnay gewählt werden. Und gerade zur Krustentiersauce wird es zu einem großen Geschmackserlebnis, wenn der Weißwein ein bisschen vom Barrique-Ausbau geprägt ist.

Geflügelleberterrinen schmecken mit einem süßlicheren Wein einfach nochmal so gut! Die leicht bittere Art, welche die Leber mitbringt, wird durch Süße im Wein wunderbar ausbalanciert. Da eine solche Terrine recht gehaltvoll ist, braucht es schon einen Wein mit etwas höheren Extrakten und relativ hoher Viskosität. Das bedeutet, dass er beim Schwenken im Glas etwas dickflüssig wirkt. Alternativ können Sie selbstverständlich auch einen trockenen Weiß- oder Roséwein wählen. Gehaltvolle, aber auch gereifte Weine passen sich geradezu spielerisch an. Letztere gehören immer zu meiner Weihnachtskombination: Wenn Sie einen zwanzig oder dreißig Jahre alten guten Weißwein haben und dazu eine Leberterrine – da spüren Sie die Engel auf der Zunge Harfe spielen! Sollten Sie also noch einen Wein aus Ihrem Geburtsjahrgang im Keller haben, besorgen Sie sich bitte gleich ein wenig Gänseleber und eine Brioche!

Wildterrinen lassen sich spielerisch von gehaltvollen Weißweinen, Roséweinen oder leichteren Rotweinen begleiten. Oft wird eine Cumberlandsauce aus Johannisbeergelee, Gewürzen und Portwein dazu gereicht. Herrlich eignen sich hierzu leichtere Rotweine wie Schwarzriesling, der auch unter der Bezeichnung Pinot Meunier anzutreffen ist. Ob Portugieser, leichter Italiener oder leichter Franzose, beispielsweise von der Loire oder aus dem Beaujolais, all diese Weine wirken unterstützend zum Wildaroma. Gerade im Herbst und Winter sind wir ja meist mehr auf Rotweine gepolt, da können Sie das Menü ruhig einmal mit einem fruchtigen Rotwein beginnen.

Suppen

Als ich vor zwanzig Jahren im Weinbereich anfing, galt noch die Regel, dass Wein und Suppen überhaupt nicht miteinander harmonieren. Als Ausnahme gab es die Oxtailsuppe mit einem Glas Madeira. Klar, die klassische Ochsenschwanzsuppe wird mit Madeira zubereitet und dementsprechend passen die beiden natürlich gut zusammen.

Ich persönlich bin eine große Suppenliebhaberin! Suppe ist für mich die Liebe für den Magen. Zu Hause koche ich vorwiegend pürierte **Gemüsesuppen**, und mein Mann und ich genießen auch gerne einen Wein dazu. Es gibt dabei ganz exzellente Kombinationen! Zum Beispiel gehört zu meinen absoluten Favoriten eine Kürbissuppe mit reichlich Gewürzen wie Kardamom, Sternanis, Piment, Ingwer – und dazu ein Muskateller. Sie fühlen sich wie in »1001 Nacht« versetzt!

Zucchini- oder Brunnenkressesuppe – ich gebe zusätzlich gerne gebratene Pilze, gebratene Auberginen oder geröstete Kürbiskerne in die Mitte jeder Portion – schmeckt wunderbar in Begleitung von kräuterigen Weißweinen, wie es Müller-Thurgau, leichter Grauburgunder oder Sauvignon Blanc sind.

Auch mit **klaren Suppen** und Wein habe ich mittlerweile sehr gute Erfahrungen gemacht! Zu einer klaren Rote-Bete-Suppe passt wunderbar ein würziger Silvaner, und eine klare Gänseconsommé harmoniert bestens mit einem kraftvollen Grauburgunder. Der Wein darf nur nicht zu viel Säure mitbringen, ansonsten steht er hart, karg und sauer da.

Übrigens: Insbesondere bei klaren Suppen ist es ideal, wenn Sie von dem Wein, den Sie später dazu trinken, etwas in der Suppe mitkochen.

Fisch und Meeresfrüchte

In Zusammenarbeit mit einer von mir sehr geschätzten Kochschule biete ich Seminare zum Thema Fisch an. Der Koch bereitet dabei insgesamt zehn verschiedene kleine Fischgerichte zu, und es ist für mich immer wieder faszinierend, welch unterschiedliche Weine jeweils dazu passen.

Wie schon bei den Garmethoden auf Seite 28 gesagt, passen zu **pochierten, gedünsteten oder gekochten Fischen oder Jakobsmuscheln** schlanke und vor allem mineralische (salzig schmeckende) Weine am besten. Schlanke leichte Weißburgunder, Rieslinge und Sauvignon Blanc sind hier die erste Wahl. Diese Weißweine passen auch exzellent zu **Austern oder Kaviar.** Wobei sich an letzterem bekanntlich die Geister scheiden. Manche Feinschmecker schwören auf Champagner zu Kaviar, während andere wiederum auf Wodka bestehen.

Wie viel die Zubereitung ausmachen kann, merken Sie rasch bei **Muscheln:** Vor allem Miesmuscheln gibt es in unzähligen Zubereitungsarten. Die größte Vielfalt an Muschelgerichten habe ich in der Normandie und in der Bretagne kennengelernt. Dort trinkt man je nach Zubereitung Cidre dazu. Manchmal passen aber Rotwein oder Bier am besten – je nach Rezept.

Mit der **mediterranen Zubereitung** – Fisch in Olivenöl, gegart mit Oliven und Kräutern wie Thymian, Rosmarin etc. – gehen natürlich wunderbar die mediterranen Weine zusammen: leichte Weiß- oder Roséweine aus Italien, Frankreich oder Spanien. Gleiches gilt für Pulpo mit einem Risotto oder für Spaghetti mit Vongole. Etwas schwieriger wird es, wenn Tomaten dabei sind, ihre Säure lässt so manchen Wein hart und bitter erscheinen. Nicht so säurebetonte Weiß- und Roséweine haben es da am leichtesten. Auch fruchtigere Rotweine wie einen Dolcetto oder Beaujolais könnte man in diesem Fall als Begleiter nehmen.

Der absolute Klassiker und eigentlich unschlagbar ist **Fisch in einer Weißwein-Buttersauce** mit Chardonnay! Der runde und kraftvolle Wein ergänzt die schmackhafte Sauce einfach großartig. Ähnlich ist es mit **Hummer und Langusten:** Sobald eine Krustentiersauce dazu gereicht wird, treten die kräftigeren Weißweine so richtig ins Rampenlicht. Kraftvolle Rieslinge, Sauvignon Blancs, Chardonnays, Weiß- oder Grauburgunder – Krustentiere heben diese Weine noch.

Geräucherte Fische verlangen dagegen regelrecht nach einem Barrique-gereiften Wein – oder man wählt bewusst den Gegensatz und reicht einen spritzigen frischen Wein.

Herrliche Wein-und-Essen-Erlebnisse gibt es mit **asiatischen und orientalischen Fischgerichten** und Bukettweinen. Ein Koch, den ich sehr schätze, hatte mir zu einem frischen Muskateller mit Restsüße »Orientalische Gambas mit Zimt, Honig und Nüssen auf Sellerienudeln« kreiert. Nie zuvor hatte ich einen solchen Verbrauch an lieblichem Muskateller! Aber auch Sauvignon Blanc, Scheurebe, Riesling mit Restsüße oder Gewürztraminer sind wahre Stars zur Küche des Nahen und Fernen Ostens. Gerade **Wokgerichte** sind meist sehr intensiv und wirken durch Ingwer, Chili, Zitronengras, Currymischungen etc. etwas scharf – dazu hätte man früher nur Tee getrunken. Wenn aber leichte Weine die Begleiter sind und diese am besten etwas Süße mitbringen, bekommt man im Gaumen eine zusätzliche Geschmacksdimension. Der Wein darf nicht zu viel Alkohol mitbringen, sonst wirkt er schnell brandig (sehr alkoholisch).

Rotwein zum Fisch?

Früher hätte man immer Weißwein zum Fisch gewählt – aber gleichzeitig auch noch nicht gewagt, Nudeln oder Sauerkraut zum Fisch zu servieren. Das erste Mal habe ich bewusst Rotwein zum Fisch getrunken, als wir in Spanien waren. Das ist über zwanzig Jahre her, und zu dieser Zeit waren gute Weißweine in Spanien eher noch die Ausnahme. Jedenfalls gab es in diesem Spanienurlaub große **ganze Fische auf der Haut gegrillt**, mit nicht wenig Knoblauch! Die Weißweine wirkten dazu nur lahm, und es gab so gute Riojajaweine auf der Karte … Am zweiten Tag getraute ich mich also, einen Rotwein zu bestellen, und der schmeckte sensationell zum Fisch mit Gemüsen vom Grill und kleinen Kartoffeln. Probieren Sie es ruhig mal aus: kräftig gebratener oder auf der Haut gegrillter Fisch oder auch **Fischfilets mit einer Rotweinsauce** und dazu ein kräftiger Rotwein. Sie werden staunen!

Fleisch und Geflügel

Eigentlich hat man von Natur aus schon ein Gespür dafür, dass man **zu hellem Fleisch** eher hellen und leichten Wein wählt und dagegen **zu dunklem Fleisch** (Rind oder Wild) gerne einen kraftvollen Rotwein serviert. Ausnahmen bestätigen aber auch dabei die Regel. Wenn Sie das Wild mit Honig oder Lebkuchengewürzen garen, kann ein weißer Süßwein oder ein gereifter Weißwein zu einem großen Erlebnis werden, – und umgekehrt: Helles Fleisch mit einer dunklen Sauce harmoniert durchaus mit Rotwein.

Zu Geflügel wie **Hähnchen, Poularden, Stubenküken oder Wachteln** empfinde ich immer Grauburgunder oder Roséweine als die perfekten Begleiter. Zu **Ente** mit Orangensauce passt ebenfalls wunderbar ein Grauburgunder, aber auch ein Muskateller oder ein Condrieu von der Rhône. Wenn Sie allerdings eine dunkle Sauce zur Ente zubereiten und Rotkohl als Beilage servieren, dann würde ich eher zu einem Rotwein greifen – am liebsten zu einem Spätburgunder.

Das Gleiche gilt auch für die **Gans:** Sie mag kraftvolle Weißweine, wird sie aber mit Rotkohl serviert, wählen Sie am besten einen runden und geschmeidigen Spätburgunder.

Schweinefleisch ist hinsichtlich der Weinbegleitung ganz universell. Zum Filet kann ein Grauburgunder oder Weißherbst gut passen, zum gebratenen Kotelett aber auch ein unkomplizierter Rotwein. Es kommt hier eher auf die Art der Zubereitung und der Würze an.

Kalbfleisch verträgt sich ebenfalls sowohl mit Weiß- und Rosé- wie auch mit Rotwein. Zum Filet reicht man eher einen kräftigen Weiß- oder Roséwein, während in Rotwein geschmorte Kalbsbäckle erst mit einem kraftvollen Rotwein so richtig zur Geltung kommen. Ich liebe ja ganz besonders Osso bucco – geschmorte Kalbsbeinscheiben mit Gremolata obenauf. Die Zubereitungen unterscheiden sich: Manche schmoren mit Weiß-, andere mit Rotwein. Das beste Rezept, das ich kenne, stammt von Wolfgang Siebeck. Er sagt: »Gut Ding will Weile haben« und schmort die Kalbsbeinscheiben bei geringer Hitze 4½ Stunden. Andere braten die Beinscheiben in Olivenöl an, mit Tomaten und Thymian. Letztendlich passt

Rotweine mit »fleischigen« Aromen

Übrigens sprechen wir bei kräftigen Rotweinen oft davon, dass sie an Leder oder Fleisch erinnern – ich weiß, das klingt exotisch, aber es stimmt. Beim Wild oder Lamm hat man ja oft das »au goût«, im Badischen würde man sagen »das Geschmäckle«. Das Gleiche findet sich auch besonders bei jungen kräftigen Rotweinen. Wenn Sie einen solchen Wein mit Wild zusammenbringen, kommt in der Regel eine sagenhafte gute Kombination heraus.

zu beiden Zubereitungsarten am besten ein fruchtiger und dabei nicht zu tanninbetonter Rotwein. Ich persönlich würde am ehesten einen italienischen Wein zu diesem italienischen Klassiker wählen. Das kann ein Chianti, Montepulciano, Barbera oder Dolcetto sein.

Bei einem durchwachsenen und abgehangenen **Rindfleisch** kann der Wein gar nicht kräftig genug sein. Syrah/Shiraz sind tolle Begleiter zum Steak oder Côte de Boeuf. In Frankreich bekommen Sie das Steak oft auf Rebenholz gegart, mit Dijonsenf und einem Côte du Rhône. Pinotage aus Südafrika oder Malbec aus Argentinien würde ich hier auch nicht verachten. Als Schmorfan denke ich bei Rindfleisch an Rinderbäckchen, Rinderbrust und Beinscheiben: Dazu kommen unter anderem kraftvolle Rotweincuvées, wie es sie zum Beispiel auch aus Deutschland gibt, perfekt zur Geltung.

Wer gerne **Wild** isst, schätzt meist auch Rotwein. Warme, kraftvolle Rote gehören unbedingt zu Wildgerichten; Lemberger oder Blaufränkisch etwa wirken zum Wild fein und elegant. Ebenfalls wunderbare Begleiter sind Syrah/Shiraz, kraftvolle Cabernets oder mächtige Cuvées. Zu Wild bieten sich zudem wunderbar die Weine aus Übersee an: Wegen des heißen Klimas gelangen die Trauben dort immer zu einer hohen Reife, was den Weinen ein kräftiges Alkoholgerüst und eine üppige, vollmundige Art beschert. Shiraz aus Australien oder Pinotage aus Südafrika kommen in dieser Verbindung so richtig zum Zuge. Tolle Geschmackserlebnisse habe ich auch gehabt, wenn die Wildsauce mit etwas dunkler Schokolade abgeschmeckt war und dann dazu ein Merlot gereicht wurde, der im Aroma ebenfalls an Schokolade erinnerte.

Zu **Lammfleisch** gehört ebenfalls ein charaktervoller Rotwein. Rotweine aus den südlicheren Gefilden wie Südfrankreich, Süditalien oder Spanien gehen immer gut dazu.

Saucen

Natürlich beeinflusst eine Sauce ein Gericht in besonderer Weise. Im Endeffekt kommt es darauf an, welcher Geschmack insgesamt dominant ist.

Wenn zu einem Fisch oder Fleisch eine **Vinaigrette** gereicht wird, beeinflusst das den Geschmack des Gerichts nicht nachhaltig. Die Zubereitung ist sicher leicht, also glänzen hierzu eher die leichteren Weine. Eine Sülze mit Vinaigrette würde gut mit einem Silvaner oder leichteren Grauburgunder harmonieren – und in keinem Fall sollte es ein säurebetonter Wein sein!

Butter- und Sahnesaucen bauen wunderbare Brücken zu kraftvollen Weinen, und ein höherer Alkoholgehalt wirkt hier dienend. Die Burgunderreben wie Weiß- und Grauburgunder oder Chardonnay bringen den sogenannten Burgunderschmelz mit: Sie sind selten säurebetont, eher verwöhnen sie mit ihrer weichen und cremigen Art. Eine Zeit lang wurden die Chardonnays vor allem in Kalifornien sehr fett und mächtig ausgebaut. Zumindest mit Butter- und Sahnesaucen konnte man ihre Berechtigung verstehen. Auch etwas Restsüße im Wein kommt solchen Saucen sehr gelegen. Die Schweizer machen ihre Weine gerne mit der malolaktischen Gärung (biologischer Säureabbau). Auch bei Barriqueweinen wird dieser Ausbau oft eingesetzt. Dabei wird die herbe, spitze, kernige Apfelsäure in die weichere und cremige Milchsäure umgewandelt – ideal für die geschmackliche Verbindung mit Sahne- und Buttersaucen.

Gleiches wie bei den Butter- und Sahnesaucen lässt sich für **Saucen auf Ei- oder Mayonnaisebasis** sagen. Leichtere und dünnere Weine würden gegenüber diesen Saucen auseinanderfallen. Zu empfehlen sind dagegen runde Burgunderweine, die auch etwas süßlichen Schmelz mitbringen.

Leichtere Currysaucen oder mit Zitrone abgeschmeckte helle Saucen sollten Sie mit frischen

Weißweinen wie Riesling oder Sauvignon Blanc oder Scheurebe ergänzen. Auch **leichte Jus mit Kräutern** harmonieren natürlich gut mit leichten Weinen.

Sobald aber **Saucen einreduziert** und vielleicht sogar mit Portwein oder Madeira aufgepeppt sind, kommen kraftvolle Rotweine ins Spiel. Spanische Rotweine aus dem Priorat, Ribera del Duero oder Toro gehen eine tolle Verbindung zu konzentrierten Saucen ein.

Scharfe Saucen verlangen nach eher leichteren und milderen Weinen. Starke Schärfe kann den Alkohol oder die Tannine im Wein unangenehm betonen. Denken Sie an ein kräftig gewürztes Chili con carne. Einen fruchtigen Rosé- oder Rotwein trinken Sie locker dazu. Aber bei einem strengen Cabernet Sauvignon oder Tannat (Rebsorte aus dem Südwesten Frankreichs) kann es Ihnen passieren, dass Sie den Wein kaum hinunterbekommen.

Pasta

Pasta in jeder Form ist aus der deutschen Küche eigentlich gar nicht mehr wegzudenken. Je nach Zubereitungsart passen dazu Weine von leicht und spritzig über schwer und gehaltvoll bis zu mächtig. In den meisten Fällen passen Roséweine gut.

Ein geschätzter Klassiker sind bei uns zu Hause **Spaghetti aglio e olio** – mit viel Knoblauch. Ich finde, dass sie wunderbar mit einem gut gekühlten Weiß- oder Roséwein harmonieren. Am besten wählen Sie einen leichten, unkomplizierten Wein. Dies gilt auch für **mediterrane Zubereitungen mit Gemüse**, etwa mit Rucola und Oliven, mit geschmorter Paprika, Auberginen und Zucchini. Bei **Pasta mit Sahnesauce** kommen hingegen wieder die Burgunderweine zum Zuge. Sie wissen schon: Weiß- oder Grauburgunder und Chardonnay – oder auch mal ein Sémillon! Zu **Spaghetti**

Am besten schmeckt Pasta in der jeweiligen Region mit den dort heimischen Weinen. Zur Pasta Vongole von der italienischen Adriaküste etwa passen die dort wachsenden Verdicchio-Weine am besten.

mit Hackfleischsauce schmecken leichtere Rotweine prima, zum Beispiel ein Chianti, Bardolino oder Valpolicella. Bei einem Wildragout kann der Wein dann dementsprechend kräftiger ausfallen. Bei **Pasta mit Muscheln oder Fischragout** kommt man allerdings doch eher wieder zu den schlanken Weißweinen zurück.

Supergut finde ich **orientalische Nudeln**, etwa mit Nüssen und warmen Gewürzen, und dazu bukettreiche Weißweine.

37

Schwierige Essenspartner zum Wein

Am liebsten erzähle ich Ihnen ja, was Spaß macht und gut schmeckt. Aber bei einigen Produkten ist es hilfreich zu wissen, dass bestimmte Weine nicht so gut dazu schmecken. Bevor Sie also glauben, dass Ihr Wein nicht schmeckt, überlegen Sie, ob Sie vielleicht ein Gericht gewählt haben, mit dem sich der Wein einfach schwer tut.

So geht es mir etwa mit **Tomaten**. Sie bringen eine kräftige Säure mit, mit der so mancher Wein zu kämpfen hat. Hier dürfen Sie nicht zu leichte Weine wählen. Weiß- oder Roséweine mit Schmelz (Spätlese-Qualität) oder relativ fruchtige Rotweine passen da gut.

Artischocken gelten als schwierige Weinpartner. Zur gekochten Artischocke mit Sauce hollandaise hatte ich neulich zu Hause einen kraftvollen Sémillon, und diese Kombination schmeckte perfekt! Auch ein nicht ganz trockener Sherry Amontillado passt gut dazu. Sind die Artischocken gratiniert, passen fruchtige Rotweine prima. Überhaupt ist Rotwein meistens viel besser zu Artischocken geeignet als Weißwein.

Bei **sauer eingelegtem Fisch** muss selbst ich kapitulieren – da hilft nur Bier. Ähnlich verhält es sich, wenn **Sauerkraut** wirklich sauer ist. Die Säure von Wein und Essen verdoppelt sich, und es wird daher mit einem passenden Wein wirklich schwierig. Eine Möglichkeit ist es, etwas Sahne zum Sauerkraut zu geben und einen Wein mit wenig Säure zu wählen. Auch wenn **frisches Obst** viel Säure mitbringt, ist die Weinwahl nicht leicht. Aber man darf es nicht zu eng sehen: Sobald ein bisschen Eis oder Sabayon dabei ist, haben Sie wieder eine gute Brücke zum Süßwein.

Eier sehen Sommeliers auch nicht so gerne. Weine werden in dieser Verbindung oft metallisch im Geschmack. Je nach Zubereitung kann ein Glas Sherry Amontillado der passende Begleiter sein.

Gemüse

So verschieden die Gemüsesorten und die Zubereitungen sind, so unterschiedlich können natürlich auch die dazu passenden Weine ausfallen.

Jedes Jahr aufs Neue experimentiere ich mit Spargel. Der große Klassiker Silvaner fasziniert mich immer wieder dazu! Vor allem die fränkischen Silvaner sind einfach zum Niederknien! Obwohl sie von Natur aus relativ wenig Säure mitbringen, wirken sie so lebendig und elegant. Oft bringen sie ein einzigartiges Bukett mit, das an Veilchen erinnert. Grüner Spargel, finde ich, passt besonders gut zu Sauvignon Blanc. Ich mache dann oft einen Salat mit Orangenvinaigrette und Krabben dazu. Gebratene Spargelstücke mit Pilzen und etwas Sahne schmecken gigantisch gut mit Chardonnay oder Grauem Burgunder. Auch zur Sauce hollandaise kommen die kräftigeren Weißweine gut zur Geltung – dann noch ein Stück Fisch dazu und es ist perfekt. Einer unserer Freunde freut sich immer ganz besonders, wenn er bei uns ein gut abgehangenes Côte de Boeuf bekommt. Wenn wir dieses mit Spargel und einer Jus servieren, schmecken kräftige Rotweine perfekt dazu.

Zu **gekochtem Gemüse** – Lauch, Möhren, Erbsen etc. – ist es sinnvoll, einen leichten Weißwein zu nehmen: Rivaner oder einen leichten Grünen Veltliner aus Österreich oder einen frischen Rueda aus Spanien. Zu **gegrilltem oder gebratenem Gemüse** würde ich ebenfalls einen unkomplizierten Weißwein wählen. Zugegeben: Ich denke dabei gleich wieder an einen Sauvignon Blanc. Ein fruchtiger Weißherbst oder Rosé macht sich aber auch gut. Das Gleiche gilt für **Gemüseaufläufe**: Die meisten kommen mit leichten Weiß- und Roséweinen bestens zurecht. Bei **Gemüsegratin** kommt ja oft etwas Sahne und Käse hinzu; dann kann der Weißwein ein wenig runder sein, so wie es Weiß- oder Grauburgunder sind. Letztere schmecken auch exzellent zu **Gemüsetartes** mit etwas Ei und Sahne.

Aufpassen müssen Sie bei **Tomaten und Artischocken**, beide lassen die Weine schnell metallisch erscheinen. Hier braucht es einen kräftigeren und runden Weißwein mit wenig Säure oder, noch besser, einen eher fruchtigen Rotwein.

Asiaküche

Eigentlich könnte man allein mit Weinempfehlungen zu asiatischen Gerichten ein ganzes Buch füllen. Es gibt so unglaublich viele Stilrichtungen und Zubereitungen …

Ich koche zu Hause sehr oft im Wok und genieße es, dass das so zubereitete Gemüse noch viel Biss hat. Allerdings ist **Gemüse aus dem Wok** häufig mit Curry, Kokosmilch oder Sojasauce gewürzt. Für alkoholstarke oder tanninbetonte Weine können alle drei Würzzutaten zu einem echten Problem werden. Hier kommen leichte und fruchtige Weine am besten zum Zuge; ebenfalls geeignet sind Weine mit Restsüße, zum Beispiel halbtrockene Rieslinge, Muskateller und Traminer. Letztere gehören zur Kategorie »Bukettsorten«. Na klar, zu exotischer Würze kommen die stark duftenden Weine richtig gut zur Geltung. Auch der kräuterige und oft mit exotischer Frucht ausgestattete Sauvignon Blanc entwickelt sich in der Verbindung mit Wokgemüse richtig klasse. Und wenn Sie es etwas unaufgeregter bevorzugen: Leichte Roséweine ordnen sich gut unter.

Zur **Pekingente** oder auch zu **Gerichten mit dunklem Fleisch** lohnt es sich natürlich, zu einem Rotwein zu greifen. Kraftvolle und würzige Weine wie Shiraz, Zinfandel oder Priorat ergänzen diese Gerichte. Wenn Sie mit Gewürzen wie Kardamom, Zimt und Sternanis arbeiten, schmeckt der Wein selbst oft auch noch würziger dazu – eine richtig spannende Veränderung. Und auch hier wäre die andere, etwas gemäßigtere Variante möglich: nämlich zu einem leichten, fruchtigen Rotwein wie einem Beaujolais, einem leichten Spätburgunder oder Schwarzriesling zu greifen.

Interessant ist auch die Kombination von Wein und **Sushi**! Bei rohem Fisch denkt man zuerst an einen mineralischen, also schlanken und salzigen Riesling. Ich habe aber die Erfahrung gemacht, dass gerade in der Verbindung mit Sojasauce fruchtigere, also auf keinen Fall zu tanninbetonte Rotweine am besten schmecken. Sie müssen es unbedingt einmal ausprobieren: Nehmen Sie zu den Sushi und Sashimi einen fruchtigen Spätburgunder oder Portugieser.

Wein und Käse

Mehr braucht es eigentlich nicht für ein perfektes Genusserlebnis als eine gute Flasche Wein und gut gereiften und wohltemperierten Käse. Doch welcher Wein passt? Weißer oder roter? Eine gute Frage! Früher galten Käse und Rotwein als *das* Dreamteam. Dann wurde jedoch vor ein paar Jahren in der Fachpresse immer häufiger berichtet, dass der eigentliche Clou Weißwein und Käse sei. Offen gestanden kann sogar auch ein Roséwein super zu Käse passen. Es kommt dabei natürlich ganz auf den Käse an. In der Tat schmecken die meisten Sorten mit Weißwein besser, und auch etwas Restsüße im Wein tut oft sehr gut. Bei Rotweinen habe ich persönlich oft die Erfahrung gemacht, dass diese eher fruchtig und/oder gereift sein sollten. Sehr tanninbeladene Rotweine wirken mit Käse oft zu streng und hart.

Das Gute ist, Sie spüren sofort, ob der Wein mit dem Käse harmoniert. Entweder es schmeckt zum Reinlegen gut oder es ist »so làlà« – damit Sie aber möglichst immer gleich den vollen Genuss haben, hier ein paar Tipps zum Kombinieren:

Cremige Weichkäse, teilweise mit weißer Schimmelrinde, wie Chaource, Explorateur, Pierre Robert, Brillant Savarin oder Boursault bringen einen relativ hohen Fettgehalt mit und schmecken dementsprechend fantastisch gut. Der milchige Geschmack und das Fett puffern ganz gut die Säure

Wein und Käse – Grundregeln

- Junger, milder und frischer Käse passt prima zu Weißweinen.
- Je reifer der Käse, desto reifer können die Weine sein.
- Säuerliche Käse mit säureärmeren Weinen kombinieren.
- Sehr salzige Käse vertragen sich nicht gut mit tanninbetonten Weinen.
- Blauschimmelkäse schmeckt am besten mit edelsüßen Weinen.
- Regionale Weine harmonieren meistens gut mit den jeweils regionalen Käsesorten.
- Guten Käse nie zu kalt servieren – beim Wein ist es ganz ähnlich!

im Wein. Zum großen Teil kommen die Käsesorten aus der Île de France, wo man gerne Champagner dazu genießt. Ein Burgundersekt oder Weiß- und Grauburgunder sowie Chardonnay wären meine erste Wahl.

Ziegenkäse wie Valencay, Sainte-Maure, Pouligny St-Pierre, Banon, Crottin de Chavignol sind bekannte französische Käsespezialitäten. Als großer Riesling-Fan liebe ich vor allem die frischen Ziegenkäse – die beiden gehen eine gigantische Kombination ein! Frische Sauvignon Blancs wie Sancerre oder Pouilly Fumé sind ebenfalls perfekt mit Ziegenfrischkäse. Leichtere und eher fruchtige Rotweine – ohne Holzfassausbau – profitieren gleichfalls von frischem Ziegenkäse. Seit Jahren finde ich ihn als Dessert in Kombination mit Feigen und Honig grandios zu edelsüßen Weinen, etwa Traminer Eiswein.

Weichkäse mit weißer Schimmelrinde wie Camembert, Brie de Meaux, Coulommiers, Fougeru oder Neufchâtel sind für mich die richtigen Klassiker zu Rotwein. Ein gereifter Weißwein passt oft auch nicht schlecht, aber hier kommen die Rotweine wieder mal richtig zum Glänzen. Unschlagbar ist für mich Camembert mit einem guten roten Burgunderwein, gerne auch mit einem deutschen Spätburgunder. Gereifte Weine, die nicht mehr so tanninbetont sind, ergänzen sich wunderbar mit Weißschimmelkäse.

Weichkäse mit gewaschener Rinde wie Münster, Livarot, Maroilles, Reblochon, Pont l'Evêque, Saint-Nectaire passen am besten zu gehaltvollen Weißweinen. Extraktreiche Grauburgunder und auch internationale Weißweine mit Barrique-Ausbau harmonieren zu den oft orangefarben leuchtenden Käsespezialitäten. Auch wenn sie etwas streng riechen, kann es sein, dass diese Käse ohne Rinde relativ mild im Geschmack sind. Die »richtigen Stinker«, wie etwa Münsterkäse, sind großartig mit etwas restsüßen Weinen, beispielsweise mit einem Gewürztraminer aus dem Elsass. Bekanntlich bestätigen aber Ausnahmen die Regel: so finde ich Epoisses, einen sehr weichen Rotschmierekäse, der während der Reifung mit Marc de Bourgogne gewaschen wird, sensationell zu rotem Burgunderwein!

Halbfester Schnittkäse und Bergkäse wie Morbier, Tomme Gris, Gouda oder Fontal kommen mit gehaltvollen Weißweinen besser zur Geltung als mit Rotweinen. Meine Erfahrung ist, dass Rotweine in dieser Verbindung teilweise »stallig« schmecken. Klingt komisch, aber probieren sie es selbst aus. Der leckere Rotwein, beispielsweise ein Rioja, verliert zum Morbier seine Eleganz und erinnert dann manchmal an einen Kuhstall …

Hartkäse wie zum Beispiel Comté, Gruyère, Beaufort, Parmesan oder Pecorino finde ich immer ganz wunderbar mit gereiften Rotweinen. Wenn Sie zum Hauptgericht einen schönen Rotwein hatten, können Sie danach ohne Weiteres noch ein Stückchen Hartkäse zum selben Wein genießen. Allerdings werden junge tanninbetonte Weine durch den Salzgehalt im Käse oft bitter, streng und hart. In der Schweiz hingegen wählt man zu den Hartkäsen einen Weißwein. Fendant

ist dort fast eine Wunderwaffe! Mineralisch, also leicht salzig im Geschmack, mit nicht zu viel Säure und eher schlank im Körper begleitet er Hartkäse absolut harmonisch. Daher können Sie durchaus auch zu einem deutschen Weißwein greifen.

Blauschimmelkäse wie Gorgonzola, Roquefort, Fourme d'Ambert, Stilton oder Bleu de Bresse können Sie zwar auch mit Rotwein begleiten, aber wirklich großartig schmecken sie meist mit edelsüßen Weinen oder mit Port. Nicht von ungefähr leisten sich die Engländer zu Weihnachten Stilton mit Port, und die Franzosen schwören auf Roquefort mit Sauternes. Blauschimmelkäse schmeckt oft etwas süßlich, und zu solchen Sorten passen deshalb süßere Weine. Die cremigeren Varianten wie Bleu de Bresse vertragen sich gut mit Rotweinen, beispielsweise aus Spanien. Die trockeneren Edelschimmelkäse tun sich dagegen mit süßeren Weinen wesentlich leichter.

Viele Blauschimmelkäse bringen eine gewisse Süße mit. In der Verbindung mit edelsüßen Weinen neutralisieren sich die beiden Süß-Aromen, der Wein schmeckt nicht mehr ganz so süß und der Käse wirkt milder.

Weinsnacks – es muss nicht immer Käse sein

Mein findiger Sommelierkollege Winz hat ganz neue Weinsnacks auf den Markt gebracht. Zu Grünem Veltliner empfiehlt er zum Beispiel Wasabinüsse, zum Rosé getrocknete Cranberries oder zu halbtrockenem Riesling getrocknete Kumquats. Die Idee ist dabei, dass der Wein mit den passenden Snacks noch besser schmeckt; sie heben den Wein wie sonst das passende Essen. Diese Knabbereien gewinnen immer mehr Bedeutung. Schauen Sie mal in einem Weingeschäft oder im Internet nach.

Schafkäse wie Manchego, Brin d'Amour, Pecorino, Brebis du Lavort, Brebidin etc. sind in der Konsistenz alle recht unterschiedlich. Der Teig ist meist crèmefarben und wirkt konzentrierter als der von Kuh- oder Ziegenkäse. Meine Favoriten dazu sind leichte Weiß- und Roséweine. Vor allem der mit Kräutern versehene Brin d'Amour schmeckt mit einem kräuterigen Rosé, etwa aus der Provence, supergut!

Raclette verlangt unbedingt einen Weißwein. Perfekt ist zum Beispiel ein Fendant, in der Schweiz ja der Klassiker. Selbstverständlich können Sie auch einen anderen Weißen dazu wählen. Er sollte aber leicht und frisch ausgebaut sein; ein Barrique-gereifter Wein käme zu mächtig daher. Rotwein macht den Käse unbekömmlich und wirkt zu sättigend. Sie brauchen dann viel Schnaps hinterher … Weißwein mit seiner frischeren Säure ist hingegen sehr bekömmlich zu Käse.

Desserts

Die wichtigste Regel beim Thema Desserts und Wein: Süße und Süße heben sich gegenseitig auf! Das können Sie leicht ausprobieren: Nehmen Sie einen Wein, der relativ süß schmeckt, und probieren Sie dazu einen Bissen von einem Dessert, Kuchen oder Eis. Sie werden fasziniert sein, wie trocken der Wein in dieser Kombination schmeckt! Darum ist es wichtig, dass der Wein mindestens die Süße des Desserts mitbringt. Hierzu finden Sie viele Tipps im Rezeptteil ab Seite 302.

Ein großartiges Geschmackserlebnis ist es, wenn der Wein genau die Aromen der Nachspeise widerspiegelt. Manche Rieslinge riechen und schmecken intensiv nach Ananas. Wenn Sie nun dazu ein Ananasdessert genießen, verschmelzen Dessert und Wein regelrecht. Andere Rieslinge erinnern an Pfirsiche oder an Maracuja. Scheureben bringen oft das Aroma von roten und schwarzen Johannisbeeren oder auch Grapefruit mit, während Traminer nach Gewürzen, Litschi und Rosenblättern duftet. Muskateller zeigt neben vielen Gewürzen auch ein Aroma, das an Orangenblüten oder eingelegte Aprikosen erinnert. Grauburgunder/Ruländer wirkt würzig und nussig, während ein hochwertiger Weißherbst manchmal an Pflaumen, Feigen oder Datteln denken lässt. Die hohen Qualitätsstufen wie Beerenauslese und Trockenbeerenauslese bringen immer auch das Aroma von Honig, Ahornsirup oder Karamell mit. Eisweine zeigen eher die typische und meist noch sehr klare Frucht der Rebsorte. Sie merken schon, hier kann das Kombinieren richtig spannend sein, und es sind großartige Kompositionen möglich!

Mehrere Weine innerhalb eines Menüs

Bei der Zusammenstellung eines Menüs bemüht sich jeder Koch um eine gelungene und harmonische Abfolge der Gänge. Man wählt zu Beginn leichtere Gerichte und steigert sich zu kräftigeren. Dies gilt auch für den Wein: Gibt es zu einem Menü mehrere Weine, werden **die leichten vor den kräftigen** serviert. Ideal wäre es, zur Vorspeise mit einem leichten Riesling oder Sauvignon Blanc zu beginnen. Dann kann man zum Zwischengericht einen gehaltvolleren Weißwein, eventuell eine Burgunderrebsorte, im Barrique gereift oder als Spätlese-Qualität, servieren. Zum Hauptgang eignet sich dann als Steigerung ein kraftvoller Rotwein. Und zum Abschluss ist ein Dessertwein die Krönung!

Für die Folge von trockenen und süßen Weinen gilt allgemein: **Erst die trockenen Weine servieren, dann die süßeren.** Doch Ausnahmen bestätigen die Regel: So wird etwa zur klassischen Gänselebervorspeise ein Süßwein gereicht. Wenn Sie danach gleich einen trockenen Weißwein trinken, wirkt dieser oft karg und ausgezogen. Ein süßer Wein kann dem nachfolgenden leicht seinen Schmelz nehmen. In solchen Fällen sollten Sie vor dem zweiten Gang mit Wasser, Brot oder einer klaren Consommé den Gaumen neutralisieren.

Reichen Sie **aromatische Weine erst nach den schlankeren und neutralen**. Reichen Sie etwa zum Essen sowohl einen Silvaner als auch einen Sauvignon Blanc, sollten Sie den bodenständigen Silvaner zuerst genießen. Der Sauvignon Blanc kommt oft sehr laut, parfümiert und mit knackiger exotischer Frucht daher; er kommt deshalb nach dem Silvaner. Bei umgekehrter Reihenfolge würde der Silvaner blass und flach dastehen.

Reifere Weine werden klassisch **nach den jüngeren Weinen** serviert. Bei größeren Weinproben werden die Weine meist zum Alter hin gesteigert. Die Weine werden dann im Allgemeinen immer feiner und subtiler. Um ehrlich zu sein, bringe ich persönlich diese Reihenfolge gern gezielt durcheinander. Warum sollte unbedingt der teuerste Wein (oft gilt: je reifer, desto teurer) immer zum Schluss kommen? Davon abgesehen, haben dann meist alle schon etwas Alkohol im Blut, und sie wissen eventuell den besonderen Wein gar nicht mehr richtig zu schätzen. Ich kann da mit Brüchen der klassischen Abfolge sehr gut leben: dass Sie beispielsweise nach dem Hauptgericht zum Käse wieder einen jüngeren Wein bringen oder dass Sie gar zum Nachtrunk auf einen knackigen Riesling oder einen leichten Gutedel umsteigen. Das entsprechende Motto von Künstlern lautet ja: »Wer die Form beherrscht, darf sie verletzen«.

Im anschließenden Teil dieses Buches finden Sie Rezepte für jede Gelegenheit, von klassisch bis innovativ, von der Vorspeise bis zum Dessert. Und damit das Mahl auch zum großen Aha-Erlebnis wird, biete ich Ihnen zu jedem Gericht die passenden Weinempfehlungen.

Rezepte

Vorspeisen

Kräutersalat

mit Ziegenkäse und Beeren-Vinaigrette

Für 4 Personen

Für den Kräutersalat:
30 g Pinienkerne
1 großes Bund Schnittlauch,
  in sehr feine Röllchen
  geschnitten
250 g Ziegenfrischkäse
Salz · frisch gemahlener Pfeffer
je 1 Bund Brunnenkresse,
  glatte Petersilie, Basilikum,
  Kerbel und Dill

Für die Beeren-Vinaigrette:
150 g rote Johannisbeeren
je 50 g Himbeeren und
  Blaubeeren
3 EL Aceto balsamico bianco
1 EL Himbeergelee
1 EL Dijonsenf
5 EL kalt gepresstes Olivenöl

1 Für den Kräutersalat rösten Sie die Pinienkerne in einer beschichteten Pfanne goldbraun an, lassen sie abkühlen, hacken sie fein und vermischen sie mit dem Schnittlauch.

2 Den Ziegenfrischkäse glatt rühren, salzen und pfeffern. Mit zwei nassen Teelöffeln Nocken abstechen, formen und in der Schnittlauch-Pinienkern-Mischung wälzen.

3 Die Brunnenkresse verlesen, waschen und von den Stielen zupfen. Basilikum, Petersilie, Kerbel sowie den Dill waschen und trocken tupfen.

4 Zupfen Sie die Blättchen in Stückchen. Alle Kräuter mischen und mit den Ziegenkäsenocken anrichten.

5 Für die Beeren-Vinaigrette alle Beeren waschen und abtropfen lassen. Streifen Sie die Johannisbeeren von den Rispen. 50 g Johannisbeeren sowie die Himbeeren und Blaubeeren auf dem Salat verteilen.

6 Die restlichen Johannisbeeren mit Essig, Himbeergelee, Dijonsenf und Olivenöl pürieren, mit Salz und Pfeffer abschmecken, durch ein Sieb passieren und über den Salat gießen.

Weinempfehlung

Der Knaller zu diesem aromatischen Salat mit seinem besonderen Beerendressing ist eine Scheurebe oder ein Sauvignon Blanc. Beide Rebsorten bringen eine unglaubliche Fruchtigkeit mit, die an rote und schwarze Johannisbeeren erinnert. Das ergänzt sich wunderbar mit der Vinaigrette. Oder Sie servieren einen Kerner, der in manchen deutschen Weinregionen – wie etwa in Württemberg – hochgehalten wird. Dieser geht von der Aromatik ebenfalls in die Richtung von Johannisbeeren und Holunderblüten. Da der Kerner derzeit gerade nicht so en vogue ist, finden Sie ihn in Württemberg auch unter der Bezeichnung »Justinus K.«
Und nicht zuletzt: Ein fruchtiger Weißherbst, beispielsweise vom Portugieser, würde ebenfalls recht gut zu diesem Kräutersalat passen.

Brunnenkresse
mit Sprossen und Himbeeren

Für 4 Personen

300 g Brunnenkresse
100 g Mungbohnensprossen
50 g Himbeeren

Für die Vinaigrette:
1 EL Honig · Salz
frisch gemahlener Pfeffer
1 1/2 EL Himbeeressig
1–2 EL Zitronensaft
60 ml Traubenkernöl

1 Die Brunnenkresse verlesen, putzen, waschen und in einem Sieb gut abtropfen lassen oder trocken schleudern.

2 Verquirlen Sie für die Vinaigrette den Honig mit Salz, Pfeffer und dem Himbeeressig, bis sich das Salz aufgelöst hat. 1 EL Zitronensaft unterrühren, dann das Traubenkernöl einrühren. Die Vinaigrette mit Zitronensaft und eventuell noch etwas Salz und Pfeffer abschmecken.

3 Die Bohnensprossen in einem Sieb kalt abbrausen und gut abtropfen lassen. Geben Sie die Sprossen mit der Brunnenkresse in eine große Schüssel und vermischen Sie das Ganze.

4 Die Brunnenkresse-Sprossen-Mischung auf vier Teller verteilen und die Vinaigrette auf die Portionen träufeln. Den Salat mit den Himbeeren garnieren und sofort servieren.

Tipp Die milde Süße der Himbeeren harmoniert sehr gut mit der leichten Schärfe der Brunnenkresse. Die Kresse können Sie auch durch Portulak oder einfach durch Feldsalat ersetzen.

Weinempfehlung

Auf alle Fälle brauchen Sie hier einen leichten Wein. Einen frischen Rivaner oder einen leichten italienischen Weißwein wie Gavi oder Verdicchio finde ich hier ideal. Diese leichten Italiener bringen relativ wenig Säure mit, und man kann sie auch noch ganz gut zum Hauptgang weitertrinken.
Und was passt noch? Nehmen Sie einfach einen leichten Rosé! Ob aus Deutschland, Frankreich oder Spanien – Hauptsache nicht zu schwer, und wenn der Wein noch ein wenig nach Himbeeren duftet, passt das ganz perfekt!
Ganz wichtig: Ein Wein, der zu einem Blatt- oder Gemüsesalat gereicht wird, sollte nicht zu viel Alkohol mitbringen; und auch holzgereifte Weine hätten es hier sehr schwer – dafür hat das Gericht nicht genügend Substanz.

Bunter Blattsalat
mit Feigen und Roquefort-Dressing

Für 4 Personen

Für das Roquefort-Dressing:

150 g Roquefort
150 g Joghurt
2 EL frisch gepresster
  Orangensaft
Salz · frisch gemahlener Pfeffer
2 EL Walnussöl
2 EL geschlagene Sahne

Für den Salat:

1 kleiner Kopf Radicchio
  di Chioggia
1 Kopf Radicchio
  di Treviso
1 Römersalatherz
4 blaue Feigen
40 g Walnusskerne, gehackt

1 Etwa 50 g Roquefort fein zerkrümeln und beiseitestellen. Den restlichen Käse streichen Sie mit einem Löffel durch ein feines Sieb.

2 Den zerdrückten Roquefort mit Joghurt und Orangensaft verrühren und mit Salz und Pfeffer würzen. Öl unterschlagen, Sahne unterrühren und das Dressing kalt stellen.

3 Die Salate putzen, waschen, gut trocken schleudern und in mundgerechte Stücke zupfen. Die Feigen waschen, den Stielansatz entfernen. Schneiden Sie die Früchte in 6 bis 8 Stücke und richten Sie sie mit den Salaten an.

4 Die Roquefortkrümel unter das Dressing heben und dieses über den Salat geben. Mit gehackten Walnüssen bestreuen. Dazu passen rosa gebratene Lammfilets.

Tipp Beim Radicchio di Chioggia handelt es sich um die bei uns am häufigsten angebotene Radicchio-Sorte. Er hat einen runden Kopf mit eng anliegenden Blättern. Radicchio di Treviso dagegen bildet längliche Stauden und hat schmale Blätter mit einer dicken weißen Blattrippe. Er ist im Geschmack besonders fein, angenehm zartbitter.
Etwas milder und fester wird das Dressing, wenn man es mit der gleichen Menge Gorgonzola-Mascarpone zubereitet. Dann kann es auch als Dip zu frischen, geachtelten Feigen serviert werden. Noch würziger wird das Dressing, wenn man 1/2 Knoblauchzehe dazupresst.

Weinempfehlung

Feigen werden von Weinen mit hoher Reife am besten unterstützt. Ein Grauburgunder als Spätlese-Qualität oder ein Riesling in Spätlese- oder sogar Auslese-Qualität kommen hier richtig zur Geltung. Der Verband der deutschen Prädikatsweingüter (VDP), ein Zusammenschluss von über 200 der besten Winzer in Deutschland, zeichnet die besten Weine aus ausgesuchten Toplagen als »Großes Gewächs« oder im Rheingau als »Erstes Gewächs« aus. Dies entspricht dem französischen »Grand Cru« oder »Premier Cru«. Erlaubt sind nur regionaltypische Rebsorten, und die müssen eine Spätlese-Qualität mitbringen. Das sind richtig konzentrierte und lang haltbare Weine. Ein Riesling Großes Gewächs aus der Pfalz – muskulös und kraftvoll – wäre für mich der ideale Wein zu Feigen und Roquefort.

Avocado
mit zweierlei Saucen

Für 4 Personen

2 Avocados
etwas Limettensaft

**Für die grüne Salsa
mit Tomatillos:**

1 Dose Tomatillos
(Abtropfgewicht etwa 220 g)
2 Knoblauchzehen
3 Chilischoten (Serrano)
2 EL gehacktes Koriandergrün
Salz nach Belieben

**Für die rote Salsa
mit Tomaten:**

4 Chilischoten (Serrano)
250 g Flaschentomaten
2 Knoblauchzehen
2 EL gehacktes Koriandergrün
Salz
1 Spritzer Weinessig nach
Belieben

Außerdem:

2 Eier
1 rote Zwiebel
einige Blätter Friséesalat
frisch gemahlener Pfeffer

1 Lassen Sie für die grüne Salsa die Tomatillos in einem Sieb abtropfen und fangen Sie dabei 80 ml Sud auf. Die Knoblauchzehen abziehen und fein hacken. Die Chilischoten halbieren, von Stielansätzen und Samen befreien.

2 Den Tomatillo-Sud erhitzen, die Chilischoten darin 5 Minuten köcheln und in der Flüssigkeit abkühlen lassen. Gießen Sie das Ganze anschließend durch ein feines Sieb. Die Chilis (aus dem Sieb) mit der Hälfte des Suds, den Tomatillos und dem Knoblauch pürieren. Koriandergrün untermischen; die Salsa nach Belieben salzen.

3 Für die rote Salsa die Chilis halbieren, von Stielansätzen und Samen befreien. In einem Topf Wasser zum Kochen bringen. Geben Sie die halbierten Chilis hinein und lassen Sie sie 2 Minuten kochen, dann die Tomaten hinzufügen und alles zusammen noch 3 Minuten kochen. Chilis und Tomaten abgießen, kalt abschrecken und abkühlen lassen.

4 Tomaten von den Stielansätzen befreien, häuten, halbieren und die Samen entfernen. Ziehen Sie den Knoblauch ab und zerkleinern Sie ihn grob.

5 Tomaten, Chilis und Knoblauch im Mixer pürieren. Koriandergrün dazugeben, Mischung salzen und nach Belieben mit Weinessig würzen.

6 Die Eier etwa 7 Minuten kochen (das Eigelb sollte wachsweich sein). Schälen Sie inzwischen die Zwiebel und schneiden Sie sie in dünne Ringe. Eier abschrecken und pellen.

7 Die Avocados der Länge nach halbieren, den Kern entfernen und das Fruchtfleisch mit Limettensaft einpinseln. Die Avocadohälften mit einem Sparschäler dünn schälen und das Fruchtfleisch längs in etwa 1/2 cm dicke Spalten schneiden.

8 Arrangieren Sie die Avocadospalten fächerförmig auf vier Tellern. Die Eier quer halbieren und jeweils eine Hälfte neben den Avocadospalten anrichten.

9 Die beiden Saucen auf bzw. neben den Avocados verteilen, mit Salatblättern und Zwiebelringen garnieren, mit Pfeffer bestreuen und die Avocados sofort servieren. Nach Belieben Tortilla-Chips dazu reichen.

Weinempfehlung

Tomaten und Eier können beide den Sommelier zur Verzweiflung bringen. Während die Tomaten es dem Wein mit ihrer Säure schwer machen, lassen Eier die Weine häufig etwas metallisch schmecken. Guter Rat ist hier also teuer, oder? – Man kann das mit der Weinbegleitung zu diesem Avocadogericht aber eigentlich auch ganz unkompliziert sehen: Nehmen Sie einen Weiß- oder Roséwein,

der nicht allzu säurebetont ist, und er darf ruhig auch ein bisschen Restsüße haben. Ein Spätburgunder Weißherbst mit Schmelz (also mit einer Süße, die einen samtigen Eindruck hinterlässt) geht natürlich ebenso. In Chile, wo Avocados zur Alltagsküche gehören und diese Früchte in allen Varianten angeboten werden, serviert man zu Avocadozubereitungen einen Sauvignon Blanc.

Kartoffelsalat
mit Wirsing

Für 4 Personen

800 g festkochende Kartoffeln
Salz · 400 g Wirsing
150 g durchwachsener
  Räucherspeck
2 Zwiebeln
1 TL Kümmelkörner
4 EL Weißweinessig
1/4 l Fleisch- oder Gemüsebrühe
2 TL mittelscharfer Senf
Pfeffer
2 Frühlingszwiebeln
  (nur die grünen Teile)

1 Die Kartoffeln waschen. Kochen Sie in einem großen Topf reichlich Wasser auf und geben Sie etwas Salz dazu. Die Kartoffeln ungeschält darin in 20 bis 25 Minuten knapp gar kochen.

2 Inzwischen den Wirsing waschen, von den dicken Mittelrippen befreien und in breite Streifen schneiden. Wirsing in einem zweiten Topf mit Salzwasser bedecken, aufkochen und zugedeckt bei mittlerer Hitze in etwa 3 Minuten bissfest kochen. Den Wirsing in ein Sieb abgießen und abtropfen lassen.

3 Während Wirsing und Kartoffeln kochen, bereiten Sie das Dressing zu: Speck von Schwarte und Knorpeln befreien und klein würfeln. Die Zwiebeln schälen und fein hacken. Den Speck in einem Topf bei mittlerer Hitze auslassen und leicht braun braten,

dabei immer wieder durchrühren. Die Zwiebeln mit Kümmel dazugeben und bei schwacher Hitze inetwa 5 Minuten glasig braten.

4 Rühren Sie Essig, Brühe und Senf unter die Speckmischung. Mit Salz und Pfeffer abschmecken. Das Grün der Frühlingszwiebeln waschen und in feine Ringe schneiden.

5 Kartoffeln in ein Sieb abgießen, etwas ausdampfen lassen und noch warm pellen. Schneiden Sie die Kartoffeln in etwa 1/2 cm dicke Scheiben und geben Sie mit dem Wirsing in eine Salatschüssel. Das Speckdressing dazugeben, alles locker mischen.

6 Den Kartoffelsalat mit den Frühlingszwiebelringen bestreuen und lauwarm servieren. Dazu passen Laugengebäck und Bratwürste oder Frikadellen.

Weinempfehlung

Der Speck im Kartoffelsalat braucht Würze und etwas Substanz im Wein. Grauburgunder bringt Körper und Kraft mit. Weil er nicht säurebetont ist, wirkt er rund, schmelzig und nicht so trocken. Etwas gewagt, aber richtig klasse ist hier auch ein trockener Gewürztraminer. Auch er hat wenig Säure, und seine reiche, würzige, fast parfümierte Art hält einem rustikalen Gericht gut stand.

Viele sagen ja, dass der Traminer seinen Ursprung in Tramin in Südtirol hat. In der Tat, dort war – und ist – er auch, aber zuvor hat man ihn schon in Ägypten gekannt. In Italien ist der Traminer gerade stark im Trend und wird dort auch überwiegend trocken ausgebaut. Der Gewürztraminer ist eine Mutation, also eine eigenständige Spielart der Traminerrebe.

Spargelsalat
mit Schinken und Eier-Vinaigrette

Für 4 Personen

Für den Spargelsalat:
750 g weißer Spargel
Salz · etwas Zitronensaft
Zucker
200 g Serrano-Schinken,
  in Scheiben
20 g Brunnenkresse

Für die Eier-Vinaigrette:
2 hart gekochte Eier
1 Knoblauchzehe
2 kleine Schalotten
3 EL Zitronensaft
Salz · frisch gemahlener Pfeffer
8 EL natives Olivenöl extra
2 EL Schnittlauchröllchen

1 Vom Spargel die unteren Enden abschneiden und die Stangen mit einem Sparschäler von oben nach unten schälen. Dabei dicht unter dem Kopf ansetzen und nach unten hin großzügiger schälen.

2 Kochen Sie in einem ausreichend großen Topf Wasser mit etwas Salz, Zitronensaft und 1 Prise Zucker auf, legen Sie die Spargelstangen ein und garen Sie sie in 10 bis 15 Minuten bissfest. Die Spargelstangen aus dem Sud heben und abkühlen lassen.

3 Für die Eier-Vinaigrette die Eier pellen, den Knoblauch und die Schalotten schälen und alles fein hacken. Verrühren Sie den Zitronensaft mit Salz und Pfeffer, bis das Salz gelöst ist. Das Olivenöl einrühren und die gehackten Eier, die Knoblauch- und Schalottenstücke sowie den Schnittlauch untermischen.

4 Den Serrano-Schinken aus dem Kühlschrank nehmen und Zimmertemperatur annehmen lassen. Schneiden Sie von der Brunnenkresse die Stiele bis zum Ansatz der Blätter ab, waschen Sie die oberen Teile und lassen Sie sie gut abtropfen lassen oder schütteln Sie sie trocken.

5 Die Spargelstangen auf ovale Teller verteilen und mit den Schinkenscheiben anrichten. Die Eier-Vinaigrette auf dem Spargel verteilen und den Salat mit der Brunnenkresse garniert servieren.

Tipp Achten Sie beim Schinkenkauf darauf, dass der Schinken hauchdünn aufgeschnitten wird, damit sich das Aroma passend zum Spargel voll entfalten kann und nicht den Eigengeschmack des Spargels überdeckt.

Weinempfehlung

So fantasielos das auch klingen mag – nach wie vor ist Silvaner zu Spargel großartig! Der Silvaner hat nicht viel Säure und wirkt sehr floral und vegetal. So passt er sich dem Spargel an wie kein anderer. Zu Spargel mit den traditionellen Begleitern Eier-Vinaigrette und roher Schinken können Sie auch bestens einen leichten Grauburgunder genießen. Ein Geheimtipp dazu ist ein Fendant aus der Schweiz. Ob Dézaley oder St-Saphorin – trotz ihrer geringen Säure wirken diese Weine sehr floral und elegant. Säurebetonte Weine wie Rieslinge sollten Sie zu Spargel dagegen eher meiden.

www.gu.de/
weinempfehlung1

Feldsalat mit gebratenen Steinpilzen
und Holunder-Vinaigrette

Für 4 Personen

Für die Holunder-Vinaigrette:
2 EL Holunderblütenessig
Salz · frisch gemahlener Pfeffer
Zucker
3 EL Weißwein
5 EL Traubenkernöl

Für den Feldsalat mit gebratenen Steinpilzen:
60 g luftgetrockneter durchwachsener Speck
60 g weiße Zwiebel
250 g Steinpilze (oder Egerlinge)
300 g Feldsalat
3 Scheiben Weißbrot ohne Rinde
1 kleine Knoblauchzehe
60 g Butter
Salz · frisch gemahlener Pfeffer
1 EL gehackte Petersilie

1 Für die Vinaigrette den Holunderblütenessig mit Salz, Pfeffer, 1 Prise Zucker und dem Weißwein in einer Schüssel so lange verrühren, bis sich das Salz und der Zucker gelöst haben, dann das Öl unterrühren.

2 Für den Feldsalat mit gebratenen Steinpilzen schneiden Sie zunächst den durchwachsenen Speck mit einem scharfen Messer in dünne Scheiben, diese dann in Streifen und schließlich in kleine Würfel schneiden. Anhaftende Schwarte und Knorpel bei Bedarf dabei entfernen. Schälen Sie die Zwiebel und würfeln Sie sie fein.

3 Erhitzen Sie eine beschichtete Pfanne ohne Fett und braten Sie die Speckwürfel darin etwas an. Dann die Zwiebelwürfel dazugeben und kurz mit anschwitzen, bis sie glasig werden. Speck und Zwiebeln aus der Pfanne nehmen und beides bis zur weiteren Verwendung beiseite stellen.

4 Reiben Sie die Steinpilze mit einem sauberen Küchentuch trocken ab oder putzen Sie sie mit einem Pinsel sorgfältig. Angetrocknete Stielenden ganz dünn abschneiden und die Steinpilze längs in Scheiben schneiden.

5 Den Feldsalat verlesen, putzen, waschen und trocken schleudern oder in einem Sieb sehr gut abtropfen lassen.

6 Das Weißbrot in 5 mm große Würfel schneiden und den Knoblauch abziehen. Zerlassen Sie die Hälfte der Butter in einer Pfanne, rösten Sie die Brotwürfel goldgelb an, dann den Knoblauch durch die Knoblauchpresse dazupressen, kurz mitbraten und beides aus der Pfanne nehmen. Die restliche Butter zerlassen, die Pilze darin anbraten, würzen und die Petersilie einstreuen.

7 Den Feldsalat auf Tellern anrichten, die Speck- und Zwiebelwürfel darüber streuen. Die Pilze daneben anrichten, mit den Croûtons bestreuen und mit Vinaigrette beträufeln.

Tipp Sie können Holunderblütenessig leicht selbst herstellen: 100 g Holunderblüten waschen, abtropfen lassen, mit 1 l Weißweinessig (5 % Säure) sowie 1 EL roten Pfefferkörnern in ein Glasgefäß füllen. Lassen Sie alles etwa 14 Tage in der Sonne oder an einem warmen Ort ziehen. Durch ein Sieb abgießen und in verschließbare Flaschen füllen.

Weinempfehlung

Bei Holunderblüten kommt mir natürlich sofort Sauvignon Blanc in den Sinn! Er kann duften wie ein Korb voller Holunderblüten! Die gebratenen Steinpilze vertragen durchaus einen kräftigeren Wein. Vorzugsweise würde ich also dazu einen Sauvignon Blanc aus Kalifornien, Australien oder Südafrika wählen. Die Steinpilze würden sich auch gut mit einem Chardonnay einlassen. Wenn es sich dabei um eine blumigere Variante handelt, passt das wiederum hervorragend zu den Holunderblüten. Aus dem Macon in Frankreich hat man oft elegantere und nach Blüten duftende Chardonnays.

www.gu.de/
weinempfehlung2

Warmer Auberginensalat
mit Schafkäse

Für 4 Personen

2 rote Paprikaschoten
400 g Tomaten
1 große Aubergine
1 Zucchini
1 weiße Zwiebel
2 Knoblauchzehen
1 oder 2 milde Peperoni
6 EL Olivenöl
1 TL Salz
frisch gemahlener Pfeffer
2 TL edelsüßes Paprikapulver
1 TL gemahlener Kreuzkümmel
Saft von 1 Zitrone
3 EL gehackte Minzeblättchen
200 g Schafkäse (Feta)

1 Den Backofen auf 200°C vorheizen. Die Paprikas backen, bis die Haut Blasen wirft. Herausnehmen und unter einem feuchten Tuch 10 Minuten abkühlen lassen. Dann häuten Sie die Schoten von oben nach unten, vierteln sie und befreien sie von Samen und Scheidewänden. Die Schoten in feine Streifen schneiden.

2 Die Tomaten von den Stielansätzen befreien, dann mit kochend heißem Wasser übergießen, abschrecken und häuten. Vierteln Sie die Früchte, entfernen Sie die Samen und würfeln Sie das Fruchtfleisch.

3 Aubergine und Zucchino waschen und ohne Stiel- und Blütenansätze 1 cm groß würfeln. Schälen Sie Zwiebel und Knoblauch und hacken Sie beides fein. Die Peperoni ohne Stielansatz und Samen in feine Ringe schneiden.

4 Das Olivenöl in einer großen Pfanne erhitzen und die Auberginenwürfel darin 5 Minuten unter Rühren anbraten. Die Zucchiniwürfel nach 3 Minuten mitbraten. Die Zwiebel- und Knoblauchwürfel zufügen und 1 Minute mitbraten. Würzen Sie die Gemüsemischung mit Salz, Pfeffer, Paprikapulver und Kreuzkümmel, streuen Sie die Peperoniringe ein und rühren Sie den Zitronensaft unter.

5 Paprikastreifen und Tomatenwürfel zur Gemüsemischung in die Pfanne geben und kurz dünsten. Zum Schluss mischen Sie die gehackten Minzeblättchen unter und schmecken den Salat ab. Den Schafkäse über den warmen Auberginensalat bröseln.

6 Den Salat auf vier Schalen verteilen und mit warmem Fladenbrot servieren.

Weinempfehlung

Am liebsten würde ich zu diesem Gericht ja einen Roséwein aus Spanien trinken. Während Spanien früher hauptsächlich für kraftvolle Rotweine stand, wissen wir heute, dass es auch exzellente Weiß- und Roséweine dort gibt. Vor allem der Norden Spaniens bietet sehr feine Weine. Ein Rosado aus dem Penedes oder aus Navarra unterstützt den Auberginensalat optimal.

Alternativ können Sie auch zu einem nicht zu fruchtigen italienischen Weißwein greifen, beispielsweise zu einem Trebbiano aus Lugana oder aus den Abruzzen. Die in Italien sehr berühmte Trebbiano-Rebe trifft man auf dem gesamten Stiefel in fast allen Regionen an. Die daraus gekelterten Weine zeigen sich im Bukett immer relativ dezent, während sie eine frische Säure schlank hält.

Mediterraner Nudelsalat
mit Chorizo, Pecorino und Comté

Für 4 Personen

Für den Salat:
250 g rote Farfalle · Salz
100 g Chorizo (spanische
  Paprikawurst)
2 EL Olivenöl
100 g Schalotten, fein gewürfelt
je 1 TL gehackter Rosmarin
  und Thymian
80 g Vongole (Herzmuscheln),
  ohne Schale
80 g breite Bohnen
1/2 Bund Bohnenkraut
2 kleine Fenchelknollen
80 g Kirschtomaten, gehäutet
  und geviertelt
1/2 Avocado, gewürfelt
60 g Eiweiß, in einer rechteckigen
  Form im Wasserbad gestockt
  und gewürfelt
50 g Pinienkerne, geröstet
100 g Pecorino, gewürfelt
80 g Comté, in Streifen
2 EL gehackte Kräuter
  (Estragon, Basilikum, Petersilie
  und Koriander)
1 Msp. Chilipulver · Pfeffer

Für die Marinade:
30 g Joghurt
80 ml Aceto balsamico bianco
Saft und abgeriebene Schale
  von 2 Bio-Limetten
20 g reduzierter Geflügelfond
80 ml gutes Olivenöl
2 TL Haselnussöl
1/2 Paprikaschote, gewürfelt
  und angeschwitzt
7 reife Kirschtomaten
1 Knoblauchzehe, abgezogen
1 Schalotte, geschält und
  grob zerkleinert
Salz · frisch gemahlener Pfeffer
Zucker

1 Pürieren Sie alle Zutaten für die Marinade und lassen Sie die Mischung 30 Minuten ziehen. Inzwischen die Farfalle in Salzwasser al dente garen, kalt abschrecken.

2 Chorizo würfeln, in einem Topf im heißen Olivenöl anbraten, Schalotten und Kräuter unterrühren. Den Topf von der Kochstelle nehmen, die Vongole zufügen und darin schwenken.

3 Blanchieren Sie die Bohnen mit Bohnenkraut in Salzwasser, schrecken Sie sie ab und schneiden Sie sie in Streifen. Den Fenchel putzen und in dünne Scheibchen schneiden, leicht salzen.

4 Nudeln, Chorizo-Schalotten-Mischung, das Gemüse und alle restlichen Zutaten mit der Marinade vermengen und den Salat auf Tellern anrichten.

Weinempfehlung

Unschlagbar zu dem Nudelsalat ist wieder einmal (siehe auch der warme Auberginensalat auf der vorhergehenden Seite) ein Roséwein! Da die Chorizo aus Spanien stammt, würde sich ein guter Rosado aus Navarra besonders anbieten. Dabei kann man sich in der Regel auf ein sehr gutes Preis-Leistungs-Verhältnis verlassen. Die Navarra-Winzer rühmen sich, dass sie für ihre Rosados die Trauben nicht pressen, sondern nur Ablaufmost verwenden. Selbstverständlich können Sie aber zu diesem mediterranen Gericht auch einen deutschen Roséwein oder einen französischen aus der Provence wählen. Ich finde ja die deutschen Weißherbste meist etwas verspielter und fruchtiger in den Aromen, während die Südfranzosen mehr an Kräuter wie Thymian, Salbei und Lavendel erinnern.

Schweinefiletsalat mit Papaya

Für 4 Personen

Für das Sambal hajak:

80 g frische rote Chilischoten
80 g Zwiebeln, grob gehackt
4 Knoblauchzehen, grob gehackt
3 EL Erdnussöl
30 g Erdnusskerne
1 EL Garnelenpaste
1/2 TL gemahlener Galgant
1 TL Salz · 5 EL Tamarindenwasser
2 EL geriebener Palmzucker

Für das Dressing:

10 g getrocknete Garnelen
2 EL Fischsauce · 1 EL Ketjap asin
1 EL Kaffirlimettensaft
1/2 TL Sambal hajak

Für den Salat:

1 Stängel Zitronengras
1 rote Chilischote · 1 TL Honig
2 EL Fischsauce · 1 EL Ketjap asin
150 g Schweinefilet
1 halbreife Papaya (etwa 350 g)
150 g Möhren · 125 g Salatgurke

Außerdem:

2 EL Erdnussöl, Minze- und Korianderblättchen zum Garnieren

1 Für das Sambal hajak Chili-schoten, Zwiebeln und Knob-lauch zu einer Paste pürieren. Erhitzen Sie das Öl und schwitzen Sie die Paste darin bei schwa-cher Hitze unter ständigem Rühren 5 Minuten an. Nüsse, Garnelenpaste, Galgant und Salz hinzufügen. Braten, bis sich alle Zutaten miteinander verbunden haben. Tamarindenwasser und Zucker unterrühren; alles köcheln lassen, bis ein rötlichbraunes Sambal entstanden ist, aus dem das Öl austritt. Erkalten lassen und in ein Glas füllen.

2 Für das Dressing bedecken Sie die getrockneten Garnelen mit kochendem Wasser und lassen sie 30 Minuten ziehen. Garnelen herausnehmen, abtropfen lassen und fein hacken.

3 Die Fischsauce mit Ketjap asin, Limettensaft, 1/2 TL des selbst hergestellten Sambal hajak und den Garnelen mischen.

4 Für den Salat das Zitronengras fein hacken. Chilischote halbie-ren, von den Samen befreien und hacken. Zerreiben Sie Zitronen-gras, Chili, Honig, Fischsauce und Ketjap asin in einem Mörser und füllen Sie die Paste in eine Schüssel. Fleisch in 3 mm dicke Scheiben schneiden. Zur Paste geben. Zudecken und 1 Stunde in den Kühlschrank stellen.

5 Papaya schälen, längs halbie-ren. Die Kerne herauskratzen. Möhren schälen. Gurke waschen, längs halbieren und entkernen. Schneiden Sie Papaya, Möhren und Gurke in 8 cm lange, dünne Streifen.

6 Fleisch aus der Marinade neh-men; abtropfen lassen. Im Öl im Wok kurz braten; herausnehmen, abkühlen lassen. Papaya- und Gemüsestreifen mit dem Fleisch anrichten. Träufeln Sie das Dres-sing darüber und garnieren Sie mit Kräutern.

Weinempfehlung

Ich liebe intensive, aromareiche Gerichte. Da passen auch wieder einmal die bukettreichen Rebsorten, die aus meiner Sicht in den letzten Jahren leider viel zu kurz gekommen sind. Klar schmeckt ein Muska-teller, ein Gewürztraminer oder eine Scheurebe nicht zu jeder Gelegenheit, aber zum richtigen Zeitpunkt sind sie ein Traum! Hier zum Schweinefiletsalat können Sie sich ruhig getrauen! Da hier Honig und Papaya im Spiel sind, darf der Wein ebenfalls etwas Restsüße mitbringen. Denn: Süße und Süße heben sich auf. Also schmeckt der Muskateller mit Rest-süße in dieser Verbindung relativ trocken. Ein halb-trockener Riesling oder ein Riesling Spätlese passt natürlich auch supergut dazu. Ein großer Vorteil restsüßer Weine ist unter anderem, dass sie nicht so viel Alkohol mitbringen!

Lauwarmer Rindfleischsalat

Für 4 Personen

600 g Rinderlende oder
  Rinderfilet
1 Knoblauchzehe
1 kleine rote Zwiebel
1 kleine frische
  Chilischote
3 Kaffirlimettenblätter
1 Stange Staudensellerie
2 Tomaten
1 Frühlingszwiebel
je 2 Zweige Pfefferminze
  und Koriandergrün
2 Kopfsalatherzen
3 EL Erdnussöl
3 EL Limettensaft · Salz
frisch gemahlener Pfeffer
2 EL Fischsauce

1 Das Rindfleisch in feine Streifen schneiden. Den Knoblauch und die Zwiebel schälen.

2 Schneiden Sie den Knoblauch erst in Scheiben, dann in Streifen. Die Zwiebel halbieren, ebenfalls in Streifen schneiden.

3 Die Chilischote waschen, putzen und fein hacken. Die Kaffirlimettenblätter waschen und in sehr feine Streifen schneiden.

4 Den Staudensellerie waschen, putzen und in schmale Streifen schneiden. Überbrühen Sie die Tomaten, häuten Sie sie dann und vierteln sie. Von Stielansätzen und Samen befreien und das Fruchtfleisch in Streifen schneiden. Die Frühlingszwiebel putzen und in feine Ringe schneiden.

5 Kräuter waschen und trocken schwenken. Blättchen von den Stielen zupfen und zerkleinern.

6 Waschen Sie die Kopfsalatherzen und schütteln Sie sie trocken, zupfen Sie die Blätter ab und geben Sie sie in eine Salatschüssel. 2 EL Öl mit 1 EL Limettensaft, Salz und Pfeffer verrühren. Die Mischung über die Salatblätter gießen.

7 Restliches Öl im Wok erhitzen. Die Fleischstreifen mit Salz und Pfeffer würzen und in zwei Portionen unter ständigem Rühren etwa 2 Minuten braten, bis sie rosa sind. Nehmen Sie das gebratene Fleisch aus dem Wok und stellen Sie es in einem Sieb mit einer Schüssel darunter beiseite.

8 Knoblauch, Chili und Zwiebel in den Wok geben und bei mittlerer Hitze kurz braten, dann das Fleisch untermischen.

9 Mischen Sie Kaffirlimettenblätter, Sellerie, Tomaten und Zwiebelringe mit der Fischsauce und dem restlichen Limettensaft unter und geben Sie dann die Kräuter zu.

10 Den Rindfleischsalat mit Fischsauce und dem restlichen Limettensaft abschmecken. Auf dem Kopfsalat anrichten. Indisches Fladenbrot dazu reichen.

Weinempfehlung

Bei etwas schärferen Gerichten wie dem hier vorgestellten Rindfleischsalat sollten Sie darauf achten, dass die Weine nicht so alkoholstark sind. Scharfe Würze lässt Weine schnell brandig schmecken, der Alkohol tritt dann in den Vordergrund.
Zu diesem Gericht wäre dagegen ein fruchtiger Portugieser Weißherbst oder ein Spätburgunder Weißherbst ganz prima.

Rotweinfans können hierzu natürlich auch einen leichten Rotwein wählen. Trollinger, Schwarzriesling, aber auch ein nicht zu schwerer Cabernet Sauvignon, zum Beispiel aus Bordeaux passen sehr gut. Cabernet Sauvignon erkennt man als erstes immer an seinem Aroma, welches an Paprika erinnert.
Servieren Sie die Rotweine zur Vorspeise ruhig etwas kühler bei 16° C, dann wirken sie nicht so schwer.

Der Aperitif

Insgesamt wird heute seltener ein Aperitif getrunken als früher. Das liegt u. a. daran, dass die Leute ganz allgemein nicht mehr so viel Alkohol trinken möchten – aus gesundheitlichen Gründen etwa oder weil man noch Auto fahren muss. Doch bei Festen halte ich einen Aperitif für unverzichtbar. Er lockert die anfangs oft noch befangene Stimmung auf, und er gibt aus meiner Sicht dem Anlass einen größeren und festlicheren Rahmen.

Der Aperitif-Klassiker: ein Glas Sekt oder Champagner. Durch die Kohlensäure gelangt der Alkohol relativ schnell ins Blut, das macht die Gäste rasch locker. So findet eine ganze Gesellschaft, die anfangs in stillen, steifen Grüppchen stand, mit einem solchen Aperitif oft viel schneller zusammen. Oder wenn Sie Gäste eingeladen haben, kommen wahrscheinlich nicht alle zur gleichen Zeit bei Ihnen an. So ist doch ein Aperitif eine schöne Überbrückung bis alle komplett sind.

Auf freudige Ereignisse hat man seit jeher mit etwas Prickelndem angestoßen. Denken Sie nur an Geburtstage, Hochzeiten, Sylvester oder Siege.

Es ist faszinierend zuzusehen, wie in einem Glas Sekt oder Champagner immer wieder die Perlen nach oben steigen. Da kann man schon eine Zeit lang zuschauen – nur nicht zu lange, denn Schaumweine – so der Oberbegriff für die kohlensäurehaltigen, prickelnden Weingetränke – sollten ja möglichst kühl getrunken werden. Genauso wie sie so jung als möglich konsumiert werden sollten, damit sie auch erfrischend und spritzig sind.

Doch was unterscheidet eigentlich einen Sekt von einem Champagner?

Strenge Regeln für Champagner

Ein **Champagner** muss aus der geographisch genau umrissenen französischen Champagne stammen. Französischer Schaumwein aus anderen Regionen wird als Crémant bezeichnet. Die Champagne ist berühmt für ihre weißen Kalk-Kreide-Böden. Diese sollen besonders reich an Mineralien sein, was dem Champagner seine große Eleganz verleiht. Im Gegensatz zu anderen Weinregionen sind in der Champagne nur drei Rebsorten zugelassen: Chardonnay, Pinot Noir (Spätburgunder) und Pinot Meunier (Schwarzriesling).

Meist werden alle Rebsorten zu einer Cuvée verarbeitet. Die Kellermeister in der Champagne arbeiten dabei gerne mit Weinen aus zurückliegenden Jahrgängen, um den gewünschten gleichbleibenden Geschmack eines bestimmten Champagners zu erzielen. Das wird bei den Standardmarken schließlich erwartet. Schon praktisch: Wenn Sie sich einmal auf eine Marke eingeschossen haben, wie Moët & Chandon, Veuve Clicquot oder Laurent Perrier, wird Ihr Champagner in den nächsten zehn Jahren wahrscheinlich immer ungefähr gleich schmecken. Ist allerdings ein Jahrgang auf der Flasche vermerkt, dann stammen die Trauben für diesen Champagner auch nur aus diesem Jahr, und er schmeckt natürlich jedes Jahr anders.

Schäumendes aus Deutschland

In Deutschland gibt es große, namhafte Sektkellereien wie Deinhard, Rotkäppchen, Faber etc. Beim **Sekt** verhält es sich ähnlich wie bei den französischen Schaumwein-Standardmarken: Ein Sekt

Da Champagner zum überwiegenden Teil aus roten Trauben ausgebaut wird, ist es besonders wichtig, dass diese zügig gepresst werden, bevor der Saft rote Farbe annimmt. Aus diesem Grund haben die Kellereien mehrere Pressstationen direkt bei den Weinbergen.

einer bestimmten Marke bleibt über die Jahre hinweg relativ konstant im Geschmack. Seit Mitte bis Ende der 1980er-Jahre können sich jedoch mehr und mehr auch die Winzersekte behaupten. Mit Ausnahme des Pinotsektes, der aus Weiß-, Grau-, Spätburgunder und Chardonnay stammen kann, werden Winzersekt immer rebsortenrein ausgebaut. Daher gibt es ganz unterschiedliche Stile. Während Rieslingsekt eher für eine spritzig-frische und schlanke Art steht, erwartet man beim Grauburgundersekt einen körperreicheren und runderen Sekt. Nobling und Gutedelsekt wirken oft cremiger, weil sie nicht so viel Säure mitbringen.

Aperitifs in der Gastronomie

Grundsätzlich ärgere ich mich, wenn im Restaurant gefragt wird: »Möchten Sie einen Aperitif?« Da werden sich wahrscheinlich viele mit Wasser begnügen. Mir geht es jedenfalls so. Viel ansprechender ist es doch, wenn ein paar konkrete Vorschläge kommen: »Ein Glas Winzersekt, einen Rosé vom Weingut Moosmann in Buchholz oder ein Glas »Spritz« mit Aperol, Secco und Mineralwasser – erfrischend und mit nur wenig Alkohol – oder einen besonderen Sherry Manzanilla von Hildago.« – Da würde ich persönlich doch neugierig werden.

Trends gibt es wie beim Wein natürlich auch beim Aperitif: Während früher ein Gläschen Cynar, Campari oder Sherry üblich war, trinkt man heute eher ein Glas Winzersekt, eventuell mit einem Schuss Pfirsich- oder Cassislikör, mit Campari oder Fruchtmark verfeinert.

In letzter Zeit bekam ich öfter guten Champagner in großen Weingläsern serviert. Das erste Mal war ich noch überrascht, in einem Toprestaurant den Champagner im Bordeauxglas zu bekommen. Aber es hat mich schnell begeistert: Der Champagner kann sich in dem bauchigen, gleichwohl leicht tulpenförmigen Glas so richtig entfalten – und es schmeckte toll! Ich genoss den Champagner mit Muße, aber in großen Schlucken, so wie es für alle Schaumweine angemessen ist. Anderenfalls hätten Sie nämlich praktisch nur Schaum im Mund.

Ziegenkäse
würzig eingelegt

Für 4 Personen

300 g Ziegenkäserolle mit Asche
1 Knoblauchzehe
1 TL grüne Pfefferkörner
80 g Frühlingszwiebelringe
1 EL kräftiger Rotwein
4 EL Olivenöl
Salz · Pfeffer
1 EL Schnittlauchröllchen

1 Den Ziegenkäse in 1 cm dicke Scheiben schneiden und auf Tellern anrichten.

2 Ziehen Sie für die Marinade den Knoblauch ab und würfeln Sie ihn fein. Die Pfefferkörner grob hacken.

3 Knoblauch, Pfefferkörner und Frühlingszwiebelringe mit dem Rotwein und dem Olivenöl mischen, salzen, pfeffern und die Schnittlauchröllchen einrühren.

4 Gießen Sie die Marinade über den Ziegenkäse und lassen Sie diesen gut durchziehen.

Tipp Bei Ziegenkäse in Rollenform handelt es sich um frischen bzw. nur ganz wenig gereiften Käse. Er besitzt das charakteristische würzige Ziegenmilcharoma, ist aber noch mild im Geschmack und eignet sich daher bestens zum Einlegen mit kräftig-aromatischen Zutaten. Die geschmacksneutrale Pflanzenasche auf der Oberfläche des Käses dient dem Schutz; so können sich keine unerwünschten Mikroorganismen ansiedeln. Gleichzeitig ist die dunkle Schicht aber auch optisch sehr attraktiv.

Weinempfehlung

Himmlisch schmeckt der eingelegte Ziegenkäse mit einem fruchtigen nicht zu schweren Rotwein. Wenn man einen französischen Wein wählen möchte, würde ein Fleurie oder ein Moulin-à-vent aus dem Beaujolais hervorragend dazu passen. Sie können sich aber genauso gut für einen deutschen eher leichten und fruchtigen Rotwein entscheiden, beispielsweise für einen Frühburgunder, Trollinger oder auch einen leichten Spätburgunder. Selbstverständlich müssen solche Weine so jung wie möglich konsumiert werden.
Übrigens: Je leichter und fruchtiger die Rotweine sind, desto kühler kann man sie auch servieren. Bestes Beispiel sind die Pinot-Noir-Weine aus dem Elsass – sie werden im Eiskühler, wie ein Weißwein, an den Tisch gebracht.

Dreifarbige Paprikamousse

Für 4 Personen

je 300 g rote, grüne und gelbe
  Paprikaschoten
6 Blatt weiße Gelatine
3 Schalotten
3 kleine Knoblauchzehen
60 g kalte Butter
3 Thymianzweige
Salz · frisch gemahlener Pfeffer
120 ml Weißwein
375 ml Gemüsefond
3 Spritzer Zitronensaft
225 g Sahne

1 Paprikaschoten waschen, halbieren und Samen und Scheidewände entfernen. Schneiden Sie die Schoten nach Farben getrennt in kleine Würfel. Die Gelatine in Wasser einweichen.

2 Schalotten und Knoblauch schälen. Die Schalotten fein würfeln und den Knoblauch halbieren. Dünsten Sie ein Drittel der Schalotten mit den roten Paprikawürfeln in 10 g Butter, geben Sie dabei die Blätter von 1 Thymianzweig, 2 Knoblauchhälften, Salz und Pfeffer zu. Mit 3 EL Wein und 125 ml Fond ablöschen. Die grünen und gelben Schoten ebenso dünsten.

3 Die Gelatine in drei separaten Portionen (je 2 Blatt) einweichen. Die Paprikamischungen (nach Farben getrennt) nacheinander wie folgt weiterverarbeiten: Pürieren Sie das Paprikapüree mit dem Stabmixer und streichen Sie es durch ein Sieb.

4 Anschließend das Püree kurz erhitzen. 10 g Butter mit dem Stabmixer unterarbeiten, dann je 2 Blatt ausgedrückte Gelatine darin auflösen (Step a).

5 Püree etwas abkühlen lassen, mit 1 Spritzer Zitronensaft würzen. Sahne steif schlagen, 75 g davon einarbeiten (Step b). Füllen Sie die Masse in eine Schüssel, streichen Sie sie glatt und lassen Sie sie in 10 Minuten bei Raumtemperatur fest werden.

6 Inzwischen das nächste Püree erhitzen, homogenisieren und wie in Schritt 3 und 4 beschrieben verarbeiten. Auf die erste Masse streichen und 10 Minuten fest werden lassen. Stellen Sie das dritte Püree her, verteilen Sie es auf der zweiten Schicht und lassen Sie es ebenfalls 10 Minuten fest werden. Die Mousse kühl stellen und völlig erstarren lassen. Zum Servieren Nocken abstechen (Step c).

a Die eingeweichte und ausgedrückte Gelatine unter das warme Püree rühren. Kurz anziehen lassen.

b Ein Drittel der geschlagenen Sahne vorsichtig mit dem Schneebesen unterheben.

c Um schöne Nocken von der Mousse abzustechen, den Löffel vorher in heißes Wasser tauchen.

Weinempfehlung

Ein Sauvignon Blanc ist hier unübertrefflich! Neben dem typischen Aroma von grüner Paprika bringt diese Rebe auch immer Anklänge an frische Kräuter. Ganz gleich ob der Sauvignon Blanc klassisch von der Loire kommt, Sie also beispielsweise einen Pouilly-Fumé oder Sancerre wählen, oder ob er aus der Südpfalz, aus Norditalien oder Neuseeland stammt – er passt wie der Deckel auf den Topf.
Alternativ harmoniert mit der Paprikamousse auch großartig ein Chenin Blanc aus Südafrika – dieser zeigt sich ja überwiegend sehr kräuterig.

www.gu.de/
weinempfehlung3

Vitello tonnato
mit Thunfischsauce

Für 8 Personen

Für das Kalbfleisch:

1 kg Kalbsnuss
Salz · frisch gemahlener Pfeffer
30 g Lauch
50 g Möhre
1 Zwiebel (80 g)
50 g Knollensellerie
3 EL Olivenöl
1/4 l Kalbsfond (aus dem Glas)

Für die Sauce:

150 g gekochter Thunfisch
3 EL Kapern,
  in Salz eingelegt
2 Sardellenfilets,
  in Salz eingelegt
2 Eigelbe
2 EL Weißweinessig
1 EL Zitronensaft
1/8 l Olivenöl
Salz · frisch gemahlener Pfeffer
1 Bio-Zitrone

1 Den Backofen auf 180° C vorheizen. Parieren, salzen und pfeffern Sie die Kalbsnuss. Den Lauch putzen und waschen, Möhre, Zwiebel und Sellerie schälen. Das gesamte Gemüse in grobe Würfel schneiden.

2 Erhitzen Sie das Olivenöl in einem Bräter. Das Gemüse und die Fleischabschnitte darin kurz anbraten, die Kalbsnuss auflegen und im vorgeheizten Ofen 1 1/2 Stunden braten, dabei das Fleisch wiederholt mit Kalbsfond und Bratensaft übergießen.

3 Am Ende der Garzeit den Braten aus dem Ofen nehmen, in Alufolie wickeln und erkalten lassen. Den Bratenfond durch ein feines Sieb in einen kleinen Topf passieren, auf etwa 3 EL einkochen und vollständig abkühlen lassen.

4 Lassen Sie den Thunfisch für die Sauce gut abtropfen. Zwei Drittel der Kapern in ein Sieb geben und unter fließendem Wasser das Salz abspülen. Die Kapern ebenfalls abtropfen lassen.

5 Das Thunfischfleisch mit Sardellen, Eigelben, abgespülten Kapern, Essig und Zitronensaft im Mixer fein pürieren. Den

Bratenfond unterrühren, das Öl in dünnem Strahl einlaufen lassen und untermixen. Die Sauce abschmecken.

6 Die Zitrone heiß waschen, abtrocknen und in hauchdünne Scheiben schneiden. Das Kalbfleisch aus der Folie nehmen und in etwa 4 mm dicke Scheiben schneiden. Mit den Zitronenscheiben sowie den restlichen Kapern auf Teller verteilen und mit etwas Thunfischsauce übergießen. Reichen Sie die restliche Thunfischsauce separat dazu.

Tipp Dazu passt gut ein etwas herber Blattsalat mit einem Essig-Öl-Dressing, das mit Zwiebelwürfeln und Petersilie verfeinert wird. Im klassischen Ursprungsrezept, wie es in der Lombardei zubereitet wird, legt man das Kalbfleisch in eine Weißweinmarinade ein, in der es dann langsam gegart wird. Bei der hier vorgestellten Variante wird das Fleisch im Ofen gebraten, wodurch es noch aromatischer schmeckt.

Weinempfehlung

Meine erste Wahl ist zum Vitello tonnato natürlich immer ein italienischer Weißwein. Ursprünglich stammt die feine Fleischvorspeise aus der Lombardei, und dort gibt es nicht nur gutes Fleisch, sondern auch ganz wunderbare Chardonnay-Weine. Allerdings sollten diese ohne Holzfassreifung sein oder nur ganz wenig Barrique haben, um die Vorspeise entsprechend abzurunden.

Ebenso gut und insbesondere zu den Kapern passt ein Fania – eine autochthone Rebsorte aus Sizilien – zum Beispiel von der Cantina Gulino! Gegen einen frischen Weißburgunder aus Deutschland lässt sich auch nichts einwenden. Meines Erachtens stehen die Weißen Burgunder völlig zu Unrecht oft im Schatten der Chardonnays, denn vielfach sind deutsche Weißburgunder noch feiner und etwas geschliffener.

Cremige Erbsensuppe

Für 4 Personen

600 g Erbsenschoten
Salz · 2 kleine Zwiebeln
1 Knoblauchzehe
40 g Butter
900 ml Gemüsefond
frisch gemahlener Pfeffer
frisch geriebene Muskatnuss
125 g Sahne, halbsteif geschlagen

Für die Croûtons:
60 g Weißbrot, Rinde entfernt
30 g Butter

Außerdem:
1 EL gehackte Minze zum
  Bestreuen

1 Schneiden Sie für die Croûtons das Brot in 1/2 cm große Würfel. Die Butter in einer Pfanne zerlassen und die Brotwürfel darin unter Rühren goldgelb rösten. Die Croûtons aus der Pfanne nehmen und bis zur weiteren Verwendung beiseitestellen.

2 Palen Sie die Erbsen aus. 100 g davon in leicht kochendem Salzwasser 5 Minuten köcheln lassen, abgießen, kalt abschrecken und beiseitestellen.

3 Zwiebeln und Knoblauch schälen und fein hacken. Die Butter in einem Topf zerlassen, Zwiebel- und Knoblauchwürfel zugeben und glasig dünsten.

4 Geben Sie die restlichen Erbsen zu und dünsten Sie sie 5 Minuten mit. Den Gemüsefond angießen. Alles mit Salz, Pfeffer und 1 Prise Muskatnuss würzen und bei schwacher Hitze 10 Minuten köcheln lassen.

5 Pürieren Sie den Topfinhalt mit dem Stabmixer fein. Das Püree durch ein feines Sieb in einen Topf oder in eine Suppenterrine passieren. Die halbsteif geschlagene Sahne vorsichtig unterziehen. Mischen Sie die blanchierten Erbsen unter und schmecken Sie die Suppe ab.

6 Die Erbsensuppe auf vorgewärmte Teller verteilen und mit den Croûtons anrichten. Nach Belieben mit etwas Minze bestreuen und sofort servieren.

Weinempfehlung

Es gibt Rieslinge, die bringen eine wunderbare Kräuterwürzigkeit mit, beispielsweise solche von der Nahe. Die erinnern im Duft an frische Minze, an Salbei, Estragon …, und sie schmecken hervorragend zur cremigen Erbsensuppe!
Sehr gut passen auch Weißweine aus Spanien, wie zum Beispiel ein Rueda. Die Hauptrebsorte im Ruedawein ist die Verdejo-Traube. Sie bringt ganz wunderbare klare, kräuterige und dabei etwas grüne Weine hervor.
Doch der wohl typischste »grüne Wein« ist der Vinho Verde aus Portugal. Der Name sagt es ja schon! Grünliche – kräuterige – Aromen hat er und ist dabei wunderbar leicht und etwas moussierend. Vinho Verde gibt es auch als rote oder roséfarbene Variante, aber überwiegend wird er weiß angeboten.

Tomatensuppe

Für 2–3 Personen

1 Zwiebel (etwa 80 g)
1 Knoblauchzehe
500 g reife Tomaten
1 EL Öl
1/2 l Gemüsebrühe
Salz · Pfeffer
Birnendicksaft (aus dem
  Reformhaus oder Bio-Laden,
  ersatzweise Zucker)

1 Die Zwiebel und die Knoblauchzehe schälen und fein hacken. Die Tomaten waschen, vierteln und ohne Stielansätze grob würfeln.

2 Erhitzen Sie das Öl in einem Topf. Die Zwiebel- und Knoblauchwürfel darin unter Rühren in 2 bis 3 Minuten glasig braten. Dann die Tomatenstücke zugeben und die Gemüsebrühe angießen. Lassen Sie das Ganze offen bei mittlerer Hitze 10 bis 12 Minuten sanft kochen.

3 Anschließend die Tomatenbrühe mit dem Pürierstab cremig pürieren. Streichen Sie das Püree durch ein mittelgrobes Sieb in einen zweiten sauberen Topf. Die Tomatensuppe mit Salz, Pfeffer und Birnendicksaft abschmecken und sofort servieren.

Variante Für eine sahnige Tomatencremesuppe (4 Portionen) 1,2 kg reife Tomaten waschen und ohne Stielansätze vierteln. Tomaten mit 1/4 l Wasser aufkochen und zugedeckt bei schwacher Hitze etwa 10 Minuten garen. Inzwischen 1 Zwiebel und 1 Knoblauchzehe schälen, in kleine Würfel schneiden. Die Nadeln von 1 Zweig Rosmarin abzupfen und fein schneiden. Die Tomaten durch ein Sieb passieren. Zwiebeln, Knoblauch und Rosmarin in 1 EL Öl kurz anbraten. 1 EL Mehl darüberstauben und goldgelb anschwitzen. Nach und nach das Tomatenpüree dazugeben. Die Suppe mit Salz, Pfeffer und 1 TL Zucker abschmecken. 1/8 l trockenen Weißwein dazugeben und erhitzen. 125 g Sahne unterrühren. Mit 1/2 Bund gehackter Petersilie bestreuen.

Weinempfehlung

Ich gehe davon aus, dass Sie sich für die sahnige Variante der Tomatensuppe entschieden haben. Sahne kommt vielen Weinen sehr entgegen. Ein cremiger, weicher Rosé verwöhnt dann zusätzlich zur Suppe den Gaumen. Alternativ können Sie aber auch einen runden vollmundigen Chardonnay wählen, der nicht zu viel Holz mitbringt, – etwa einen australischen. Denn dort legen die Winzer mittlerweile besonders viel Wert darauf, dass ihre Weine nicht zu breit ausfallen.
Interessant sind übrigens auch die australischen Cuvées mit Chardonnay: Viognier/Chardonnay oder Sémillon/Chardonnay oder Rousanne/Chardonnay. Wenn zwei Rebsorten sich so gut ergänzen, sind die Weine daraus oftmals vielschichtiger als die rebsortenreinen.

Rote Linsensuppe
mit Fenchel

Für 4 Personen

1 rote Zwiebel
1 Stück frischer Ingwer
 (etwa 4 cm)
2 Fenchelknollen
2 frische rote Chilischoten
1 EL Öl
200 g rote Linsen
2 TL Currypulver
1 l Gemüse- oder Geflügelbrühe
2 Frühlingszwiebeln · Salz

1 Die Zwiebel und den Ingwer schälen, den Fenchel waschen und putzen. Würfeln Sie Zwiebel, Ingwer und Fenchel fein. Die Chilischoten waschen, entstielen und mit den Kernen in feine Ringe schneiden.

2 Erhitzen Sie das Öl in einem Topf und braten Sie die Zwiebeln, den Ingwer, den Fenchel und die Chilis darin kurz an. Die Linsen dazugeben. Mit Currypulver bestauben und kurz mitbraten. DieBrühe angießen und die Linsen zugedeckt bei mittlerer Hitze in 15 Minuten weich kochen.

3 Frühlingszwiebeln waschen, putzen und in Ringe schneiden. Schmecken Sie die Suppe mit Salz ab. Auf vier Suppenteller verteilen und mit den Frühlingszwiebeln bestreut servieren.

Tipp Rote Linsen stammen aus Indien und sind dort aus der Alltagsküche nicht wegzudenken. Sie sind bereits geschält und müssen daher vor der Verwendung nicht eingeweicht werden. Rote Linsen schmecken delikat süßlich, verkochen schnell cremig zu Brei und werden dabei goldgelb. Daher eignen sie sich ideal für Suppen wie die hier vorgestellte sowie als Basis für würzige Pürees.

Weinempfehlung

Zu Fenchel finde ich Viognierweine unschlagbar, sie passen außerdem perfekt zu Staudensellerie und aniswürzigen Gerichten. Einen Viognier bekommen Sie von der Rhône als Condrieu oder als Côtes du Rhône Blanc. Mittlerweile geht der Trend auch mehr und mehr zu rebsortenrein ausgebauten Viognierweinen aus dem französischen Languedoc, aus Australien und aus Kalifornien.

Zu Linsen empfehle ich auch gerne einen Grauburgunder. Er wirkt immer etwas kernig und kraftvoll. Schon vor dreißig Jahren trank man bei uns zu Hause zum Linseneintopf Ruländer, wie der Grauburgunder damals noch hieß. Heute wird der Name Ruländer nur noch für die Rebsorte verwendet, der daraus gekelterte Wein heißt Grauburgunder oder Grauer Burgunder.

Kartoffelsuppe

Für 4 Personen

1 Zwiebel
1 Knoblauchzehe
2 Möhren
100 g Knollensellerie
1 kleine Stange Lauch
1 EL Butterschmalz
1 1/2 l Fleischbrühe
3 Zweige frischer Majoran
2 Gewürznelken
1 Lorbeerblatt
500 g mehligkochende Kartoffeln
Salz · Pfeffer
1–2 EL Weißweinessig

1 Zwiebel und Knoblauch schälen und klein würfeln. Die Möhren und den Sellerie waschen, schälen und in kleine Stücke schneiden.

2 Lauch putzen, längs aufschlitzen und gut waschen, den hellen Teil in dünne Scheiben schneiden. Legen Sie 1 grünes Lauchblatt beiseite.

3 Erhitzen Sie in einem Suppentopf das Butterschmalz und braten Sie das Gemüse bei mittlerer Hitze unter Rühren etwa 5 Minuten glasig.

4 Brühe angießen und erhitzen. Lauchblatt, Majoranzweige, Nelken und Lorbeerblatt mit Küchengarn zu einem Gewürzbündel verschnüren.

5 Die Kartoffeln waschen, schälen und in kleine Stücke schneiden. Geben Sie diese mit dem Gewürzbündel in die Suppe und lassen Sie alles zugedeckt 25 Minuten sanft kochen.

6 Nehmen Sie das Gewürzbündel aus der Suppe und werfen Sie es weg. Die Suppe durch ein Passiersieb streichen. Mit Salz, Pfeffer und Essig abschmecken.

Tipp Wenn Sie mögen, können Sie zum Verfeinern noch ein wenig Sahne zugeben. Zu dieser Suppe wird in ihrer Ursprungsregion, der Pfalz, Zwetschgenkuchen serviert.

Weinempfehlung

Die Nummer eins zur Kartoffelsuppe ist ein Weißwein aus der Provence. Diese sind meist nicht so sehr fruchtig, duften dagegen oft ganz wunderbar nach Lavendel und Thymian und sind mit kräuterigen Aromen unterlegt.
Natürlich können Sie auch einen Roséwein aus der Provence wählen – oder einen weißen Sémillon, beispielsweise aus Südafrika. Diese wirken ebenfalls nicht ganz so fruchtig frisch, sondern sind meist eher markant und würzig. Wenn ein Teil des Weines dann noch im kleinen Eichenholzfass ausgebaut wurde, bringt der Wein zusätzlich etwas leicht Rauchiges mit, ein wenig an geröstete Mokkabohnen oder an gerösteten Toast erinnernd. Sie werden schnell feststellen, wie gut diese Aromen mit der Suppe harmonieren.

Bouillabaisse

Für 6 Personen

1 1/2 kg gemischte Fischfilets
(z. B. von Knurrhahn, Drachen-
kopf, Rotbarben, Seeteufel,
Snapper und Petersfisch)
2 weiße Zwiebeln
4 Knoblauchzehen
1 Bund Petersilie
3 reife Tomaten
2 Fenchelknollen
4 festkochende Kartoffeln
(nach Belieben)
1/2 Bio-Orange
6 EL Olivenöl
1–2 TL Fenchelsamen
1/2 l trockener Weißwein
600 ml Fischfond (aus dem Glas)
2 Döschen Safranfäden oder
gemahlener Safran (je 0,1 g)
1 Bio-Zitrone
1 TL Tomatenmark
Salz · Pfeffer

Außerdem:
geröstete Baguettescheiben und
Rouille zum Servieren (Grund-
rezept in der rechten Spalte)

1 Tupfen Sie die Fischfilets
mit Küchenpapier trocken
und schneiden Sie sie in mundgerechte Stücke.

2 Die Zwiebeln schälen, vierteln
und in feine Streifen schneiden.
Den Knoblauch abziehen und
fein hacken.

3 Die Petersilie waschen und
trocken schütteln, die Blättchen
abzupfen und fein hacken.

4 Die Tomaten kreuzweise einritzen, mit kochendem Wasser
überbrühen, häuten, entkernen
und ohne die Stielansätze klein
würfeln. Putzen und waschen
Sie den Fenchel und schneiden
Sie ihn in Würfel.

5 Die Kartoffeln nach Belieben
schälen, waschen und in dünne
Scheiben schneiden. Die Oran-
genhälfte heiß waschen und
abtrocknen, die Schale spiral-
förmig und dünn abschneiden.

6 Erhitzen Sie das Olivenöl in
einem großen Topf und braten
Sie die Fenchelsamen darin mit
der Hälfte der Petersilie, den
Zwiebeln und dem Knoblauch
an. Zuerst die Kartoffeln, dann
auch den Fenchel dazugeben.

7 Mischen Sie den Weißwein
und die Orangenschale mit dem
Fond und geben Sie die Hälfte
davon mit den Tomaten in den
Topf. Alles zugedeckt bei mittlerer
Hitze etwa 15 Minuten garen, bis
die Kartoffeln weich sind.

8 Die übrige Fondmischung
erhitzen. Zerreiben Sie den Safran
zwischen den Fingern und lösen
Sie ihn darin auf. Die Zitrone
heiß waschen, abtrocknen und
in Viertel schneiden. Den Saf-
ranfond und die Zitrone in den
Topf zum Gemüse geben, alles
mit dem Tomatenmark, Salz und
Pfeffer würzen.

9 Die festfleischigen Fischfilets
wie Seeteufel leicht salzen und
pfeffern und in den Sud legen.
Zugedeckt bei schwacher Hitze
etwa 5 Minuten darin ziehen
lassen.

10 Die übrigen Filets dazugeben
und weitere 5 Minuten mitgaren.
Bestreuen Sie die Bouillabaisse
mit der übrigen Petersilie und
servieren Sie sie mit Baguette und
Rouille.

Grundrezept Rouille

1 mittelgroße mehligkochende
Kartoffel ungeschält garkochen
und abkühlen lassen. 1 kleine rote
Paprikaschote waschen, vierteln,
von den weißen Innenhäuten und
Kernen befreien. 2 kleine rote
Chilischoten halbieren, die Samen
entfernen und das Fruchtfleisch
hacken. 5 bis 6 Knoblauchzehen
abziehen und nach Belieben die
Keime entfernen. Die Paprikastücke blanchieren und häuten.
Zusammen mit Chili, Knoblauch,
1/2 TL grobem Meersalz und
5 bis 6 Safranfäden im Mörser zu
Brei zerreiben. 1 frisches Eigelb
zugeben und sorgfältig in die
Masse einarbeiten. Die Kartoffel pellen und mit dem Stößel
einarbeiten. Die Masse in eine
Schüssel umfüllen, 150 ml feines
Olivenöl erst tropfenweise, dann
in dünnem Strahl einlaufen lassen
und mit dem Schneebesen sofort
unterschlagen. Die Rouille kräftig
weiterrühren, bis sie cremig ist.

Weinempfehlung

Zu dieser klassischen südfranzösischen Fischsuppe passt natürlich perfekt ein Wein aus der Provence. Wenn man an der Côte d'Azur sitzt und einen Weißwein wie zum Beispiel einen dort typischen Blanc de Blancs hat und dann noch diese Bouillabaisse – einfach unvergesslich! Die Franzosen scheuen sich auch nicht, dazu einen einheimischen Rosé zu wählen. Lecker schmeckt dazu nicht zuletzt ein Verdicchio aus der italienischen Weinregion Marken – leicht, mineralisch und wunderbar zu Meeresfrüchten wie auch zu Meeresfischen.

www.gu.de/
weinempfehlung4

Rucolasuppe mit Spinatroulade

Für 4 Personen

Für den Teig:
50 g Mehl
125 ml Milch · Salz
2 Eigelbe
25 g zerlassene Butter
Butterschmalz zum Ausbacken

Für die Füllung:
200 g Blattspinat
Salz · 1 Eigelb
1/2 TL Mehl
frisch gemahlener Pfeffer
geriebene Muskatnuss
1 Scheibe Weißbrot,
  ohne Rinde

Für die Suppe:
400 g Rucola
3 Schalotten
45 g Butter
Salz · frisch gemahlener Pfeffer
100 ml Weißwein
800 ml Gemüsefond
400 g Sahne
30 g kalte Butterwürfel

Außerdem:
1–2 Bratschläuche,
  aufgeschnitten

1 Das Mehl mit Milch, 60 ml Wasser und 1 Prise Salz verrühren. Die Eigelbe zufügen, die zerlassene Butter einrühren. Streichen Sie den Teig durch ein Sieb und lassen Sie ihn 30 Minuten quellen.

2 In einer Pfanne im heißen Butterschmalz vier dünne Crêpes ausbacken. Schneiden Sie die Crêpes zu Quadraten und legen Sie jedes auf ein Stück Bratschlauchfolie. Abkühlen lassen.

3 Spinat waschen und putzen, blanchieren, gut ausdrücken. Mit Eigelb, Mehl, 1 Prise Salz, Pfeffer, Muskat und Weißbrot im Mixer fein pürieren. Verfahren Sie weiter, wie in Step a und b unten gezeigt.

4 Die Crêpe-Rollen mit Garn verschließen und in 80° C heißem Wasser etwa 15 Minuten garen. Herausnehmen, abschrecken und in Scheiben schneiden (Step c).

5 Für die Suppe schneiden Sie die Rucolablätter von den

Stielen. Schalotten fein würfeln. 40 g Butter zerlassen, 2 gewürfelte Schalotten mit den Rucolastielen darin andünsten. Salzen, pfeffern und mit Wein ablöschen. Auf die Hälfte reduzieren, Fond zugießen. Erneut auf die Hälfte reduzieren. Gießen Sie die Sahne zu und lassen Sie alles 5 Minuten köcheln. Den Topf vom Herd nehmen und die Suppe durch ein Sieb passieren.

6 Rucolablätter blanchieren und gut ausdrücken. In einer Pfanne die restliche Butter zerlassen. Dünsten Sie die dritte Schalotte und die Rucolablätter darin an. Die Pfanne vom Herd nehmen, die Mischung mit den kalten Butterwürfeln pürieren; kalt stellen.

7 Die Suppe erneut aufkochen. Arbeiten Sie die Rucolamasse mit dem Stabmixer ein. Mit Salz, Pfeffer, Muskat abschmecken. Auf Teller verteilen, mit in Scheiben geschnittener Spinatroulade und mit Rucolablättchen garnieren.

a Die Spinatmischung mit einer Palette gleichmäßig auf dem Crêpe verstreichen.

b Crêpe und Füllung mithilfe der Folie aufrollen und von außen fest mit der Folie umwickeln.

c Die Rouladen auswickeln und mit einem scharfen Messer in Scheiben schneiden.

Weinempfehlung

Richtig gut macht sich zu dieser Suppe ein Grüner Veltliner aus Österreich. Die Winzer bauen diesen Wein sehr kräuterig und trocken aus, und ganz typisch ist sein »Pfefferl«, also das pfeffrige Aroma, das sich durchaus auch ein wenig in der Nase zeigen kann. Ein Grauburgunder kommt ebenfalls gut mit den »grünen« bzw. vegetalen Geschmackselementen sowie mit der Würze der Suppe zurecht. Klasse passt in dieser Verbindung auch ein trocken oder halbtrocken ausgebauter Gewürztraminer. Er reguliert etwas die Schärfe des Rucola und nimmt die geriebene Muskatnuss wieder auf.

www.gu.de/
weinempfehlung5

Karibische Kürbissuppe

Für 4 Personen

700 g Hokkaidokürbis
1 weiße Zwiebel
2 Knoblauchzehen
1 Möhre
1 rote Chilischote
10 g frische Ingwerwurzel
2 EL Öl
1 l Gemüsefond
1 TL mildes Currypulver
Salz · frisch gemahlener Pfeffer
1 rote Paprikaschote

Außerdem:
100 g Kürbisfruchtfleisch
  für die Kürbischips
Salz · Öl zum Frittieren
100 g Sahne
1 EL gehacktes Koriandergrün

1 Den Kürbis halbieren, mit einem scharfkantigen Löffel die Kerne und das faserige Innere herausschaben. Schälen Sie den Kürbis und würfeln Sie das Fruchtfleisch.

2 Zwiebel und Knoblauch schälen; beides fein würfeln. Möhre schälen und klein schneiden. Die Chilischote in Ringe schneiden, dabei die Samen entfernen. Ingwer schälen und klein schneiden.

3 Das Öl in einem großen Topf erhitzen. Braten Sie Zwiebel, Knoblauch, Chili und Ingwer darin kurz an. Kürbis und Möhre zugeben und kurz mitbraten. Fond zugießen.

4 Mit Currypulver, Salz und Pfeffer würzen. Alles aufkochen, dann 10 bis 15 Minuten bei schwacher Hitze köcheln lassen, bis die Kürbisstücke weich sind.

5 Pürieren Sie die Suppe und passieren Sie sie durch ein Sieb in einen Topf. Die Paprikaschote waschen, halbieren und Samen und Scheidewände entfernen. Die Hälften in 1 1/2 cm große Rauten schneiden und diese 10 Minuten in der pürierten Suppe köcheln lassen.

6 Schneiden Sie für die Kürbischips das Kürbisfleisch in hauchdünne Streifen. Das Öl in der Fritteuse oder in einem Topf auf 180° C erhitzen und die Kürbisstreifen darin knusprig ausbacken. Lssen Sie sie auf Küchenpapier abtropfen und salzen Sie sie leicht.

7 Die Suppe mit Salz und Pfeffer würzen und in vorgewärmte tiefe Teller schöpfen. Die Sahne dekorativ einfließen lassen. Mit Koriandergrün bestreuen und mit Kürbischips garnieren.

Weinempfehlung

Muskateller ist für mich der beste Wein, den es zur Kürbissuppe gibt. Kürbis und Muskatellertraube sind wirklich wie füreinander geschaffen. Herrlich schmeckt beispielsweise ein – nicht zu süßer – Muscat d'Alsace. Während Sie bei den Elsässer Weinen meist tief in die Tasche greifen müssen, gibt es den Muscat meist noch zu ganz erschwinglichen Preisen. Mit dem Ingwer und Curry kommt aber auch ein Sauvignon Blanc sehr gut zurecht. Die Sauvignons aus der Steiermark sind meist unübertrefflich in ihrer Fruchtigkeit, in ihrem Fruchtschmelz und auch mit ihrer manchmal etwas rauchigen Art. Die sehr intensive Suppe verträgt durchaus auch Weine mit ein wenig Barriqueausbau. In der Steiermark beispielsweise versteht man es perfekt, die Frucht mit etwas rauchigen Aromen zu unterstreichen.

Möhrensuppe
mit Kokosmilch

Für 4 Personen

500 g Möhren
50 g Frühlingszwiebeln
1 EL Öl
1 EL mildes Currypulver
800 ml Gemüsefond
300 ml ungesüßte Kokosmilch
Salz
frisch gemahlener weißer Pfeffer
Cayennepfeffer
Zitronensaft nach Belieben

Zum Garnieren:

12 kleine junge Möhren
   mit Grün
80 g Sahne, halbsteif
   geschlagen
Petersilienblättchen

1 Die Möhren putzen, schälen und in kleine Würfel schneiden. Die Frühlingszwiebeln putzen, waschen und grob hacken.

2 Erhitzen Sie das Öl in einem Topf und dünsten Sie die Frühlingszwiebeln darin hell an. Die Möhren 3 bis 4 Minuten mitdünsten und das Currypulver einrühren. Den Fond angießen, alles zum Kochen bringen. Die Hitze reduzieren und die Möhren zugedeckt in etwa 25 Minuten weich köcheln lassen.

3 Pürieren Sie den Topfinhalt mit dem Stabmixer fein. Die Kokosmilch glatt rühren und unter die pürierten Möhren ziehen.

4 Die Suppe mit Salz, Pfeffer, 1 Prise Cayennepfeffer und Zitronensaft würzen und noch 2 bis 3 Minuten köcheln lassen.

5 Inzwischen die jungen Möhren für die Garnitur so putzen und schälen, dass noch ein kleines Stück vom Grün stehen bleibt. Die Möhrchen in kochendem Salzwasser 10 bis 12 Minuten garen; herausnehmen und gut abtropfen lassen.

6 Die heiße Möhrensuppe auf vorgewärmte Teller verteilen. Füllen Sie die Sahne in einen Spritzbeutel mit Lochtülle und spritzen Sie auf jede Portion eine Schlangenlinie. Mit den jungen Möhren und den Petersilienblättchen garnieren; sofort servieren.

Weinempfehlung

Früher hielt man sich an den Grundsatz, dass Wein zu Suppen einen schweren Stand hat. Auf diese Möhrensuppe trifft dieser allerdings ganz und gar nicht zu. Denn sie schmeckt sensationell mit einem leicht restsüßen Riesling. Probieren Sie beispielsweise eine Riesling Spätlese aus dem Rheingau oder von der Mosel oder Saar. Kein anderer Wein zeigt so viel Fruchtigkeit und auch Lebendigkeit. Der Wein ist leicht und filigran und rückt die Suppe erst so richtig ins rechte Licht.

Eine unkonvetionelle Alternative: In Griechenland gibt es mittlerweile ganz herrliche frische Weißweine, wie Assyrtiko oder Athiri mit ganz beachtlichem Niveau. Sie sind sehr floral und elegant ausgebaut. Es lohnt sich auf alle Fälle, auch mal einen solchen zu dieser Suppe zu probieren.

Das Weinetikett

Beim Wein geht Probieren über Studieren, denn allein aufgrund der Angaben auf dem Etikett kann man die Qualität eines Weines im Allgemeinen nicht einschätzen. Trotzdem liefert es einige hilfreiche Informationen – besonders wenn man den Wein nicht kennt. So ist darauf etwa zu erfahren, wie viel Alkohol der Wein mitbringt und aus welcher Region er stammt. Außerdem vermitteln Etiketten oft auch ein Gefühl für den Wein: Manche sind zum Beispiel künstlerisch gestaltet, andere eher schlicht und prägnant, wieder andere sind traditionell gehalten.

Grundsätzlich muss auf einem Etikett in Deutschland Folgendes angegeben sein:

- Name des Abfüllers mit Ortsangabe
- Losnummer bzw. amtliche Prüfnummer
- Flascheninhalt in Liter
- Alkoholgehalt in Volumenprozent
- Qualitätsgruppe: Tafel-/Landwein oder Qualitätswein
- geografische Herkunft
- »enthält Sulfite« bzw. »enthält Schwefeldioxid« – dies muss seit 25. November 2005 auf der Flasche stehen, wenn der Wein mehr als 10 Milligramm Sulfite pro Liter enthält

Zusätzlich sind diese Angaben zulässig:

- Jahrgang des Weines
- Weinlage oder Weinort
- Rebsorte, aus der der Wein dann zu mindestens 85 Prozent stammen muss
- Geschmacksangaben wie trocken, halbtrocken, feinherb, lieblich etc.
- Barrique-gereift
- Qualitätsstufe, individuelle Qualitätsangaben
- Trinktemperatur, Beschreibung des Weines oder Speiseempfehlung zum Wein sind seit 2007 auf dem Rückenetikett zulässig

Im Gegensatz zu deutschen Etiketten tragen italienische und französische Etiketten Bezeichnungen wie Grand Cru Classé, Grand Cru, Premier Cru und Riserva. Lassen Sie sich dazu am besten kompetent beraten.

Deutsche Weinetiketten können recht kompliziert sein: Da stehen die Lage, Rebsorte, Qualitätsstufe etc. Bei Toplagen ist das sinnvoll und wichtig, für viele Weine ist es aber angemessen, sich auf Jahrgang und Rebsorte zu beschränken, wie es manche deutsche Weingüter inzwischen tun und wie es in anderen Ländern schon seit Langem üblich ist.

In den letzten Jahren ist bei den Etiketten ein gewisser Wandel eingetreten: Viele Winzer haben ihr überladenes Bauchetikett regelrecht entrümpelt und schreiben ins Einzelne gehende Informationen teilweise auf das Rückenetikett.

Ein Trend bei der Weinetikettierung geht gerade zu zusätzlichen eigenen Qualitätsbezeichnungen. Ein Drei-Sterne-System ist sicherlich für jeden bestens nachvollziehbar. Ein Stern kennzeichnet den Wein für jeden Tag, zwei Sterne schon einen besseren Wein, und drei Sterne zeigen dann den Wein für die Festtage. Wenn die Winzer jedoch für die Einstiegsqualität »mon amour« und für die Stufe darüber »darling«, nur als Beispiel, wählen, kann man das als Außenstehender mitunter nur schwer nachvollziehen!

Ein viel diskutiertes Thema war, als die Eichenholzchips bei der Weinherstellung als Alternative zum Ausbau im Barrique zugelassen wurden, ob dies auf dem Etikett vermerkt werden sollte. Begriffe wie »geeicht« oder »gechippt« wurden überdacht, glücklicherweise dann aber verworfen. Von einer Kennzeichnung wurde abgesehen. Und? – Bei ausländischen Weinen fragt heute kein Mensch nach der Art der Holzreifung …

Die deutschen Qualitätsstufen

■ Qualitätswein ist die Einstiegsqualität und die weitaus größte Kategorie. Der Wein kann trocken sein oder etwas Restsüße haben.

■ Prädikatswein Dazu zählen folgende Prädikatsstufen:

Kabinett entspricht einem leichten und eleganten Wein, ebenfalls als trockene oder süßere Variante. Trockene Spätlesen sind perfekte Essensbegleiter, bringen etwas mehr Alkohol und Kraft mit. Die süßen Spätlesen lassen sich vielseitig einsetzen.

Auslese gibt es trocken oder mit Restsüße. Die trockene Variante bringt viel Schmackes, also einen höheren Alkoholgehalt, und zudem einen hohen – wertbestimmenden – Extraktgehalt mit.

Beerenauslese (BA) wird aus edelfaulen oder eingetrockneten Trauben gewonnen, die von *Botrytis cinerea* (Grauschimmelfäule) befallen sind. Für jedes Weinanbaugebiet ist das Mindestmostgewicht aller Weine genau festgelegt. Es liegt zwischen 110 und 128° Oechsle.

Trockenbeerenauslese (TBA) wird wie die Beerenauslese von edelfaulen oder eingetrockneten Trauben gewonnen, die natürlich, ebenso wie bei der Beerenauslese, von Hand gelesen werden. Das Mindestmostgewicht für eine Trockenbeerenauslese beträgt 150° Oechsle.

Eiswein – die Trauben müssen bei Temperaturen unter -7° C gelesen und sofort gepresst werden. Das in den Beeren enthaltene Wasser ist bei diesen niedrigen Temperaturen zum großen Teil kristallisiert. Dementsprechend konzentrierter Saft kommt beim Pressen der Trauben heraus (das gefrorene Wasser bleibt in der Maische zurück).

Die edelsüßen Weinqualitäten Beerenauslese, Trockenbeerenauslese und Eiswein bringen grundsätzlich eine wunderbare Langlebigkeit mit. Ein guter Jahrgang hält sich durchaus 20 bis 50 Jahre, teilweise auch noch länger.

■ Classic und Selection Diese Zusatzbezeichnungen wurden vor ein paar Jahren eingeführt. Sie sollen den Wein für jeden Tag und den besonderen Wein deklarieren. Ich denke aber, dass diese Bezeichnungen fast nur bei Discountern und im Supermarkt vorzufinden sind.

Apfelsüppchen mit Gorgonzola

Für 4 Personen

8 Granny-Smith-Äpfel
Saft von 1 Zitrone
etwas Honig zum Glasieren
4 cl Calvados
80 g Gorgonzola, in Würfeln

1 Aus 2 bis 3 Äpfeln mit einem Kugelausstecher kleine Kugeln auslösen. Etwas Zitronensaft, Honig und Calvados in einer Pfanne erhitzen und die Apfelkugeln darin glasieren.

2 Beträufeln Sie die Apfelabschnitte mit Zitronensaft. Die restlichen Äpfel achteln und ebenfalls mit Zitronensaft beträufeln.

3 Die Apfelachtel und -abschnitte in einen Entsafter füllen und entsaften. Den gewonnenen Apfelsaft mit dem restlichen Zitronensaft und Honig würzen, kalt stellen.

4 Schneiden Sie den Gorgonzola in Würfel. Den kalten Apfelsaft in geeiste tiefe Teller schöpfen, die glasierten Apfelkugeln einlegen und die Gorgonzolawürfel gleichmäßig darauf verteilen. Sofort servieren.

Tipp Sie können diese Suppe auch mit anderen Apfelsorten zubereiten, in jedem Fall aber benötigen Sie solche mit festem, knackigen Fruchtfleisch und mit einer kräftigen Säure: Geeignete Alternativen zum Granny Smith sind Cox Orange, der aromatisch-feinsäuerlich schmeckt, und Braeburn, der zur feinen Säure noch eine etwas süßliche Geschmacksnote mitbringt.

Weinempfehlung

Apfel und Gorgonzola, diese Kombination klingt schon etwas gewagt, schmeckt aber ganz vorzüglich! Und je nachdem, wann Sie das Apfelsüppchen servieren, würde ich Ihnen durchaus unterschiedliche Weine empfehlen:
Wenn Sie sie nach dem Hauptgericht als Käsegang reichen, sollten Sie die Suppe unbedingt mit einem Süßwein begleiten. Klassisch könnte es ein Sauternes aus Bordeaux sein (nach Möglichkeit eine schlanke Variante) oder ein Müller-Thurgau oder Grauburgunder als Auslese-Qualität.
Wenn Sie das Süppchen vor dem Hauptgericht servieren, würde ich einen Müller-Thurgau zur Begleitung wählen. Er rundet das Gericht nicht unbedingt ab, sondern ordnet sich unter, und er lässt sich unkompliziert dazu trinken.

Spanische Mandelsuppe

Für 4 Personen

200 g Mandeln
4 EL Olivenöl
4 Knoblauchzehen
80 g Weißbrot vom Vortag
200 g rote Paprikaschoten
grobes Meersalz
frisch gemahlener Pfeffer
1/2 TL Safranfäden
1 EL gehackte Petersilie

Außerdem:
20 g geröstete Mandelblättchen
etwas gehackte Minze
Minzestängel

1 Die Mandeln in einer Schüssel überbrühen und kurz stehen lassen, in ein Sieb abgießen und mit eiskaltem Wasser abschrecken. Drücken Sie die Mandeln aus der Schale und tupfen Sie sie trocken.

2 Die Hälfte des Olivenöls in einer Pfanne erhitzen und die Mandeln darin bei nicht zu starker Hitze unter Rühren hellbraun rösten. Herausnehmen und auf Küchenpapier abtropfen lassen.

3 Die Knoblauchzehen abziehen und hacken. Schneiden Sie das Brot in kleine Würfel. Die Paprikaschoten waschen und halbieren, Samen und Scheidewände entfernen und das Fruchtfleisch in 1 cm große Stücke schneiden.

4 Erhitzen Sie das restliche Olivenöl in der Pfanne und rösten Sie die Brotwürfel darin unter ständigem Rühren goldbraun. Knoblauch und Paprikastücke 2 Minuten mitbraten.

5 Die Mischung mit Salz und Pfeffer würzen, die Safranfäden hineinstreuen und die Brot-Paprika-Mischung vom Herd nehmen.

6 Verarbeiten Sie im Mixer die gerösteten Mandeln zusammen mit der Brot-Paprika-Mischung und 150 ml Wasser zu einer feinen Paste.

7 In einem Topf 850 ml Wasser zum Kochen bringen. Die Paste nach und nach unterrühren, bis sie sich im Wasser vollständig verteilt hat.

8 Die Suppe bei schwacher Hitze 10 Minuten köcheln lassen. Rühren Sie die Petersilie in die Suppe und schmecken Sie sie ab.

9 Die Mandelsuppe auf Teller verteilen. Mit den gerösteten Mandelblättchen, gehackter Minze und Minzestängeln garnieren.

Weinempfehlung

Hierzu passt perfekt ein Gläschen Sherry. Wählen Sie zu dieser Mandelsuppe einen Oloroso oder Amontillado. Er besitzt eine kräftige Farbe und zeigt ein nussiges, mandelaromatisches Bukett. Grandios dazu! Etwas ganz anderes und schon fast als Geheimtipp zu sehen, wäre ein Gutedel zur Suppe. Diese Spezialität aus dem Markgräflerland in Baden ist weithin bekannt für ihr Aroma, welches an Mandeln und Nüsse erinnert. Je nach Ausbau kann ein Gutedel auch eine sehr cremige Struktur zeigen, was sich bestens mit der Suppe ergänzt.

www.gu.de/
weinempfehlung6

Indische Kichererbsensuppe

Für 4 Personen

350 g Chana dal (getrocknete
  halbierte Kichererbsen)
10 g Kurkumawurzel
1/2 TL Kreuzkümmelsamen
1 frische grüne Chilischote
Saft von 1/2 Limette
Salz · frisch gemahlener Pfeffer
50 g Frühlingszwiebeln
250 g Tomaten
200 g Salatgurke

Außerdem:
1 EL Korianderblättchen
100 g Joghurt (3,5 % Fett)

1 Das Chana dal 1 1/2 Stunden
in kaltem Wasser einweichen.
Gießen Sie die Kichererbsen
anschließend ab, waschen Sie
sie in einem Sieb unter kaltem
Wasser gründlich und lassen
Sie sie gut abtropfen. Kurkuma
schälen und fein reiben.

2 Kochen Sie in einem großen
Topf 2 l Wasser auf. Die abgetropften Kichererbsen und die
geriebene Kurkumawurzel darin
bei schwacher Hitze zugedeckt
1 1/4 Stunden köcheln lassen.
(Vorsicht: Der Topfinhalt kocht
leicht über.)

3 Den Topf vom Herd nehmen.
Alle Flüssigkeit über den Hülsen-
früchten abschöpfen und nicht
weggießen, sondern beiseitestel-
len. Pürieren Sie den restlichen
Topfinhalt im Mixer und füllen
Sie ihn in eine Schüssel um.
So viel von der Garflüssigkeit
untermischen, dass eine sämige
Suppe entsteht.

4 Den Kreuzkümmel in einer
beschichteten Pfanne rösten,
bis er zu duften beginnt. Herausnehmen und in einem Mörser
fein zerstoßen.

5 Die Chilischote halbieren,
von den Samen befreien und in
dünne Streifen schneiden. Rühren
Sie Kreuzkümmel, Limettensaft
und Chilistreifen in die Suppe.
Die Suppe salzen und pfeffern;
abkühlen lassen.

6 Putzen Sie die Frühlingszwiebeln und schneiden Sie sie in
feine Ringe. Tomaten überbrühen,
häuten, vierteln, von Stielansätzen
und Samen befreien und in
1/2 cm große Würfel schneiden.
Gurke halbieren, von den Samen
befreien und 1/2 cm groß würfeln.

7 Koriandergrün in die Suppe
rühren. Tomaten, Gurken,
Frühlingszwiebeln auf tiefe Teller
verteilen; Suppe darüberschöpfen.
Mit Joghurt garnieren.

Weinempfehlung

Diese Suppe mit ihren intensiven Gewürzaromen
schreit regelrecht nach einem Bukettwein! Muskateller, Gewürztraminer, Scheurebe, Kerner – besser
geht es nicht! In der Südpfalz und in Baden wissen
die Winzer diese eher verspielten Weine noch richtig
zu schätzen. Und ich persönlich bin überzeugt, dass
diese »duften Tropfen« gerade wieder schwer im
Kommen sind. Greifen Sie ruhig zu einer Spätlese,
je nach Ihren Bedürfnissen eher trocken oder mit
Restsüße ausgebaut.
Spannend zu dieser Suppe ist auch ein Torrontes
aus Argentinien. Dieser leichte Weißwein wirkt
so blumig und so exotisch mit Gewürzen unterlegt
wie das Gericht. Auch er wartet mit einem über-
schwänglichen Duft auf, kommt allerdings etwas
schlanker und trockener als der Muskateller daher.

Thai-Nudelsuppe
mit Huhn

Für 4 Personen

250 g asiatische Eiernudeln
Salz
20 g Galgant- oder
  Ingwerwurzel
2 Stängel Zitronengras
4 Kaffirlimettenblätter
1 Zwiebel
2 Knoblauchzehen
400 g Hähnchenbrustfilet
2 EL Erdnussöl
1 EL rote Currypaste
1 l heißer Geflügelfond
400 ml Kokosmilch
1 bis 2 kleine rote Chilischoten
1 EL geriebener Palmzucker
  oder Zucker
2 EL Fischsauce
1 EL helle Sojasauce
2 EL Limettensaft
1 Bund Thai-Basilikum

1 Die Nudeln in kochendem Salzwasser in 3 bis 5 Minuten bissfest garen. Abgießen, kalt abschrecken und abtropfen lassen. Schneiden Sie die Nudeln mit der Küchenschere in kleinere Stücke.

2 Galgant dünn schälen und in feine Scheiben schneiden. Die äußere Hülle vom Zitronengras entfernen. Die Stängel mit einem Hammer oder Fleischklopfer flach klopfen, dann halbieren.

3 Kaffirlimettenblätter aufeinander legen, zusammenrollen und in feine Streifen schneiden.

4 Schälen Sie die Zwiebel und den Knoblauch. Zwiebel in Streifen, Knoblauch in Würfelchen schneiden. Das Fleisch in 1 cm dicke Scheiben schneiden.

5 Öl im Wok erhitzen. Galgant, Zitronengras und Zwiebel kurz darin braten. Hähnchenfleisch zugeben und 1 Minute mitbraten. Fügen Sie die Currypaste zu und gießen Sie Fond und Kokosmilch dazu. Gewürfelten Knoblauch und Limettenblätterstreifchen untermischen und die Suppe etwa 5 Minuten köcheln lassen.

6 Chilischoten von den Samen befreien und fein hacken. Mit Zucker, Fischsauce und Sojasauce zur Suppe geben. Schmecken Sie die Suppe mit Limettensaft ab und lassen Sie sie noch kurz ziehen. Thai-Basilikumblättchen abzupfen. Zitronengras aus der Suppe nehmen, Nudeln untermischen. Die Suppe nochmals erhitzen, das Basilikum aufstreuen und die Suppe servieren.

Weinempfehlung

Okay – diesen Wein werden Sie sicherlich nicht gerade im Kühlschrank kalt liegen haben: eine Scheurebe. Er knallt aber regelrecht zur scharfwürzigen Suppe! In Rheinhessen und an der Nahe gibt es Scheureben, das sind richtige »Wow-Weine«. Die duften so exotisch fruchtig und wirken im Gaumen herzhaft und knackig frisch …
Was vielleicht eher noch in Ihrem Kühlschrank liegen könnte, ist ein frisch und schlank ausgebauter Weißburgunder Kabinett – und der passt auch gut zu dieser Thai-Nudelsuppe!

www.gu.de/
weinempfehlung7

Fischsuppe mit Zitronengras

Für 4 Personen

300 g Red-Snapper-Filet
20 g Galgantwurzel
4 Stängel Zitronengras
4 Kaffirlimettenblätter
2 EL Erdnussöl
1 frische rote Chilischote
500 ml Kokosmilch
2 EL Fischsauce
2 TL brauner Zucker
2 EL Limettensaft
100 g kleine Champignons
4 Zweige Koriandergrün
1 EL Chiliöl

1 Schneiden Sie den Fisch in acht Stücke. Den Galgant schälen und in sehr dünne Scheiben schneiden.

2 Vom Zitronengras die äußere Schicht entfernen und die oberen Enden abschneiden. Die Stängel mit einem Hammer oder Fleischklopfer etwas flacher klopfen. Kaffirlimettenblätter waschen, 2 Blätter in feine Streifen schneiden.

3 Das Öl im Wok erhitzen. Galgant, Zitronengras, die ganzen Kaffirlimettenblätter und die ganze Chilischote darin unter Rühren kurz braten. Gießen Sie die Kokosmilch dazu und lassen Sie alles aufkochen. Die Kokossuppe mit Fischsauce, braunem Zucker und Limettensaft würzen.

4 Legen Sie die Fischstücke in die Suppe und lassen Sie sie bei schwacher Hitze in 2 bis 3 Minuten gar ziehen. Inzwischen die Champignons in Scheiben schneiden und die Blättchen von den Korianderzweigen zupfen.

5 Heben Sie die Fischstücke aus der Suppe und verteilen Sie sie auf Schalen. Die Suppe abschmecken und durch ein Sieb über den Fisch in den Schalen füllen. Korianderblätter, Champignons und die in Streifen geschnittenen Kaffirlimettenblätter auf die Suppe streuen. Die Fischsuppe mit dem Chiliöl beträufeln und servieren.

Tipp Mit einer Aufschnittmaschine lässt sich Galgant leicht in feine Scheiben schneiden.

Weinempfehlung

Ganz klar, ein schlanker und mineralischer Riesling ist hier wie ein Sechser im Lotto! Von Mineralität spricht man, wenn die Weine sehr salzig sind – stellen Sie sich vor, dass Sie am Meer stehen und eine Salzbrise auf die Lippen bekommen, so schmeckt das. Dieses Salzaroma passt besonders gut zu (salzigen) Speisen und geradezu perfekt zum Fisch. Es soll aber auch Menschen geben, die nicht so scharf sind auf Riesling – für mich ja unvorstellbar! Die greifen in diesem Fall am besten zu einem Verdejo aus der spanischen Region Rueda.

www.gu.de/
weinempfehlung8

Crostini
mit Feta und gegrilltem Gemüse

Für 4 Personen

60 g Zwiebel
80 g Zucchini
200 g Tomaten
1 Paprikaschote
1 EL Olivenöl
1 EL Zitronensaft
Zucker, Pfeffer
80 g Feta
8 Baguettescheiben

1 Die Zwiebel schälen, Zucchini, Tomaten und Paprika waschen und putzen. Schneiden Sie alles in 1 cm dicke Scheiben.

2 Salzen Sie das Gemüse und rösten Sie es in der Grillpfanne in etwas Knoblauchöl. Das Gemüse anschließend nicht zu fein hacken und mit Olivenöl, Zitronensaft, Zucker und Pfeffer vermischen.

3 Den Backofen auf 250° C vorheizen. Den Feta würfeln. Die Baguettescheiben in einer trockenen Pfanne oder im Toaster anrösten.

4 Die gerösteten Brotscheiben mit dem Gemüse und dem Feta belegen, im heißen Ofen bei Oberhitze 4 bis 6 Minuten gratinieren.

Crostini mit Pecorino

150 g Pecorino fein reiben. 1 Ei trennen (es wird nur das Eigelb benötigt). 50 g Ricotta durch ein Sieb streichen, mit dem geriebenen Pecorino, 1 Ei, dem Eigelb sowie 2 EL Weißwein glatt rühren. Hacken Sie 4 Sardellenfilets klein und rühren Sie diese unter die Pecorinomasse. 2 Knoblauchzehen abziehen und dazupressen. 1 TL gemischte gehackte Kräuter (am besten Thymian und Petersilie) sowie Salz und Pfeffer unter die Käsemasse rühren und die Masse pikant abschmecken. Den Backofen auf 250° C vorheizen. 4 Scheiben Weißbrot toasten, mit der Käsemasse bestreichen und im heißen Ofen 4 bis 6 Minuten gratinieren. Garnieren Sie die Brote mit Sardellenfilets und gehackten Kräutern.

Weinempfehlung

Bestimmt haben Sie hier auch schon an Prosecco gedacht! Crostini sind ja die idealen Appetitmacher, und mit einem Prosecco sind die Vor-Häppchen perfekt. Die Frizzante – meist mit einer Kordel verschlossen – haben in der Regel weniger Kohlensäure als die Spumante und auch weniger Alkohol. Dann zieht einem der Prosecco beim Aperitif nicht ganz so schnell die Füße weg. Ein leichter italienischer Weißwein, zum Beispiel aus der Toskana, würde ebenfalls ganz gut passen, ebenso wie ein leichter weißer Südfranzose aus dem Pays d'Oc.

www.gu.de/
weinempfehlung9

Käseplätzchen

Für 4 Personen

40 g Edelpilzkäse
100 g Schichtkäse
1 Ei · 30 g Butter
20 g Sbrinz, frisch gerieben
50 g Weißbrot vom Vortag,
  gerieben
2 EL Schnittlauchröllchen
  + Schnittlauch zum Garnieren
Salz · Pfeffer
Muskatnuss
Öl zum Braten

1 Streichen Sie den Edelpilzkäse und den Schichtkäse durch ein Sieb und vermengen Sie anschließend die beiden Käsemassen gut. Das Ei verquirlen. Die Butter schmelzen.

2 Ei, Butter, Sbrinz und das Weißbrot unter die Käsemasse rühren. Diesen Käseplätzchenteig mit den Schnittlauchröllchen, Salz, Pfeffer und Muskat würzen und 2 bis 3 Stunden zugedeckt quellen lassen.

3 Formen Sie nach der Ruhezeit aus dem Teig 8 Plätzchen. Das Öl in einer Pfanne erhitzen und die Käseplätzchen darin auf beiden Seiten je 2 Minuten braten. Mit Schnittlauchhalmen garniert servieren.

Queso frito

250 g Schafkäse (z. B. junger Manchego) in 8 Scheiben schneiden, leicht salzen und pfeffern. 4 Knoblauchzehen abziehen und durchpressen. Mit 3 EL gehackten Kräutern vermengen (am besten Thymian und Petersilie). Trennen Sie 1 Ei (das Eiweiß wird nicht benötigt). Verquirlen Sie auf einem flachen Teller das Eigelb mit 1 weiteren Ei. Auf einen zweiten flachen Teller Mehl geben. Die Käsescheiben erst beidseitig im Ei, dann im Mehl wenden und nochmals durch das Ei ziehen. In einer Pfanne reichlich Öl auf etwa 170° C erhitzen. Backen Sie die Schafkäsescheiben darin beidseitig goldbraun aus und entfetten Sie sie auf Küchenpapier. Mit Petersilie garniert sofort servieren.

Weinempfehlung

Während über viele Jahre hinweg Käse und ein Glas Rotwein als das Traumpaar schlechthin galten, bevorzugen heute immer mehr Menschen Weißwein zum Käse. Aus beiden Kategorien findet sich Passendes: Sie können einen etwas gehaltvolleren Weißwein wählen, wie beispielsweise einen Pinot Grigio oder Grauburgunder, aber ebenso gut auch einen relativ fruchtigen Rotwein. Probieren Sie mal einen Blauen Zweigelt aus Österreich dazu oder einen aus Württemberg, wo mittlerweile ebenfalls schon großartige Zweigelts im Anbau stehen.

www.gu.de/
weinempfehlung 10

Gebratener Ziegenkäse

mit Paprikaschoten und Minze-Vinaigrette

Für 4 Personen

2 rote Spitzpaprikaschoten
4 mittelreife runde Ziegenkäse
 (je 75 g)
2 Eier · Salz
frisch gemahlener Pfeffer
1 TL Thymianblättchen
30 g Mehl
3–4 EL Olivenöl

Für die Minze-Vinaigrette:
1 Knoblauchzehe
1 Zwiebel
4 EL Olivenöl
2 EL Weißweinessig · Salz
frisch gemahlener Pfeffer
50 g Minze

Außerdem:
Olivenöl zum Bepinseln
4 Holzspieße
12 schwarze Oliven
 zum Garnieren

1 Den Backofen auf 220° C vorheizen. Die Paprikas im heißen Ofen backen, bis die Haut Blasen wirft und leicht angekohlt ist. Die Schoten unter einem feuchten Tuch oder in einem Gefrierbeutel abkühlen lassen. Ziehen Sie anschließend die Haut von oben nach unten ab. Die Schoten längs halbieren, dann Samen und Scheidewände entfernen.

2 Für die Minze-Vinaigrette Knoblauch und Zwiebel schälen und fein würfeln. Verrühren Sie beides in einer Schüssel mit Olivenöl, Essig, Salz und Pfeffer. Die Minze waschen, gut abtropfen lassen, die Blättchen abzupfen und grob zerkleinern.

3 Die Ziegenkäse quer halbieren. Die Eier in einem tiefen Teller verquirlen. Mit Salz, Pfeffer und Thymian würzen. Schütten Sie das Mehl auf einen flachen Teller.

4 Paprikahälften mit Olivenöl bepinseln, auf eine Grillplatte oder in eine Pfanne legen und 2 bis 3 Minuten rösten.

5 Wenden Sie die Ziegenkäsehälften zuerst in Mehl (überschüssiges abklopfen), dann in den verquirlten Eiern und anschließend nochmals in Mehl. Das Olivenöl in einer Pfanne erhitzen und die panierten Ziegenkäse darin auf beiden Seiten braten.

6 Mischen Sie die gehackte Minze unter die Vinaigrette. Pro Portion auf einem Teller 2 gebackene Käsehälften mit je 1 gerösteten Paprikahälfte dazwischen mit einem Holzspieß zu einem Türmchen zusammenstecken. Mit etwas Minze-Vinaigrette begießen, die Oliven und die restliche Vinaigrette rundherum anrichten. Reichen Sie nach Belieben Baguette dazu.

Weinempfehlung

Zu Ziegenkäse schmeckt unschlagbar Sauvignon Blanc. Zur Paprika gibt es ebenfalls nichts, was besser passt. Wer es klassisch mag, kann sich für einen weißen Tourraine oder Sancerre entscheiden, ansonsten kommen mittlerweile die berühmtesten und aromareichsten Sauvignon Blancs aus Neuseeland – ich schwärme da zum Beispiel vom Cloudy Bay. Ein fruchtiger roter Cabernet Sauvignon geht natürlich auch sehr gut. Der Cabernet bringt schon von Natur aus ein an Paprika und Johannisbeeren erinnerndes Aroma mit. Die beerige Art harmoniert auch gut mit dem Ziegenkäse.

www.gu.de/
weinempfehlung11

Bruschetta mit Tomaten

Für 4 Personen

4–5 reife, aromatische Tomaten
  (etwa 400 g)
1/2 Bund Basilikum
4 EL Olivenöl
Salz · Pfeffer
4 große Scheiben italienisches
  Weißbrot
3 Knoblauchzehen

1 Die Tomaten waschen und ohne Stielansätze klein würfeln. Basilikum waschen und trocken schütteln, die Blättchen in feine Streifen schneiden. Mischen Sie Tomaten, Basilikum und Öl und würzen Sie alles mit Salz und Pfeffer.

2 Den Backofen auf 250°C (Umluft nicht geeignet) oder den Backofen-Grill vorheizen. Die Brotscheiben auf den Rost legen, im heißen Ofen oder unter dem Grill (Mitte) in 4 bis 5 Minuten knusprig werden lassen. Ziehen Sie den Knoblauch ab und reiben Sie die heißen Brotscheiben damit ein. Die Tomatenmischung auf den Broten verteilen. Sofort servieren.

Variante 1 Tomadtenbrot mit Feta: 250 g kleine Tomaten vierteln, entkernen und ohne Stielansätze klein würfeln. Mit 4 EL Olivenöl, 1 EL frisch gehacktem Oregano, Salz und Pfeffer mischen. 125 g Schafkäse (Feta)

grob zerbröckeln und unterheben. 4 Scheiben helles Bauernbrot im vorgeheizten Backofen bei 250°C oder unter dem Backofengrill (Mitte) in 3 bis 5 Minuten knusprig rösten. Heiß mit je 1/2 Knoblauchzehe kräftig einreiben. Verteilen Sie die Tomatenmischung sofort auf den Broten.

Variante 2 Pa amb oli (Brot mit Öl): 4 dicke Scheiben Mischbrot oder kräftiges Weißbrot im vorgeheizten Backofen bei 250°C oder unter dem Backofengrill (Mitte) in 4 bis 5 Minuten knusprig rösten. Reiben Sie die Brotscheiben mit je 1/2 Knoblauchzehe auf einer Seite ein. 2 große, sehr reife, aromatische Tomaten halbieren, die Brote mit dem Tomateninneren einreiben, bis alles Fruchtfleisch aus der Schale gedrückt ist. Salzen und pfeffern und mit 4 EL Olivenöl beträufeln. Nach Geschmack mit 1 EL frisch gehacktem Rosmarin oder Thymian bestreuen.

Weinempfehlung

Hier tendiere ich zu einem leichten Weißwein mit wenig Säure, etwa zu einem Pinot Grigio; alternativ kann es auch ein leichter Grauburgunder oder Silvaner sein. Tomaten lassen Weißweine leider oft sehr säuerlich und hart wirken, während die Rotweine meist besser dastehen. Für die Rotweinliebhaber kann ich daher unbedingt einen Dolcetto dazu empfehlen, ein bisschen kühler eingeschenkt. Im Piemont wird der »kleine Süße« – wie der Dolcetto bei uns heißen würde – gerne als Alltagswein getrunken. Weil er nicht so viel Säure mitbringt, passt er zu allen Tomatengerichten sehr gut.

www.gu.de/
weinempfehlung12

Pizza-Baguette

Für 4–6 Personen

1 Zwiebel
1 Knoblauchzehe
2 EL Olivenöl
1 Dose Pizza-Tomaten
  »Oregano« (400 g Inhalt)
Salz · Pfeffer
400 g Zucchini
1 rote Paprikaschote
150 g Ringsalami
2 Baguettes (je 250 g)
100 g Emmentaler
8 schwarze Oliven
  ohne Stein

1 Zwiebel und Knoblauchzehe schälen und fein würfeln. Erhitzen Sie 1 EL Öl in einer Pfanne und braten Sie die Zwiebeln und den Knoblauch darin glasig. Die Tomaten dazugeben, einmal aufkochen und bei schwacher Hitze in 15 Minuten dicklich einkochen lassen. Mit Salz und Pfeffer abschmecken und vom Herd nehmen.

2 Die Zucchini putzen, waschen, längs halbieren und in Scheiben schneiden. Salzen und 10 Minuten ziehen lassen.

3 Inzwischen die Paprikaschote waschen, halbieren und Samen und Scheidewände entfernen. Paprika in dünne Streifen schneiden. Schneiden Sie die Salami in dünne Scheiben.

4 Zucchinischeiben mit Küchenpapier gut trocken tupfen und mit den Paprikastreifen mischen.

5 Den Backofen auf 220° C vorheizen (Umluft nicht geeignet). Die Baguettes längs aufschneiden und auf ein Backblech legen. Streichen Sie die Tomatenmasse auf die Brote. Die Baguettes mit den Salamischeiben belegen, das Gemüse darauf verteilen und die Brote mit dem übrigen Olivenöl beträufeln.

6 Den Emmentaler reiben, die belegten Baguettes damit bestreuen und im heißen Backofen (2. Schiene von unten) 12 bis 15 Minuten überbacken. Schneiden Sie inzwischen die Oliven in Scheiben und garnieren Sie damit die Baguettes vor dem Servieren.

Weinempfehlung

Soave oder auch Bardolino, vielleicht noch aus der Drei-Liter-Pulle, das war für viele die erste Begegnung mit – billigem – Wein. Heute bekommen wir ganz erstaunlich gute Weine aus Venetien, wo diese Weine heimisch sind. Warum also nicht wieder mal einen Bardolino probieren? Viele kennen ihn von ihrem Urlaub am Gardasee. Mir gefällt sehr gut, dass die Winzer dort noch an den ortstypischen Rebsorten festhalten, wie beispielsweise Corvina Veronese, Rondinella oder Molinara. Die Weißweinliebhaber können sich auch getrost wieder mal an einen Soave herantrauen. Auch hier sind die Qualitäten in den letzten Jahren viel zuverlässiger geworden. Ein Weißwein ist allerdings zu diesem robusten Pizza-Baguette in jedem Fall ein untergeordneter Begleiter.

Wan-tans mit Papayachutney

Für 4 Personen

Für die Wan-tans:
50 g Reismehl
Salz · 150 g Mehl
200 g Hähnchenbrustfilet
1 Schalotte
2 Bund Koriandergrün
3 EL Kokosnussmark
  (aus der Dose)
Salz · frisch gemahlener Pfeffer
gemahlener Koriander
1 l Öl zum Frittieren

Für das Chutney:
1 Papaya
1 Schalotte
10 g Ingwerwurzel
1 frische Chilischote
2 EL Koriandersamen
1 TL Sesamöl
2 EL Honig
1 TL Reisessig
1 TL gemahlener Koriander
1 Bund Koriandergrün

1 Verrühren Sie das Reismehl mit etwas Salz und 150 ml kochendem Wasser und lassen Sie es etwa 20 Minuten quellen. Das Weizenmehl unterrühren und den Teig noch einmal 30 Minuten ruhen lassen.

2 Inzwischen das Hähnchenfleisch fein hacken. Schalotte schälen und fein würfeln. Koriandergrün waschen; Blättchen fein hacken. Mischen Sie das Hähnchenfleisch mit Schalotte, Koriandergrün und Kokosnussmark. Mit Salz, Pfeffer und gemahlenem Koriander abschmecken.

3 Für das Chutney die Papaya der Länge nach halbieren und die Kerne mit einem Löffel herauslösen. Die Hälften schälen und das Fruchtfleisch würfeln. Schalotte und Ingwer schälen und sehr fein würfeln.

4 Die Chilischote längs aufschneiden, von den Samen befreien und fein hacken.

5 Den Wok erhitzen. Rösten Sie die Koriandersamen darin und nehmen Sie sie dann heraus.

6 Sesamöl in den Wok geben. Schalotte und Ingwer mit dem Honig darin anschwitzen. Papaya und Chili untermischen. Reisessig dazugeben, alles bei schwacher Hitze etwa 10 Minuten garen.

7 Nehmen Sie das Chutney aus dem Wok und pürieren Sie es kurz mit dem Stabmixer. Chutney mit Koriandersamen und gemahlenem Koriander abschmecken und abkühlen lassen. Koriandergrün waschen, hacken und untermischen.

8 Teig ausrollen und in 8 × 8 cm große Stücke schneiden. Die Teigstücke füllen und formen, wie in den Steps unten gezeigt. Frittieren Sie die Wan-tans im heißen Öl portionsweise 3 bis 4 Minuten. Herausheben und auf Küchenpapier entfetten. Mit Chutney servieren.

a Die Hähnchenfleischfüllung mit einem Löffel auf die Teigstücke verteilen. Dafür die Füllung jeweils auf eine Teighälfte geben.

b Teigränder mit kaltem Wasser bepinseln, die unbelegte Teighälfte über die Füllung klappen. Ränder zusammendrücken.

Weinempfehlung

Eine aromareiche Scheurebe oder ein Riesling – aber nicht trocken ausgebaut – sind einfach meine Favoriten dazu. So eine Riesling Spätlese bringt intensive Frucht mit, und sie kommt ebenso gut mit der Süße wie mit der Schärfe zurecht. Gewagt, aber in jedem Fall interessant zu diesen Wan-tans ist es, wenn Sie einen Muskat von einer griechischen Insel nehmen, beispielsweise von Samos. Er sollte aber nicht allzu süß ausgebaut sein. Viele reichen die Wan-tans schon zum Aperitif. Wunderbar schmeckt in diesem Fall ein Prosecco dazu.

www.gu.de/
weinempfehlung13

Alternativen mit weniger Alkohol

In letzter Zeit bekomme ich mit, dass sich Leute, die gerne kochen und Wein trinken, für Produkte mit weniger Alkohol oder auch ohne Alkohol interessieren. Nun ja, mein Mann und ich entscheiden, wenn wir ausgehen, wer sich danach ans Steuer setzt. Bei einem tollen Essen den ganzen Abend nur Wasser zu trinken, wäre uns aber zu prosaisch. So habe ich schon überzeugende alkoholarme Alternativen zum klassischen Wein probiert – ja genossen! Deshalb möchte ich Ihnen diese nicht vorenthalten. Denn an Festtagen ist es doch schön, wenn die ganze Familie miteinander anstoßen kann. Und, weitergedacht, nett ist es auch, wenn der Abend nicht wegen zu viel Alkohol zu schnell zu Ende geht.

Großartig finde ich Holunderzauber und Rosenzauber. Dabei handelt es sich um holunder- bzw. rosenaromatische Sektgetränke, die nur einen sehr geringen Alkoholgehalt mitbringen bzw. alkoholfrei sind. Sie schmecken wie ein hervorragender Sekt, sind von der Aromatik superinteressant und anspruchsvoll und dabei sehr fein und stilvoll. Schauen Sie mal im Internet oder in Fachmagazinen, da treffen Sie auf kleine Manufakturen, die wirklich großartige Qualitäten anbieten.

Apfelmost hat bei uns in Deutschland, in der Normandie und in England eine lange Tradition.

Kein Purismus auf der Party

Ein richtiges Partygetränk können auch Weincocktails sein – Wein mit schwarzem Johannisbeersaft oder anderen Säften gemischt. Während ich früher solchen modischen Mixgetränken ziemlich skeptisch gegenüberstand, bin ich inzwischen von einigen Kombinationen ganz begeistert. Vor allem bei Partys ist mir ein solcher Aperitif wichtig. Schließlich sollen die Gäste ja eine Weile in bester Form und Laune durchhalten.

Und es muss auch nicht immer Fruchtsaft sein. Erlaubt ist heute, was Ihnen und Ihren Gästen schmeckt. Hier verrate ich Ihnen das Rezept für meine ultimative Roséschorle: Sie mischen je ein Drittel Roséwein, Mineralwasser und Tonic Water. Das Ganze mit Limone abspritzen, frische Minze hineingeben und natürlich eine Menge Eiswürfel. Je nach Vorliebe können Sie die Schorle mit einem Spritzer Apérol, Crème de Cassis oder Angostura Bitter abschmecken.

Auch Weinschorle wird salonfähig: Da sind einige Weingüter sehr kreativ. Mittlerweile gibt es Ökowein und klares Bergquellwasser in peppigen Flaschen, in denen Schorle gar nicht mehr altbacken wirkt. Manche sollen sogar aus der Flasche getrunken werden: Minimaler Aufwand für den Gastgeber für ein cooles Partygetränk.

Es muss nicht immer Traube sein

Einige ausgesuchte Erzeuger von Apfelwein bzw. Cidre arbeiten daran, zu einem besseren Renommee zu kommen; und selbst ich muss sagen, mit Erfolg! Es gilt das Prinzip: Je süßer der Apfelwein, desto weniger Alkohol ist drin. Erst vor Kurzem habe ich einen Apfelschaumwein getrunken, dem ich großen Respekt zolle. Und wenn ich in der Bretagne oder in der Normandie bin, liebe ich es, Cidre zu Muscheln zu genießen. Probieren Sie doch selbst einmal ein paar Marken.

Ganz ohne Alkohol geht's natürlich auch … aber bitte mit Genuss! Es gibt ja alkoholfreie Weine, die schmecken für mich aber bisher oft – entsprechend ihrer Herstellung – etwas »ausgesogen«.

Viel besser finde ich die unvergorenen Säfte von Trauben aus kleinen Weingütern. Teilweise werden diese nur aus einer Rebsorte und auch nur aus einer bestimmten Lage gelesen. Ich habe sogar schon erlebt, dass das genaue Lesedatum auf der Flasche vermerkt war. Dementsprechend hervorragend sind die Qualitäten solcher Säfte – mit einem normalen Traubensaft nicht zu vergleichen. Manche Winzer geben mittlerweile auch Kohlensäure hinzu und peppen diese Getränke so regelrecht auf! Apropos Kohlensäure – ich habe auch schon eine Handvoll alkoholfreie Sektsorten getrunken, die recht akzeptabel waren.

Selbstverständlich sollten Sie feine Traubensäfte ebenso wie alkoholfreien Sekt gut gekühlt in einem Wein- oder Champagnerglas servieren.

Gourmet-Säfte

Ich bin großer Fan von in Manufakturen ausgebauten Fruchtsäften z. B. im Schwäbischen. Manche verwenden sehr alte Obstsorten – vorwiegend Äpfel und Birnen. Diese werden mit Säften von Sauerkirsche oder Johannisbeeren oder auch mit Holunderblüten, Heilkräutern oder Gewürzen verfeinert und mit Kohlensäure zum Prickeln gebracht. Es ist schwer in Worte zu fassen: Das Ergebnis sind nicht diese landläufigen dicken Säfte, sondern feine und verspielte feinfruchtige Kreationen. Die sind ein Trinkspaß für die gesamte Familie.

Hähnchen-Speck-Saté

Für 4 Personen

Für die Spieße:

600 g Hähnchenbrustfilet
120 g luftgetrockneter
  durchwachsener Speck
  in dünnen Scheiben
2 Knoblauchzehen
10 g Galgant- oder
  Ingwerwurzel
1 Stängel Zitronengras
2 Bund Koriandergrün
3 EL Fischsauce
3 EL helle Sojasauce
1/8 l Kokosmilch
1/8 l Erdnussöl
1 EL geriebener Palmzucker
frisch gemahlener Pfeffer
4 EL Erdnussöl zum Braten

Für die Chilisauce:

2 Limetten
2 frische rote Chilischoten
10 Halme chinesischer
  Schnittlauch
2 EL Fischsauce
2 EL helle Sojasauce
1 EL geriebener Palmzucker

1 Die Hähnchenbrustfilets abspülen, trocken tupfen und in dünne Scheiben schneiden, wie im Bild unten links (Step a) gezeigt. Die Scheiben mit Frischhaltefolie belegen und mit den Handballen flach drücken.

2 Belegen Sie die Fleischscheiben mit dem Speck. Auf Spieße auffädeln, wie in den Steps b und c gezeigt.

3 Für die Marinade den Knoblauch und den Galgant schälen; beides fein würfeln. Putzen Sie das Zitronengras und zerkleinern Sie es fein. Koriandergrün waschen, trocken schütteln. Die Blättchen fein hacken.

4 Knoblauch, Galgant, Zitronengras, Koriandergrün, Fischsauce, Sojasauce, Kokosmilch, Erdnussöl und Palmzucker verrühren; mit Pfeffer abschmecken.

5 Legen Sie die Hähnchen-Speck-Spieße in eine flache Schale, begießen Sie sie mit der Marinade und lassen Sie sie etwa 1 Stunde marinieren.

6 Für die Chilisauce die Limetten heiß waschen; trocken reiben. Die Schale fein abreiben, den Saft auspressen. Die Chilischoten waschen, entkernen und in feine Ringe schneiden. Den Schnittlauch waschen und in feine Röllchen schneiden.

7 Verrühren Sie Limettensaft und -schale mit Fischsauce, Sojasauce und Palmzucker. Chili und Schnittlauch untermischen.

8 Die Spieße aus der Marinade nehmen und gut abtropfen lassen. Das Öl im Wok erhitzen. Die Spieße darin pro Seite etwa 2 Minuten braten. Sofort mit der Sauce servieren. Dazu passt Reis.

a Die Hähnchenbrustfilets schräg zur Faser in lange, dünne Scheiben schneiden.

b Jeweils eine Scheibe luftgetrockneten Speck auf eine Hähnchenbrustscheibe legen.

c Die Hähnchen-Speck-Stücke ziehharmonikaartig auf lange Holz- oder Metallspieße stecken.

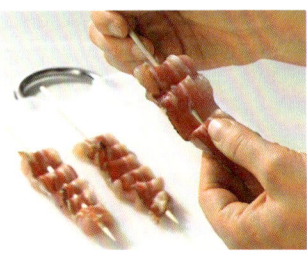

Weinempfehlung

Eine ganz tolle Verbindung geht der mitaufgespießte Speck bei diesen Spießchen mit einem Barrique-gereiften Weißwein ein. Chardonnays zum Beispiel werden überwiegend holzfassgereift angeboten. In Deutschland gibt es seit einigen Jahren sensationelle Qualitäten, gerade in der Südpfalz oder in Baden. Es gibt heutzutage Chardonnay in jeder Weinbauregion der Welt – vielleicht haben Sie auch einmal die Gelegenheit, einen aus Moldawien oder Ungarn zu verkosten?

Etwas gewagt, aber vielleicht noch spannender zum Hähnchen-Speck-Saté ist ein Zinfandel. Der rote Klassiker aus Kalifornien bringt oft viele würzige Aromen, auch an Zimt erinnernd, mit. Zinfandel ist so reich an Aromen und Körper, dass er sich perfekt asiatisch gewürzten Gerichten anpasst.

Würzige Hähnchenbällchen
im Kokosmantel

Für 4 Personen

500 g Hähnchenbrustfilet
Salz · frisch gemahlener Pfeffer
gerösteter gemahlener Koriander
2 EL Honig
1 EL Sojasauce
1 EL Pflaumenlikör
1–2 frische rote Chilischoten
5 g Ingwerwurzel
1 TL Minzeblättchen
1 TL Thai-Basilikum
1 Frühlingszwiebel
3 Eier
75 g Mehl
125 g Kokosraspel
1 l Öl zum Frittieren

1 Das Hähnchenfleisch kurz kalt abspülen, trocken tupfen und sehr fein hacken. Das Hähnchenhack anschließend in einer Schüssel mit Salz, Pfeffer und Koriander sowie Honig, Sojasauce und Pflaumenlikör gründlich verkneten.

2 Die Chilischoten waschen, längs aufschneiden und entkernen Den Ingwer schälen. Hacken Sie Chili und Ingwer zusammen mit den Minze- und Basilikumblättchen sehr fein.

3 Die Frühlingszwiebel waschen, putzen und ebenfalls sehr fein hacken. Alle fein geschnittenen Zutaten zur Hähnchenfleischmasse geben und gut unterkneten. Die Masse abschmecken und zu Bällchen von etwa 3 cm Durchmesser formen.

4 Verschlagen Sie die Eier in einem Teller leicht. Das Mehl auf einen zweiten, die Kokosraspel auf einen dritten Teller geben.

5 Das Öl zum Frittieren im Wok erhitzen – es ist heiß genug, wenn sich an einem hineingehaltenen Stückchen Weißbrot rundum Blasen bilden. Wenden Sie die Bällchen erst im Mehl, dann im Ei und zum Schluss in den Kokosraspeln.

6 Anschließend die Hähnchenbällchen portionsweise im heißen Öl in 4 bis 5 Minuten knusprig ausbacken, dabei ab und zu wenden. Die Hähnchenbällchen auf einer doppelten Lage Küchenpapier kurz abtropfen lassen und sofort servieren. Dazu passt süßscharfe Sauce.

Weinempfehlung

Einen Roséwein, gerne einen deutschen Weißherbst, finde ich ideal dazu. Wer den Rosé nicht so trocken ausgebaut mag, liegt hier goldrichtig. Super passt hier auch ein Shiraz-Rosé aus Südafrika. Ansonsten ist ein Riesling mit etwas Restsüße die absolute Allzweckwaffe. Ein halbtrocken ausgebauter Riesling, beispielsweise von der Saar, wirkt bekömmlich und sehr fein dazu. Spannend sind auch die Rieslaner, die man überwiegend in Franken vorfindet. Sie haben es schon richtig erraten – das ist eine Kreuzung aus Riesling und Silvaner, und sie bringt eine unglaublich exotische Frucht mit.

www.gu.de/
weinempfehlung 14

Frühlingsrollen mit Garnelen

Für 4 Personen

20 TK-Teigblätter für
  Frühlingsrollen (20 × 20 cm)
50 g Glasnudeln
2 Knoblauchzehen
2 Frühlingszwiebeln
50 g Möhren
50 g Staudensellerie
100 g Mungbohnensprossen
300 g geschälte rohe
  Garnelen
1 frische rote Chilischote
4 Zweige Koriandergrün
2 EL Erdnussöl
Salz
2 EL Fischsauce
1 EL Austernsauce
1 Eiweiß
3 l Öl zum Frittieren

1 Die Teigblätter unter einem
Küchentuch auftauen lassen.
Weichen Sie die Glasnudeln
10 Minuten in lauwarmem Wasser
ein, lassen Sie sie dann abtropfen
und schneiden Sie sie mit der
Küchenschere in etwa 5 cm lange
Stücke.

2 Den Knoblauch abziehen und
fein hacken, die Frühlingszwiebeln putzen und in feine Ringe
schneiden. Möhren und Sellerie
schälen, die Sprossen waschen.
Schneiden Sie die Möhren in
Würfel, den Sellerie in Streifen.

3 Die Garnelen waschen und
in kleine Stücke schneiden.
Chilischote waschen, entkernen
und fein hacken. Koriandergrün
waschen und trocken schütteln,
ebenfalls fein hacken.

4 Im Wok 1 EL Erdnussöl erhitzen. Braten Sie Knoblauch
und Frühlingszwiebeln darin an.
Möhren, Sprossen und Sellerie
dazugeben und untermischen;
alles 2 bis 3 Minuten braten. Das
Gemüse aus dem Wok nehmen.

5 Das restliche Erdnussöl in den
Wok geben und die Garnelen
darin 1 Minute braten. Das gebratene Gemüse untermischen, dann
die Glasnudeln.

6 Würzen Sie alles mit Salz,
Fischsauce, Austernsauce und
Koriandergrün.

7 Teigblätter auf der Arbeitsfläche
ausbreiten. Die untere Hälfte
jeweils mit Füllung belegen, die
Ränder mit Eiweiß bepinseln, die
Seiten und das untere Ende über
die Füllung klappen, dann die
Teigblätter von unten nach oben
behutsam, aber möglichst fest
aufrollen. Klappen Sie den Teig
beim Rollen seitlich ein, sodass
keine Füllung herausfallen kann.

8 Das Öl zum Frittieren im Wok
erhitzen – es ist heiß genug, wenn
sich an einem hineingehaltenen
Stückchen Weißbrot rundum
Blasen bilden. Frittieren Sie die
Frühlingsrollen im Fett portionsweise in 3 bis 4 Minuten goldbraun. Mit einem Schaumlöffel
aus dem Fett heben und auf einer
doppelten Lage Küchenpapier
entfetten. Mit Sojasauce oder
süßer Chilisauce servieren.

Weinempfehlung

Während ich im Allgemeinen trockene Weine als Essensbegleiter vorziehe,
machen mir halbtrocken ausgebaute Weine zur asiatischen Küche eine
Menge Spaß. Natürlich kommt mir dabei als erstes immer ein Riesling von
Mosel, Saar oder Ruwer in den Sinn. Mit ihren oft nur 7,5 Prozent Alkohol
sind sie einfach einmalig auf der Welt. Den Liebhabern trockener Weine
kann ich einen Grünen Veltliner wärmstens ans Herz legen! Die Thermen-
region rund um Wien beispielsweise hat wunderbar pikante und herzhaft
frische Grüne Veltliner.

www.gu.de/
weinempfehlung15

Graved Lachs

Für 4 Personen

2 gleich große, ganz frische Lachsfilets ohne Haut (je etwa 250 g)
2 Bund Dill
2 EL grobes Meersalz
2 EL brauner Zucker
1 TL grob gemahlener
  schwarzer Pfeffer

Für die Senfsauce:
1 Bund Dill
3 EL Weißweinessig
100 g dunkler süßer
  Hausmacher-Senf
2 TL geriebener Meerrettich
  (aus dem Glas)
Salz · Pfeffer

1 Die Lachsfilets auf der Arbeitsfläche auslegen, eventuell vorhandene Gräten entfernen. Den Dill
waschen, trocken schütteln und
grob zerschneiden.

2 Das Salz mit dem Zucker und
dem Pfeffer vermischen. Beide
Lachsfilets mit der Gewürz-
mischung rundherum bestreuen.
Auf eines der Lachsfilets den
Dill streuen, das andere passend
darauflegen.

3 Packen Sie die Filets in einen
Gefrierbeutel und verschließen
Sie diesen, drücken Sie dabei die
Luft heraus.

4 Den Plastikbeutel in eine Schale
legen und mit einem Brett und
einem Gewicht (beispielsweise mit

einer Konservendose) beschweren. Den Fisch 1 bis 2 Tage im
Kühlschrank marinieren, dabei ab
und zu das Paket umdrehen und
wieder beschweren.

5 Für die Sauce den Dill waschen
und trocken schütteln, die Spitzen
abzupfen und fein hacken. Mit
Essig, Senf, Meerrettich, Salz und
Pfeffer verrühren.

6 Die Lachsfilets aus dem Plastik-
beutel nehmen, mit Küchenpapier
gut trocken tupfen, dabei die
Gewürze abwischen. Schneiden
Sie die Filets mit einem scharfen
Messer schräg in dünne Scheiben.

7 Die Lachsscheiben kalt mit der
Senfsauce servieren. Dazu passt
frisch geröstetes Toastbrot.

Weinempfehlung

Ein Glas Champagner mit dünn aufgeschnittenem Graved Lachs ist der
Traum! Selbstverständlich kann es auch genauso gut ein deutscher Sekt
oder ein Spumante aus Italien sein. Denn in aller Regel wird der Lachs ja
zum Aperitif gereicht. Wenn es aber ein Wein zum Lachs sein darf – etwa
im Rahmen eines ersten Menügangs – muss man nicht lange überlegen,
er sollte vor allem mineralisch sein. Ein eleganter Chardonnay wie Chablis
oder ein Riesling, beispielsweise von der Nahe oder aus Rheinhessen sind
in dieser Konstellation nicht zu übertreffen.

www.gu.de/
weinempfehlung 16

Räucherfischterrine

Für 1 Pasteten- oder Kastenform mit 30 cm Länge (12 Scheiben)

250 g Räucherlachs
2 geräucherte Forellenfilets
  (etwa 125 g)
250 g Creme fraîche
2 TL Tomatenmark
1/4 TL Cayennepfeffer
6 Eier (Größe M) · Salz
2 cl Sherry (nach Belieben)
1 Bund Sauerampfer
  (oder 1 Handvoll junge
  Spinatblätter)
1 Stück frischer Meerrettich
2 Bio-Limetten
Butter für die Form

1 Den Räucherlachs und die Forellenfilets grob zerpflücken. Erwärmen Sie die Crème fraîche unter Rühren und rühren Sie dann das Tomatenmark sowie den Cayennepfeffer unter. Den Räucherlachs dazugeben, kurz aufkochen lassen, dann mit dem Pürierstab fein pürieren und abkühlen lassen.

2 Heizen Sie den Backofen auf 160° C vor. Die Form einfetten. Die Eier trennen, die Eigelbe unter die Räucherfischcreme rühren. Die Eiweiße mit 1 Prise Salz steif schlagen. Eischnee und eventuell Sherry unter die Räucherfischcreme heben und die Creme in die Form füllen.

3 Stellen Sie die Form in die Fettpfanne des Backofens oder in eine Auflaufform. Wasser so angießen, dass ein Drittel der Form im Wasser steht. Die Terrine im Ofen (Mitte) in etwa 1 Stunde gar ziehen lassen, dann abkühlen lassen und vorsichtig aus der Form stürzen.

4 Den Sauerampfer waschen, trocken schütteln und die groben Stiele abschneiden. Den Meerrettich schälen, in feine Streifen schneiden oder auf der Gemüsereibe nicht zu fein hobeln.

5 Die Limetten heiß waschen, abtrocknen und in dünne Scheiben schneiden. Richten Sie die Terrine auf den Sauerampferblättern an. Dekorieren Sie die Oberfläche mit dem Meerrettich und den Limettenscheiben und nach Belieben mit selbst gebackenen Blätterteigfischen (siehe Tipp).

Tipp So stellen Sie Blätterteigfische her: Einen fertig ausgerollten Blätterteig (270 g) aus der Kühltheke mit Eigelb bestreichen. Mit einer Ausstechform Fische ausstechen. Ein Blech mit Backpapier belegen. Die Fische darauflegen. Im vorgeheizten Ofen bei 200° C auf der mittleren Schiene in 8 bis 10 Minuten goldbraun backen. Zur Terrine servieren. Zu diesem Gericht passt gut eine Senfcreme: 3 TL Honigsenf mit dem Saft von 1 Zitrone und 250 g Crème fraîche verrühren, salzen und pfeffern.

Weinempfehlung

Ein Barrique-Wein – also holzfassgereifter Weißwein kommt hier so richtig zur Geltung! Die rauchigen Aromen verschmelzen perfekt miteinander. Nehmen Sie zum Beispiel einen holzfassgereiften Weißburgunder oder Grauburgunder. In der Räucherfischterrine haben Sie als einen Hauptbestandteil Sahne, welche ebenfalls mit einem cremigen Burgunderwein bestens zur Geltung kommt.

Wer es etwas konträr mag, dem empfehle ich einen Riesling dazu. Die im Vergleich zu den holzfassgereiften Burgunderweinen markantere Säure lässt die Räucherfische leichter erscheinen, und der Fisch liegt dann nicht so schwer im Magen. Ich finde sowieso, dass ein Riesling zu einem fettreichen Essen besser als jeder Schnaps wirkt. Greifen Sie am besten zu einem knackigen Riesling als QbA ausgebaut.

Gemischte Sushi

Für 4–6 Personen

Für den Sushireis:
350 g Sushireis · Salz
3/4 EL Zucker
40 ml japanischer Reisessig

**Für Hosomaki-Sushi
mit Möhre und Gurke:**
1 große Möhre
1 Stück Salatgurke (etwa 10 cm)
3 EL Reiswein (Sake)
1/2 TL Zucker · Salz
2 geröstete Noriblätter
1 TL Wasabipaste
400 g gegarter Sushireis

Für Nigiri-Sushi mit Lachs:
150 g ganz frisches Lachsfilet
2 TL Wasabipaste
150 g gegarter Sushireis

**Für Temaki-Sushi
mit Surimi und Avocado:**
4 kleine Salatblätter
1/4 reife Avocado
1 TL Zitronensaft
4 Surimistäbchen
2 geröstete Noriblätter
200 g gegarter Sushireis
1 TL Wasabipaste

Außerdem:
japanische Sojasauce und Wasabipaste zum Dippen
eingelegter Ingwer (aus dem
  Asienladen) zum Dazuessen

1 Für den Sushireis den Reis
in einem Sieb unter fließendem
kaltem Wasser waschen, bis das
Wasser klar abläuft. Reis und
400 ml Wasser bei starker Hitze
2 Minuten kochen lassen, dann
bei kleinster Hitze zugedeckt
nach Packungsanweisung 10 bis
20 Minuten ausquellen lassen.
Nehmen Sie den Reis vom Herd,
nehmen den Deckel ab und lassen Sie den Reis mit einem Tuch
bedeckt 10 Minuten abkühlen.
3/4 TL Salz und Zucker im Reisessig völlig auflösen. Reis in eine
flache Schüssel füllen. Träufeln
Sie den Würzessig darüber.

2 Für die Hosomaki-Sushi
die Möhre schälen, längs in
1/2 cm dicke Scheiben, dann in
1/2 cm dicke Stifte schneiden.
Das Gurkenstück waschen, längs
halbieren, entkernen und längs in
1/2 cm breite Streifen schneiden.
Sake, 2 EL Wasser, Zucker und
1/4 TL Salz aufkochen. Lassen
Sie die Möhren darin zugedeckt
1 Minute sanft kochen. Vom
Herd nehmen, Gurke zugeben,
Gemüse im Sud abkühlen lassen.
Herausheben und trocken tupfen.

3 Beide Noriblätter quer halbieren. Jeweils ein Stück Noriblatt
mit der glatten Seite nach unten
auf eine Bambus-Rollmatte legen.
Bestreichen Sie die Noriblätter
dünn mit Wasabi. Verteilen Sie
darauf knapp 1 cm hoch Sushireis. In die Mitte der Reisfläche
ein Viertel der Gemüse legen.
Bambusmatte anheben und

damit Noriblatt und Reis um
die Füllung herum zu einer Rolle
formen. Entfernen Sie die Matte.
Jede Rolle in sechs gleich große
Stücke schneiden. Sushi mit
den Schnittflächen nach oben
anrichten.

4 Für die Nigiri-Sushi das
Lachsfilet leicht schräg zur Faser
in 8 dünne Scheiben von etwa
3 × 5 cm schneiden. Eine Seite
der Scheiben dünn mit Wasabi
bestreichen. Den Sushireis zu
acht länglichen Klößchen formen.
Legen Sie den Lachs mit der
bestrichenen Seite nach oben in
die linke Handfläche. Darauf ein
Reisklößchen setzen und leicht
andrücken. Sushi umdrehen und
behutsam in eine gleichmäßige
Form drücken.

5 Für die Temaki-Sushi den
Salat waschen, trocken tupfen.
Die Avocado schälen, längs in
vier Streifen schneiden und
mit Zitronensaft beträufeln.
Surimistäbchen trocken tupfen.
Die Noriblätter quer halbieren.
Formen Sie aus dem Sushireis mit
angefeuchteten Händen vier Bäll-
chen. Legen Sie jeweils eine Nori-
blatthälfte mit der glatten Seite
nach unten in die linke Hand.
Auf das obere Ende setzen Sie ein
Reisbällchen und bestreichen es
mit etwas Wasabi. Je ein Viertel
der Füllung auf den Reis legen,
leicht andrücken. Noriblatt und
Füllung zu einer Tüte aufrollen.
Äußeres Noriblattende mit zwei
Reiskörnern festkleben.

Weinempfehlung

Ich persönlich habe die Erfahrung gemacht, dass zu rohem Fisch mit Sojasauce so richtig gut ein leichter Rotwein passt. Insbesondere roher Thunfisch kommt mit einem relativ leichten Spätburgunder oder Schwarzriesling perfekt zurecht.

Und wenn es lieber ein Weißwein sein soll – zum Sushi harmonieren mineralische, also leicht salzig schmeckende Weißweine am besten. Einen schlanken Chardonnay aus dem Burgund oder einen deutschen Riesling können Sie ebenfalls gut dazu kombinieren.

www.gu.de/
weinempfehlung17

Käseomelett

Für 1 Person

Für das Gemüse:
1 mittelgroße Tomate
40 g Zucchini
2 EL Olivenöl
Zucker
1 TL gehackte Petersilie

Für das Omelett:
3 Eier
30 g frisch geriebener Parmesan
Salz · frisch geriebene Muskatnuss

Außerdem:
10 g Butter zum Braten

1 Für das Gemüse blanchieren Sie die Tomate, schrecken sie kalt ab, häuten und vierteln sie. Die Samen entfernen und das Fruchtfleisch klein würfeln.

2 Die Zucchini waschen, Blüten- und Stielansatz entfernen und das Fruchtfleisch in feine Streifen schneiden.

3 Das Olivenöl in einer Pfanne erhitzen, Zucchinistreifen darin anschwitzen, die Tomate kurz mitbraten und 1 Prise Zucker untermischen, kurz ziehen lassen. Streuen Sie die gehackte Petersilie darüber und halten Sie die Gemüsemischung warm.

4 Für das Omelett Eier, Parmesan und Gewürze in einer Schüssel verquirlen (siehe Tipp). Die Butter in einer Pfanne zerlassen, die Eimasse hineingießen und mit einer flach gehaltenen Gabel rühren, bis sie zu stocken beginnt – dabei die Schicht am Boden nicht verletzen.

5 Schieben Sie dann das Omelett mit der Gabel an den Pfannenrand und lassen Sie es durch Klopfen auf den Pfannenstiel überklappen.

6 Das fertige Omelett auf einen vorgewärmten Servierteller gleiten lassen, das Gemüse darauf anrichten und das Omelett sofort servieren.

Tipp Die Eier vor dem Garen nur kurz und nicht zu stark verquirlen, sodass die gelartige Konsistenz des Eiweißes nicht zerstört wird. Nur so kann die Eimasse in der Pfanne beim Garen etwas aufquellen, und Sie erhalten ein saftiges, lockeres Omelett.

Weinempfehlung

Wein zu Eierspeisen ist immer eine echte Herausforderung für einen Sommelier. Mein Geheimtipp zu diesem Gemüse-Käseomelett: ein Sylvaner oder Chasselas aus der Schweiz. Beide Weine bringen wenig Säure mit und haben dennoch viel Finesse sowie einen unglaublich floralen Charakter. Sie können sich auch für einen fränkischen Silvaner entscheiden. Ähnlich wie die Schweizer Weine hat er nicht so viel Säure, schmeckt aber sehr elegant und blumig. Oder Sie wählen die leichte und unkomplizierte Variante und entscheiden sich für einen Rivaner.

www.gu.de/
weinempfehlung 18

Käsesoufflé

Für 4 Personen

60 g Butter · 30 g Mehl
1/4 l Milch · 1/2 TL Salz
frisch gemahlener Pfeffer
etwas frisch geriebene Muskatnuss
4 EL Sahne · 5 Eigelbe
120 g frisch geriebener gereifter
  Gouda oder Greyerzer
5 Eiweiße

Außerdem:
Butter zum Fetten
Souffléform von 1 l Inhalt

1 Für die Soufflémasse zunächst
eine Béchamelsauce herstellen.
Dafür die Butter in einer Kasserolle zerlassen und das Mehl einrühren und bei reduzierter Hitze
2 bis 3 Minuten farblos anschwitzen. Gießen Sie die Milch nach
und nach unter Rühren zu und
rühren Sie die Sauce glatt. Mit
Salz, Pfeffer und Muskat würzen.
Die Béchamelsauce 15 Minuten
köcheln und anschließend nochmals gut durchrühren.

2 Sahne zugießen, die Sauce glatt
rühren, dabei mit dem Schneebesen ein Ansetzen der Masse
verhindern. Vom Herd nehmen.
Rühren Sie die Eigelbe unter:
Erst wenn das erste ganz einge-
arbeitet ist, das nächste zufügen.
Den geriebenen Käse unter die
Masse mischen und schmelzen.

3 Die Eiweiße zu steifem Schnee
schlagen. Käsemasse in eine Rührschüssel umfüllen und lauwarm
abkühlen lassen. Heben Sie den
Eischnee mit einem Holzspatel
unter die lauwarme Masse.

4 Die Souffléform mit Butter
fetten, die Masse rasch bis etwa
ein Drittel unter den Rand der
Form einfüllen und das Soufflé
bei 180°C im vorgeheizten Ofen
auf der unteren Schiene 20 Minuten backen. Die Temperatur auf
200°C erhöhen und das Soufflé
in weiteren 20 bis 25 Minuten
fertig backen. Sofort servieren.

Tipp Das Käsesoufflé gelingt
Ihnen ganz leicht, wenn Sie möglichst zügig arbeiten. Je schneller
das Soufflé in den Ofen kommt,
desto weniger geht von dem
Volumen verloren, das mit dem
Unterheben von Eischnee gewonnen wurde. Ein Soufflé verträgt
neben Wartezeit auch keine Zug-
luft. Die vorbereitete Soufflémasse
muss sofort in den Backofen, und
die Ofentür sollte während des
Backens nicht geöffnet werden.
Das fertige Soufflé sollte unmittelbar serviert werden. Dass es
fertig gebacken ist, erkennt man
an seiner kräftigen Bräunung und
daran, dass es hoch aufgegangen
ist, – auch daran, dass die Risse in
der aufgegangenen Kruste nicht
mehr feucht glänzen.
Geeignet zum Backen von Soufflés sind ofenfeste Formen, die
innen glattwandig sind und über
einen hohen, geraden Rand verfügen – so kann die Soufflémasse
perfekt aufgehen.

Weinempfehlung

Hier passt ein etwas nussiger Wein hervorragend,
wie zum Beispiel ein Gutedel aus dem Markgräflerland, aus Sachsen oder aus der Saale-Unstrut-
Region. Gutedel passt prima zu Käse, weil er nicht
zu säurebetont wirkt. Hervorragend geeignet sind
auch Chardonnays zum Soufflé. Diese haben einen
sehr cremigen und weichen Charakter, welcher zum
Teil auf den malolaktischen Säureabbau zurückzu-

führen ist. Dieser bringt in Weinaroma eine ganz
leichte Buttermilch- oder Joghurtkomponente, und
der Wein wirkt dann etwas fülliger. Einen Rotwein
können Sie ebenfalls hervorragend mit dem Soufflé
kombinieren – vor allem wenn Sie es nach dem
Hauptgericht als Käsegang servieren. Falls Sie vom
Hauptgang noch einen Merlot haben, dann öffnen
Sie zum Soufflé am besten gleich noch eine Flasche.

Pfifferlingsäckchen
mit Kräuter-Sahne-Sauce

Für 8 Stück

4 Yufka- oder Filoteigblätter
50 g flüssige Butter
8 Schnittlauchhalme
  (zum Zubinden)

Für die Füllung:

1 kg Pfifferlinge
100 g Butter
1 Zwiebel
1 Knoblauchzehe
400 g festkochende Kartoffeln
1 EL Öl
250 g Tomaten
80 g Frühlingszwiebeln
2 EL gehackte glatte Petersilie
1 EL Schnittlauchröllchen
Salz · frisch gemahlener Pfeffer
1 TL Trüffelöl

Für die Kräuter-Sahne-Sauce:

1 kleine Zwiebel
20 g Butter
100 ml Weißwein
400 g Sahne
1 EL gehackte Kräuter (Rosmarin,
  Oregano, Salbei, Basilikum)
Salz
frisch gemahlener weißer Pfeffer
1 TL Zitronensaft

Außerdem:

Butter für das Blech

1 Die Pfifferlinge putzen und mit Küchenpapier abreiben, möglichst nicht waschen. Kleinere Exemplare ganz lassen, größere halbieren. Zerlassen Sie die Butter in einer Pfanne und braten Sie die Pfifferlinge darin an. Aus der Pfanne nehmen, abkühlen lassen.

2 Zwiebel und Knoblauchzehe schälen und fein hacken. Die Kartoffeln waschen, schälen und in 5 mm große Würfel schneiden. Das Öl in einer Pfanne erhitzen, Zwiebel und Knoblauch darin glasig dünsten. Geben Sie die Kartoffelwürfel dazu und dünsten Sie diese 5 Minuten mit. Abkühlen lassen.

3 Die Tomaten blanchieren und häuten. Die Stielansätze entfernen, dann die Früchte vierteln und von den Samen befreien. Das Fruchtfleisch fein würfeln. Die Frühlingszwiebeln putzen und in feine Ringe schneiden.

4 Geben Sie die Pfifferlinge, die Kartoffelmischung sowie die zerkleinerten Tomaten und Frühlingszwiebeln in eine Schüssel. Alles mit der gehackten Petersilie, den Schnittlauchröllchen, Salz, Pfeffer und Trüffelöl mischen.

5 Den Ofen auf 200° C vorheizen. Halbieren Sie die Teigblätter quer, bepinseln Sie sie mit flüssiger Butter und verteilen Sie die Pilz-Kartoffel-Mischung darauf. Die Blätter zu Säckchen formen und mit einem Schnittlauchhalm zubinden. Auf ein gut gebuttertes Blech legen und im heißen Ofen 15 bis 20 Minuten backen. Nach etwa 5 Minuten Backzeit die Spitzen abdecken, damit sie nicht zu dunkel werden.

6 Schälen Sie für die Sauce die Zwiebel und hacken Sie sie sehr fein. Die Butter in einer Kasserolle zerlassen und die Zwiebel darin glasig dünsten. Mit Weißwein ablöschen und auf etwa ein Drittel reduzieren. Die Sahne zugießen, die Sauce unter Rühren bei schwacher Hitze aufkochen, anschließend bis zur gewünschten sämigen Konsistenz einkochen lassen.

7 Die Kräuter in die Sauce rühren. Die Sauce mit Salz, Pfeffer und Zitronensaft würzen und mit dem Stabmixer aufschlagen. Richten Sie die Pfifferlingsäckchen mit der Kräuter-Sahne-Sauce auf vorgewärmten Tellern an. Sofort servieren.

Weinempfehlung

Pilze, wie beispielsweise Pfifferlinge, lieben Burgunderweine: Weiß- oder Grauburgunder oder Chardonnay. Der Wein sollte hier relativ rund und würzig sein. Alternativ ist auch ein Viognier dazu sehr spannend. Von der Fülle und Kraft ähnelt er dem Chardonnay, er wirkt dabei aber durchaus noch etwas floraler. Meist erinnert er an Orangenblüten oder gar an Veilchen. Viognier bekommen Sie mittlerweile zu ganz anständigen Preisen aus dem Languedoc oder von der Rhône. Auch in Australien und Kalifornien legt man mittlerweile immer mehr Augenmerk auf Viognier.

www.gu.de/
weinempfehlung19

Lachs-Blätterteig-Plätzchen
mit Steinpilz-Sabayon

Für 4 Personen

Für das Steinpilz-Sabayon:

10 g getrocknete Steinpilze
30 g Schalotten, fein gewürfelt
4 Eigelbe
1 Spritzer Worcestersauce
Salz · frisch gemahlener Pfeffer

Für die Lachs-Blätterteig-Plätzchen:

4 Scheiben TK-Blätterteig
 (je 75 g)
350 g Lachsfilet ohne Haut
1 EL eingelegter grüner Pfeffer
2 EL Whisky · Salz

1 Den Backofen auf 200° C vorheizen. Die getrockneten Steinpilze in 150 ml lauwarmem Wasser einweichen. Die Blätterteigscheiben auf eine Arbeitsfläche nebeneinander legen und auftauen lassen.

2 Bereiten Sie das Lachsfilet vor, wie in Step a gezeigt. Die Pfefferkörner abtropfen lassen, grob hacken und mit dem Lachs mischen. Den Whisky darüberträufeln.

3 Aus dem Teig acht Plätzchen von 9 cm Durchmesser ausstechen, in 1 cm Abstand zum Rand einen Kreis einritzen (Step b). Die Plätzchen auf ein Backblech setzen, mit Lachs belegen (Step c) und im Ofen auf der untersten Schiene 15 Minuten backen.

4 Inzwischen für das Sabayon die eingeweichten Steinpilze in ein Sieb abgießen, den Sud auffangen und die Pilze kräftig ausdrücken. Den Pilzsud mit den Schalotten auf die Hälfte reduzieren und in den Schlagkessel passieren.

5 Rühren Sie dann die Eigelbe mit einem Schneebesen unter den Pilzsud, setzen Sie den Schlagkessel auf ein heißes Wasserbad und schlagen Sie die Sauce dickcremig bis kurz vor den Kochpunkt auf. Zuletzt die abgetropften Steinpilze fein hacken und unter das Sabayon ziehen.

6 Das Steinpilz-Sabayon mit Worcestersauce, Salz und Pfeffer würzen. Die warmen Lachsplätzchen mit der Sauce anrichten und sofort servieren.

a Lachsfilet von der grauen Fettschicht befreien und in etwa 2 cm große Würfel schneiden.

b In jedes der Blätterteigplätzchen mit etwa 1 cm Abstand zum Rand einen Kreis eindrücken.

c Auf die Blätterteigkreise jeweils etwas Lachs in die Mitte setzen und mit wenig Salz bestreuen.

Weinempfehlung

Mit einem kraftvollen Riesling wird das Gericht zu einem Erlebnis. Die Elsässer Rieslinge bringen immer eine hohe Traubenreife und eine ordentliche Fülle mit, was auch mit dem Steinpilz-Sabayon perfekt harmoniert. Selbstverständlich kann es auch ein deutscher Riesling sein, aber bitte eine Spätlese-Qualität oder Großes Gewächs (siehe auch Weinempfehlung Seite 50). In Österreich finden Sie in der Wachau ebenfalls sehr kraftvolle und ausdrucksstarke Rieslinge. Diese haben dort eigene Qualitätsbezeichnungen: Sie können ruhig zu einem Smaragd greifen, welcher bei uns einer Spätlese-, beziehungsweise Auslese-Qualität entspricht. Und für alle Weingenießer, die für Riesling nicht so zu begeistern sind: Ein Chardonnay passt auch sehr gut zu den Lachsplätzchen.

Garnelen-Zitronengras-Spieße

Für 4 Personen

16 große rohe Garnelen
4 Stängel Zitronengras

Für die Marinade:
2 Schalotten
2 Knoblauchzehen
2 frische rote Chilischoten
1 Stück Ingwerwurzel
1 TL Koriandersamen
1/4 TL frisch gemahlener
  weißer Pfeffer
1 EL Sojasauce
3 EL Erdnussöl

1 Für die Marinade die Schalotten und die Knoblauchzehen schälen und so fein wie möglich hacken. Die Chilischoten längs aufschneiden, von den Samen befreien und zerkleinern. Die zerkleinerten Zutaten in ein Schälchen geben.

2 Das Stück Ingwerwurzel schälen und fein würfeln. Geben Sie den Ingwer zu Schalotten, Knoblauch und Chili. Die Koriandersamen im Mörser zerstoßen.

3 Die vorbereiteten Zutaten mit dem Pfeffer in einem Schälchen mischen, Sojasauce und Öl dazugeben und alles zu einer Marinade verrühren.

4 Schälen Sie die Garnelen bis auf die Schwänze. Von jeder Garnele den Darm entfernen: Die Garnele am Rücken einschneiden, den dunklen Darm mit der Spitze eines kleinen Messers anheben und entfernen.

5 Die Zitronengrasstängel mit einem Messer längs halbieren. Die Garnelen mit einem spitzen Messer im vorderen und hinteren Teil durchstechen. Jeweils 2 Garnelen auf einen halben Zitronengrasstängel stecken.

6 Legen Sie die Garnelenspieße nebeneinander in eine flache Form. Mit der Marinade übergießen und mindestens 1 Stunde ziehen lassen. Die Garnelenspieße zwischendurch wenden.

7 Die Garnelen aus der Marinade nehmen; gut abtropfen lassen. Auf dem Grill auf beiden Seiten rösten, bis die Garnelen gar sind und dunkle Grillstreifen erkennbar sind.

Tipp Die Zitronengrasstängel verleihen den Garnelen während des Grillens eine zitronige Note. Sie können die Garnelen stattdessen auch mit Limettenscheiben auf Bambusspieße stecken.

Weinempfehlung

Ein spritzig frischer Riesling zeichnet sich vor allem durch seine Zitrusfrucht-Aromatik aus. Zudem passt er exzellent zu den Garnelen. Auch ein frischer Sauvignon Blanc unterstreicht sehr gut das Gericht. Strahlend und mit viel Frucht unterlegt zeigen sich vor allem die Sauvignons aus Neuseeland, das als Weinland so spannend ist, weil alle Kellereien dort praktisch erst in den letzten zwanzig Jahren entstanden sind. Viele ausländische Winzer haben hier ein Weingut aufgebaut. Da treffen Sie auf deutsche Winzer, wie Johner vom Kaiserstuhl oder Schubert aus dem Schwäbischen, aber auch auf Schweizer, Holländer, Franzosen … Alternativ passen leichte Roséweine ebenfalls immer gut zu Garnelen. Einen Spätburgunder Weißherbst Kabinett trocken können Sie guten Gewissens dazu einsetzen.

Jakobsmuscheln

8 Jakobsmuscheln
100 g Schalotten
2 Knoblauchzehen
1 rote Chilischote
150 ml Sahne
30 g Butter
Salz · Pfeffer
50 ml Fischfond
2 EL gehackte Petersilie
30 g Weißbrot (vom Vortag),
  grob gerieben
20 g kalte Butter
gehackte Kräuter
  (nach Belieben)

1 Waschen und säubern Sie die Jakobsmuscheln sorgfältig. Die Muscheln dann wie unten gezeigt und beschrieben aus der Schale lösen (Step a bis c).

2 Das Muskelfleisch und den Rogen der Jakobsmuscheln in etwa 1 1/2 cm große Stücke schneiden. Vier der gewölbten (unteren) Muschelschalen auswaschen und abtrocknen.

3 Schälen Sie die Schalotten und die Knoblauchzehen. Die Schalotten sehr fein würfeln, den Knoblauch sehr fein hacken.

4 Die rote Chilischote längs halbieren, Samen und Scheidewände entfernen, das Fruchtfleisch sehr fein würfeln. Sahne auf etwa ein Drittel einkochen lassen.

5 Die Butter in einer Pfanne zerlassen und darin Schalotten, Knoblauch sowie Chili farblos anschwitzen.

6 Fügen Sie das Muschelfleisch zu und garen Sie es unter Wenden leicht an. Mit Salz und Pfeffer würzen. Den Fischfond angießen und einkochen lassen. Die gehackte Petersilie einstreuen. Zuletzt die eingekochte Sahne unterrühren.

7 Den Backofengrill vorheizen. Das Muschelragout in die gewölbten Muschelschalen verteilen, mit dem geriebenen Weißbrot bestreuen, mit der kalten Butter in Flöckchen belegen.

8 Das Muschelragout unter dem heißen Grill kurz goldgelb gratinieren. Servieren Sie die Jakobsmuscheln nach Belieben mit gehackten Kräutern bestreut.

a Die Muschel mit der flachen Seite nach oben halten. Mit einem stabilen Messer zwischen die Schalen fahren und den Schließmuskel innen oben von der Schale schneiden.

b Die obere Schale abheben. Mit dem Messer am grauen Rand das Muschelfleisch rundum auslösen und aus der unteren, gewölbten Schale heben.

c Den grauen Rand vorsichtig vom weißen Muskelfleisch (welches auch Nüsschen genannt wird) und dem orangefarbenen Rogen (Corail) abziehen.

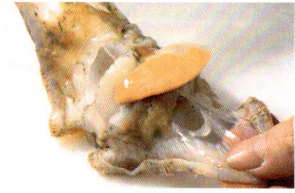

Weinempfehlung

Ein sicheres Zeichen für eine hochwertige Qualität ist, wenn die Weine salzig riechen und schmecken. In der Fachsprache wird dies als Mineralität umschrieben und das passt zu Muscheln einfach unvergleichlich gut. Jakobsmuscheln verlangen einen schlanken und mineralischen Weißwein. Ein schlanker Chardonnay, klassischerweise ein Chablis oder ein Chardonnay von der Côte Chalonnaise wirken fein und blumig im Bukett. Auch ein Weißburgunder passt ideal, er ist etwa vergleichbar mit Chardonnay, oft imponiert er noch etwas schlanker und blumiger. Ein wenig knackiger erscheint dagegen ein Sauvignon Blanc als Partner zu den Jakobsmuscheln. Zu der gratinierten Zubereitung passt es natürlich auch gut, wenn der Wein eine kleine Portion Röststoffe mitbringt, also im Barrique gereift ist.

Hauptspeisen

Fettuccine mit weißen Trüffeln

Für 4 Personen

Für den Nudelteig:
300 g doppelgriffiges
Weizenmehl Type 405
2 Eier
4 Eigelbe
1/3 TL Salz

Für die Sauce:
2 rote Chilischoten
250 g Sahne
1 TL Trüffelöl
Salz · frisch gemahlener Pfeffer

Außerdem:
etwa 60 g weiße Trüffeln (ersatzweise Sommertrüffeln)
1 Trüffelhobel
Basilikumblätter und geriebener
   Parmesan zum Bestreuen

1 Das Mehl auf eine Arbeitsfläche häufen, in die Mitte eine Mulde drücken. Die Eier, die Eigelbe und das Salz in die Mulde geben und mit einer Gabel verrühren, dabei immer mehr Mehl vom Rand mit unterrühren. Falls der Teig zu fest werden sollte, arbeiten Sie noch 1 EL Wasser ein. Zum Schluss alles mit den Händen zu einem glatten Teig verkneten.

2 Den Nudelteig zu einer Kugel formen, diese in Frischhaltefolie wickeln und etwa 1 Stunde im Kühlschrank ruhen lassen.

3 Rollen Sie den Teig portions-weise mit der Nudelmaschine bis auf die gewünschte Stärke aus. Die Teigplatte dann in 3 mm breite Fettuccine schneiden; diese kurz antrocknen lassen.

4 Chilischoten ohne Samen in feine Streifen schneiden. Sahne in einer Kasserolle bei starker Hitze auf die Hälfte einkochen.

5 Die Hitze reduzieren; Chili-streifen und Trüffelöl in die Sahne rühren. Würzen Sie die Sahne-sauce mit Salz und Pfeffer.

6 Die Trüffel erst unmittelbar vor dem Hobeln nur ganz kurz unter fließend kaltem Wasser abbürsten; sofort abtrocknen, keinesfalls darf sie Wasser auf-saugen. Unsaubere Vertiefungen mit einem spitzen, scharfen Messer sparsam ausschneiden, denn jedes Gramm ist kostbar.

7 Die Fettuccine in sprudelndem Salzwasser bissfest garen, in ein Sieb abgießen und abtropfen lassen. Verteilen Sie die Nudeln auf vorgewärmte Teller und über-gießen Sie sie mit der Sahnesauce.

8 Die weißen Trüffeln hauch-dünn über die Pastaportionen hobeln. Mit in Streifen geschnit-tenen Basilikumblättchen und geriebenem Parmesan bestreuen. Sofort servieren.

Weinempfehlung

Je nach Ihren persönlichen Vorlieben können Sie hierzu einen Weiß- oder auch einen Rotwein ser-vieren. Ich liebe Chadonnay zu Trüffeln, vor allem wenn er schon zwei bis drei Jahre Reife mitbringt. Während früher die Regel galt: »Ein Weißwein sollte nicht zur Schule gehen«, also nicht älter als fünf Jahre sein, kann ein guter Chardonnay heute ohne Probleme auch acht bis zehn Jahre alt werden.

Ein weiterer Klassiker zu Trüffeln ist der Arneis. Er wirkt nicht ganz so gehaltvoll wie ein Char-donnay und bringt oft ein wunderbares Aroma an Mandel und Nüsse erinnernd mit. Für die Rotweinliebhaber empfehle ich hier einen Wein mit etwas Reife. Großartig ist zu diesem Gericht, insbesondere in der Verbindung zu den Trüffeln, ein Barbaresco.

Möhren-Timbalen

mit Mandelsauce

Für 4 Personen

Für die Timbalen:
600 g Möhren
1 EL Butter
200–250 ml Gemüsebrühe
Salz · Zucker
frisch geriebene Muskatnuss
3–4 Eier
100 g Sahne

Für die Mandelsauce:
500 ml Milch
100 g gemahlene Mandeln
1 Schalotte
1 kleine Chilischote
20 g Butter
1 TL Mehl
Salz · Zucker
2 EL Mandelblättchen

Außerdem:
4 Timbaleförmchen
 (je 130 ml Inhalt)
Butter für die Förmchen

1 Möhren waschen, putzen und zerkleinern. Die Butter erhitzen und die Möhren darin andünsten. Die Brühe angießen. Würzen Sie das Ganze mit Salz, Zucker und Muskat und lassen sie es etwa 20 Minuten köcheln, bis die Möhren weich sind.

2 Backofen auf 200° C vorheizen. Die Möhren in der Brühe pürieren und das Püree durch ein feinmaschiges Sieb in eine hohe Schüssel streichen. Eier und Sahne zum Möhrenpüree geben und gründlich unterrühren; abschmecken.

3 Fetten Sie die Förmchen mit Butter und füllen Sie die Masse hinein. Die Förmchen auf das tiefe Backblech stellen und dieses zu zwei Dritteln mit Wasser füllen, in den Ofen (Mitte) schieben und die Timbalen darin 25 bis 35 Minuten garen.

4 Erhitzen Sie für die Sauce die Milch. Die gemahlenen Mandeln hineinrühren und bei schwacher Hitze etwa 20 Minuten in der Milch ziehen lassen.

5 Schalotte schälen und fein würfeln. Chilischote ohne Samen fein zerkleinern. Die Butter in einem Topf erhitzen; Schalotte und Chili darin andünsten. Streuen Sie das Mehl über Schalotte und Chili und schwitzen Sie es unter Rühren an. Die Mandelmilch langsam unter Rühren zugießen. Bei schwacher Hitze rühren, bis sie andickt, dann durch ein Sieb streichen, mit Salz und etwas Zucker abschmecken.

6 Die Timbalen auf Teller stürzen und mit der Mandelsauce umgießen. Rösten Sie die Mandelblättchen in einer Pfanne ohne Fett und bestreuen Sie die Möhren-Timbalen damit.

Weinempfehlung

Die moderneren Grauburgunder zeigen nicht nur ihre Würze und nussig-mandelartige Aromen, sondern auch eine unglaublich strahlende Frucht, an Aprikosen erinnernd. Ein solcher Wein schmeckt hervorragend zu diesen Timbalen! Die Elsässer Weißweine, etwa ein Pinot Gris (wie der Grauburgunder dort heißt) oder auch ein Muscat d'Alsace bringen viel Frucht und Schmelz mit. Meist haben sie relativ hohe Gehalte an Restsüße und Alkohol, was ihnen entsprechend Körper verleiht und womit sie besonders gut zur Mandelsauce passen.

www.gu.de/
weinempfehlung20

Barolo-Risotto

Für 4 Personen (als erster Hauptgang in einem Mehrgängemenü)

4 EL Olivenöl
150 g Schalottenwürfel
20 g Zucker
400 ml Barolo
1 Knoblauchzehe, gehackt
200 g Risottoreis
   (z. B. Carnaroli, siehe Tipp)
700 ml erhitzter Geflügelfond
80 g Butter, gewürfelt
80 g frisch geriebener Parmesan
Salz · frisch gemahlener Pfeffer
frisch gehobelter Parmesan
   für die Garnitur

1 In einem kleinen Topf 2 EL Olivenöl erhitzen. Braten Sie die Schalottenwürfel zusammen mit dem Zucker darin goldbraun an und löschen Sie mit dem Barolo ab. Den Wein fast vollständig reduzieren.

2 In einem Topf das restliche Olivenöl erhitzen und den Knoblauch darin glasig schwitzen. Dann sofort den Reis auf einmal zuschütten und unter Rühren anschwitzen, bis die Körner leicht glasig sind.

3 Fügen Sie die Schalotten zu und gießen Sie nach und nach jeweils so viel Fond an, dass der Reis gerade bedeckt ist.

4 Den Risotto bei reduzierter Hitze offen etwa 15 Minuten unter Rühren garen. Dann die Butter unterrühren und den Risotto noch kurz weitergaren.

5 Wenn der Reis gar ist – nach 17 bis 20 Minuten –, den Parmesan unterrühren. Würzen Sie den Risotto mit und Salz und Pfeffer, bestreuen Sie ihn mit gehobeltem Parmesan und servieren Sie ihn sofort.

Tipp Carnaroli-Reis kocht außerordentlich cremig, und die Körner behalten dabei dennoch Biss – ideal für samtig-körnige Risotti. Gute Alternativen sind die Sorten Ribe und Arborio.

Weinempfehlung

Barolo passt perfekt zum Risotto; das liegt auf der Hand. Da er etwas teurer ist, leistet man sich solchen Wein nicht oft. Fragen Sie nach einem Nebbiolo. Er wird aus derselben Traubensorte gekeltert, wächst aber teilweise nicht in der definierten Baroloregion. Teilweise: Denn die Topwinzer wollen nur das allerbeste Traubengut für ihren Barolo und füllen den Wein von den unter zehnjährigen Reben oft als Nebbiolo ab. Alternativ können Sie auch mal einen deutschen Merlot ausprobieren. Vor allem die Württemberger ernten in den letzten Jahren großartige Qualitäten bei ihren Merlots.

www.gu.de/
weinempfehlung21

Couscous
mit grünen Bohnen

Für 4 Personen

1 Zwiebel
2 EL Olivenöl
1 EL Butter
300 g TK-Bohnen
  (grüne Bohnen)
425 ml Gemüsebrühe
300 g Instant-Couscous
225 g Gemüsemais
  (aus der Dose)
500 g Kirschtomaten
2 TL gehackter Thymian
  (frisch oder getrocknet)
Salz · Pfeffer
150 g Sahnejoghurt

1 Die Zwiebel schälen und fein würfeln. 1 EL Öl mit der Butter in einer großen Pfanne erhitzen, Zwiebeln darin glasig braten.

2 Geben Sie die unaufgetauten Bohnen zu den Zwiebeln, gießen Sie 1/8 l Brühe an und dünsten Sie das Gemüse zugedeckt bei mittlerer Hitze 7 bis 8 Minuten.

3 Die restliche Brühe mit 1 EL Olivenöl aufkochen, vom Herd nehmen, den Couscous einrühren und 5 Minuten quellen lassen.

4 Inzwischen den Mais abtropfen lassen und die Tomaten waschen und vierteln. Lockern Sie den Couscous mit einer Gabel auf und mischen ihn zusammen mit Tomaten, Mais und Thymian unter die Bohnen.

5 Den Gemüse-Couscous mit Salz und Pfeffer kräftig würzen. Reichen Sie den Joghurt dazu.

Tipp Couscous besteht aus Hartweizen; die Körner werden zu Grieß gemahlen, der vorgequollen, gedämpft und getrocknet wird. In seiner nordafrikanischen Heimat gart man Couscous langwierig über Brühe essfertig. Der bei uns übliche Instant-Couscous quillt zwar in wenigen Minuten direkt in der kochenden Flüssigkeit auf, doch wer ihn luftiger und leichter mag, gönnt auch der Instant-Variante 10 bis 20 Minuten zum Ausquellen oder gart den Couscous ganz traditionell im Einsatz über aromatischer Brühe.

Weinempfehlung

Ich persönlich bereite Couscous gerne relativ scharf zu. Das lässt die begleitenden Weine allerdings häufig etwas alkoholisch erscheinen. Von daher würde ich von alkoholstarken Weinen zu diesem Gericht abraten und leichtere Weine bevorzugen. Ein leichter Vinho Verde oder ein leichter Grüner Veltliner wären hier meine erste Wahl.
Und für die Rotweinliebhaber? Perfekt harmonieren zum Couscous auch relativ leichte, fruchtbetontere Rotweine, wie zum Beispiel ein Dolcetto aus Italien oder ein deutscher Portugieser.

www.gu.de/
weinempfehlung22

Steinpilzknödel

Für 4 Personen (als Teilgericht in einem Menü)

200 g Weißbrot vom Vortag
50 g Sahne
100 ml Milch
120 g zerlassene Butter
2–3 Eier
1/2 TL Salz
frisch gemahlener Pfeffer
frisch geriebene Muskatnuss
400 g Steinpilze
1 Schalotte
1 Knoblauchzehe
1 EL gehackte Petersilie
1 EL gehackter Oregano
40 g Mehl

1 Das Weißbrot entrinden und in sehr kleine Würfel schneiden. Die Brotwürfel in eine Schüssel füllen. Rühren Sie Sahne, Milch und 50 g zerlassene Butter unter. Die Eier zufügen und ebenfalls untermischen. Die Masse mit Salz, Pfeffer und Muskatnuss würzen; 1 Stunde quellen lassen.

2 Die Steinpilze putzen, möglichst nicht waschen, sondern nur abreiben und in Würfel schneiden. Schälen Sie Schalotte und Knoblauch und würfeln Sie beides fein.

3 In einer Pfanne 20 g Butter zerlassen, Schalotte und Knoblauch darin andünsten. Die Steinpilze zugeben und kurz mitbraten. Petersilie und Oregano darüberstreuen und die Pilzmischung leicht abkühlen lassen.

4 Vermengen Sie die Hälfte der Pilzmischung mit der Weißbrot-

masse und dem Mehl, bis ein formbarer Teig entstanden ist.

5 Den Teig in etwa 12 Portionen von je 50 g teilen. In die Mitte jeder Teigportion eine Mulde drücken und je 1 TL von der Pilzfüllung in die Mulde geben. Die Knödelmasse vorsichtig um die Füllung drücken, um die Füllung ganz zu umhüllen. Formen Sie die Knödel in der flachen Hand rund.

6 In einem Topf reichlich Salzwasser zum Kochen bringen. Die Knödel hineingeben und bei schwacher Hitze in etwa 12 Minuten gar ziehen lassen.

7 Die Steinpilzknödel aus dem Wasser heben und auf Tellern mit zerlassener Butter und gemischtem Salat anrichten. Die Knödel nach Belieben noch mit etwas geriebenem Bergkäse bestreuen.

Weinempfehlung

Entweder würde ich mich hier für einen im Barrique ausgebauten Weißwein oder für einen schon etwas reiferen Wein entscheiden. Genial ist zu den Steinpilzknödeln ein Sémillon, den Sie teilweise in Südafrika, aber vor allem in der Bordeaux-Region antreffen. Bei den weißen Bordeauxweinen handelt es sich meistens um eine Cuvée mit Sauvignon Blanc und Muscadelle. Ein leichter Rotwein passt aber mindestens genauso gut zu den Steinpilzknödeln. Ich würde hier zu einem Frühburgunder, am liebsten von der Ahr, oder zu einem Spätburgunder greifen.

www.gu.de/
weinempfehlung23

Spinat-Bärlauch-Soufflés

Für 8 Personen

80 g Butter · 30 g Mehl
250 ml Milch · 40 g Sahne · Salz
frisch gemahlener weißer Pfeffer
frisch geriebene Muskatnuss
5 Eier · 500 g Blattspinat
2 Schalotten · 1 kleine Knoblauchzehe · 100 g Bärlauch

Außerdem:
8 Souffléförmchen mit je
  etwa 130 ml Inhalt
Butter und Semmelbrösel
  für die Förmchen

1 Zerlassen Sie in einer Kasserolle 60 g Butter. Das Mehl hinzufügen und unter Rühren hell andüns- ten. Die Milch unter ständigem Rühren langsam dazugießen und die Sauce 15 Minuten köcheln lassen, dabei immer wieder rüh- ren, damit nichts am Topfboden ansetzt. Anschließend die Sahne dazugeben und die Sauce unter Rühren erneut aufkochen lassen; mit Salz, Pfeffer und Muskat würzen und abkühlen lassen.

2 Die Eier trennen. Rühren Sie die Eigelbe jeweils einzeln gründ- lich in die Sauce. Diese dann in eine Schüssel umfüllen.

3 Den Spinat waschen, putzen und tropfnass in einen Topf geben. Die Blätter bei starker Hitze zugedeckt in kurzer Zeit zusammenfallen lassen. In ein feinmaschiges Sieb geben und abtropfen lassen; überschüssige Flüssigkeit ausdrücken.

4 Schälen Sie Schalotten und Knoblauch und würfeln Sie sie fein. Spinat mit einem schweren Messer hacken. Bärlauch waschen und ebenfalls hacken.

5 Die restliche Butter (20 g) in einer Pfanne zerlassen. Spinat, Schalotten- und Knoblauch- würfel in der Butter dünsten. Die Spinatmischung zur Sauce in die Schüssel geben, den Bärlauch hinzufügen und alles zusammen gründlich vermischen.

6 Schlagen Sie die Eiweiße mit einer Prise Salz zu steifem Schnee. Den Eischnee unter die Soufflé- masse heben.

7 Den Backofen auf 180° C vorheizen. Die Souffléförmchen gründlich mit Butter fetten und mit Semmelbröseln ausstreuen. Die Spinat-Bärlauch-Masse einfüllen und die Förmchen anschließend kurz auf die Arbeits- fläche stoßen, damit eventuell vorhandene Luftblasen aus der Masse entweichen können.

8 Die Souffléförmchen in das tiefe Backblech setzen. Füllen Sie dann so viel warmes Wasser in das Blech, dass die Förmchen zu zwei Drittel darin stehen.

9 Die Soufflés etwa 20 Minuten im Ofen (Mitte) garen, bis die Oberfläche schön gebräunt ist und beginnt aufzureißen. Die Spinat-Bärlauch-Soufflés sofort, in den Förmchen, servieren.

Weinempfehlung

Dieses grüne Soufflé schreit regelrecht nach einem kräuterigen Weißwein, der eine Portion grüne Aromen mitbringt. Ein Rivaner/Müller-Thurgau oder Vinho Verde aus Portugal trinkt sich beispielsweise sehr leicht dazu. Ein kräuteraromatischer Sauvignon Blanc passt ebenfalls perfekt in dieser Verbindung. Mittlerweile empfinde ich die Sauvignons von der Loire und aus Südwestfrankreich als diejenigen mit den kräftigsten Kräuteraromen. Doch auch ein nicht zu tanninbetonter Rotwein lässt sich recht gut zum Spinat-Bärlauch-Soufflé kombinieren.

www.gu.de/
weinempfehlung24

Linsencurry mit Äpfeln

Für 4 Personen

2 Zwiebeln
2 Knoblauchzehen
15 g Ingwerwurzel
1 Tomate
2 säuerliche Äpfel
2 EL Zitronensaft
2 EL Öl
2 EL Butter
1 EL Puderzucker
1 TL gemahlener Kardamom
1 TL geriebene Muskatnuss
1 TL gemahlener Koriander
1 TL gemahlene Kurkuma
1 TL Cayennepfeffer
300 g Puy-Linsen
150 g Joghurt
200 ml Gemüsefond
1 Bund Koriandergrün
Salz

1 Zwiebeln, Knoblauch und Ingwer schälen und fein würfeln. Die Tomate unten kreuzförmig einritzen, mit kochend heißem Wasser überbrühen, abschrecken und häuten. Halbieren Sie die Zwiebeln anschließend, befreien Sie sie von Stielansatz und Samen und würfeln Sie sie.

2 Die Äpfel vierteln, schälen und vom Kerngehäuse befreien. Schneiden Sie die Apfelviertel in etwa 1 cm große Würfel und mischen Sie diese mit dem Zitronensaft.

3 Je 1 EL Öl und Butter im Wok erhitzen. Den Puderzucker darin bei mittlerer Hitze schmelzen lassen. Apfelwürfel untermischen und 1 bis 2 Minuten karamellisieren. Aus dem Wok nehmen.

4 Das übrige Fett im Wok erhitzen. Geben Sie Zwiebeln, Knoblauch und Ingwer hinein und braten Sie alles kurz an.

5 Alle Gewürze mischen und unter die Zwiebelmischung rühren. Kurz mitbraten, dann Linsen und Tomatenwürfel zufügen. Mit Joghurt, Gemüsefond und 300 ml Wasser aufgießen. Die Linsen bei schwacher Hitze zugedeckt in 20 bis 30 Minuten weich garen.

6 Koriandergrün waschen und trocken schwenken, Blättchen fein hacken. Schmecken Sie die Linsen mit Salz ab und mischen Sie die Äpfel unter. Das Linsencurry mit Korianderblättchen bestreuen und servieren. Dazu schmeckt Basmatireis.

Weinempfehlung

Ein würziger Weißwein unterstreicht das Linsencurry perfekt. Die erste Wahl würde bei mir auf einen Grauburgunder fallen. Sehr charaktervoll zeigen sich auch die Chenin Blancs aus Südafrika. Dort finden Sie die Rebsorte auch unter der Bezeichnung »Steen« – sie nimmt in Südafrika die größte Rebfläche ein. Wer in Europa bleiben will, kann sich auch für einen Traminer aus Südtirol entscheiden. Der Wein darf ruhig auch etwas Restsüße mitbringen. Mit den karamellisierten Äpfeln im Curry erscheint ein Weißwein sonst leicht trocken.

www.gu.de/
weinempfehlung.25

Wirsingrouladen
mit Kastanienfüllung

Für 4 Personen

Für die Füllung:
700 g Esskastanien (Maronen)
2 Stangen Sellerie
2 Möhren
2 Zwiebeln
1 Knoblauchzehe
50 g Butter
1 TL Zucker
1 TL Thymianblättchen
Salz · frisch gemahlener Pfeffer
30 g Sahne
200 ml Gemüsefond
1 Ei

Außerdem:
4 Wirsingblätter
30 g Butter
100 ml trockener Weißwein
250 ml Gemüsefond
100 g Sahne · Salz
frisch gemahlener Pfeffer
1 TL Thymianblättchen

1 Den Backofen auf 220°C vorheizen. Die Kastanien auf der runden Seite mit einem scharfen Messer kreuzweise einritzen und im heißen Ofen 10 Minuten backen. Herausnehmen und noch heiß schälen, dabei die braunen Innenhäutchen mitentfernen. Halten Sie die Kastanien dabei am besten mit einem Handtuch.

2 Den Staudensellerie putzen. Möhren, Zwiebeln und Knoblauch schälen. Selleriestangen, Zwiebeln, die Knoblauchzehe und 1 Möhre klein würfeln.

3 Zerlassen Sie die Butter in einem Topf. Die Esskastanien zugeben, mit Zucker bestreuen und kurz unter Rühren glasieren. Die Gemüsewürfel zufügen, Thymianblättchen hineinstreuen und die Kastanien mit Salz und Pfeffer würzen. Sahne und Fond angießen und die Kastanien zugedeckt bei schwacher Hitze in etwa 25 Minuten weich garen, dabei mehrmals umrühren.

4 Füllen Sie die Kastanienmischung in den Mixer oder in die Küchenmaschine und geben Sie das Ei sowie Salz und Pfeffer zu. Alles fein pürieren. Die restliche Möhre fein würfeln und die Würfel unter das Kastanienpüree mischen.

5 Die Wirsingblätter in sprudelnd kochendem Salzwasser 8 Minuten kochen, herausnehmen und kalt abschrecken. Schneiden Sie von den Blättern die dicken Mittelrippen flach ab.

6 Die Wirsingblätter auf einer Arbeitsfläche ausbreiten; salzen, pfeffern und das Kastanienpüree daraufstreichen. Die Blätter zu Rouladen aufrollen, dabei die Ränder zur Mitte hin einschlagen, damit die Füllung nicht herausquellen kann.

7 In einem großen Topf die Butter zerlassen, die Wirsingrouladen darin von allen Seiten kurz anbraten. Gießen Sie Weißwein und Gemüsefond zu, schließen Sie den Topf und schmoren Sie die Rouladen etwa 15 Minuten.

8 Die Rouladen aus dem Topf heben und warm stellen. Die Sauce durch ein Sieb passieren, die Sahne zugießen und bei starker Hitze sämig einkochen lassen. Die Sauce mit Salz und Pfeffer abschmecken und den Thymian untermischen.

9 Richten Sie die Rouladen mit der Sauce auf vier vorgewärmten Tellern an und servieren Sie sie nach Belieben mit Vollkorn-Tagliatelle.

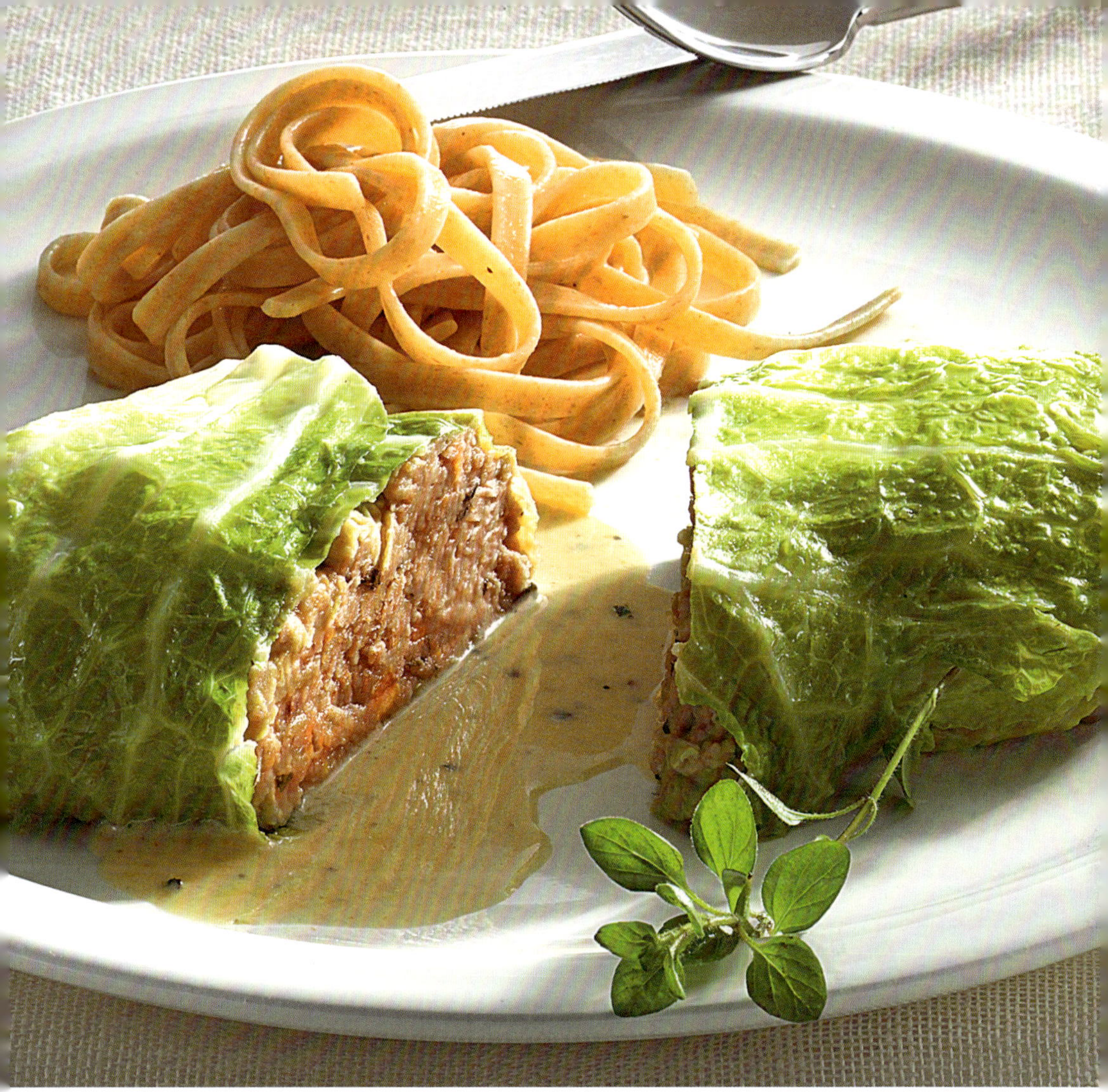

Weinempfehlung

Sowohl ein kräftiger Weißwein als auch ein Rotwein können hier bestehen. Mit einem Chardonnay, am liebsten mit etwas Holzfassreife, liegen Sie ganz richtig: Chardonnay zeigt sich oft nussig oder erinnert auch an Kastanien. Da die Wirsingrouladen durch den Kohl einen etwas kräftigeren Charakter haben, kommen Sie auch mit Rotwein gut zurecht. Greifen Sie zu einem Spätburgunder, und Sie werden feststellen, dass dieser das Gericht nicht zu sehr dominieren wird. Ein Merlot wirkt für mich immer ein wenig sanfter, und er bringt etwas süßlichen Schmelz mit, ideal zur Kastanienfüllung.

www.gu.de/weinempfehlung26

Gefüllte Kürbisse

Für 4 Personen

4 kleine Kürbisse (je etwa 500 g)
 oder 2 Kürbisse (je etwa 1 kg)

Für die Füllung:
1 große Stange Lauch
150 g Steckrüben
200 g grüne Bohnen
1 Fenchelknolle
200 g Wirsing
2 Stangen Staudensellerie
 mit Grün
2 Knoblauchzehen
6 EL Olivenöl · Salz
1/2 TL Thymianblättchen
1 TL Honig
abgeriebene Schale von
 1/2 Bio-Zitrone
1 TL frisch gemahlener Pfeffer
75 g Weizenschrot
1 EL gehackte Petersilie
1 EL gehackte Minze

Außerdem:
Wirsingblätter zum Auslegen
 des Bräters
1 Lorbeerblatt
3 Zitronenblätter

1 Schneiden Sie von jedem Kürbis oben einen Deckel ab. Die Samen und das wattige Innere entfernen. Falls nötig, die Kürbisse mehr aushöhlen, indem noch etwas Fruchtfleisch von den Seiten abgeschabt wird. Das abgeschabte Fruchtfleisch später zur Füllung geben.

2 Das Gemüse putzen bzw. schälen. Die Stange Lauch in Scheiben, die Rüben in Würfel, die Bohnen schräg in kleine Stücke, die Fenchelknolle in Scheiben, den Wirsing in Streifen schneiden. Den Staudensellerie hacken. Den Knoblauch abziehen und sehr fein würfeln.

3 Erhitzen Sie die Hälfte des Olivenöls in einer hohen Pfanne. Alles Gemüse und den Knoblauch darin andünsten. Das Gemüse mit Salz und Thymian würzen, dann 6 Minuten in der geschlossenen Pfanne dünsten. Den Deckel von der Pfanne nehmen und das Gemüse bei starker Hitze unter Rühren so lange köcheln lassen, bis alle Flüssigkeit verdampft ist. Pfanne vom Herd nehmen; beiseitestellen.

4 Das restliche Öl, den Honig, die Zitronenschale, den Zitronensaft und den Pfeffer zum Gemüse geben und untermischen. Fügen Sie Weizenschrot, Petersilie und Minze zu und rühren Sie alles gründlich unter die Gemüsemischung.

5 Die Füllung gleichmäßig auf die Kürbisse verteilen. Anschließend die Kürbisdeckel daraufsetzen und die Kürbisse mit Küchengarn verschnüren, damit die Deckel beim Garen nicht verrutschen.

6 Den Backofen auf 190° C vorheizen. Legen Sie einen Bräter mit Wirsingblättern aus. Das Lorbeerblatt und die Zitronenblätter darauflegen. Die Kürbisse in den Bräter auf die Blätter setzen. Im heißen Ofen die Kürbisse etwa 1 Stunde (kleine) bzw. 1 1/2 bis 2 Stunden (große) backen, bis das Kürbisfleisch weich ist.

7 Das Küchengarn von den Kürbissen entfernen. Die Kürbisse halbieren und pro Portion zwei halbe kleine oder einen halben großen Kürbis servieren.

Weinempfehlung

Supergut kommt zu den gefüllten Kürbissen ein Muscat aus dem Elsass an. Dieser Wein erinnert an getrocknete Früchte und zum Teil an die Gewürze aus der Weihnachtsbäckerei. Die Elsässer Weißweine besitzen meist eine vergleichsweise hohe Restsüße, welche dem Wein mehr Körper verleiht und ihn charmant macht.

Mit einem Grauburgunder können Sie den Kürbis ebenfalls ins rechte Licht setzen. Ein würziger Rosé, etwa aus der Provence, unterstreicht die Aromen, der Thymian im Gericht wirkt auf diese Weise intensiver und kraftvoller.

www.gu.de/
weinempfehlung27

Gemüse-Paella mit Oliven

Für 4 Personen

400 g Paella-Reis
  (ersatzweise Risotto-Reis)
6 EL Olivenöl
800 ml Gemüsefond,
  nach Bedarf mehr
1 Lorbeerblatt
1 g Safranfäden
je 250 g rote und grüne
  Paprikaschoten
400 g Tomaten
2 Zwiebeln
5 Knoblauchzehen
200 g grüne Bohnen
150 g Lauch
150 g Möhren
1 EL edelsüßes Paprikapulver
Salz · frisch gemahlener Pfeffer
100 g schwarze Oliven

1 In einem Topf 3 EL Olivenöl erhitzen. Den Reis zuschütten und unter Rühren 3 Minuten glasig braten. Gießen Sie den Gemüsefond zu. Die Safranfäden zwischen den Fingern zerreiben und mit dem Lorbeerblatt zum Reis geben. Den Reis im geschlossenen Topf in etwa 10 Minuten halb gar kochen.

2 Inzwischen den Backofen auf 220° C vorheizen. Die Paprikaschoten im heißen Ofen rösten, bis die Haut Blasen wirft und angekohlt ist. Die Schoten aus dem Ofen nehmen, in einen Gefrierbeutel geben und abkühlen lassen. Häuten Sie dann die Schoten, entfernen Sie Samen und Scheidewände und schneiden Sie das Fruchtfleisch in etwa 1,5 cm große Stücke.

3 Tomaten blanchieren, häuten und ohne Stielansätze und Samen würfeln. Zwiebeln und Knoblauch schälen und fein hacken.

4 Bohnen und Lauch waschen und putzen, die Bohnen in 3 cm große Stücke, den Lauch in 1,5 cm breite Ringe schneiden. Möhren schälen und in dünne, etwa 4 cm lange Stifte schneiden.

5 Erhitzen Sie das restliche Öl in einer Paellapfanne oder in einer großen weiten Pfanne. Zwiebeln und Knoblauch darin 5 Minuten andünsten. Paprikapulver einrühren und kurz mitbraten. Bohnen, Lauch und Möhren hinzufügen und 5 Minuten mitbraten.

6 Das Gemüse salzen und pfeffern. Den halbgaren Reis dazugeben, alles gut vermischen und bei mittlerer Hitze in etwa 15 Minuten fertig garen. Geben Sie nach 10 Minuten die Paprika- und Tomatenstücke zu. Sollte der Reis zu trocken werden, etwas Gemüsefond angießen. Zum Schluss die Oliven untermischen. Die Paella auf vorgewärmten Tellern anrichten und servieren.

Weinempfehlung

Die Heimat der Paella ist das katalanische Valencia. Während Spanien früher eher für Rotweine stand, produziert man dort heute außerdem großartige Weißweine. Auch aus Katalonien kommen gute Weißweine, etwa Chardonnay. Ebenso werden dort autochthone Reben als »Blanco« abgefüllt. Auch spanischer Rotwein passt perfekt zur Paella mit Oliven. Klassisch ausgebaute Riojas oder Weine aus dem benachbarten Navarra sind optimale Begleiter. Sie sind weder überladen noch zu schwer, im Gegensatz zu vielen Roten aus anderen spanischen Regionen. Bei uns noch nicht so bekannt, aber sehr spannend sind die griechischen Rotweine aus der Xinomavro-Traube. Typisch sind der Duft von schwarzen Oliven und eine kräftige Säurestruktur, was den Wein weniger ausladend oder alkoholisch wirken lässt.

Graupen mit Kürbis

Für 4 Personen

800 g Kürbis
3 Zwiebeln
1 Knoblauchzehe
70 g Butter
500 ml Gemüsefond
300 g Graupen
250 ml trockener Weißwein
100 g Parmesan, gerieben
1 TL Salz
frisch gemahlener weißer Pfeffer
Gemüsefond zum Angießen

Außerdem:
2 EL Öl
16 kleine Salbeiblätter
30 g Parmesan, gehobelt

1 Den Kürbis schälen und entkernen. Schneiden Sie das Fruchtfleisch in 1,5 cm große Würfel. Die dabei anfallenden Abschnitte (insgesamt etwa ein Drittel der Kürbismenge) beiseitestellen.

2 Die Zwiebeln schälen und fein hacken. Die Knoblauchzehe nur abziehen.

3 In einem Topf 20 g Butter zerlassen und darin die Hälfte der Zwiebeln glasig dünsten. Kürbisabschnitte zugeben und kurz mitbraten. Gemüsefond zugießen und alles im geschlossenen Topf 10 Minuten garen. Im Mixer fein pürieren und durch ein Sieb passieren.

4 Zerlassen Sie die restliche Butter in einem großen Topf. Die restlichen Zwiebeln darin glasig dünsten. Den Knoblauch durch die Presse dazudrücken und mitdünsten.

5 Die Graupen zugeben, kurz durchschwenken und alles mit dem Wein ablöschen.

6 Die Flüssigkeit etwa auf die Hälfte einkochen. Das Kürbispüree zu den Graupen geben und die Masse bei schwacher Hitze unter ständigem Rühren 20 Minuten quellen lassen. Falls nötig, geben Sie noch etwas Gemüsefond zu.

7 Anschließend die Kürbiswürfel unter die Graupenmasse heben und das Ganze weitere 10 Minuten köcheln lassen.

8 Den geriebenen Parmesan untermischen und das Gericht mit Salz und Pfeffer würzen.

9 Erhitzen Sie das Öl und braten Sie die Salbeiblätter kurz darin. Die Kürbis-Graupen-Mischung mit den Salbeiblättchen und gehobeltem Parmesan anrichten.

Weinempfehlung

In dieser Kombination kommt ein Weißburgunder voll zur Geltung. Ob von der Nahe, aus Rheinhessen oder Baden, dieser Wein macht die Graupen zu einem Fest – kernig und herzhaft präsentiert er sich.
Ideale Ergänzung ist auch ein Chardonnay dazu. Er sollte allerdings nicht zu viel Holz haben. Chardonnay wirkt meist recht geschmeidig, weil er eigentlich immer relativ viel Alkohol und keine spitze Säure mitbringt. Dieser Weiße ist für mich daher auch die Geheimwaffe für kalte und ungemütliche Regentage …

www.gu.de/
weinempfehlung28

Kreolischer Reis

Für 4 Personen

1 Zwiebel
2 Knoblauchzehen
500 g Tomaten
1 grüne Paprikaschote
1 gelbe Paprikaschote
2 EL Öl
4 EL Tomatenmark
1/2 TL Thymianblättchen
Salz · frisch gemahlener Pfeffer
1 Spritzer Tabascosauce
1 Dose rote Kidneybohnen
  (400 g)
200 g Langkornreis
4 EL gehacktes Koriandergrün
450 ml Gemüsebrühe
2 EL Limettensaft

Außerdem:

Thymianblättchen
  zum Bestreuen

1 Die Zwiebel und die Knoblauchzehen schälen und fein würfeln. Die Tomaten, um sie zu häuten, unten kreuzweise einritzen, mit kochend heißem Wasser übergießen und abschrecken. Die Haut abziehen. Würfeln Sie anschließend die Tomaten grob.

2 Die Paprikaschoten waschen, halbieren, von Samen und Trennwänden befreien und die Schoten in Würfel schneiden.

3 Das Öl in einem Topf erhitzen. Die Zwiebelwürfel darin andünsten, dann Knoblauch, Tomatenmark, Tomatenstücke, Paprikawürfel und die Thymianblättchen untermischen. Schmecken Sie die Gemüsemischung mit Salz, Pfeffer und Tabascosauce ab.

4 Die Kidneybohnen in ein Sieb schütten, mit kaltem Wasser abspülen und abtropfen lassen. Anschließend die Bohnen mit Reis und Koriandergrün in den Topf geben und unter das Gemüse mischen. Die Gemüsebrühe und den Limettensaft dazugießen.

5 Schließen Sie den Topf mit dem Deckel, kochen Sie den Inhalt auf und lassen Sie das Gemüse bei schwacher Hitze 15 bis 20 Minuten köcheln, bis der Reis gar ist. Das Gericht mit Thymianblättchen bestreuen und servieren.

Tipp Statt der Kidneybohnen aus der Dose können Sie auch etwa 100 g getrocknete Kidneybohnenkerne verwenden. Diese am Vortag in einen Topf geben, mit Wasser bedecken und über Nacht einweichen. Am nächsten Tag im Einweichwasser oder in frischem Wasser in 45 bis 60 Minuten weich garen.

Weinempfehlung

Ich würde zu diesem Gericht einen unkomplizierten, nicht zu teuren Wein wählen. Ein Rosé von Shiraz oder von Zinfandel ordnet sich diesem insgesamt kräftigen und geschmacksintensiven Gericht sehr gut unter. Von daher können Sie auch ruhig zu einem Rotwein greifen. Ein Chianti passt sehr gut, er wirkt nicht allzu schwer. Super in der Verbindung zeigt sich auch ein Carmenère aus Chile. Chilenische Rotweine verwöhnen mit ihrer warmen Art, unterlegt mit Frucht und süßem Schmelz. Oft wirken sie etwas dicker in der Konsistenz, sind also rechte Gaumenschmeichler! Lange wurde der Carmenère in Chile mit Merlot verwechselt und fiel oft durch seine grünen, harten Tannine auf. Heute weiß man, dass er drei Wochen länger reifen muss als Merlot, und er wird entsprechend später gelesen.

Bärlauchgnocchi mit Walnusssauce

Für 4 Personen

Für die Bärlauchgnocchi:
50 g Bärlauchblätter (oder glatte
  Petersilie oder Basilikum)
2 Eier · 1 Eiweiß · 250 g Ricotta
Salz · frisch gemahlener Pfeffer
frisch geriebene Muskatnuss
100 g Mehl
80 g Hartweizengrieß
40 g Parmesan
einige Walnusskerne

Für die Walnusssauce:
200 g Walnusskerne
2 Scheiben Toastbrot
1–2 Knoblauchzehen
100 g saure Sahne
Salz · frisch gemahlener Pfeffer
4–6 EL Olivenöl

1 Für die Bärlauchgnocchi die
Bärlauchblätter kurz waschen und
gut trocken schleudern. Geben
Sie sie zusammen mit den Eiern
und dem Eiweiß in den Mixer
und pürieren Sie sie fein. Von der
Ricotta falls nötig Molkenflüssig-
keit abgießen.

2 Ricotta mit Salz, Pfeffer, Muskatnuss und der Bärlauchmasse
gründlich verrühren. Rühren Sie
das Mehl und den Grieß unter.
Stellen Sie den Gnocchiteig abgedeckt 30 Minuten kalt.

3 Für die Sauce inzwischen
die Walnusskerne 1 Minute in
sprudelnd kochendem Wasser
blanchieren, in einem Sieb kalt
abschrecken und mit einem kleinen scharfen Messer häuten. Das
Brot entrinden und grob würfeln.
Knoblauchzehen abziehen.

4 Zerstoßen Sie die gehäuteten
Walnüsse und das Brot zunächst
grob im Mörser (Step a), dann
pürieren Sie die Mischung mit
Knoblauch und saurer Sahne
im Mixer. Die Sauce mit Salz
und Pfeffer würzen. Arbeiten
Sie dann von Hand nach und
nach das Olivenöl unter, bis die
Sauce die gewünschte Konsistenz
hat (Step b). Die Walnusssauce
abgedeckt beiseitestellen.

5 Eine große Schüssel warm
stellen. Salzwasser aufkochen
und die Hitze dann so weit reduzieren, dass das Wasser nur noch
leicht siedet.

6 Füllen Sie den Bärlauchteig
in einen Spritzbeutel mit großer
Lochtülle. Über dem kochenden
Wasser 2 cm lange Teigstücke
herausdrücken und abschneiden
(Step c).

7 Geben Sie von der Walnusssauce
3 EL in die vorgewärmte Schüssel.
Die Gnocchi garen, bis sie an
die Oberfläche steigen, mit einer
Schaumkelle herausheben, sofort
mit der Sauce in der Schüssel
mischen und warm stellen, bis alle
Gnocchi gegart sind.

8 Die Gnocchi mit der restlichen
Walnusssauce auf Tellern anrichten, Parmesan mit dem Trüffelhobel oder dem Gemüseschäler
darüber hobeln und das Gericht
mit Walnüssen garnieren.

a Die Walnusskerne zusammen
mit den Brotstücken im Mörser zerstoßen, dann im Mixer pürieren.

b So viel Olivenöl unter die Walnuss-
masse arbeiten, bis die gewünschte
Konsistenz erreicht ist.

c Den Gnocchiteig als Strang aus
dem Spritzbeutel pressen und etwa
2 cm lange Stücke abschneiden.

Weinempfehlung

Bekannt für seine nussige Art ist der Gutedel. Die Aromen von Wein und Essen, in diesem Fall der Walnusssauce, verschmelzen damit einfach wunderbar. Allerdings ist Gutedel nicht so häufig anzutreffen, in Deutschland nur in Baden, in der Saale-Unstrut-Region und in Sachsen. Im Elsass bekommen Sie diesen Wein unter der Bezeichnung Chasselas und in der Schweiz als Fendant.

Chardonnay zeigt sich ebenfalls oft nussig oder im Bukett an Mandeln erinnernd. Mit seiner im Vergleich zum Gutedel weicheren und cremigeren Art umspielt er die Sahne im Gericht und füllt den ganzen Gaumen aus. Wenn Sie sich für einen Chardonnay entscheiden, fällt das Einkaufen etwas leichter, denn es gibt ihn mittlerweile in jedem Anbaugebiet der Welt!

Ravioli
mit würziger Parmesanfüllung

Für 4 Personen

Für den Nudelteig:

50 g Weizendunst
  (doppelgriffiges Mehl)
250 g Hartweizengrieß
1 Ei · 6 Eigelbe · Salz
geriebene Muskatnuss
2 EL Olivenöl

Für die Füllung:

20 g schwarze Oliven, entsteint
20 g getrocknete Tomaten in Öl
80 g Parmesan
70 g Pinienkerne
220 g Quark (40 %)
1 Knoblauchzehe
100 g Mehl · 8 Eigelbe · Salz
Pfeffer · geriebene Muskatnuss
1 EL Basilikum, gehackt

Für die Garnitur:

40 g Butter · 30 g schwarze Oliven
100 g getrocknete Tomaten in Öl,
  in Streifen geschnitten
40 g Pinienkerne, geröstet
12 Basilikumblätter

1 Aus den Zutaten für den Nudelteig – Mehl, Grieß, Ei, Eigelbe, Salz, Muskatnuss und Öl – zusammen mit 2 EL Wasser einen geschmeidigen Teig kneten, diesen in Folie wickeln und 1 Stunde ruhen lassen.

2 Hacken Sie für die Raviolifüllung die Oliven und die Tomaten fein. Parmesan fein reiben, die Pinienkerne mahlen.

3 Den Quark in einem sauberen Geschirrtuch oder in einem Mulltuch gut ausdrücken. Knoblauchzehe abziehen und fein hacken.

4 Oliven und Tomaten mit Parmesan, Mehl, gemahlenen Pinienkernen, Quark und den Eigelben vermengen. Mit Salz, Pfeffer, Muskat, gehacktem Knoblauch und Basilikum würzen und die Masse 1 Stunde ruhen lassen.

5 Den Nudelteig zu zwei gleich großen Bahnen ausrollen, auf einer Bahn Quadrate von etwa 4 cm Kantenlänge markieren und jeweils etwas Füllung in die Mitte setzen.

6 Bestreichen Sie die zweite Teigbahn mit Wasser und legen Sie sie darauf. Den Teig in den Zwischenräumen, in denen sich keine Füllung befindet, festdrücken und quadratische Ravioli mit einem Teigrädchen ausschneiden.

7 Die Ravioli in Salzwasser garen, herausheben, abtropfen lassen und in zerlassener Butter mit den Oliven, Tomatenstreifen und Pinienkernen schwenken. Mit Basilikum garniert servieren

Weinempfehlung

Dazu noch ein mediterraner Rosé – et voilà! Viel Freude habe ich an den »Rosados« von Mallorca. Während die dortigen Weine früher eher für Touristen gemacht wurden, produziert man heute auch sehr hochwertige Weine auf Mallorca. Die dortigen Winzer heimsen inzwischen jede Menge Auszeichnungen für ihre grandiosen Qualitäten ein. Natürlich können Sie auch einen Rosado aus dem katalanischen Penedès oder aus dem Rioja wählen. Super passt hier außerdem ein Weißwein aus dem Süden Italiens, zum Beispiel ein Fiano di Avellino oder Greco di Tufo aus Kampanien.

www.gu.de/
weinempfehlung29

Südtiroler Buchweizenknödel

mit Käse und brauner Butter

Für 4 Personen

100 g Brötchen vom Vortag
80 g trockenes Schüttelbrot
150 ml lauwarme Milch
20 g Butter
1 Knoblauchzehe
1 kleine Zwiebel
1 kleine Stange Lauch
2 EL gehackte Kräuter (Petersilie,
    Schnittlauch, Liebstöckel)
1/2 TL Salz
frisch gemahlener weißer Pfeffer
1 Msp. frisch geriebene
    Muskatnuss
2 Eier
60 g Buchweizenmehl
180 g Südtiroler Bergkäse
80 bis 100 g gebräunte Butter

1 Schneiden Sie die Brötchen in dünne Scheiben und zerkrümeln Sie das Schüttelbrot fein. Alles Brot in einer Schüssel mit der lauwarmen Milch übergießen und mindestens 15 Minuten einweichen.

2 Knoblauch und Zwiebel schälen und fein hacken. Den Lauch in feine Streifen schneiden. Die Butter in einer Pfanne zerlassen, Knoblauch, Zwiebel und Lauch darin hell andünsten und zu dem eingeweichten Brot geben.

3 Geben Sie Kräuter, Gewürze, Eier und Mehl zur Brotmasse und verrühren Sie alles zu einem lockeren Teig. Diesen etwa 15 Minuten ruhen lassen. Den Käse klein würfeln und unter den Teig kneten.

4 Formen Sie aus dem Teig 12 Klößchen und geben Sie diese in sprudelnd kochendes Salzwasser. Die Hitze sofort reduzieren und die Knödel im siedenden Wasser in 12 bis 15 Minuten gar ziehen lassen.

5 Die Knödel aus dem Wasser heben und abtropfen lassen. Auf vorgewärmten Teller anrichten; mit brauner Butter übergießen und mit Tomatensalat servieren.

Weinempfehlung

Herrlich schmecken die Buchweizenknödel mit einem Vernatsch aus Südtirol, den man mit 16 bis 18° C serviert. Dieser leichte Rotwein wird oft als St. Magdalener oder Kalterer See angeboten und schmeckt auch prima solo. Sie können aber auch einen Pinot Grigio aus Südtirol oder dem benachbarten Trentino wählen. Die Pinot Grigios aus Südtirol-Trentino haben aus meiner Sicht viel mehr Rasse und Charakter als die aus anderen Regionen Italiens. Und ein guter Pinot Grigio sollte schon etwas Würze, Kräuter und pikante Aromen zeigen, sowohl im Duft als auch im Geschmack.

www.gu.de/
weinempfehlung30

Spinatnocken mit Salbeibutter

Für 4 Personen

500 g frischer Blattspinat
Salz
250 g Weißbrot vom Vortag
100 ml Milch
2 Eier
80 g Mehl
frisch gemahlener Pfeffer
frisch geriebene Muskatnuss

Außerdem:
50 g Butter
8 Salbeiblätter
50 Parmesan, gerieben

1 Den Spinat verlesen, waschen und in kochendem Salzwasser zusammenfallen lassen. In ein Sieb abgießen, mithilfe eines Löffels fest ausdrücken und hacken.

2 Entrinden Sie das Weißbrot und schneiden Sie es in kleine Würfel. Diese Brotwürfel in eine Schüssel füllen, mit der Milch übergießen und gründlich durchmischen.

3 Spinat, Eier, Mehl und Gewürze zugeben und alles gut vermengen. Formen Sie aus der Masse mithilfe eines Esslöffels in der nassen Hand eigroße Nocken.

4 In einem großen Topf reichlich Salzwasser zum Kochen bringen. Die Nocken hineingeben und bei schwacher Hitze in 5 bis 7 Minuten gar ziehen lassen.

5 Heben Sie die Spinatnocken mit einem Schaumlöffel aus dem Wasser und lassen Sie sie gut abtropfen.

6 Die Butter in einer ofenfesten Form zerlassen, die Salbeiblätter hineingeben und in der Butter schwenken. Die Spinatnocken zugeben, mit der Salbeibutter beschöpfen und mit Parmesan bestreut servieren.

Weinempfehlung

Ein kräuteriger Weißwein aus Österreich, etwa Grüner Veltliner oder Sauvignon Blanc, unterstützt sowohl den Spinat als auch den Salbei in diesem grün-aromatischen Gericht. Wer es etwas üppiger mag, der kann sich auch für einen Chardonnay entscheiden, den Sie in Österreich auch unter dem Namen Morillon angeboten bekommen.
Zu Spinatnocken passt ebenso gut ein Lagrein.

Die Südtiroler sind sehr stolz auf diesen unglaublich dunkelfarbigen beerigen und dabei sehr geschmeidigen Rotwein.
Und trinken Sie ruhig Ihren Schluck Wein zu diesem Gericht: Die Säure wie auch der Alkohol regen die Verbrennung im Körper an und helfen bei der Verdauung. Ansonsten können solche Gerichte auch schon mal schwer im Magen liegen.

Kräuterspätzle
mit Appenzeller

Für 4 Personen

Für den Teig:
300 g Mehl
6 Eier
1 TL Salz
1 EL Öl
100 g gehackte Kräuter

Außerdem:
150 g Appenzeller oder Bergkäse
  (60 % Fett i. Tr.)
80 g Butter
2 Zwiebeln
4 halbierte Kirschtomaten

1 Füllen Sie das Mehl in eine Schüssel. Die Eier, das Salz, das Öl und die Kräuter zufügen. Alle Zutaten mit einem Holzrührlöffel zu einem zähen Spätzleteig verarbeiten bzw. schlagen.

2 In einem Topf Salzwasser zum Kochen bringen. Schaben Sie die Spätzle vom Brett direkt in das kochende Salzwasser oder geben Sie sie mithilfe einer Spätzlepresse oder eines Spätzlehobels ins Wasser. Das Wasser sollte weiterkochen.

3 Sobald die Kräuterspätzle an die Oberfläche steigen, diese mit einem Schaumlöffel herausheben und gut abtropfen lassen.

4 Den Käse entrinden und grob reiben. Füllen Sie die Kräuterspätzle schichtweise abwechselnd mit dem geriebenen Käse in eine vorgewärmte Schüssel.

5 Die Zwiebeln schälen und in Ringe schneiden. Die Zwiebelringe in 60 g Butter goldbraun rösten. Mit der Bratbutter über die Spätzle verteilen.

6 Braten Sie die Tomaten in der restlichen Butter. Die Spätzle mit den gebratenen Tomatenhälften garnieren und servieren.

Variante Für einen Spätzleteig ohne Kräuter 500 g Mehl, 5 Eier, 1 TL Salz und etwa 100 ml Wasser kräftig verrühren, bis ein zäher Teig entstanden ist.
Der Teig ist perfekt, wenn er beim Schlagen große Blasen bildet. Dann fahren Sie wie ab Step 2 beschrieben fort.

Weinempfehlung

Ich staune immer wieder, wie unbekannt die Schweizer Weine bei uns sind. Während im Tessin hervorragende Merlots wachsen, pflegen die Eidgenossen in den anderen Regionen überwiegend Weißweine. Typisch für diese ist ihre cremige und weiche Art, was sehr gut mit Käse harmoniert. Probieren Sie einen Johannisberger – der bei uns Silvaner heißt. Diese Weine haben so wunderbar florale und kräuterige Aromen. Selbstverständlich können Sie auch einen deutschen Silvaner dazu reichen – aus Rheinhessen oder aus Franken. Die Silvaner wirken nie zu säurebetont und sind elegant.

www.gu.de/
weinempfehlung.31

Kochen mit Wein

Kochen mit Wein ist großartig! Die Gerichte bekommen damit den optimalen Säurekick und schmecken dann perfekt zu einem Glas Wein. Und keine Sorge: Das Essen wird niemanden betrunken machen, denn der Siedepunkt von Alkohol liegt erheblich niedriger als der von Wasser, nämlich bei circa 78° C. Nach dem Kochen ist das Gericht also alkoholfrei.

Ideal ist es, wenn Sie für das Verfeinern von Gerichten Weinreste in Form von Eiswürfeln einfrieren, so lässt sich der Wein praktisch dosieren.

Bei Gemüse – auch wenn es im Wok gegart wird – ist etwas Weißwein (am liebsten einer mit kräftiger Säure) ganz ideal. Bei Rosenkohl, Wirsing, Rotkohl & Co. finde ich einen Schuss Wein unabdingbar. Sie schmecken mit der Säure viel, viel attraktiver. Das gleiche gilt für mich bei Safran – eine richtig gute Safransauce gelingt nur, wenn darin auch Säure vorhanden ist. Ein Schuss Weißwein ist in der Verbindung zu Safran daher eigentlich ein absolutes Muss!

Wenn ich Fleisch schmore, greife ich eher zum Rotwein. Ganz großartig schmecken beispielsweise Rippchen vom Zicklein mit Schmorgemüse im Ofen gegart und während der Garzeit immer wieder mit Rotwein übergossen. Für große Fleischstücke in Rotwein geschmort könnte ich ja mein letztes Hemd geben!

Die besten Saucen erhalten Sie, wenn Sie den Wein reduzieren, also einkochen. So verschmilzt die Sauce mit dem Wein und wird zum Highlight; bitte unbedingt einen Löffel dafür eindecken!

Saucen zu rotem Fleisch werden mit Rotwein geköchelt; Saucen zu hellem Fleisch, Sahnesauce zum Schweinefilet oder auch Sauerkraut à la crème, schmecken genial, wenn sie mit einem süßen Weißwein verfeinert werden. Die Süße des Weines gibt der Sauce das gewisse Etwas. Probieren Sie es aus – Sie werden begeistert sein! Von Dessertweinen trinkt man in der Regel nur kleine Mengen. Wein aus einer geöffneten Flasche können Sie relativ lange zum Kochen verwenden.

Weinessig aus eigener Produktion

Wenn Sie sich ein kleines Fass und eine Essigmutter besorgen, können Sie selber besten Essig herstellen! Als ich noch im Restaurant gearbeitet habe, sammelte ich das Depot (den trüben Rest/Satz) von den Rotweinen und gab sie ins Fass. Die Essigmutter fermentiert dann den Alkohol mit Hilfe von Sauerstoff zu Essigsäure. Sie dürfen aber jeweils nur so viel Wein auffüllen, wie schon Essig im Fass vorhanden ist. Je höher die Qualität des Weins, desto höher ist natürlich auch die Qualität des Essigs.

Beim Kochen mit einer ordentlichen Portion Wein fällt mir als erstes der berühmte »Coq au vin« ein. Je nach Belieben können Sie den »Hahn in Wein« mit Weiß- oder Rotwein zubereiten. Für Saucen zu rotem Schmorfleisch nehmen Sie am besten Rotwein, mit dem Sie den Bratfond ablöschen.

Uralte Neuentdeckung: Verjus

Vor kurzem wiederentdeckt wurde der Verjus – Saft von unreifen Trauben. Immer mehr Winzer und Händler bieten ihn an. Bekannt ist Verjus schon seit den alten Griechen. Man schätzte ihn, weil er die Verdauung anregt, und er wurde als Würzmittel sowie zur Desinfektion eingesetzt. Es wurden ihm sogar aphrodisierende Wirkungen zugeschrieben.

Hergestellt wird Verjus, wie schon der Name sagt, aus grünen Trauben. Viele Winzer teilen ihre Trauben, um die Qualität des Weins zu steigern. Das bedeutet, sie schneiden die Traubendolde zu einem frühen Zeitpunkt durch. Die abgeschnittenen Trauben – sie können von weißen oder roten Rebsorten stammen – werden gleich abgepresst, und heraus kommt ein grüner Saft. Auch die so genannten Geiztrauben werden für Verjus verwendet. Dies sind kleine Traubendolden, die weiter

oben hängen und am Ende des Herbstes noch unreif sind. Sie werden separat gelesen und gepresst.

Vielleicht kennen Sie Verjus unter der Bezeichnung Agrest oder Agresto. Die lateinische Wortwurzel *agrestis* weist wohl auf »wild wachsend« hin.

Verjus eignet sich super zum Kochen und auch, um Cocktails abzuschmecken. Anders als mit Zitrone verfeinerte Cocktails bleiben die mit Verjus klar und werden nicht trüb. Beim Kochen ist es ähnlich wie beim Wein, Verjus gibt lebendige Säure ins Gericht. Wunderbar eignet er sich auch, um Saucen abzulöschen. Insgesamt ist Verjus milder als Essig und dabei aromareicher als Zitronensäure. Anders als Essig ist Verjus allerdings nicht allzu lange haltbar. Wenn Sie die Flasche geöffnet haben, sollten Sie diese auf alle Fälle im Kühlschrank aufbewahren und innerhalb von einigen Wochen verbrauchen!

Spargel mit Sauce hollandaise

Für 8 Personen

je 1 kg weißer und
grüner Spargel
Salz
1 Bund Schnittlauch
300 g Butter
3 Eigelbe
3 EL Weißwein
1 Msp. Cayennepfeffer

1 Schneiden Sie vom Spargel die Enden ab und schälen Sie die weißen Stangen. Den grünen Spargel nur im unteren Drittel schälen. Die Stangen in reichlich kochendem Salzwasser in 8 bis 10 Minuten bissfest garen, dann abtropfen lassen. Den Schnittlauch waschen, trocken schütteln und in feine Röllchen schneiden.

2 Inzwischen lassen Sie für die Sauce die Butter bei schwacher Hitze schmelzen, schöpfen Sie dabei den sich bildenden Schaum ab. Die flüssige Butter muss ganz klar sein und goldgelb aussehen.

3 Geben Sie die Eigelbe und den Weißwein in eine Metallschüssel. In einen zur Schüssel passenden Topf 3 cm hoch Wasser einfüllen und zum Kochen bringen. Die Schüssel in den Wasserdampf hängen und die Eigelbe mit dem Schneebesen etwas 3 Minuten cremig schlagen. Sofort aus dem Dampf nehmen.

4 Die warme Butter zuerst tröpfchenweise, dann esslöffelweise unterrühren, bis die Sauce eine schaumig-cremige Konsistenz hat. Mit Salz und Cayennepfeffer würzen. Zum Servieren streuen Sie den Schnittlauch über den Spargel und reichen die Sauce in einer Sauciere dazu.

Variante 1 Für eine Kräuter-Hollandaise 1 Bund gemischte Kräuter (beispielsweise Petersilie, Kerbel, Estragon, Schnittlauch) waschen, trocken schütteln, fein schneiden und in die fertige Sauce rühren. Für eine Orangen-Hollandaise statt des Weißweins 3 EL Orangensaft zum Aufschlagen verwenden und mit 1 TL abgeriebener Orangenschale und 1 TL Honig würzen.

Variante 2 Für eine Vanille-Hollandaise 1 Vanillestange auskratzen, das Mark in die fertige Sauce rühren und leicht mit braunem Zucker süßen.

Weinempfehlung

Immer wieder von neuem bin ich begeistert, wie wunderbar Spargel und Silvaner zusammenpassen. In dieser Verbindung können Sie ruhig zu einem trockenen als Spätlese ausgebauten Silvaner greifen. Das wirkt in Kombination mit dem Spargel wie Yin und Yang. Ich bin aber auch ein großer Fan von Chardonnay zur Sauce hollandaise. Chardonnay bringt Kraft und Schmelz mit und rundet damit die Buttersauce perfekt ab. Zudem passt ein Barrique-gereifter Chardonnay besonders gut zu rohem Schinken, der ja eventuell auch Räucheraromen mitbringt.

www.gu.de/
weinempfehlung 32

Gratinierte Pfannkuchen

mit Spargel und Käsesauce

Für 4 Personen

1 kg weißer Spargel
  (24 Stangen)
Salz · Saft von 1/2 Zitrone

Für den Teig:
50 g Mehl
150 ml Milch
2 Eier
20 g Butter, zerlassen
25 g alter Gouda, gerieben
Salz · frisch gemahlener Pfeffer

Für die Sauce:
20 g Butter
15 g Mehl
250 ml Milch · Salz
frisch gemahlener Pfeffer
frisch geriebene Muskatnuss
1 Eigelb · 50 g Sahne
30 g alter Gouda, gerieben
1 EL geschlagene Sahne
1 EL gehackte Petersilie

Außerdem:
Butter zum Braten und
  für die Form

1 Für den Teig Mehl, Milch und Eier in einer Schüssel mit den Schneebesen des elektrischen Handrührgeräts glatt verrühren. Gießen Sie die Butter unter Rühren in dünnem Strahl zu. Den geriebenen Gouda untermischen und den Teig mit je 1 Prise Salz und Pfeffer würzen; etwa 30 Minuten quellen lassen.

2 Vom Spargel die Enden abschneiden, die Stangen schälen, in reichlich kochendem Wasser mit Salz und Zitronensaft in 8 bis 10 Minuten bissfest garen und abtropfen lassen.

3 Für die Sauce in einem Topf die Butter zerlassen, das Mehl darin unter Rühren hell andünsten. Gießen Sie die Milch unter Rühren zu. Das Ganze aufkochen, mit Salz, Pfeffer und Muskat würzen. Die Sauce bei schwacher Hitze 20 Minuten köcheln lassen, dabei immer wieder rühren, damit nichts ansetzt.

4 Eigelb und Sahne verquirlen, die Mischung langsam unter Rühren in die Sauce gießen, um sie zu binden (legieren). Die Sauce einmal aufkochen lassen, dann durch ein Haarsieb streichen. Den Käse in die Sauce streuen und unter Rühren darin schmelzen lassen. Heben Sie Sahne und Petersilie unter die Käsesauce.

5 Backofen auf 220° C vorheizen. In einer beschichteten Pfanne (etwa 16 cm Ø) nacheinander aus dem Teig 8 Pfannkuchen backen.

6 Eine lange flache Auflaufform mit Butter fetten. Je 3 Spargelstangen in einen Pfannkuchen rollen und in die Form legen. Mit der Sauce begießen und das Gericht im heißen Ofen (Mitte) 12 bis 15 Minuten gratinieren.

Weinempfehlung

Der zu diesem Gericht servierte Wein sollte auf keinen Fall zu säurebetont sein, das verträgt sich nicht gut mit der Käsesauce. Wenn Sie einen Wein möchten, der sich unterordnet und unkompliziert dazu zu trinken ist, dann wählen Sie einen Rivaner/Müller-Thurgau. Er ist leicht, schmeckt pikant und etwas käuterig. Eher ein Gegenspieler zu den gratinierten Pfannkuchen wäre dagegen ein Chardonnay. Mit seinem durchaus kräftigen Körper und seiner etwas gehaltvolleren und würzigen Art, passt er sich außerdem wunderbar der Käsesauce an.

www.gu.de/
weinempfehlung33

Kartoffelgratin mit Vacherin

Für 4 Personen

400 g Kartoffeln
  (etwa der Sorte La Ratte)
Salz · 1 TL Kümmelsamen
2 Äpfel
etwas Puderzucker
40 g Walnusskerne
80 g frische Perigord-Trüffeln
  (ersatzweise Trüffeln aus
  dem Glas; siehe Tipp)
250 g Vacherin Mont d'Or

Außerdem:
Apfelausstecher
Butter zum Braten und
  für die Form

1 Die Kartoffeln in Salzwasser zusammen mit dem Kümmel garen, abschütten, pellen und in Scheiben schneiden. Waschen Sie die Äpfel und befreien Sie sie vom Kerngehäuse. Die Äpfel anschließend quer in dünne Scheiben schneiden.

2 Glasieren Sie in einer Pfanne die Apfelscheiben mit etwas Puderzucker. Die Walnüsse hacken und die Trüffeln in dünne Scheiben schneiden.

3 In einer Pfanne die Butter zerlassen, die Kartoffelscheiben darin goldbraun braten und herausnehmen.

4 Schichten Sie die Kartoffeln abwechselnd mit den Apfelscheiben in eine gebutterte ofenfeste Form. Mit den Trüffelscheiben belegen, die gehackten Nüsse darüberstreuen.

5 Den Käse in Scheiben schneiden und darüber verteilen. Stellen Sie die Form zum Gratinieren unter den vorgeheizten Grill.

Tipp Neben der italienischen Alba-Trüffel gilt die Perigord-Trüffel – der botanische Name ist Tuber melanosporum – als die delikateste unter den verschiedenen Arten des Edelpilzes. Anders als der Name vermuten lässt, wächst die Perigord-Trüffel nicht nur im westfranzösischen Perigord, sondern auch in Südfrankreich, Italien, Spanien und in einigen Regionen Ex-Jugoslawiens.

Weinempfehlung

Es gibt Gerichte, da passen sowohl Weiß- wie auch Rotweine exzellent. Dieses Kartoffelgratin gehört ganz sicher dazu – hier können Sie den Weintyp nach Lust und Laune wählen.
Wer Weißwein gerne hat, sollte sich für einen Grauburgunder entscheiden. Er hat ausreichend Körper und umspielt die fruchtigen Aromen des Apfels wie auch die nussige Komponente des Gerichts. Ein klassischer Spätburgunder lässt das Gratin noch etwas winterlicher wirken. Gerade die Perigord-Trüffel finde ich mit einem Spätburgunder sensationell gut.

www.gu.de/
weinempfehlung34

Gratin

von ligurischem Gemüse

Für 4 Personen

100 g Schalotten
2 EL Olivenöl
600 g Kartoffeln, geschält
  gewogen
150 ml Geflügelfond
200 g Zucchini
200 g Kirschtomaten
1 Knoblauchzehe
1/4 l Sahne
Salz · Pfeffer
1–2 EL gehackte Thymian-
  blättchen
100 g Ziegenkäse
einige Basilikumblättchen,
  in Streifen geschnitten
1 Spritzer Aceto balsamico
75 g frisch geriebener Parmesan
Thymian und Basilikum für
  die Garnitur

1 Die Schalotten schälen und würfeln, im erhitzten Olivenöl anschwitzen. Die Kartoffeln ebenfalls würfeln und kurz mitschwitzen. Löschen Sie mit dem Geflügelfond ab und dünsten Sie die Kartoffeln darin zugedeckt halb gar.

2 Zucchini waschen, putzen und in Würfel schneiden. Die Tomaten waschen, vierteln und mit den Zucchiniwürfeln zu den Kartoffeln geben; zugedeckt weich garen.

3 Inzwischen den Knoblauch abziehen und fein hacken. Rühren Sie diesen kurz vor Ende der Garzeit mit der Sahne sowie mit Salz, Pfeffer und Thymian ein.

4 Den Ziegenkäse würfeln und zusammen mit den Basilikumstreifen unter die Gemüsemischung heben. Würzen Sie das Ganze mit Balsamicoessig.

5 Alles in eine ofenfeste Form füllen, mit Parmesan bestreuen und bei 180° C im vorgeheizten Backofen etwa 20 Minuten überbacken. Das Gemüsegratin mit Thymian und Basilikum garniert sofort servieren.

Weinempfehlung

Von der Bekömmlichkeit her neige ich bei Käsegratin eher zu Weißwein. Weißweine aus Ligurien, wie ein Vermentino oder Pigato, passen bestens. Sie bekommt man auch bei uns im Weinfachgeschäft. Übrigens habe ich selten so atemberaubend steile – und auch lebensgefährliche (!) – Rebhänge gesehen wie an der ligurischen Küste. Eigentlich müssten die Weine von dort ja schon deshalb dreimal so teuer sein, wie sie wirklich sind. Und falls es doch lieber ein Roter zum Gemüsegratin sein soll: Ein mediterraner Rotwein aus dem Süden Frankreichs oder Italiens passt hier ebenfalls perfekt.

www.gu.de/
weinempfehlung35

Auberginenröllchen

mit würziger Reisfüllung

Für 4 Personen

1 kg Auberginen
2 Zwiebeln
1 Knoblauchzehe
7 EL Öl
200 g Gemüsepaprika (Dolma)
1 scharfe Peperoni
300 g Flaschentomaten
1 EL gehackte glatte Petersilie
80 g Langkornreis, gegart
70 g Kefalotiri (griechischer
  Hartkäse), klein gewürfelt
Salz · frisch gemahlener Pfeffer

Für die Joghurtsauce:
150 g griechischer Joghurt
2 EL Crème fraîche
2 Knoblauchzehen
Salz · frisch gemahlener Pfeffer

Außerdem:
Butter für die Form
50 g kalte Butterflöckchen
Petersilie zum Bestreuen

1 Die Auberginen putzen und der Länge nach in 1 cm dicke Scheiben schneiden, diese in Salzwasser legen. Schälen Sie Zwiebeln und Knoblauch und hacken Sie beides fein.

2 Paprika und Peperoni waschen, halbieren, Samen und Scheidewände entfernen. Schneiden Sie die Paprika in 5 mm große Würfel und hacken Sie die Peperoni sehr fein. Tomaten blanchieren, häuten, von Stielansätzen und Samen befreien und klein würfeln.

3 In einer Pfanne 2 EL Öl erhitzen; Zwiebel- und Knoblauchwürfel darin andünsten. Paprikastücke 5 Minuten mitdünsten.

4 Mischen Sie die Hälfte der Tomaten und die Petersilie unter. Etwas abkühlen lassen. Käse und gekochten Reis zugeben, die Füllung salzen und pfeffern.

5 Backofen auf 180° C vorheizen. Die Auberginenscheiben aus dem Salzwasser nehmen und trocken tupfen. Braten Sie die Auberginenscheiben im restlichen Öl auf beiden Seiten an. Herausnehmen und auf das schmale Ende jeder Scheibe einen gehäuften Esslöffel Füllung setzen. Aufrollen und die Röllchen in eine gebutterte ofenfeste Form legen. Die restlichen Tomatenwürfel auf den Röllchen verteilen, mit Butterflöckchen belegen und eine Tasse Salzwasser angießen. Zudecken und die Auberginenröllchen im heißen Ofen 20 bis 25 Minuten garen.

6 Ziehen Sie inzwischen für die Sauce den Knoblauch ab und pressen Sie diesen zum Joghurt. Das Ganze mit der Crème fraîche glatt rühren, salzen und pfeffern. Die fertigen Auberginenröllchen mit Petersilie bestreuen und mit der Sauce servieren.

Weinempfehlung

Geht es Ihnen auch so? Die Auberginenröllchen machen mir Appetit auf einen Roséwein. Diese haben in den letzten Jahren wahre Qualitätssprünge gemacht. Nie zuvor waren Roséweine so fruchtbetont, sauber und gleichzeitig verspielt. Das gilt sowohl für die deutschen Weißherbste und Rosés wie auch für die internationalen. Ein Hochgenuss zu den würzigen Auberginenröllchen ist auch ein Cabernet Sauvignon! Er bringt schon das Aroma von Paprika mit und kommt mit der kräftigeren Würze gut zurecht. Probieren Sie dazu einen Cabernet Sauvignon aus Chile oder Kalifornien!

www.gu.de/
weinempfehlung 36

Crêpes mit Mangoldfüllung
und Käsesauce

Für 4 Personen

Für die Crêpes:

50 g Mehl · 150 ml Milch
2 Eier · 20 g zerlassene Butter
Salz · frisch gemahlener Pfeffer
25 g frisch geriebener Comté
(oder Bergkäse) · 30 g Butterschmalz · Butter für die Form

Für die Mangoldfüllung:

1 kg junger Mangold
100 g Schalotten · 50 g Butter
80 g gehackte Walnüsse
100 g Sahne · Salz
frisch gemahlener Pfeffer
frisch geriebene Muskatnuss
50 g frisch geriebener Comté
  (oder Bergkäse)
1 großes Ei

Für die Käsesauce:

30 g Butter · 1 gehäufter EL Mehl
1/4 l Milch · Salz
frisch gemahlener Pfeffer
frisch geriebene Muskatnuss
1 Eigelb · 50 g Sahne
25 g frisch geriebener Comté
  (oder Bergkäse)

1 Für die Crêpes Mehl, Milch
und Eier glatt rühren. Die zerlassene Butter unter Rühren in dünnem Strahl zugießen. Passieren
Sie den Teig durch ein feines Sieb,
um Klümpchen zu entfernen.
Salz, Pfeffer und Käse einrühren.
Den Teig 1 Stunde quellen lassen.

2 Für die Füllung vom Mangold
den Wurzelansatz abschneiden,
die Blattstiele gegebenenfalls häuten (Step a). Mangold waschen
und gut abtropfen lassen. Stiele
fein hacken, Blätter in Streifen
schneiden. Schalotten schälen
und fein würfeln, in einem Topf
in der Butter glasig anschwitzen,
Walnüsse kurz mitbraten. Den
Mangold zufügen, die Sahne
angießen, mit Salz, Pfeffer und
Muskat würzen. Dünsten Sie das
Gemüse zugedeckt bei geringer
Hitze 10 Minuten. Etwas abkühlen lassen, den geriebenen Käse
und das verquirlte Ei einrühren,
alles gründlich vermengen.

3 In einer Pfanne von etwa 15 cm
Durchmesser etwas Butterschmalz
zerlassen. Backen Sie aus dem
Teig nacheinander acht Crêpes
auf beiden Seiten goldgelb. Lassen
Sie die Crêpes auskühlen.

4 Für die Sauce die Butter zerlassen, das Mehl darin farblos
anschwitzen. Die Milch zugießen,
glatt rühren, mit Salz, Pfeffer
und etwas Muskat würzen. Unter
Rühren bei mittlerer Hitze etwa
20 Minuten kochen. Eigelb und
Sahne verquirlen, die Sauce damit
legieren, unter Rühren einmal
aufkochen. Passieren Sie die Sauce
durch ein Sieb und erhitzen Sie sie
nochmals. Den geriebenen Käse
unter Rühren darin schmelzen.

5 Backofen auf 220° C vorheizen.
Die Crêpes wie unten gezeigt füllen und überbacken (Step b und
c); auf der mittleren Schiene im
heißen Ofen in 10 bis 12 Minuten
goldbraun überbacken.

a Mangoldstiele quer einschneiden,
mit Daumen und Messer die Haut
fassen und abziehen.

b Die Mangoldfüllung auf die Crêpes
verteilen, einen schmalen Rand frei
lassen. Die Crêpes aufrollen.

c Die gefüllten Crêpe-Rollen nebeneinander in eine gebutterte Auflaufform setzen, Sauce darüber gießen.

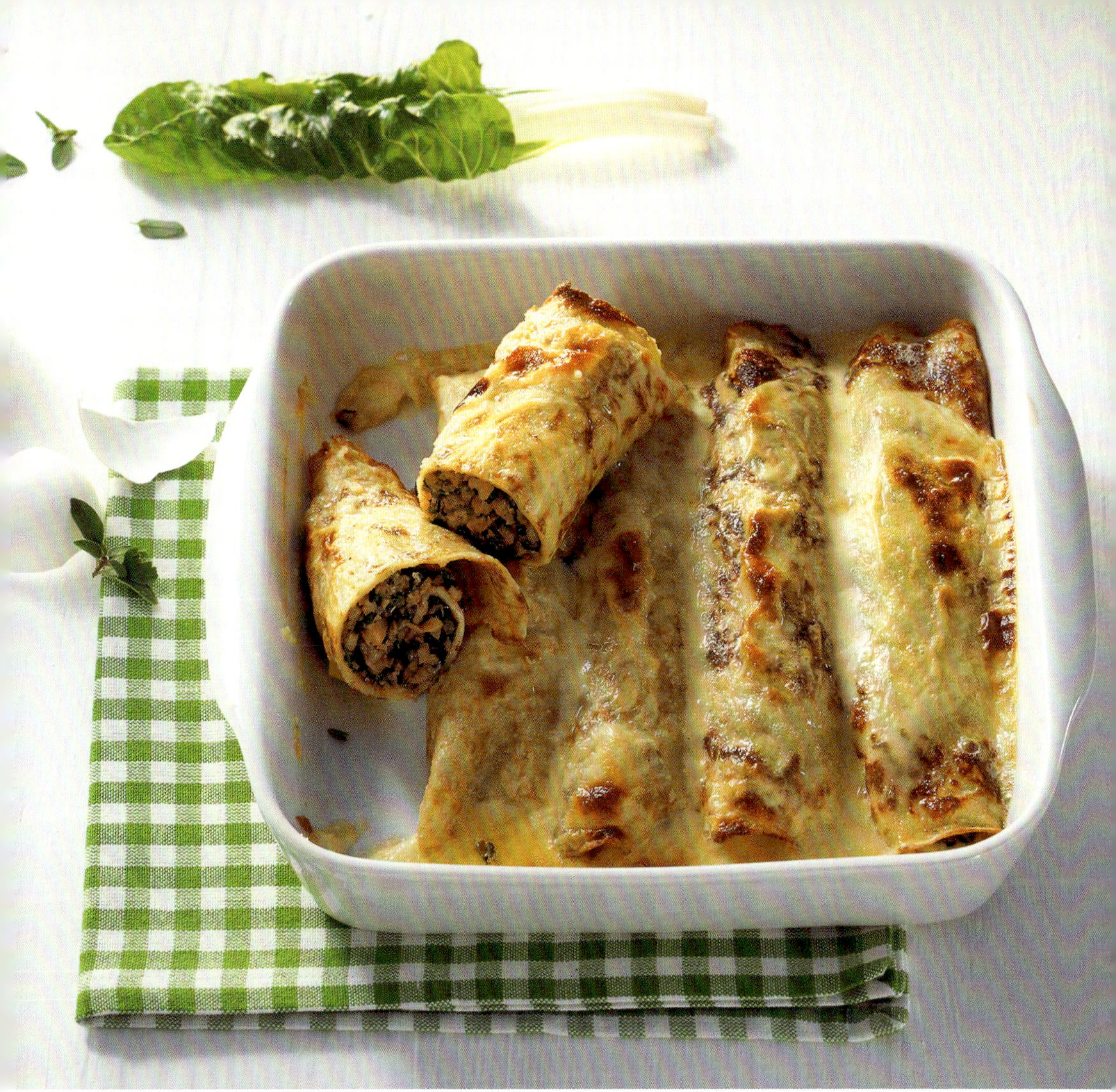

Überbackene Gerichte lieben kraftvolle Weißweine, am besten im Barrique ausgebaut. Auch wenn ein solcher Wein beim ersten Schluck ganz schön mächtig wirkt – Sie werden merken, in der Verbindung mit dem Essen zeigt er sich elegant und anschmiegsam. Bei diesen mangoldgefüllten überbackenen Crêpes können Sie zu einem holzfassgereiften Chardonnay oder auch einem Sauvignon Blanc greifen.

Und wer gerne Rotwein trinkt: Mit einem nicht zu tanninbetonten Wein kommen Sie hier gut zurecht, beispielsweise mit einem Portugieser.

www.gu.de/
weinempfehlung.37

Warme Kartoffelterrine
mit Ratatouillesalat

Für 4 Personen

1 Knoblauchzehe
20 g zerlassene Butter
1 kg große mehligkochende
Kartoffeln · Salz
1 Rolle fester Ziegenfrischkäse (250 g)

Für den Ratatouillesalat:

1 kleiner Zucchino
1 kleine Aubergine
4 Schalotten
1 Knoblauchzehe
1 Tomate
100 g schwarze Oliven
5 EL Olivenöl
1 EL Weißweinessig
1 TL Salz
frisch gemahlener Pfeffer
1 EL Thymianblättchen

Außerdem:

1 Terrinenform von 1,2 l Inhalt
gebuttertes Pergamentpapier

1 Die Knoblauchzehe abziehen
und leicht andrücken. Reiben Sie
die Terrinenform mit der Knoblauchzehe aus und pinseln Sie
sie mit der zerlassenen Butter aus.

2 Kartoffeln waschen, schälen
und längs in 2 mm dicke Scheiben
schneiden. Das geht am besten
auf dem Gemüsehobel oder mit
einer Aufschnittmaschine.

3 Garen Sie die Kartoffelscheiben in sprudelnd kochendem
Salzwasser 1 Minute, sie dann
herausheben und auf einem Tuch
sehr gut abtropfen lassen.

4 Die Terrinenform mit den
Kartoffelscheiben auskleiden.
Dafür den Boden und die langen
Seitenwände der gefetteten
Terrinenform mit den Kartoffel-
scheiben auslegen, so dass in
der Mitte eine Mulde entsteht.

5 Den Ziegenkäse entrinden,
der Länge nach in die Form legen
und die Kartoffelscheiben dar-
überklappen. Füllen Sie die Form
mit den restlichen Kartoffelscheiben auf und bedecken Sie sie mit
gebuttertem Pergamentpapier.

6 Damit die Kartoffelterrine
schön fest und kompakt bleibt,
auf die Oberfläche ein entsprechend großes Brett legen und
dieses mit einem Gewicht (beispielsweise einer Konservendose)
beschweren.

7 Den Backofen auf 150° C vorheizen. Die Terrine in das tiefe
Backblech stellen und dieses mit
heißem Wasser zwei Drittel hoch
füllen. Die Terrine im heißen
Ofen (Mitte) 1 Stunde garen.

8 Inzwischen den Ratatouillesalat
zubereiten: Waschen Sie Zucchini
und Aubergine, putzen Sie beides
und schneiden Sie das Gemüse
in 5 mm große Würfel. Die Schalotten schälen und in sehr dünne
Scheiben schneiden. Die Knoblauchzehe abziehen und fein
hacken. Die Tomate blanchieren,
häuten, Stielansatz und Samen
entfernen und das Fruchtfleisch
in 5 mm große Würfel schneiden.

9 In einer Pfanne das Öl erhitzen
und die Auberginenwürfel darin
scharf anbraten, die Zucchini
1 Minute mitbraten. Fügen Sie
Tomate und Oliven hinzu und
braten Sie alles 1 weitere Minute.
In einer Schüssel Essig, Salz, Pfeffer und Thymian verrühren, das
gebratene Gemüse untermischen.

10 Nach Ende der Garzeit die
Kartoffelterrine aus dem Backofen
nehmen. Etwas abkühlen lassen,
dann auf ein Schneidbrett stürzen. Schneiden Sie die Terrine in
Scheiben und würzen Sie diese
mit Salz und Pfeffer.

11 Die Terrinenscheiben mit dem
Ratatouillesalat auf Tellern anrichten und warm servieren.

Weinempfehlung

Der Ratatouillesalat lässt mich am ehesten an mediterrane Weine denken. Herrlich passt hier zum Beispiel ein Rosato aus Italien oder auch ein kräuteriger Rotwein. Auf Sardinien beispielsweise bauen sie noch die autochthone Rebsorte Cannonau an, die dort wunderbare Rotweine ergibt. Man kennt die Rebsorte in Frankreich als Grenache oder in Spanien als Garnacha. Ihr Vorzug besteht sicherlich darin, dass sie gut mit heißen Temperaturen zurecht kommt. Oder Sie greifen zu einem St. Chinion aus dem Languedoc, der warm, kraftvoll, kräuterig und mineralisch daherkommt.

www.gu.de/
weinempfehlung.38

191

Kürbis-Brokkoli-Terrine

Für 8 Personen

750 g Kürbisfleisch
1 große weiße Zwiebel
2 Knoblauchzehen
20 g Butter
20 g Zucker
1 TL frisch geriebene
  Ingwerwurzel
5 Eier · Salz
frisch gemahlener weißer Pfeffer
400 g rote Paprikaschoten
300 g Brokkoliröschen

Für die Paprikasauce:
450 g rote Paprikaschoten
20 g Butter
1 Schalotte
1/2 Knoblauchzehe · Salz
frisch gemahlener weißer Pfeffer
1 Thymianzweig
1 Lorbeerblatt
40 ml Weißwein
150 ml Gemüsefond

Außerdem:
1 Terrinenform von 1 l Inhalt
Butter für die Form
Bratschlauch, längs
  aufgeschnitten

1 250 g Kürbisfleisch in 5 mm große Würfel schneiden und diese 3 Minuten in Salzwasser kochen. Abgießen, dabei 150 ml Kochflüssigkeit auffangen. Hacken Sie das restliche Kürbisfleisch klein.

2 Den Backofen auf 220° C vorheizen. Zwiebel und Knoblauch schälen und fein würfeln. Butter zerlassen; Zwiebel und Knoblauch darin andünsten. Das gehackte Kürbisfleisch zugeben, den Zucker darüberstreuen und karamellisieren lassen. Löschen Sie mit der aufgefangenen Kochflüssigkeit ab. Den Ingwer zugeben, alles zugedeckt 5 Minuten schmoren, dann offen kochen lassen, bis die Flüssigkeit verdampft ist. Abkühlen lassen. In den Mixer füllen und mit den Eiern pürieren. Salzen und pfeffern. Rühren Sie die Kürbiswürfel unter.

3 Paprikaschoten im heißen Ofen backen, bis die Haut Blasen wirft. In einem Gefrierbeutel abkühlen lassen, dann häuten. Entfernen Sie Samen und Scheidewände und schneiden Sie das Fruchtfleisch längs in etwa 1,5 cm breite Streifen. Die Ofentemperatur auf 150° C senken. Brokkoli kurz in kochendem Salzwasser garen, herausheben und abtropfen lassen.

4 Die Terrinenform leicht buttern und mit der Bratschlauchfolie auskleiden. Füllen Sie ein Viertel der Kürbismasse ein. Entlang der Längsseiten je eine Reihe Brokkoliröschen und in die Mitte

Paprikastreifen legen. Darauf ein Viertel der Kürbismasse verteilen. Dann entlang der Längsseiten je eine Reihe Paprika und in die Mitte Brokkoliröschen legen; mit einem weiteren Viertel der Kürbismasse bedecken. Geben Sie als letzte Schicht längs Brokkoli und in die Mitte Paprika in die Form und bedecken Sie das Ganze mit der übrigen Kürbismasse.

5 Klopfen Sie die Form einmal fest auf der Tischplatte auf, um Luftbläschen zu entfernen. Die Terrine in eine hohe Form oder auf das tiefe Backblech setzen, Form oder Blech mit heißem Wasser füllen, bis die Terrinenform zu zwei Drittel darin steht. Die Terrine zugedeckt im heißen Ofen 40 bis 50 Minuten garen.

6 Für die Sauce die Paprikaschoten waschen, von Samen und Scheidewänden befreien und in Würfel schneiden. Die Butter zerlassen, Schalotte und Knoblauch darin andünsten, Paprikawürfel zufügen. Salzen, pfeffern und die Kräuter dazugeben. Mit Wein und Fond ablöschen. Lassen Sie das Ganze köcheln, bis die Paprika weich sind. Alles pürieren und die Sauce durch ein feines Sieb streichen.

7 Die Terrine aus dem Backofen nehmen und lauwarm abkühlen lassen. Stürzen Sie sie dann auf ein Brett. Die Folie abziehen und die Terrine in Scheiben schneiden. Mit der Paprikasauce anrichten.

Weinempfehlung

Ein nicht zu säurebetonter Weißwein ist hier perfekt. Sehr fein sind beispielsweise die Albarino-Weine aus Galizien – der Nordwestecke von Spanien. Albarino war einer der ersten Weißweine in Spanien, der auch über die spanischen Grenzen hinaus bekannt wurde. Bis dahin stellte man sich unter spanischen Weinen immer ausschließlich gehaltvolle Rotweine vor. Galizien war beim Weißweinanbau in Spanien schon immer Vorreiter und gehört noch heute zu den besten Weißweinregionen! Wenn es ein deutscher Wein sein soll, würde ich zu einem Auxerrois greifen. Er ist dem Weißburgunder etwas ähnlich, verspielt und elegant mit floralen Aromen, aber meist nicht so säurebetont wie ein Weißburgunder und vielleicht noch etwas feiner. Angebaut wird er in der Pfalz, an der Mosel, in Rheinhessen und in Baden.

Käsesoufflé-Roulade
mit Zucchinifüllung und Tomatensalsa

Für 4 Personen

Für die Roulade:
30 g Butter
30 g Mehl
250 ml Milch
5 Eier
Salz · frisch gemahlener Pfeffer
60 g Parmesan, gerieben

Für die Zucchinifüllung:
700 g Zucchini
2 Zwiebeln (80 g)
1 Knoblauchzehe
100 g Champignons
2 EL Olivenöl
Salz · frisch gemahlener Pfeffer
1 EL gehackte Kräuter
  (z. B. Thymian und Petersilie)
1 Ei

Für die Tomatensalsa:
400 g Tomaten
1 weiße Zwiebel
1 kleine grüne Chilischote,
  von den Samen befreit
1 EL Weißweinessig
5 EL Olivenöl · Salz
1 EL Basilikumblätter,
  in Streifen geschnitten

Außerdem:
1 lange, flache ofenfeste Form
Butter für die Form
zerlassene Butter zum Bestreichen
geriebener Parmesan zum
  Bestreuen

1 Für die Roulade die Butter in einer Kasserolle zerlassen und das Mehl darin unter Rühren andünsten. Gießen Sie die Milch unter ständigem Rühren langsam dazu und lassen Sie die Sauce 15 Minuten köcheln. Anschließend die Sauce in eine Schüssel füllen und etwas abkühlen lassen. Die Eier trennen. Eigelbe jeweils einzeln unter die Sauce schlagen; salzen, pfeffern und den Parmesan unterrühren. Die Eiweiße mit einer Prise Salz zu steifem Schnee schlagen; den Eischnee unter die Käsemasse heben.

2 Den Ofen auf 180° C vorheizen. Ein Backblech mit Backpapier belegen. Verstreichen Sie die Soufflémasse gleichmäßig darauf und backen Sie sie etwa 15 Minuten im heißen Ofen (Mitte). Aus dem Ofen nehmen und die Souffléplatte auf einen Bogen Backpapier stürzen. Das obere Papier vorsichtig abziehen. (Backofen nicht ausschalten.)

3 Für die Füllung die Zucchini waschen und in 1/2 cm dicke Würfel schneiden. Schälen Sie Zwiebeln und Knoblauch und würfeln Sie beides fein. Die Pilze putzen und fein hacken. Das Olivenöl erhitzen. Zwiebeln und Knoblauch darin andünsten. Zucchini und Pilze sowie Salz, Pfeffer und Kräuter zugeben; alles 10 Minuten dünsten, bis die Flüssigkeit fast verdampft ist.

4 Lassen Sie das Gemüse etwas abkühlen und rühren Sie dann das Ei unter.

5 Die Form mit Butter fetten. Die Füllung auf der gebackenen Souffléplatte verteilen, dabei an den Seiten einen 2 cm breiten Streifen frei lassen. Die Souffléplatte von einer langen Seite her mithilfe des Backpapiers aufrollen.

6 Legen sie die Roulade in die Form, bestreichen Sie sie mit zerlassener Butter und bestreuen Sie sie mit Parmesan. Die Roulade 15 Minuten im heißen Backofen (Mitte) backen.

7 Inzwischen für die Salsa die Tomaten mit kochend heißem Wasser überbrühen und häuten. Stielansätze und Samen entfernen und das Fruchtfleisch fein würfeln. Die Zwiebel schälen und fein hacken. Schneiden Sie die Chilischote in feine Ringe.

8 Tomaten, Zwiebel und Chili in eine Schüssel füllen. Weißweinessig, Olivenöl und Salz unterrühren, zum Schluss das Basilikum untermischen.

9 Nehmen Sie die Roulade aus dem Backofen, lassen Sie sie kurz ruhen und schneiden Sie sie in Scheiben. Die Rouladenscheiben mit der Tomatensalsa auf Tellern anrichten und sofort servieren.

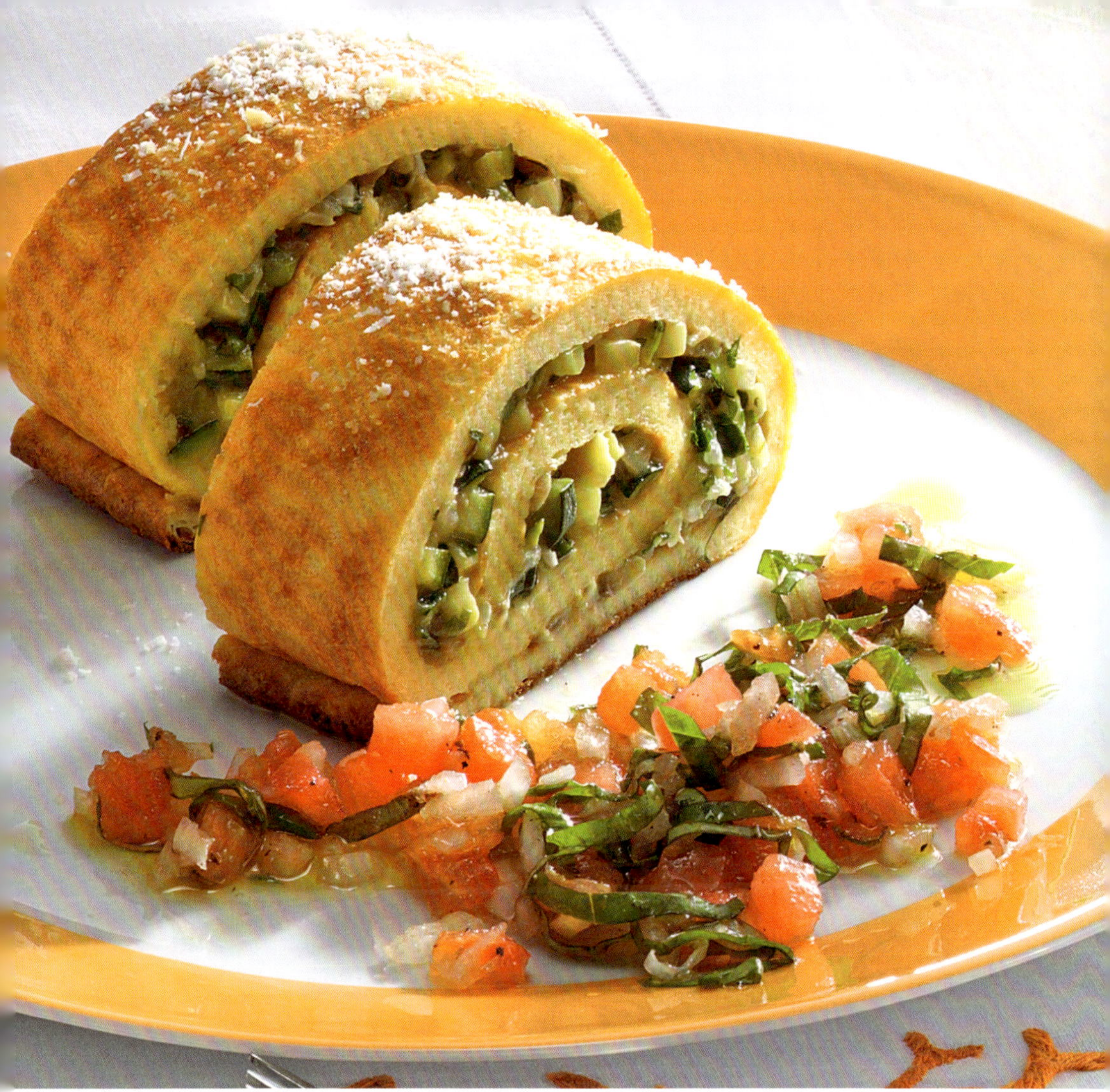

Ein leichter und frischer Weißwein, wie ein Trebbiano di Toscana macht große Freude zu diesem raffinierten Gericht. Die Tomatensalsa verträgt keine säurebetonten Weine, dafür passen mediterrane Weine umso besser. Bei uns nicht so bekannt sind die Weißweine aus der Provence – aus der Ugni-Blanc-Traube oder Clairette. Diese imponieren meist weniger fruchtbetont als viel mehr kräuterig-würzig. Ein leichter Rotwein, beispielsweise ein Trollinger oder Vernatsch, wie er in Südtirol heißt, passt auch ganz prima zur gemüsegefüllten Käsesoufflé-Roulade.

www.gu.de/
weinempfehlung39

Mangold-Kohlrabi-Lasagne

Für 4 Personen

12 grüne Lasagneblätter
(ohne Vorkochen)

Für die Füllung:
4 Kohlrabi (je 250 g)
60 g Butter
Salz
frisch gemahlener Pfeffer
frisch geriebene Muskatnuss
1 EL Mehl
500 ml Milch
250 g Sahne
2 Schalotten
500 g Mangold
300 g Tomaten
200 g alter Provolone,
gerieben

Außerdem:
Butter für die Form
4 EL Crème fraîche
1 Eigelb

1 Die Kohlrabi schälen und putzen. Schneiden Sie die Knollen in 2 mm dicke Scheiben und die zarten Blätter in Streifen.

2 In einem Topf 30 g Butter zerlassen, Kohlrabischeiben und Blattstreifen darin andünsten. Würzen Sie das Gemüse mit Salz, Pfeffer sowie Muskat und bestauben Sie es mit Mehl. Milch und Sahne unter Rühren zugießen, alles aufkochen, dann 10 Minuten bei schwacher Hitze köcheln lassen, gelegentlich rühren. Vom Herd nehmen, abkühlen lassen.

3 Schälen Sie die Schalotten und hacken Sie sie fein. Die Blätter von den Mangoldstielen schneiden, die Fäden von den Stielen abziehen und die Stiele in 2 cm lange Stücke schneiden. In einer Pfanne die restliche Butter zerlassen, Schalotten und Mangoldstiele darin andünsten.

4 Entfernen Sie von den Mangoldblättern die Mittelrippe. Die Blätter in Streifen schneiden und tropfnass in einem zugedeckten Topf bei starker Hitze zusammenfallen lassen. In ein Sieb schütten,

abtropfen lassen und mithilfe eines Löffels ausdrücken. Mischen Sie die Mangoldstiele und -blätter unter das Kohlrabigemüse.

5 Die Tomaten blanchieren, häuten, halbieren, von den Stielansätzen und Samen befreien und in Streifen schneiden.

6 Backofen auf 180° C vorheizen. Eine Lasagneform (etwa 18 × 28 cm) mit Butter ausstreichen. Bedecken Sie den Boden der Form mit 3 Lasagneblättern. Ein Drittel der Gemüsemischung darauf verteilen, mit Tomatenstreifen belegen, mit einem Drittel des Käses bestreuen. Abwechselnd Lasagneblätter, Gemüse und Käse einschichten. Schließen Sie mit Lasagneblättern ab.

7 Crème fraîche mit dem Eigelb verrühren und diese Mischung auf die Lasagneblätter streichen. Die Lasagne 40 bis 45 Minuten im heißen Ofen backen.

Weinempfehlung

Je nach Gusto können Sie sich hier für einen kräftigeren Weißwein wie auch für einen nicht zu schweren Rotwein entscheiden. Als Weißwein würde ich einen Chardonnay bevorzugen. Da Chardonnay zwischenzeitlich in jedem Weinbaugebiet der Welt heimisch geworden ist, kann auch mal einer aus Ungarn oder Budapest ganz spannend sein. Ich persönlich bin ein ganz großer Fan der Rotweine aus dem Dourotal im Norden Portugals. Aus den dort heimischen Trauben werden Cuvées vermählt, wie beispielsweise Tinta Roriz, Tinta Barroca, Tinta Francisca, Tinto Cão, Touriga Francesca, Touriga Nacional und Trincadeira Preta. Die dunkelfarbigen Rotweine zeigen eine fast einzigartige Spannung: Trotz der hohen Traubenreife wirken sie aber immer noch mineralisch, schlank und ausbalanciert.

Cannelloni mit Pilzfüllung

Für 4 Personen

Für den Teig:
70 g Hartweizengrieß
70 g Mehl
1 Ei · 1 Eigelb · Salz

Für die Füllung:
2 Zwiebeln
1 Knoblauchzehe
300 g gemischte Pilze
 (z. B. Pfifferlinge, Steinpilze,
 Maronenröhrlinge)
100 g geputzter Blattspinat
30 g Butter
1 Stange Lauch,
 der grüne Teil fein gewürfelt,
 der weiße im Ganzen belassen
100 g Sahne
Salz · frisch gemahlener Pfeffer

Für die Sauce:
250 g Sahne
1 Eigelb
Salz · frisch gemahlener Pfeffer
1 EL gehackte Petersilie

Außerdem:
4 ofenfeste Förmchen,
 gebuttert

1 Für den Nudelteig Grieß und Mehl mischen und mit den restlichen Zutaten zu einem glatten Teig verkneten. In Folie wickeln und 1 Stunde kühl ruhen lassen.

2 Schälen Sie Zwiebeln und Knoblauch und hacken Sie beides fein. Die Pilze putzen und in kleine Würfel schneiden. Spinat waschen, abtropfen lassen und fein hacken. Die Butter in einer Pfanne zerlassen. Zwiebeln und Knoblauch darin glasig dünsten. Die Pilze 3 Minuten mitbraten, Spinat und Lauchwürfel unterrühren. Gießen Sie die Sahne an. Salzen, pfeffern und 3 bis 4 Minuten einkochen lassen. Vom Herd nehmen, auskühlen lassen.

3 Von der Lauchstange den hellen Teil in ein etwa 12 cm langes Stück schneiden. Von diesem acht Blätter ablösen und in siedendem Salzwasser 4 Minuten kochen. Herausnehmen, abschrecken, abtropfen lassen.

4 Rollen Sie den Teig auf einer bemehlten Arbeitsfläche dünn aus und schneiden Sie acht Rechtecke von 9 × 14 cm aus. Diese in sprudelnd kochendem Salzwasser 2 Minuten garen, dann auf ein feuchtes Küchentuch legen. Jedes Teigstück mit einem Lauchblatt belegen, Pilzfüllung darauf verteilen. Zu Cannelloni aufrollen.

5 Für die Sauce die Sahne in einem Topf offen köcheln lassen, bis sie um ein Drittel reduziert ist. Das Eigelb verquirlen und 1 EL heiße Sahne unterrühren. Geben Sie die Mischung unter Rühren zur heißen Sahne (nicht mehr kochen!). Die Sauce salzen, pfeffern, die Petersilie einstreuen.

6 Backofen auf 200°C vorheizen. Legen Sie je zwei Cannelloni in die gebutterten Förmchen und übergießen Sie sie mit der Sauce. Die Canelloni im Ofen 12 Minuten backen, für die letzte Minute den Grill zuschalten.

Weinempfehlung

Ein kraftvoller Weißer im Barrique gereift wäre zu den Pilz-Cannelloni auf alle Fälle meine erste Wahl. Wunderbar passen zu Pilzen zudem gereifte Weißweine. Große Grauburgunder mit Schmackes oder Chardonnays können auch nach fünf und sechs Jahren noch hervorragend sein. Gleiches gilt auch für die rote Variante der Weinbegleitung. Ein gereifter Spätburgunder passt extrem gut zu Pilzen.

Der Pinot Noir, wie ihn die Franzosen nennen, duftet herrlich nach Waldboden! Wenn er dabei etwas Reife mitbringt, ist er nicht mehr so fruchtig, sondern subtiler und zarter. Ich weiß, dass gereifte Weine heutzutage so gar nicht mehr en vogue sind, gefragt sind eher junge, fruchtig-frische Weine. Aber zum Essen – und gerade in dieser Kombination – schmecken gereifte Weine oft viel besser als junge!

Marokkanische Briks

mit Gemüse-Ei-Füllung

Für 4 Personen

16 runde Brik- oder Yufkateigblätter (etwa 22 cm Ø)
1 Eiweiß

Für die Füllung:
350 g rote Spitzpaprikaschoten
250 g hellgrüne Zucchini
1 grüne Peperoni
2 weiße Zwiebeln
2 Knoblauchzehen
2 EL Olivenöl · Salz
frisch gemahlener Pfeffer
1/4 TL gemahlener Kreuzkümmel
1 TL edelsüßes Paprikapulver
1 EL gehackte Petersilie
1 EL gehacktes Koriandergrün
8 Eier

Außerdem:
Öl zum Ausbacken

1 Die Paprikaschoten waschen und halbieren, die Samen und Scheidewände entfernen.

2 Von den Zucchini die Enden abschneiden. Schneiden Sie Paprika und Zucchini in sehr kleine Würfel. Die Peperoni von den Samen befreien und hacken.

3 Zwiebeln und Knoblauch schälen und fein würfeln. Olivenöl in einer Pfanne erhitzen; Zwiebel- und Knoblauchwürfel darin glasig dünsten. Geben Sie Paprika, Zucchini und Peperoni zu und dünsten Sie alles, bis die gesamte Flüssigkeit verdampft ist.

4 Salz, Pfeffer, Kreuzkümmel, Paprikapulver, Petersilie und Koriandergrün unter das Gemüse rühren und dieses anschließend auskühlen lassen.

5 Je 2 Teigblätter in einen tiefen Teller legen und weiter verfahren, wie in der Bildfolge unten gezeigt. Erhitzen Sie das Öl in einem weiten Topf auf 180° C. Die Teigtaschen portionsweise darin in 3 bis 4 Minuten goldgelb ausbacken; dabei einmal wenden. Mit einem Schaumlöffel herausheben und auf Küchenpapier gründlich abtropfen lassen.

Tipp Reichen Sie dazu eine würzige Olivensauce. Dafür 100 g entsteinte grüne Oliven fein hacken und in eine Schüssel geben. 1/2 fein gewürfelte weiße Zwiebel, 4 EL Olivenöl, 2 EL Weißweinessig, Salz, frisch gemahlener Pfeffer, 1 Spritzer Zitronensaft sowie 1 EL gehackte Petersilie und 1 EL gehacktes Koriandergrün hinzufügen und alles miteinander verrühren.

a Ein Achtel der Gemüsefüllung auf jeweils 2 Teigblättern verteilen; in die Mitte 1 aufgeschlagenes Ei gleiten lassen.

b Die Teigränder mit Eiweiß bestreichen und die Teigblätter in der Mitte zusammenklappen, so dass Halbmonde entstehen.

c Die oberen Ränder ebenfalls mit Eiweiß bestreichen und die gefüllten Halbmonde nochmals falten. Die Ränder fest andrücken.

Weinempfehlung

Auch auf die Gefahr hin, dass ich mich wiederhole: Zur Paprika ist der Sauvignon Blanc unschlagbar! Auch in Deutschland gewinnt er Popularität, und es gibt schon hervorragende Sauvignon Blancs unter anderem in Baden, Württemberg, in der Pfalz und in Rheinhessen. Alternativ können Sie zu den Briks einen Roséwein oder auch einen leichteren Rotwein wie einen Moulin-à-vent aus dem Beaujolais wählen.

Bei uns ist gar nicht so bekannt, dass es in der Region Beaujolais nicht nur Wein mit dem Namen »Beaujolais« gibt, sondern insgesamt noch zehn weitere Benennungen entsprechend ihrer regionalen Lage existieren – Crus, »Gewächse«, wie sie der Franzose nennt. Dazu gehören unter anderem Fleurie, Saint-Amour, Julienas. Für sie alle gilt ebenfalls die Rebsorte Gamay als Grundlage.

Warme Gemüsequiche

Für 4 Personen

Für den Teig:
150 g Dinkelvollkornmehl
50 g Weizenmehl
100 g kalte Butter,
  in Stücken
1/4 TL Salz

Für den Belag:
2 kleine Zucchini
200 g Flaschentomaten
3 Frühlingszwiebeln
100 g Champignons
40 g Butter · Salz
frisch gemahlener weißer Pfeffer
1 EL gehackte Kräuter
  (Salbei und Thymian)
80 g Greyerzer, gerieben

Für den Guss:
100 g Sahne
100 g Crème fraîche
1 Knoblauchzehe, fein gehackt
3 Eier · Salz
frisch gemahlener weißer Pfeffer

Für die Sauce:
150 g Crème fraîche · Salz
frisch gemahlener weißer Pfeffer
1 EL gehackte Kräuter
  (Schnittlauch und Petersilie)
1/2 Knoblauchzehe, fein gehackt

Außerdem:
Mehl für die Arbeitsfläche

1 Beide Mehlsorten auf eine Arbeitsfläche häufen und in die Mitte eine Mulde drücken. Geben Sie die Butterstückchen, 4 EL Wasser und Salz in die Mulde. Alles mit den Händen rasch zu einem glatten Teig verkneten, den Teig in Folie wickeln und für etwa 1 Stunde kühl stellen. Man kann den Teig auch in der Küchenmaschine zubereiten.

2 Inzwischen für den Belag die Zucchini putzen und in dünne Scheiben schneiden. Die Tomaten blanchieren, häuten, achteln und die Stielansätze entfernen. Putzen Sie Frühlingszwiebeln und Champignons und schneiden Sie diese in dünne Ringe bzw. Scheiben.

3 Die Butter in einer Pfanne zerlassen und das Gemüse darin 2 bis 3 Minuten andünsten. Mit Salz und Pfeffer würzen, Salbei und Thymian unterrühren und die Gemüsemischung in der Pfanne auskühlen lassen.

4 Rollen Sie den Teig auf einer leicht bemehlten Arbeitsfläche zu einem etwa 4 mm dicken Kreis aus, der etwas größer, als die Quicheform (26 cm Ø) ist.

5 Den Backofen auf 200° C vorheizen. Die ungefettete Form mit dem Teig auskleiden. Den Teig mit einer Gabel mehrfach einstechen und im heißen Backofen (Mitte) 10 Minuten blindbacken. Aus dem Ofen nehmen und etwas abkühlen lassen. Falls nötig, drücken Sie den Teigboden mit den Fingern vorsichtig flach. Die Gemüsemischung auf dem Teigboden verteilen und mit dem geriebenen Käse bestreuen.

6 Für den Guss alle Zutaten in einer Schüssel verquirlen. Den Guss über die Quiche gießen und die Quiche im heißen Ofen (Mitte) etwa 40 Minuten backen.

7 Inzwischen für die Sauce Crème fraîche, Salz, Pfeffer und Kräuter cremig rühren, den Knoblauch zum Schluss untermischen. Servieren Sie die Sauce zur ofenwarmen Quiche.

Variante Nach diesem Rezept können Sie die unterschiedlichsten Gemüsequiches backen. Für eine Lauchquiche beispielsweise ersetzen Sie alles Gemüse durch Lauch und bereiten ansonsten die Quiche wie beschrieben zu.

Weinempfehlung

Ein Rotwein mit nicht zu vielen Tanninen muss es hierzu sein. Und er sollte auch möglichst nicht so anspruchsvoll daherkommen, um nicht ständig sein Weinglas schwenken und sich auf den Wein konzentrieren und einlassen zu müssen. Drum: Einen Bardolino oder auch einen Chianti können Sie ganz prima zu dieser Gemüsequiche kombinieren. Wer lieber in der Region bleiben möchte, kann auch einen Schwarzriesling oder Zweigelt wählen. In Württemberg finden Sie einen ganzen Reigen solcher Weine. Wer nicht so für Rotwein zu haben ist, kann sich auch für einen Rosé entscheiden.

www.gu.de/
weinempfehlung40

Flammkuchen

Für 4 Personen

150 g Mehl
100 g Weizen-Vollkornmehl
4 EL Olivenöl (+ 1 TL)
1 Eigelb
1/2 TL Salz
4 Frühlingszwiebeln
150 g Crème fraîche

Außerdem:
Mehl für die Arbeitsfläche
Fett für das Blech

1 Beide Mehle in einer Schüssel mischen und mit dem Öl, dem Eigelb, 1/8 l Wasser und dem Salz zu einem glatten Teig verkneten. Formen Sie den Teig zu einer Kugel, bestreichen ihn mit 1 TL Öl und lassen Sie ihn unter einer Schüssel bei Zimmertemperatur 30 Minuten ruhen.

2 Die Frühlingszwiebeln putzen, waschen und in Ringe schneiden. Die weißen und grünen Zwiebelringe getrennt bereitstellen.

3 Den Backofen auf 220° vorheizen. Ein Backblech fetten. Halbieren Sie den Teig und rollen Sie jede Hälfte auf wenig Mehl zu einem dünnen Fladen aus.

4 Die Fladen auf das Blech setzen, mit der Crème fraîche bestreichen und mit den weißen Zwiebelringen belegen.

5 Die Fladen im heißen Backofen auf der mittleren Schiene etwa 10 Minuten backen. Streuen Sie die grünen Zwiebelringe darüber. Die Flammkuchen heiß servieren.

Variante Statt mit Crème fraîche und Frühlingszwiebeln können Sie die Fladen auch ganz klassisch belegen (siehe rechts): Dazu nehmen Sie 2 klein geschnittene Zwiebeln und in Ringe geschnittene Frühlingszwiebeln nach Belieben, 150 g geräucherten Schinken, in Streifen geschnitten, sowie je 75 g Quark und Sahne, mit 1 TL Mehl, 1 1/2 EL Öl und 1 Prise Salz verrührt.

Weinempfehlung

Ich finde Flammkuchen wie auch Zwiebelkuchen im Herbst gigantisch gut mit Federweißem! Letzterem fiebert man in den Regionen diesseits und jenseits der deutsch-französischen Grenze sowie in allen Weinbaugegenden jedes Jahr wahrlich entgegen. Im Markgräflerland trinkt man natürlich einen Gutedel dazu. In anderen Regionen greift man eigentlich auch zu den typischen Schoppenweinen wie Trollinger oder Riesling. Je nachdem welche Weine dort so heimisch sind. Auf jeden Fall sollte es zum Flammkuchen ein leichter und auch leicht zu trinkender Wein sein.

www.gu.de/
weinempfehlung41

Spargelkuchen

Für 4 Personen

Für den Teig:
250 g Mehl
125 g kalte Butter, in Stücken
1/2 TL Salz
1 Ei

Für den Belag:
700 g weißer Spargel
Salz · 125 g junge Erbsen

Für den Guss:
3 Eier
125 g Sahne
Salz · frisch gemahlener Pfeffer
1 Eiweiß

Außerdem:
1 Bund Schnittlauch,
  in Röllchen geschnitten

1 Das Mehl auf eine Arbeitsplatte häufen, die Butter darüber verteilen; alles mit den Händen zu Streuseln verreiben. Geben Sie das Salz, 1 bis 2 EL kaltes Wasser und das Ei dazu und verkneten Sie alles rasch zu einem glatten Teig. Diesen in Folie einschlagen und für mindestens 1 Stunde kühl stellen.

2 Schälen Sie den Spargel und schneiden Sie ihn in 4 cm große Stücke. Diese in sprudelnd kochendem Salzwasser 5 bis 8 Minuten garen. Herausnehmen und gut abtropfen lassen.

3 Den Backofen auf 200° C vorheizen. Den Teig auf einer bemehlten Arbeitsfläche 5 mm dick ausrollen und eine Quicheform (26 cm Ø) damit auskleiden. Den Teigboden mit einer Gabel mehrmals einstechen und im heißen Ofen (Mitte) etwa 15 Minuten backen.

4 Nehmen Sie die Form aus dem Backofen und lassen Sie den Teig etwas abkühlen. (Den Backofen nicht ausschalten!) Falls nötig, den Teigboden mit den Fingern flach drücken.

5 Erbsen und Spargelstücke auf dem Teigboden verteilen. Für den Guss die Eier mit der Sahne verquirlen, salzen und pfeffern. Schlagen Sie das Eiweiß zu steifem Schnee und heben Sie es unter.

6 Den Eierguss über das Gemüse gießen und den Kuchen 35 bis 40 Minuten (Mitte) backen. Herausnehmen und leicht abkühlen lassen. Bestreuen Sie den Spargelkuchen mit Schnittlauchröllchen und servieren Sie ihn noch lauwarm.

Weinempfehlung

Silvaner ist großartig mit Spargel! Dadurch, dass das leckere Frühlingsgemüse hier als pikanter Kuchenbelag zubereitet ist, können Sie getrost zu einer Spätlese greifen, die etwas mehr Alkohol und Körper mitbringt. Fast unschlagbar sind die Silvaner aus Franken.
Wer es lieber internationaler möchte, dem empfehle ich einen Sémillon oder auch einen Chardonnay – beide finde ich sehr spannend zum Spargelkuchen! Diese Weine sind ja ebenfalls vergleichsweise alkoholreich, und ein bisschen Barriqueausbau rundet das Ganze dann perfekt ab.

www.gu.de/
weinempfehlung42

Gemüsestrudel mit Kräuterjoghurt

Für 4 Personen

150 g Wirsing
1 Stange Lauch
1 kleine Möhre
1 mehligkochende Kartoffel
  (150 g)
1 EL Olivenöl · Salz
frisch gemahlener Pfeffer
5 EL Gemüsebrühe
100 g Kräuter-Crème-fraîche
1 Ei
1/2 TL rosenscharfes Paprikapulver (nach Geschmack)
1 Strudelteigblatt (100 g)
1 EL Semmelbrösel
1 EL Butter, zerlassen

Für den Kräuterjoghurt:
200 g Joghurt
4 EL Crème fraîche
2 EL Schnittlauchröllchen
1 EL Zitronensaft · Salz
frisch gemahlener weißer Pfeffer

Außerdem:
Mehl zum Arbeiten

1 Putzen Sie Wirsing, Lauch und
Möhre, schälen Sie die Kartoffel.
Den Wirsing in Streifen, den
Lauch in Scheiben, die Möhre
in dünne Scheiben und die Kar-
toffel in kleine Würfel schneiden.

2 Das Öl in einer Pfanne erhitzen, Gemüse und Kartoffelwürfel
darin kurz andünsten, salzen und
pfeffern. Fügen Sie die Brühe zu
und dünsten Sie alles zugedeckt
in etwa 15 Minuten bei mittlerer
Hitze bissfest. Das Gemüse etwas
abkühlen lassen.

3 Inzwischen die Kräuter-Crème-
fraîche mit Ei, Salz und Paprikapulver verquirlen. Den Eierguss
unter das Gemüse rühren.

4 Backofen auf 200° C vorheizen. Ein Blech mit Backpapier
belegen. Breiten Sie das Strudel-
blatt auf einem dünn bemehlten
Geschirrtuch aus. Den Teig mit
den Semmelbröseln bestreuen, das
Gemüse darauf verteilen, dabei

einen etwa 5 cm breiten Rand frei
lassen. Die freien Teigränder über
das Gemüse schlagen und den
Teig mithilfe des Tuchs aufrollen.

5 Legen Sie den Strudel mit der
Naht nach unten auf das Blech.
Mit zerlassener Butter bestreichen
und im heißen Ofen (Mitte)
25 bis 30 Minuten backen.

6 Für den Kräuterjoghurt den
Joghurt mit Crème fraîche,
Schnittlauch und Zitronensaft
cremig rühren. Mit Salz und
Pfeffer abschmecken.

Tipp Statt Strudelteig können
Sie Filo- oder Yufkateig, aber
auch Pizzateig verwenden. Bei
Filo- und Yufkateig mehrere Blätter mit flüssiger Butter bestreichen
und übereinanderlegen, dann die
Füllung daraufgeben. Wird Hefe-
teig verwendet, diesen möglichst
dünn ausrollen. Es entsteht eine
kompaktere Rolle als mit Strudel-
oder Filo- bzw. Yufkateig.

Weinempfehlung

Ein schlanker und frischer Weißburgunder ist genau das Richtige dazu!
In Südtirol finden Sie beispielsweise lebendige und florale Weißburgunder
unter der Bezeichnung Pinot Bianco.
Ganz prima passt auch ein weißer Bordeaux zu Gemüsestrudel und Kräuterjoghurt. Die kräuterigen Weißweine aus Bordeaux sind meist eine Cuvée
aus Sauvignon, Sémillon und Muscadelle. Letztere Rebsorte ist nicht zu
verwechseln mit Muscadet, auch wenn die Muscadelle-Traube ebenfalls im
Geschmack einen leichten Muskatton mitbringt.

www.gu.de/
weinempfehlung 43

Wein-Qualität hat ihren Preis

M ir macht es ja ein bisschen Sorge, dass die Weine heute alle für jedermann leicht zugänglich sein sollen, – »für die Level-1-Trinker«, würde eine meiner Kolleginnen sagen. Über die Hälfte aller Weine wird heute beim Discounter gekauft, und von der übrigen Hälfte stammt ein Großteil aus dem sonstigen Lebensmittelhandel. Ein günstiger Preis ist dabei das Wichtigste. Ich verstehe das, denn schließlich möchte jeder gerne einen günstigen Alltagswein. Aber es ist andererseits auch ganz schön, zur passenden Gelegenheit mal einen besonderen Wein zu kaufen. Ein Festtag erhält doch einen ganz anderen Glanz mit einem außergewöhnlichen Tropfen.

Wenn es irgendwann nur noch darum geht, dass der Wein billig ist, werden wir eine Entwicklung wie bei den Lebensmitteln haben, und das bedeutet im Wesentlichen Qualitätseinbußen. Außerdem werden uns dann die guten Weinmacher irgendwann aussterben.

Dass man einen »easy drinking wine« schätzt, also einen Wein ohne Ecken und Kanten, der jedermann schmeckt – ich nenne das »nett und tut nicht weh«, lasse ich mir ja gefallen, aber eben alles zu seiner Zeit! Die Weine sollen heutzutage alle jung, noch jünger und noch frischer sein, und etwas Süße ist auch sehr beliebt. Bei den Speisen bemerke ich gerade ebenfalls den Trend, dass mit viel mehr Süße als früher gearbeitet wird. Ja, ja, Geschmacksträger – und so nett, so süß …

Der Gipfel der Genüsse

Für mich ist es der ganz große Wein-Aha-Effekt, wenn ein Wein auf seinem Höhepunkt ist. Wenn er sich perfekt ausbalanciert zeigt, ist man so ganz und gar hingerissen davon. Manche großen Rotweine erreichen dieses Stadium erst nach zehn oder zwanzig Jahren. Solche Weine sind für mich ganz groß, und ich kann von einem derartigen Weinerlebnis Jahre zehren. Allerdings haben solche besonderen und langlebigen Weine auch ihren Preis. Sie sind das Richtige für Weihnachten oder einen anderen schönen Festtag.

Zurück zur Realität: Im Durchschnitt gibt der Verbraucher knapp 2,50 Euro für eine Flasche aus. Da darf man sich nicht aufregen, wenn der Wein, statt in Eichenholzfässern zu lagern, mit Eichenholzchips aromatisiert wird! Ich komme schon manchmal ins Grübeln, wenn ich mir die Kostenkalkulation bei einer Flasche Wein durch den Kopf gehen lasse: Flasche, Etikett, Korken, Verpackung und Transport – nicht zu vergessen die Steuern! Wenn Sie bei einem Winzer eine Flasche erwerben, müssen Sie schon mindestens 4 Euro für eine ordentliche Qualität rechnen.

Nun fragen ja manche Weinliebhaber, wenn eine Flasche 12 oder 20 Euro kostet, ob der Wein dann um so ein Vielfaches besser schmeckt. Natürlich kann man nicht sagen »der Wein X schmeckt dreimal so gut wie der Wein Y«. Außerdem muss ein teurer Wein nicht unbedingt auch ein guter

Wein sein. Sonst wären ja Fachleute wie zum Beispiel ich überflüssig. Es verhält sich vielmehr ganz ähnlich wie in vielen anderen Bereichen: Die letzten Umdrehungen an den Qualitätsschräubchen sind richtig teuer. Bei den Fahrradfreaks kenne ich das so: Wenn deren spezielles Radl noch 300 Gramm leichter sein soll, dann kostet es eben gleich 500 Euro mehr.

Perfektion geht ins Geld

Beim Wein verhält es sich ähnlich: Der absolute Schliff kostet viel Geld – schon bei guten Jahrgängen, erst recht aber bei schlechten. Ein renommiertes Weingut kann sich einen schlechten Jahrgang darum heute gar nicht mehr leisten. Im Ausland schauen die Käufer nicht, wie der Jahrgang in der Pfalz oder in Baden war, sondern sie sagen: »Das Weingut Mustermann hat in der Qualität aber stark nachgelassen!« Das Weingut muss sich also in schwierigen Jahrgängen die besten Trauben herauspicken und deshalb eventuell auf einen Großteil der Ernte verzichten. Zum Teil investieren die Weingüter in Kühlwagen, damit das Lesegut gekühlt in den Keller kommt. Dort haben manche ein Selektierband, an dem einige Mitarbeiter stehen und nochmals jede Traube in die Hand nehmen, damit nur perfekte Träuble in das Fass oder in die schonend arbeitende Presse gelangen. Bei Topweingütern habe ich auch schon gesehen, wie die Trauben von Hand entrappt wurden, also jedes Stielchen der Beeren einzeln abgedreht wurde. Dass solch ein Aufwand ins Geld geht, können Sie sich sicherlich gut vorstellen.

Es ist eines der wichtigsten Qualitätskriterien, wie viel der Winzer von den Rebstöcken erntet. Während in Baden 110 Hektoliter pro Hektar

Haben Sie keine Hemmungen in ein Weinfachgeschäft zu gehen. Natürlich können Sie die Flaschen einfach nur begutachten, genauso wie Sie sich auch für nur eine einzelne Flasche entscheiden können.

Erntemenge erlaubt sind, ernten die Topweingüter im Schnitt nur 40 bis 50 Hektoliter. Dazu kommt noch ein wesentlich höherer Aufwand. Die Ruten des Rebstocks werden im Frühjahr kürzer geschnitten, und im Sommer werden die Trauben geteilt (das heißt jede Dolde wird auf der Mitte durchgeschnitten, um den Ertrag zu reduzieren) oder ganze Trauben werden herausgeschnitten.

Während manche Menschen ihr Geld lieber für besondere Autofelgen, für ausgefallene Handtaschen oder die Pflege ihrer Hobbys ausgeben, bin ich gerne bereit, für eine gute Flasche Wein mehr zu bezahlen.

Kräuter-Knoblauch-Sardinen

Für 4 Personen

750 g Sardinen
1 Bund Petersilie
je 4 Zweige Thymian und
  Rosmarin
1 kleines Bund Basilikum
4 Knoblauchzehen
10 EL Olivenöl
(Meer-)Salz
Pfeffer
1 große Bio-Zitrone

Außerdem:
Alufolie zum Grillen

1 Zunächst die Sardinen schuppen: Waschen Sie die Fische und reiben Sie dabei die Schuppen vom Schwanz zum Kopf hin ab, falls nötig, die Schuppen mit dem Rücken eines schweren Messers abschaben.

2 Von den Sardinen die Köpfe abschneiden und die Bauchhöhlen aufschlitzen. Bauchhöhlen gründlich auswaschen, die Fische trocken tupfen.

3 Die Kräuter waschen und trocken schütteln, den Knoblauch abziehen. Hacken Sie Kräuter und Knoblauch fein und mischen Sie beides mit Olivenöl, Salz und Pfeffer. Die Sardellen gut in der Kräuter-Öl-Mischung wenden und 1 Stunde marinieren.

4 Den Grillrost eines Holzkohlegrills mit Alufolie belegen. Legen Sie die Sardinen darauf und grillen Sie die Fische mit etwa 10 cm Abstand zur Glut etwa 5 Minuten, die Sardinen dabei einmal wenden.

5 Die Zitrone heiß waschen, trocken reiben und in Spalten schneiden; zu den Sardinen servieren.

Tipp 2 EL Toastbrotbrösel, Semmelbrösel, gemahlene Mandeln oder Haselnüsse mit den Kräutern und dem Öl vermischen, das verleiht den Sardinen eine schöne Kruste.

Weinempfehlung

Am liebsten esse ich Sardinen in Portugal und in Spanien. Dort gibt es auch die perfekten Weine dazu. In Portugal wird meist ein Vinho Verde gereicht. Der im wahrsten Sinne des Wortes »grüne Wein« duftet nach frischen Kräutern. In Spanien mag ich besonders gerne ein Gläschen trockenen Sherry zu den Sardinen. Vor allem die Manzanillas schmecken schön salzig und wirken dabei auch nicht allzu schwer. Sie sind dem Fino recht ähnlich: ebenfalls leicht und trocken. Den salzigeren Geschmack erhält der Manzanilla, weil er der salzigen Luft des Atlantiks in Sanlúcar de Barrameda ausgesetzt ist.

www.gu.de/
weinempfehlung44

Heringssalat

Für 4 Personen

400 g festkochende Kartoffeln
Salz · 4 Blätter Endiviensalat
2 Frühlingszwiebeln
2 Tomaten
4 Matjes-Doppelfilets
4 EL Weißweinessig
Pfeffer · Zucker
3 EL Sonnenblumenöl
je 1/2 Bund Petersilie und Dill
100 g saure Sahne

1 Die Kartoffeln waschen. In einem großen Topf reichlich Wasser zum Kochen bringen und salzen. Geben Sie die Kartoffeln ungeschält in das kochende Salzwasser und lassen Sie sie in 20 bis 25 Minuten weich garen.

2 Inzwischen die Endiviensalatblätter waschen, trocken tupfen und in fingerbreite Streifen schneiden.

3 Die Frühlingszwiebeln putzen, waschen und in Ringe schneiden. Waschen Sie die Tomaten, achteln Sie sie und entfernen Sie dabei die Stielansätze.

4 Die Matjesfilets mit Küchenpapier trocken tupfen und quer in etwa 3 cm breite Stücke schneiden.

5 Die Kartoffeln abgießen, kurz ausdampfen lassen, pellen und in Stücke schneiden.

6 Geben Sie die Kartoffelstücke mit den Salatstreifen, den Frühlingszwiebeln, den Tomaten und den Matjesstücken in eine Salatschüssel.

7 Für die Vinaigrette den Essig mit Salz, Pfeffer, 1 Prise Zucker und dem Öl verrühren. Die Vinaigrette unter den Salat mischen und diesen auf Tellern anrichten.

8 Petersilie und Dill waschen und trocken schütteln, die Blättchen abzupfen und fein hacken. Rühren Sie die Kräuter mit der sauren Sahne glatt. Die Kräutersahne auf dem Salat verteilen. Dazu passt Vollkornbrot.

Weinempfehlung

Um ehrlich zu sein, ich persönlich würde zu dem deftigen Heringssalat ein Bier vorziehen. Doch selbstverständlich weiß ich auch etwas für den überzeugten Weintrinker: einen Müller-Thurgau. Es muss in diesem Fall ein einfacher Wein sein; im Badischen würden wir Schoppenwein sagen. Auf keinen Fall darf der Wein zu säurebetont sein, sonst wird es unangenehm zu den Matjes.

In Luxemburg gibt es ganz leichte und schlanke Auxerrois – das wäre ebenfalls eine gangbare Alternative, leider sind diese Weine bei uns nur schwer zu bekommen. Die Auxerrois-Rebe gehört zur Familie des Pinot und damit zu den Burgundertypen. Oder aber Sie wählen einen Elbling, eine regionale Weinspezialität von der Mosel: leicht, spritzig, frisch und unkompliziert!

Indonesisches Fischragout
mit Garnelen und Bananen

Für 4 Personen

1 küchenfertiger Juwelenbarsch
  (etwa 600 g), filetiert und
  gehäutet
12 ungeschälte rohe Garnelen
2 Zwiebeln
2 Knoblauchzehen
5 g Galgantwurzel
je 1 frische rote und grüne Chilischote
1 Stängel Zitronengras
600 g Kochbananen
150 g rote Paprikaschote
2 EL Erdnussöl
1 TL gemahlene Kurkuma
2 TL edelsüßes Paprikapulver
1/4 TL gemahlener Koriander
1/4 TL gemahlener Kreuzkümmel
400 ml Kokosmilch
200 ml Gemüsefond
Salz · frisch gemahlener Pfeffer
1 Bund Koriandergrün

1 Schneiden Sie das Fischfilet in mundgerechte Stücke. Garnelen bis auf die Schwänze schälen, die Därme entfernen: Garnelen am Rücken einschneiden, den dunklen Darm mit der Spitze eines kleinen Messers anheben und entfernen.

2 Zwiebeln, Knoblauch und Galgant schälen und fein hacken. Chilis längs halbieren und ohne Samen in Streifen schneiden. Putzen Sie den Zitronengrasstängel und schneiden Sie ihn in Ringe. Die Bananen schälen und in etwa 2 cm große Stücke schneiden. Die Paprika waschen, halbieren, Samen und Scheidewände entfernen und die Schote in etwa 1 cm große Stücke schneiden.

3 Das Öl im Wok erhitzen. Zuerst Zwiebeln und Knoblauch darin hell anschwitzen, dann Galgant und Zitronengras

zugeben und kurz mitbraten. Braten Sie anschließend Kurkuma, Paprikapulver, Koriander und Kreuzkümmel mit, bis sie zu duften beginnen. Kokosmilch und Fond zugießen und alles bei schwacher Hitze köcheln lassen.

4 Zuerst die Bananen-, dann die Paprikastücke in die Kokossauce geben. Zugedeckt etwa 10 Minuten köcheln lassen. Schmecken Sie das Ragout mit Salz und Pfeffer ab. Die Garnelen zugeben und 3 Minuten mitköcheln lassen.

5 Das Koriandergrün waschen und hacken. 1 EL davon im Ragout kurz mitgaren. Die Fischstücke untermischen und alles noch 2 Minuten köcheln lassen, bis der Fisch gar ist. Richten Sie das Fischragout in Schalen an und bestreuen Sie es mit dem restlichen Koriandergrün. Dazu Reis servieren.

Weinempfehlung

Der Wein zu diesem Fischragout darf ruhig etwas kräftiger ausfallen. Ein Traminer Spätlese blüht hier regelrecht auf, die vielen Gewürze im Fischragout unterstreichen ihn aufs Wunderbarste. Alternativ lässt sich durchaus auch ein Rotwein zu diesem Gericht trinken. Ein roter Spanier aus Valdepeñas passt vorzüglich. Die warmen Rotweine von dort kommen gut mit der Würze zurecht und wirken dabei keinesfalls zu dominant.
Hätten Sie es gewusst? Valdepeñas gehört zu La Mancha, der größten aller spanischen Weinregionen.

www.gu.de/
weinempfehlung45

Gebratene Forelle
mit Basilikum-Joghurt-Schaum

Für 4 Personen

4 frische, küchenfertige Forellen
  (je etwa 300 g)
Salz · Pfeffer
2 EL Mehl
100 g Butter
2 Eier
1 TL Dijon-Senf
1 TL Zitronensaft
150 g Magermilchjoghurt
1/2 Bund Basilikum
1 Bio-Zitrone

1 Die Forellen mit Küchenpapier trocken tupfen, innen und außen mit Salz und Pfeffer würzen. In Mehl wenden und überschüssiges Mehl abschütteln.

2 Lassen Sie je 30 g Butter in zwei großen Pfannen aufschäumen. Die Forellen in die heiße Butter legen und darin bei mittlerer Hitze auf jeder Seite in 6 Minuten knusprig braun braten. Die Fische aus der Pfanne nehmen, mit der Bratbutter beträufeln und im Backofen bei 100° warm halten.

3 Zerlassen Sie für die Sauce die übrige Butter. Verrühren Sie die Eier mit Senf, Zitronensaft, Salz und Pfeffer in einer runden Edelstahlschüssel.

4 Die Schüssel in ein heißes, aber nicht kochendes Wasserbad setzen und unter ständigem Rühren mit den Quirlen des Handrührgeräts schaumig aufschlagen. Nach und nach erst die flüssige Butter, dann den Joghurt unterschlagen, bis die Sauce dicklich und cremig wird.

5 Das Basilikum waschen und trocken schütteln. Die Blätter abzupfen, in feine Streifen schneiden und unter den Joghurtschaum mischen.

6 Zitrone heiß waschen, trocken reiben und vierteln. Richten Sie die Forellen mit Joghurtschaum und Zitronenvierteln an.

Weinempfehlung

Ein frischer trockener Riesling Kabinett macht dieses Essen zu einem Festmahl! Riesling ist berühmt für seine Mineralität, und in der Verbindung mit Fisch schmeckt er genial gut! Die Kabinett-Qualitäten sind leichter und oft sehr kräuteraromatisch – ideal zur Sauce. Wenn sie dann noch ein wenig Restsüße haben, etwa als »feinherb« ausgebaut, bringen sie entsprechend wenig Alkohol mit. Perfekt zum frischen Joghurtschaum. Alternativ können Sie sich auch für einen weißen Entre-Deux-Mers aus Bordeaux entscheiden. Diese Weine schmecken jung und frisch getrunken ganz vorzüglich dazu.

www.gu.de/
weinempfehlung46

Finkenwerder Scholle

Für 4 Personen

2 Zitronen (mindestens
  eine davon Bio-Qualität)
4 küchenfertige Schollen
  (je etwa 400 g)
150 g durchwachsener
  Räucherspeck
Salz · Pfeffer
1 EL Butterschmalz
1 Bund glatte Petersilie

Außerdem:
Mehl zum Wenden

1 Pressen Sie den Saft einer Zitrone (gegebenenfalls der »konventionellen«) aus. Die Schollen mit Küchenpapier trocken tupfen und mit Zitronensaft beträufeln, 10 Minuten ziehen lassen.

2 Den Speck ohne Schwarte und Knorpel klein würfeln. Die Schollen mit Küchenpapier trocken tupfen, salzen und pfeffern.

3 Geben Sie das Mehl auf einen flachen Teller und verteilen Sie es gleichmäßig. Die Fische darin von beiden Seiten wenden. Überschüssiges Mehl abschütteln.

4 Erhitzen Sie das Butterschmalz in einer großen Pfanne und braten Sie die Speckwürfel darin aus. Den Speck dann mit einer Schaumkelle aus der Pfanne heben und beiseitestellen.

5 Die Schollen nacheinander im heißen Speckfett auf jeder Seite in 4 bis 5 Minuten goldbraun braten. Halten Sie die fertigen Fische auf einer Platte im Backofen warm.

6 Die Bio-Zitrone waschen, trocknen und in Scheiben oder Spalten schneiden. Petersilie waschen und trocken schütteln, die Blättchen abzupfen und hacken. Erhitzen Sie den Speck im Bratfett und geben Sie ihn über die Schollen. Die Petersilie darüberstreuen und die Fische mit den Zitronenscheiben oder -spalten servieren.

Tipp Dazu schmeckt Kartoffelsalat, und es passen auch Salzkartoffeln. Oder Sie braten mit dem Speck 200 g in kleine Würfel geschnittene Pellkartoffeln mit.

Weinempfehlung

Die Zubereitung mit dem Räucherspeck lässt bei diesem Fischgericht sowohl Weiß- als auch Rosé- und Rotwein zu. Beim Weißwein muss es allerdings schon etwas Kräftigeres sein, etwa ein Grauburgunder, am besten im kleinen Eichenholzfass ausgebaut. Der Rosé sollte ebenfalls nicht zu leicht sein. Vor kurzem hatte ich einen Tibouren Rosé mit Holzfassausbau aus der Provence – wie für die Scholle gemacht. Die Rotweinliebhaber können beherzt zu einem Spätburgunder, ebenfalls mit etwas Barriqueausbau greifen.

www.gu.de/
weinempfehlung47

Zander mit Kartoffelcurry
und Rotweinsauce

Für 4 Personen

Für Zander und Kartoffelcurry:

1 Zander, küchenfertig (etwa
  1 kg), vom Fischhändler filetiert
Fischabschnitte und Karkassen
  des Zanders
2 mittelgroße festkochende
  Kartoffeln
4 EL Olivenöl
1 EL mittelscharfes Currypulver
50 ml Orangensaft
Salz · frisch gemahlener Pfeffer
3 Birnen · Zucker
Zitronensaft

Für die Rotweinsauce:

je 80 g Zwiebel-, Möhren-
  und Selleriewürfel
1 EL Olivenöl
1 Bund frisches Koriandergrün
1 Knoblauchzehe, fein gewürfelt
200 ml kräftiger Rotwein
100 ml roter Portwein
200 ml Kalbsjus (aus dem Glas)
80 g eiskalte Butter in Stücken
Salz · frisch gemahlener Pfeffer
Zitronensaft

1 Abschnitte und Karkassen des Zanders grob zerkleinern und unter fließendem Wasser 15 Minuten wässern, um alle Trübstoffe zu entfernen.

2 Schwitzen Sie das Gemüse für die Sauce in Öl an. Die Karkassen zugeben und mitanschwitzen. Die Korianderblättchen abzupfen und beiseitelegen, die Stängel und den Knoblauch zu den Karkassen geben. Löschen Sie mit Rot- und Portwein ab und kochen Sie das Ganze um die Hälfte ein.

3 Die Sauce durch ein Sieb passieren, mit Kalbsjus auffüllen und auf die Hälfte reduzieren.

4 Schälen Sie die Kartoffeln, würfeln Sie sie 1 cm groß und schwitzen Sie sie in 2 EL Olivenöl an. Mit Currypulver bestauben, mit Orangensaft ablöschen und die Kartoffeln knapp gar dünsten.

5 Inzwischen die Zanderfilets salzen, pfeffern, auf der Hautseite im heißen Olivenöl knusprig braten und warm stellen.

6 Schälen Sie die Birnen und vierteln Sie sie längs. Das Kerngehäuse entfernen und die Birnen in schmale Spalten schneiden. Diese zu den Kartoffeln geben. Alles durchschwenken und die Birnen heiß werden lassen. Mit Salz, Pfeffer, Zucker und Zitronensaft abschmecken.

7 Hat die Rotweinsauce die gewünschte Konsistenz, die Hitze reduzieren und die Sauce mit kalter Butter binden. Mit Salz, Pfeffer und Zitrone abschmecken.

8 Hacken Sie die Korianderblättchen. Das Kartoffelcurry mit dem Fisch anrichten, die Rotweinsauce angießen und das Ganze mit Koriander bestreuen.

Weinempfehlung

Das ist heutzutage das Spannende bei Fischgerichten: Während man früher zum Fisch immer einen Weißwein reichte, berücksichtigen wir heute bei der Wahl die Art der Zubereitung. So empfehle ich zu diesem auf der Haut gebratenen Zander mit currywürzigen Kartoffeln durchaus einen Roten. Der sollte aber – obwohl für die Sauce ein kräftiger Rotwein und Portwein verwendet werden – nicht zu schwer sein. Dafür ist nämlich der Zander zu fein. Nehmen Sie am besten einen Frühburgunder, vor allem die von der Ahr sind famos! Weich, geschmeidig, mit Aromen von dunklen Kirschen – wunderbar zum Zander. Auch einen Rioja, den absoluten Klassiker aus Spanien, kann ich Ihnen wärmstens dazu empfehlen. Die Spanier haben schließlich schon immer Fisch mit Rotwein genossen.

Gebratene Dorade
mit Kokossauce

Für 4 Personen

Für den Fisch:

4 Filets der Dorade rosé · Salz
frisch gemahlener weißer Pfeffer
Öl zum Braten
Mehl zum Wenden
Chilischoten und Thai-Basilikum
  zum Garnieren

Für die Kokossauce:

2 EL gesalzene gelbe Sojabohnen
  (aus dem Glas)
3–4 rote Chilischoten
2 Zwiebeln (160 g)
2 Knoblauchzehen
2 EL Öl
1 1/2 TL frisch geriebener Ingwer
1 TL Palmzucker
  (oder brauner Zucker)
1/4 l Kokosmilch aus der Dose

1 Die Fischfilets mit Küchenpapier trocken tupfen, beidseitig
salzen, pfeffern und bis zur
weiteren Verwendung abgedeckt
kühl stellen.

2 Für die Kokossauce die Sojabohnen in ein Sieb geben und
gründlich unter fließendem
Wasser abspülen, um sie zu ent-
salzen. Lassen Sie die Sojabohnen
in einem Sieb sehr gut abtropfen, geben Sie sie in eine kleine
Schüssel und zerdrücken Sie die
Sojabohnen mit einer Gabel.

3 Die Chilis waschen, der Länge
nach aufschneiden und den Stielansatz, die Samen und Scheidewände entfernen. Zerreiben Sie
das Fruchtfleisch im Mörser fein.

4 Die Zwiebeln schälen und in
Würfel schneiden. Den Knob-
lauch abziehen und durch eine
Knoblauchpresse drücken.

5 In einer kleinen Kasserolle das
Öl erhitzen und die Chilipaste,
die Zwiebeln, den Knoblauch
und den Ingwer unter Rühren
anschwitzen. Sobald die Zwiebeln
glasig sind und beginnen, sich
zu verfärben, rühren Sie das Soja-
bohnenpüree ein und schwitzen
es 2 Minuten mit an.

6 Den Zucker einstreuen, mit
der Kokosmilch aufgießen und
die Sauce so lange unter Rühren
köcheln lassen, bis sie anfängt,
sämig zu werden. Stellen Sie
die Kokossauce bis zur weiteren
Verwendung warm.

7 In eine große Pfanne etwa
1 cm hoch Öl einfüllen und
erhitzen. Die Fischfilets mit Mehl
bestauben, überschüssiges Mehl
abklopfen und mit der Fleischseite nach unten in das heiße Öl
legen. Sofort mit dem Pfannen-
wender flach drücken, damit
sich die Ränder nicht aufbiegen.
Nach etwa 3 bis 4 Minuten wenden Sie die Fischfilets und braten
sie auf der Hautseite ebenfalls
3 bis 4 Minuten.

8 Fischfilets kurz auf Küchenpapier abtropfen lassen und mit
der Hautseite nach oben auf
vorgewärmten Tellern anrichten.
Die Sauce dazugeben und nach
Belieben mit Chilistücken und
Basilikum garnieren.

Tipp Statt der Dorade rosé
eignen sich für dieses Rezept je
nach Marktangebot auch alle
Arten von Brassen. Lassen Sie
die Fische am besten frisch vom
Fischhändler filetieren.

Weinempfehlung

Sehr fein zu dieser Dorade im Asia-Stil ist ein Sauvignon Blanc – schlank, mit exotischer Frucht, und er unterstützt den gebratenen Fisch. Nehmen Sie ruhig einen deutschen Sauvignon Blanc – vor allem aus Rheinhessen kommen zur Zeit so saubere, frische und fruchtbetonte Varianten, dass Ihnen schon beim Hineinriechen ins Glas das Wasser im Mund zusammenlaufen wird.

Ganz typisch ist das so intensive Fruchtaroma, teilweise an Mango und Papaya erinnernd oder auch an Holunderblüten und rote Johannisbeeren. Perfekt wäre auch ein Chardonnay im Barrique ausgebaut. Meist sind diese Weine, die nach Kokos duften, im kleinen Eichenholzfass gereift. Zudem passen die Röstaromen des Weines wie angegossen zum gebratenen Fisch.

Seezungenfilet mit Champagnersauce

Für 2 Personen (als Zwischengang)

Für die Seezungenfilets:
2 Seezungenfilets
50 g geputzter Lauch
Öl zum Frittieren

Für die Champagnersauce:
1 kleine Schalotte
30 g Butter
1 cl trockener Wermut
70 ml Champagner
  (oder Sekt)
150 ml Fischfond
  (aus dem Glas)
Salz · frisch gemahlener Pfeffer
80 g Sahne
20 g eiskalte Butter in Stücken
1 EL geschlagene Sahne

1 Falten Sie die Seezungenfilets jeweils in der Mitte. Dazu die Filets mit dem dünnen Häutchen nach oben auf die Arbeitsfläche legen, es zieht sich beim Garen zusammen, so dass die Seezungenfilets später ihre gefaltete Haltung bewahren. Die Faltstelle mit dem Messerrücken flach drücken und die Seezungenfilets mit Salz und Pfeffer würzen.

2 In einer kleinen, nicht zu flachen Pfanne 50 bis 100 ml Öl zum Frittieren erhitzen. Den Lauch in sehr feine Streifen schneiden und im heißen Öl kross frittieren, auf Küchenpapier entfetten und bis zur Verwendung beiseitestellen.

3 Für die Champagnersauce schälen Sie die Schalotte und schneiden sie in grobe Würfel. Die Butter zerlassen und die Schalottenwürfel darin ohne Farbe anziehen lassen. Mit einem Spritzer trockenem Wermut ablöschen und die Flüssigkeit reduzieren. Es ist wichtig, dass der Alkohol dabei verdampft, sonst würde er später in der Sauce vorschmecken.

4 Gießen Sie etwa 50 ml Champagner an, dann den Fischfond zugeben. Diese Mischung aufkochen und 2 bis 3 Minuten köcheln lassen.

5 Die gefalteten Seezungenfilets in den Fond legen. Mit gebuttertem Pergamentpapier abdecken und bei sehr schwacher Hitze in 3 bis 4 Minuten auf den Punkt gar dünsten.

6 Heben Sie die Seezungenfilets vorsichtig mit der Schaumkelle aus dem Geschirr, decken Sie sie mit dem Pergamentpapier ab und stellen Sie sie warm. Den Dünstfond durch ein feines Sieb in eine Stielkasserolle gießen und rasch einkochen. Die Sahne zugeben und nochmals etwas einkochen.

7 Die eiskalte Butter mit dem Schneebesen einschwenken. Rühren Sie die geschlagene Sahne und den übrigen Champagner ein und mixen Sie die Sauce mit dem Pürierstab kurz auf, damit sie die ihr eigene leichte und elegante Note bekommt. Die Seezungenfilets auf vorgewärmten Tellern anrichten, mit dem frittierten Lauch garnieren und etwas Champagnersauce angießen. Dazu passt gut ein Karotten-Kartoffel-Püree.

Tipp Die Qualität des Garsuds ist von entscheidender Bedeutung, daher ist es wichtig, ihn ausreichend einzukochen, damit er kräftig ist. Wer mag, kann noch Champignonstiele zugeben, deren Aroma den Geschmack des Gerichts abrundet.

Weinempfehlung

Ich bin ganz sicher, Sie hätten sich auch ohne mich für einen Champagner oder einen Sekt zu diesen feinen Fischfilets mit Champagnersauce entschieden. Und ich kann Sie nur bestärken, einen deutschen Sekt zu wählen, denn diese haben in den letzten Jahren so an Qualität aufgeholt, dass sie dem Vergleich mit einem Champagner locker standhalten. Damit sind natürlich nicht die Industriesekte für 3 bis 4 Euro gemeint, sondern eher die Winzersekte. Wer Schaumweine nicht so gut verträgt, kann auch einen leichten Weißburgunder oder einen Chablis dazu trinken.

www.gu.de/
weinempfehlung48

Steinbutt mit Krustentiersauce

Für 4 Personen

Für die Krebsbutter:

20 Flusskrebse, gekocht
100 g Butter · 2 EL Olivenöl
1 Schalotte und 1 kleine Knoblauchzehe, fein gewürfelt
je 1 EL fein gewürfelter
  Staudensellerie und Fenchel
2 Sternanis · 1 Zweig Rosmarin
100 ml Kochwasser der Krebse
2 EL Sauternes · 2 EL Noilly Prat
Limettensaft · Salz
Cayennepfeffer

Für die Krustentiersauce:

150 ml vorbereitete Weißweinsauce (nach dem Saucenrezept
  auf S. 226 statt mit Champagner
  mit Weißwein zubereitet)
30 g Krebsbutter (aus dem
  Rezept oben)
Limettensaft · etwas frischer
Kerbel · Cayennepfeffer

**Für das Kohlrabi-Morchel-
Ragout:**

160 g frische Morcheln,
  gewaschen und geputzt
20 g Butter

400 g Kohlrabiwürfel,
  bissfest gegart
2 EL Sherry · 80 g Sahne
Salz · frisch gemahlener Pfeffer
Zucker
frisch geriebene Muskatnuss

Für den Steinbutt:

4 Steinbuttfilets (je 120 g)
Salz · Zitronensaft
Olivenöl zum Braten

1 Lösen Sie von den Krebsen das
Schwanz- und Scherenfleisch aus.
Das Scherenfleisch mit der Butter
im Mörser zermahlen. Die Krebs-
karkassen zerkleinern und in Öl
anrösten. Gemüse und Gewürze
hinzugeben und mitrösten, mit
Krebskochwasser, Sauternes und
Noilly Prat ablöschen, 20 Minuten köcheln lassen.

2 Die Mischung durch ein mit
einem Tuch ausgelegtes Sieb passieren und die Flüssigkeit auf etwa
2 EL reduzieren. Rühren Sie die

Reduktion in die Buttermischung
ein, schmecken Sie mit Limettensaft, Salz und Cayennepfeffer ab

3 Für das Kohlrabi-Morchel-
Ragout die Morcheln in der
heißen Butter anziehen lassen.
Kohlrabiwürfel zugeben, mit
Sherry und Sahne ablöschen.
Den Topf vom Herd nehmen,
das Ragout mit Salz, Pfeffer,
Zucker und Muskatnuss würzen.

4 Erhitzen Sie die Weißweinsauce
und binden Sie sie mit 30 g kalter Krebsbutter. Etwas vom
Morchel-Kohlrabi-Fond zugeben,
mit Limettensaft, Kerbel und
Cayennepfeffer abschmecken.

5 Kochen Sie die Sauce einmal
auf und legen Sie, sobald sie nicht
mehr wallt, die Krebsschwänze
ein. Steinbuttfilets leicht salzen,
mit wenig Zitronensaft würzen
und in Olivenöl glasig braten.
Mit der Sauce und Morchel-
Kohlrabi-Ragout anrichten.

Weinempfehlung

Krustentiersauce und Morchelragout schreien regelrecht nach einem
holzfassgereiften Chardonnay! Vor allem, weil die Karkassen der Flusskrebse
stark angeröstet werden, braucht es den Gegenpol im Wein, die Röstaromen müssen sich darin unbedingt wiederfinden. Ob Sie sich nun für
einen deutschen, italienischen oder australischen Chardonnay entscheiden,
er wird in jedem Falle sehr gut dazu passen. Alternativ ist ein Petit Arvine
aus der Schweiz superspannend dazu! Dieser außergewöhnliche Weißwein
wirkt noch etwas nussiger im Aroma als ein Chardonnay.

www.gu.de/
weinempfehlung49

Heilbutt aus dem Ofen
mit Rotwein-Fenchel-Sauce

Für 4 Personen

Für die Rotwein-Fenchel-Sauce:

1 Schalotte
200 g Fenchelwürfel
30 g Butter
400 ml Rotwein
200 ml Portwein
80 ml Rotweinessig
1 Sternanis
3 Eigelbe
125 g eiskalte Butter
  in Stücken
50 g Crème fraîche
Salz · Cayennepfeffer
1 TL Fenchelhonig
  (oder Akazienhonig)

Für den Heilbutt:

200 ml Olivenöl
2 EL frische Rosmarinnadeln
2 EL frische Thymianblättchen
20 Pfefferkörner, zerdrückt
grobes Meersalz
4 Filets vom Weißen Heilbutt,
  ohne Haut (je 100 g)

1 Für die Sauce die Schalotten schälen und fein würfeln. Zerlassen Sie die Butter in einer Kasserolle und lassen Sie die Schalotten und 150 g Fenchelwürfel darin anziehen. Mit Rotwein, Portwein und Rotweinessig ablöschen. Den Sternanis zugeben und die Flüssigkeit auf etwa ein Viertel reduzieren, dann durch ein feines Sieb passieren und im Kühlschrank erkalten lassen. Restliche Fenchelwürfel blanchieren, abschrecken und abtropfen lassen.

2 Geben Sie das Olivenöl für den Fisch mit den Kräutern und Gewürzen auf ein Backblech. Setzen Sie die Heilbuttfilets darauf und wenden Sie sie einmal, so dass einige Kräuterblättchen auf der Oberseite der Heilbuttfilets liegen. Das Backblech mit dem Fisch in den Backofen schieben und die Heilbuttfilets bei 90° C Umluft 20 Minuten garen.

3 Die erkaltete Reduktion aus Arbeitsschritt 1 mit den Eigelben in einen Schlagkessel geben und über einem heißen Wasserbad schaumig schlagen.

4 Wenn die Masse cremig ist, nehmen Sie den Schlagkessel vom Wasserbad und rühren nach und nach die Butter ein.

5 Die Crème fraîche und die noch warmen Fenchelwürfel unterheben und die Sauce mit Salz, Cayennepfeffer und Fenchelhonig abschmecken.

6 Die Heilbuttfilets aus dem Ofen nehmen, aus dem Würzöl heben und mit der Rotwein-Fenchel-Sauce auf vorgewärmten Tellern anrichten. Dazu passt Kräuterreis.

Weinempfehlung

Zu dem Heilbutt sollten Sie sich für einen leichteren Rotwein entscheiden. Perfekt, wenn er eine mediterrane Art mitbringt, vor allem weil der Heilbutt so wunderbar nach Rosmarin und Thymian schmeckt. Ein Montepulciano d'Abruzzo wäre hier mein Favorit. Die Südfranzosen haben es auch schon früh verstanden, kräftiger zubereitete Fische mit Rotweinen zu kombinieren. Eine Cuvée mit Grenache wäre ganz nach südfranzösischem Stil. Weißweinliebhaber können auch einen Weißherbst dazu probieren: Ein trocken ausgebauter Spätburgunder Weißherbst ordnet sich hier gut unter.

www.gu.de/
weinempfehlung50

Meeresfrüchte-Pizza

Für 2 Personen

400 g gemischte
 TK-Meeresfrüchte
2 Knoblauchzehen
Saft von 1 Zitrone
4 EL Olivenöl
Salz · Pfeffer
1 fertig ausgerollter
 Pizzateig auf Backpapier
 (400 g, aus dem Kühlregal)
1 Kugel Mozzarella (125 g)
1 Glas Tomatensugo
 (200 g, Fertigprodukt)

Außerdem:
Mehl für die Arbeitsfläche

1 Geben Sie die Meeresfrüchte unaufgetaut in eine Schüssel. Den Knoblauch abziehen und dazupressen. Den Zitronensaft, 2 EL Öl sowie Salz und Pfeffer untermischen und die Meeresfrüchte zugedeckt marinieren und zugleich auftauen lassen.

2 Den Backofen auf 250° vorheizen. Legen Sie den Pizza-Fertigteig mit dem Papier auf dem Backblech aus und bestreichen Sie ihn mit Sugo.

3 Schneiden Sie den Mozzarella in dünne Scheiben. Den Teig mit den Meeresfrüchten und dem Mozzarella belegen, dann mit Salz und Pfeffer würzen. Die Pizza im heißen Backofen auf der unteren Schiene etwa 15 Minuten backen.

Tipp Selbst gemachter Pizzateig: 275 g Mehl in einer Schüssel mit 1/2 TL Salz mischen. Eine Mulde in die Mitte drücken und 1/2 Würfel Hefe hineinbröckeln. Geben Sie 1 Prise Zucker und 50 ml Wasser zu und verrühren Sie die Hefe mit etwas Mehl vom Rand zu einem dicken Brei. Mit etwas Mehl vom Rand bestauben und zugedeckt bei Zimmertemperatur 15 Minuten ruhen lassen. 75 ml Wasser und 1 bis 2 EL Olivenöl zugeben und alles zu einem glatten Teig verkneten. Lassen Sie diesen abgedeckt bei Zimmertemperatur 30 bis 60 Minuten gehen. Den Teig dann nochmals kräftig durchkneten und auf bemehlter Arbeitsfläche ausrollen.

Weinempfehlung

Ich trinke zur Pizza am liebsten einen nicht zu schweren italienischen Rotwein, etwa einen Vino Nobile di Montepulciano. Zu Tomaten empfinde ich einen Rotwein immer als ganz angenehm. Wenn Sie lieber Weißwein trinken möchten, dann sollte es ein Wein mit wenig Säure sein. Ein würziger Grauburgunder oder auch ein runder Chardonnay – beispielsweise aus Umbrien – passen gut dazu.

Eine Spezialität in Umbrien wie auch in anderen italienischen Regionen ist der Malvasia, den man wirklich mit dem passenden Essen kombinieren muss. Diese Meeresfrüchte-Pizza eignet sich sehr gut dazu. Der Malvasia hat eine lange Tradition als Dessertwein, heute gibt es ihn aber auch trocken ausgebaut. Dann kommt er meist sehr eigenwillig, wirklich würzig und markant daher.

Fisch-Paella
mit Calamares

400 g festfleischiges Fischfilet
  (z. B. Rotbarsch)
300 g küchenfertige kleine
  Tintenfische
8 rohe geschälte Riesengarnelen
je 1 rote und gelbe Paprikaschote
2 dünne Zucchini
200 g TK-Erbsen
2 Zwiebeln
2 Knoblauchzehen
2 Fleischtomaten
4 EL Olivenöl
300 g Rundkornreis
  (z. B. Arborio)
Salz · Pfeffer
3/4 l Gemüsebrühe
2 Döschen Safranpulver (0,2 g)

1 Die Fischfilets und die Tinten-fische mit Küchenpapier trocken tupfen und in mundgerechte Stücke schneiden. Tupfen Sie auch die Garnelen ab. Die Paprika-schoten waschen, vierteln, Samen und Scheidewände entfernen und die Schote in feine Streifen schneiden.

2 Die Zucchini waschen, putzen und in dünne Scheiben schneiden. Lassen Sie die Erbsen antauen. Zwiebeln und Knoblauch schälen und fein würfeln. Entfernen Sie die Stielansätze der Tomaten. Die Tomaten kurz überbrühen, häuten, entkernen und in Würfel schneiden.

3 Erhitzen Sie das Öl in einer Paella-Pfanne (mit Deckel, der später benötigt wird) oder in einem Bräter. Braten Sie die Zwiebeln und den Knoblauch darin glasig. Reis dazugeben und unter Rühren braten, bis er glasig ist. Paprikastreifen und Zucchini hinzufügen, 3 Minuten anbraten, salzen und pfeffern.

4 Ein Drittel der Brühe mit Safran verrühren, angießen und aufkochen lassen. Geben Sie die Tintenfischringe dazu und lassen Sie alles 10 Minuten sanft kochen.

5 Gießen Sie die restliche Brühe an. Tomaten, Erbsen und Fisch-stücke unter den Gemüsereis mischen. Die Paella bei schwacher Hitze in 10 Minuten fertig garen.

6 Legen Sie die Garnelen auf den Reis. Den Deckel auflegen und die Paella bei schwacher Hitze 10 Minuten ziehen lassen. Mit Salz und Pfeffer abschmecken.

Variante Für eine Paella mit Muscheln 1/8 l der Gemüsebrühe durch trockenen Weißwein ersetzen. Damit das gedünstete Gemüse ablöschen und 5 Minuten sanft kochen lassen, bis der Wein verdampft ist. 8 bis 12 große, frische, gesäuberte Miesmuscheln in der Schale auf die Paella legen, zugedeckt 10 Minuten ziehen lassen, bis sich die Schalen geöffnet haben.

Tipp Das gibt ein besonders feines Aroma: 1 Bund gehackte Petersilie und ein Achtel einer Bio-Zitrone mit den Garnelen oder Miesmuscheln auf den Reis legen, 10 Minuten ziehen lassen.

Weinempfehlung

Hier sind Sie mit einem spanischen Weißwein auf der sicheren Seite. In La Mancha gehört zu den klassischen Weißweinreben die Airén. Während sortenreine Weine daraus früher flach und langweilig waren, gibt es heute Erzeuger, die ganz aparte Weine daraus machen. Airén ist übrigens die meist angebaute weiße Rebsorte der Welt, was an der großen Anbaufläche in Spanien liegt. Dort wird die anspruchslose, hitzetolerante Rebsorte traditionell für Verschnittweine verwendet. Etwas modernere und frischere und wunderbar mit der Fisch-Paella harmonierende Weißweine finden Sie im Penedès, etwa Sauvignon Blancs. Auch ein frischer Riesling passt natürlich wunderbar – vor allem zu dem Safran. Bei Gerichten mit Safran finde ich einen leichten Säurekick durch den begleitenden Wein unabdingbar!

Tagliatelle mit Languste
und Käsesauce

Für 4 Personen

Für die Tagliatelle:
250 g Mehl
2 Eier · 1 Eigelb
1/2 TL Salz
2 EL Öl

Für die Käsesauce:
140 g Comté
30 g Schalotten
30 g Butter
100 ml Sahne
Salz · Pfeffer

Für die Langusten-Gemüse-Mischung:
1 gekochter Langustenschwanz,
   etwa 400 g
60 g Zuckerschoten, in Rauten
Salz · 20 g Butter
30 g Frühlingszwiebeln, in Ringen
150 g Zucchini (gelb und grün),
   in Scheiben
200 g Tomatenfruchtfleisch,
   gewürfelt
gemahlener Pfeffer
1 EL gehackte Petersilie

1 Für die Tagliatelle aus den angegebenen Zutaten und – bei Bedarf – ein wenig Wasser einen geschmeidigen Teig herstellen, in Folie wickeln und 1 Stunde kühl ruhen lassen.

2 Rollen Sie den Teig nach der Ruhezeit dünn aus und schneiden Sie ihn in 5 mm breite Bandnudeln. Diese ausgebreitet kurz antrocknen lassen.

3 Für die Sauce den Comté reiben. Die Schalotten schälen und sehr fein hacken. Butter zerlassen, die Schalottenwürfel darin hell anschwitzen und die Sahne zugießen.

4 Geben Sie den Comté in die Schalottensahne und lassen Sie ihn bei geringer Hitze unter Rühren in der Sauce schmelzen. Die Sauce salzen, pfeffern und warm halten.

5 Für die Langusten-Gemüse-Mischung den Langustenschwanz aufbrechen, das Fleisch auslösen, in Scheiben schneiden und kühl stellen. Die Zuckerschoten in Salzwasser blanchieren und kalt abschrecken.

6 Zerlassen Sie die Butter und schwitzen Sie Frühlingszwiebeln und Zucchini darin bei geringer Hitze 3 bis 4 Minuten an. Zuckerschoten und Tomatenwürfel noch 2 bis 3 Minuten und das Langustenfleisch 1 Minute mitschwitzen, alles mit Salz, Pfeffer und Petersilie würzen.

7 Die Tagliatelle in sprudelnd kochendem Salzwasser al dente garen, abgießen und gut abtropfen lassen. Langusten-Gemüse-Mischung und die Tagliatelle vorsichtig vermengen, mit der Käsesauce übergießen und sofort servieren.

Weinempfehlung

Ein Weißburgunder kommt zu diesem feinen Nudelgericht perfekt zur Geltung. Er ist elegant, wirkt floral, bringt aber auch genügend Körper mit, um gegenüber der Käsesauce zu bestehen.
Gewisse Ähnlichkeiten mit dem Weißburgunder zeigt immer wieder der Chardonnay. Nehmen Sie zum Beispiel einen aus Neuseeland, der wartet mit viel Frische und Finesse auf. Aber auch einen deutschen Chardonnay brauchen Sie nicht zu verachten – diese Weine kommen meist nicht so überladen, sondern eher elegant und fein daher.

www.gu.de/
weinempfehlung 51

Gegrillte Riesengarnelen
mit Kapern-Oliven-Aïoli

Für 4 Personen

Für die Garnelen:
2 Bio-Zitronen
2 Knoblauchzehen
2 rote Chilischoten
1 EL Honig
5 EL Olivenöl
12 Riesengarnelen
Salz
Pfeffer

Für die Aïoli:
3 Knoblauchzehen
1 Eigelb
50 ml Milch
1 TL Rotweinessig
1 TL Senf · Salz
2 TL Kapern (aus dem Glas)
180 ml Walnussöl
Pfeffer
1 TL frisch gepresster
 Zitronensaft
Honig
15 grüne Oliven ohne Stein

Außerdem:
Holzkohlegrill

1 Für die Garnelen die Zitronen heiß waschen und abtrocknen. Reiben Sie die Schale ab und pressen Sie den Saft aus. Knoblauch abziehen und fein würfeln. Chilischoten längs halbieren, entkernen, waschen und fein hacken. Den Zitronensaft mit Honig und Öl verrühren. Knoblauch, Zitronenschale und Chiliwürfel unterrühren.

2 Lösen Sie die Garnelen aus. Dafür den Schwanz vom Kopfteil abdrehen, die Schalen an der Unterseite aufschneiden und ablösen. Schneiden Sie die Garnelen am Rücken entlang ein und entfernen Sie den dunklen Darmfaden.

3 Die Garnelen kalt abspülen, trocken tupfen und in die Marinade legen. Zugedeckt im Kühlschrank mindestens 4 Stunden marinieren.

4 Für die Aïoli alle Zutaten Zimmertemperatur annehmen lassen. Knoblauch abziehen und grob hacken. Verrühren Sie Eigelb, Milch, Essig, Senf und 1/2 TL Salz. Knoblauch und Kapern zugeben. Alles mit dem Pürierstab fein mixen. Dabei das Öl erst tröpfchenweise, dann in einem dünnen Strahl zulaufen lassen. Rühren Sie weiter, bis die Aïoli hell cremig und dicklich ist.

5 Mit Salz, Pfeffer, Zitronensaft und Honig abschmecken. Die Oliven in feine Ringe schneiden und unterrühren.

6 Nehmen Sie die Garnelen aus der Marinade. In der Grillpfanne von jeder Seite je 2 bis 3 Minuten oder in der Grillschale auf dem Holzkohlegrill von jeder Seite 3 bis 4 Minuten grillen. Mit Salz und Pfeffer würzen. Die Garnelen mit der Aïoli servieren.

Weinempfehlung

Entweder entscheiden Sie sich für einen sehr mineralischen und schon kraftvolleren und markanteren Weißwein, wie beispielsweise einen Inzolia aus Sizilien. Der dort typische Weißwein bringt weniger Frucht, dafür viel mehr würzige und nussige Aromen mit.
Oder Sie wählen einen Rosé. Ob nun ein Rosé aus der Provence oder ein Rosado aus Navarra in Spanien – er sollte nicht zu fruchtig sein, sonst kollidiert der Wein mit dem Knoblauchgeschmack des Gerichts. Viele Rosés wirken fast wie sehr leichte Rotweine, eher etwas würziger.

www.gu.de/
weinempfehlung52

Korken versus Drehverschluss

Früher war der Korken der einzig denkbare Verschluss für jede Weinflasche. Nicht zuletzt das leidige Problem der Korkschmecker hat zur Entwicklung einer Reihe anderer Verschlüsse geführt, bei denen sich das Risiko Kork erübrigt.

Bei den Fachleuten sind die Drehverschlüsse heute weitestgehend akzeptiert. Neulich habe ich eine weinbaupolitische Veranstaltung besucht, bei der dieses Thema diskutiert wurde. Der Tenor war eindeutig, dass der Drehverschluss für die Qualität hervorragend ist. Man hat inzwischen fast 40 Jahre Erfahrung: Während Kork den berüchtigten Korkschmecker und andere leichte Veränderungen verursachen kann, wirken die alternativ verschlossenen Weine meist fruchtiger und klarer.

Die Winzer müssen allerdings bei der Abfüllung berücksichtigen, dass sich die Weine mit dem »Schrauber« nicht in dem Maße weiterentwickeln. Unter Umständen muss der Wein deshalb zu einem späteren Zeitpunkt abgefüllt werden.

Ich persönlich habe mich vor ein paar Jahren durch eine Vergleichsprobe überzeugen lassen. Ein Winzer hatte fünf Jahrgänge eines Rieslings sowohl mit Korken als auch mit einem Alternativverschluss versehen. Letztere zeigten sich allesamt viel sauberer und fruchtiger. Mittlerweile habe nicht nur ich die Erfahrung gemacht, dass bei 20 mit Kork verschlossenen Flaschen etwa 12 geschmackliche Verunreinigungen aufweisen. Bei einem richtigen Korkschmecker kann man ja wenigstens gleich reagieren, indem man eine neue Flasche öffnet. Wenn man aber eine Stunde überlegt, ob der Wein tatsächlich so schmecken soll, ist wahrscheinlich der Abend schon gelaufen.

In Neuseeland und Australien werden, schätze ich, rund 90 Prozent aller Weine mit Alternativverschluss versehen. In Österreich dürfte der Anteil schon bei 60 Prozent liegen, während die Winzer in Deutschland noch mit dem Image zu kämpfen haben. Leider verbindet mancher Weinliebhaber den Drehverschluss noch immer mit »billig« oder »minderwertig«, dabei ist das zweifellos unberechtigt. Man tut sich einfach schwer, sich von der guten alten Tradition des Korkens abzuwenden. Und natürlich liebt so mancher Weingenießer das Zeremoniell des Öffnens einer Weinflasche.

Der praktische Dreh

Ich schätze bei den **Drehverschlüssen** das leichte Handling. Wenn man täglich viele Flaschen öffnet, sparen sie Zeit und Mühe. Abgesehen davon kann man die Weine genauso einfach, wie man sie öffnet, wieder verschließen. Ein weiterer Vorteil ist sicherlich, dass die Tropfen mit Drehverschlüssen weniger Schwefel benötigen.

Nicht von der Hand zu weisen ist jedoch, dass der **Korken** den Geschmack auch positiv verändern kann, was man vor allem bei Rotwein schätzt. Probieren Sie es mal aus: Gießen Sie einen Wein, der aus einer Flasche mit Drehverschluss stammt,

Die Ästhetik spielt bei den Flaschenverschlüssen eine immer größere Rolle: Der Glasverschluss zeigt sich edel, Kunststoffpfropfen und Drehverschlüsse gibt es in peppigen Farben und Designs, während der Korken Schlichtheit und das Natürliche verkörpert.

über einen Korken ins Glas ein. Obwohl der Wein nur Sekundenbruchteile mit dem Korken in Berührung gekommen ist, schmeckt er anders.

Gekrönte Flaschen

Ähnliche Erfahrungen wie mit Drehverschlüssen haben die Winzer mit **Stainless Caps** gesammelt, rostfreien Edelstahlkronkorken. Das Witzige: Von außen ist der Kronkorken gar nicht zu sehen; es ist eine Kapsel darüber. Ist diese aber abgeschnitten, kommt man ins Staunen. Einen Kronkorken auf der Weinflasche, vergleichbar mit einem Bierflaschenverschluss … Aber auch hier bekommen Sie Wein pur – klar und fruchtig.

Bereits weit verbreitet sind **Kunststoffpfropfen**. Vielen Verbrauchern gefällt es, dass sie ähnlich aussehen wie Naturkorken. Bei Blindverkostun-gen gibt es allerdings Kollegen, die den Kunststoff herausschmecken. Ich selbst bin kein Fan dieser Verschlüsse. Aber immerhin kommt die heutige Generation der Kunststoffkorken ohne die ungesunden Weichmacher aus.

Glas statt Kork

Sehr hübsch sehen **Glasstopfen** als Verschlüsse aus. Man möchte sie gar nicht entsorgen. Die Ästhetik ist natürlich der Knaller, die Flaschen lassen sich zudem leicht öffnen und wieder verschließen. Allerdings verfügen wir noch nicht über lange Erfahrungen mit den Verschlüssen; sie sind außerdem teuer, und mit der Gummi- oder PVC-Dichtung bin ich nicht ganz glücklich. Wir werden die Verschlüsse in den nächsten Jahren noch zu beobachten haben.

Hähnchen mit Mandelsauce

Für 4 Personen

700 g Hähnchenbrustfilet
1 Stange Lauch
10 g Ingwerwurzel
2 Bund Koriandergrün
100 g Mandelblättchen
4 EL Öl
1 EL Koriandersamen
2 TL Kreuzkümmel
2 Kardamomkapseln
1 getrocknete Chilischote
150 g Sahne
100 g Joghurt
Salz · frisch gemahlener Pfeffer
gemahlener Zimt

1 Hähnchenbrustfilets trocken tupfen und in gut 1 cm große Würfel schneiden. Putzen Sie den Lauch und schneiden Sie die Stange in Streifen. Ingwer schälen und hacken. Vom Koriandergrün ein paar Blättchen zum Bestreuen beiseitelegen, den Rest fein hacken.

2 Den Wok erhitzen, 1 bis 2 EL Mandelblättchen darin goldgelb rösten; herausnehmen. Erhitzen Sie 2 EL Öl im Wok. Koriandersamen, Kreuzkümmel, Kardamom und Chilischote etwa 2 Minuten rösten. Die restlichen Mandelblättchen zugeben und 1 Minute mitbraten.

3 Geben Sie die Gewürz-Mandel-Mischung zusammen mit 100 ml Wasser in den Mixer und zerkleinern Sie sie fein.

4 Das restliche Öl im Wok erhitzen und die Hähnchenbrustwürfel darin rundherum kräftig anbraten. Lauch, Ingwer und gehacktes Koriandergrün untermischen und 1 bis 2 Minuten mitbraten. Geben Sie Sahne und Joghurt zu. Mit Gewürz-Mandel-Paste, Salz, Pfeffer und 1 Prise Zimt abschmecken.

5 Hähnchenfleisch bei schwacher Hitze zugedeckt 5 bis 6 Minuten schmoren, bis es gar ist; dann abschmecken. Bestreuen Sie das Gericht vor dem Servieren mit Korianderblättchen und gerösteten Mandeln. Dazu schmecken indische Chapatis.

Variante Ein Hähnchen in acht bis zehn Stücke teilen. Wie beschrieben anbraten und mit den Zutaten mischen. 200 g Joghurt und etwa 1/8 l Hühnerbrühe zufügen. Die Hähnchenteile zugedeckt etwa 45 Minuten schmoren.

Weinempfehlung

Es gibt herrliche Weißweine, die nicht so fruchtig sind, sondern stattdessen an Sandelholz erinnern. Einen im Barrique gereiften Chenin Blanc aus Südafrika kann ich Ihnen da ans Herz legen. Der Steen, wie er dort genannt wird, bringt geniale, tiefgründige und sehr charaktervolle Weine hervor. Bei uns sind die Chenin Blancs leider unterschätzt. Meist werden sie in Europa als Cognac weiterverarbeitet.

Ein wenig exotischer und mehr als Kontrapunkt wirkt ein Muscat aus dem Elsass zu diesem Hähnchengericht. Er bringt etwas Süße und Fülle mit. Noch etwas eigenwilliger, aber exorbitant gut machen sich dazu Malvasier aus Spanien. Auf Lanzarote etwa wird dafür viel Aufwand getrieben: Um jeden einzelnen Rebstock ist ein Mäuerchen gebaut, welches die Reben vor den starken Winden schützt.

Hähnchenbrust im Teigmantel

Für 4 Personen

8 Hähnchenbrustfilets
  (etwa 700 g)
1 Knoblauchzehe
70 ml Sojasauce
100 ml Reiswein
1 EL Zucker
800 g Pak Choi · Salz
3 feste Lauchblätter
1 Nashi (japanische Birne)
100 g Sesamsamen

Für den Teig:
275 g Mehl
2 TL Salz
gemahlener Ingwer

Für die Chilisauce:
1 Stängel Zitronengras
10 g Ingwerwurzel
8 frische rote Chilischoten
250 g Zucker
Saft von 1 Zitrone
1/8 l heller Reisessig

Zum Dämpfen und Braten:
1/4 l Geflügelfond (aus dem Glas)
3 EL Öl

1 Das Hähnchenfleisch abspülen und trocken tupfen. Knoblauch abziehen und fein hacken. Verrühren Sie den Knoblauch mit Sojasauce, Reiswein und Zucker und gießen Sie das Ganze über das Fleisch. Das Hähnchenfleisch etwa 1 Stunde marinieren.

2 Inzwischen aus Mehl, Salz, 1 Prise Ingwer und 150 ml warmem Wasser einen weichen Teig herstellen. Diesen zur Kugel formen, in Frischhaltefolie wickeln und 1 Stunde bei Zimmertemperatur ruhen lassen.

3 Für die Chilisauce das Zitronengras putzen und in feine Ringe schneiden. Schälen Sie den Ingwer und schneiden Sie ihn in dünne Scheiben. Chilischoten waschen und mit den Samen grob hacken. Alle drei Zutaten mit Zucker, 1 l Wasser und Zitronensaft aufkochen. Auf die Hälfte einkochen. Die Sauce dann durch ein Sieb streichen, Essig zufügen, nochmals aufkochen. Abkühlen lassen.

4 Lösen Sie die Pak-Choi-Blätter von der Staude ab und waschen Sie sie. Wasser mit Salz zum Kochen bringen. Die Pak-Choi-Blätter darin portionsweise etwa 1 Minute kochen. Mit einem Schaumlöffel herausheben und in Eiswasser kalt abschrecken.

5 Die Lauchblätter waschen und ebenfalls etwa 1 Minute im Salzwasser kochen. Die Blätter dann herausheben, abschrecken und der Länge nach in knapp 1 cm breite Streifen schneiden.

6 Die Nashi schälen, vierteln, vom Kerngehäuse befreien und in 8 Stücke teilen. Rösten Sie den Sesam im Wok goldgelb. Herausnehmen; beiseitestellen.

7 Den Teig kräftig durchkneten und auf einer bemehlten Fläche ausrollen. In 8 Stücke schneiden, die so groß sind, dass man die Hähnchenfilets darin gut einpacken kann.

8 Schneiden Sie in jedes Hähnchenbrustfilet eine kleine Tasche und füllen Sie diese mit je einem Nashistück. Die Filets in Sesamsamen wälzen, dann auf beiden Seiten mit Pak-Choi-Blättern belegen und in die Teigstücke einpacken. Die Päckchen mit Lauchstreifen umbinden.

9 Einen Dämpfeinsatz mit den übrigen Pak-Choi-Blättern auskleiden. Die Päckchen nebeneinander hineinlegen. Den Fond im Wok erhitzen. Den Dämpfeinsatz darüberstellen und die Päckchen im geschlossenen Wok etwa 10 Minuten dämpfen.

10 Den Dämpfsud aus dem Wok gießen. Erhitzen Sie das Öl im Wok und braten Sie die Päckchen darin rundherum knusprig. Heiß mit der kalten Chilisauce servieren. Dazu schmeckt Reis.

Weinempfehlung

Durch die Zubereitung im Teigmantel bleibt die Hähnchenbrust sehr saftig.
Perfekter Begleiter hierzu ist ein weißer Burgunderwein, wie zum Beispiel
ein Pouilly-Fuissé. Gut passt auch ein Chardonnay aus dem Mâconnais,
dem Weinbaugebiet rund um die Stadt Mâcon im Burgund – diese Weine
haben Fülle, ohne dabei allzu aufdringlich zu sein. Ebenso gut können Sie
aber auch einen leichteren Pinot Noir dazu wählen; beispielsweise können
Sie nach einem Savigny-les-Beaune oder einem Marsannay schauen – oder
Sie entscheiden sich für einen deutschen Spätburgunder.

www.gu.de/
weinempfehlung53

Tandoori-Hähnchen mit Kartoffelcurry *Für 4 Personen*

1 küchenfertiges Hähnchen (1,2 kg)
Saft von 1 Limette · 1 TL Salz
1/2 TL schwarzer Pfeffer

Für die Gewürzpaste:

250 g Joghurt
4 bis 5 EL Weinessig
2 EL Erdnussöl · 1 Zwiebel
2 Knoblauchzehen
1 EL geraspelte Ingwerwurzel
2 TL gemahlener Koriander
2 TL gemahlener Kreuzkümmel
1/4 TL gemahlene Kurkuma
2 TL edelsüßes Paprikapulver
1/2 TL Chilipulver

Für das Kartoffelcurry:

1 kg gekochte Pellkartoffeln
250 g Zwiebeln · 3 EL Öl
1/2 TL braune Senfkörner
100 g grüne Erbsen
2 TL gemahlener Koriander
1 TL gemahlener Kreuzkümmel
1/2 TL gemahlene Kurkuma
1/2 TL Chilipulver · Salz

Außerdem:

2 bis 3 EL frische Kokosraspel

1 Das Hähnchen kalt abspülen. Innen und außen mit Küchenpapier trocken tupfen; in 4 Teile zerlegen. Die Haut einritzen. Reiben Sie das Hähnchen mit Limettensaft, Salz und Pfeffer ein und lassen Sie es 30 Minuten marinieren.

2 Für die Gewürzpaste Joghurt mit Essig und Öl gründlich verrühren. Zwiebel und Knoblauch schälen, fein zerkleinern und zugeben. Alle weiteren Gewürze hinzufügen und alles zu einer Paste verarbeiten.

3 Tupfen Sie die Hähnchenteile trocken und legen Sie sie in eine ofenfeste Form. Die Hähnchenteile mit der Gewürzpaste vollständig bestreichen. Die Form mit Alufolie abdecken. Das Fleisch mindestens 8 Stunden im Kühlschrank durchziehen lassen. Sollte die Paste vom Fleisch rutschen, diese zwischendurch immer wieder verstreichen.

4 Nehmen Sie die Hähnchenteile 1 Stunde vor dem Braten aus dem Kühlschrank. Die Gewürzpaste nochmals darauf verstreichen. Das Hähnchen mit Alufolie abgedeckt im 200° C heißen Ofen 30 Minuten braten; nach 20 Minuten die Folie entfernen.

5 Inzwischen das Kartoffelcurry zubereiten. Kartoffeln pellen und würfeln, Zwiebeln schälen und in Ringe schneiden. Erhitzen Sie das Öl in einem Topf. Die Senfkörner darin braten, bis sie aufplatzen. Zwiebelringe zugeben und hellbraun braten.

6 Kartoffelwürfel, Erbsen und die Gewürze zugeben. Alles gut mischen und das Curry zugedeckt bei schwacher Hitze 10 bis 15 Minuten schmoren lassen.

7 Richten Sie die Hähnchenteile mit dem Kartoffelcurry an und servieren Sie das Gericht mit Kokosraspeln bestreut.

Weinempfehlung

Ein Barrique-gereifter Chardonnay ist ein richtiger Kracher dazu! Es kann ruhig ein kraftvoller, beispielsweise einer aus Kalifornien oder Chile sein. Der Holzfassausbau ergänzt sich ganz wunderbar mit dem Gebackenen und mit dem Kokos.
Alternativ können Sie auch einen weißen Condrieu von der Rhône oder einen trocken ausgebauten Grauburgunder Spätlese dazu servieren.
In jedem Fall sollte der Wein kräftig sein, denn wenn er zu leicht ist, geht er bei der Würze des Gerichts unter.

www.gu.de/
weinempfehlung54

Satéspießchen mit Erdnusssauce

Für 4 Personen

Für die Marinade und das Saté:

5 g frische Ingwerwurzel
1 Knoblauchzehe
1 Frühlingszwiebel
1 Chilischote
1 Kaffirlimette
2 Kaffirlimettenblätter
  (oder Zitronenmelisse)
1/8 l Erdnussöl
2 EL helle Sojasauce
1–2 EL gehacktes Koriandergrün
350 g Putenfleisch
Salz · edelsüßes Paprikapulver

Für die Erdnusssauce:

150 g geschälte Erdnusskerne
  (ohne braune Haut; oder
  Pecannusskerne ohne Haut)
1 EL Zucker · 1 EL Chilipaste
2 EL helle Sojasauce
150 ml Kokosmilch
1 Msp. sehr fein gehacktes
  Zitronengras
1–2 Msp. gemahlener Koriander
Salz · frisch gemahlener Pfeffer

Außerdem:

8 Holzspieße · Holzkohlegrill

1 Für die Marinade den Ingwer schälen, den Knoblauch abziehen und beides fein hacken. Putzen Sie die Frühlingszwiebel und schneiden Sie sie in dünne Ringe.

2 Die Chilischote waschen, trocken tupfen, längs halbieren, das Fruchtfleisch ohne Stielansatz, Samen und Scheidewände in sehrfeine Streifen schneiden. Die Kaffirlimette halbieren und den Saft auspressen.

3 Heizen Sie den Backofen auf 200° C vor. Ingwer, Knoblauch und Zwiebeln in einer flachen Form mit Chilistreifen, Limettensaft und Limettenblättern, Erdnussöl, Sojasauce sowie der Hälfte des Koriandergrüns verrühren.

4 Das Fleisch in etwa 1,5 cm große Stücke schneiden, auf die Spieße stecken und in die Marinade legen. Zugedeckt im Kühlschrank 1 bis 2 Stunden marinieren.

5 Die Erdnüsse für die Sauce auf einem Backblech im vorgeheizten Ofen goldbraun rösten. Nehmen Sie sie heraus, lassen Sie sie ganz abkühlen und zermahlen Sie sie dann im Blitzhacker sehr fein.

6 Zermahlene Erdnüsse in einer Kasserolle mit Zucker, Chilipaste, Sojasauce, 60 ml Wasser, Kokosmilch, Zitronengras und Koriander mischen, bei geringer Hitze unter Rühren etwa 5 Minuten köcheln lassen. Nach Bedarf salzen und pfeffern. Heizen Sie den Holzkohlegrill an (siehe Tipp).

7 Die Spieße aus der Marinade nehmen und salzen. Auf dem vorgeheizten Holzkohlengrill rundum 2 bis 3 Minuten grillen, dabei mit der Marinade beträufeln und mit Paprikapulver bestäuben.

Tipp Außerhalb der Grillsaison empfiehlt sich das Garen in einer Grillpfanne oder unter einem leistungsfähigen Elektrogrill.

Weinempfehlung

Ein Weißherbst – nicht ganz trocken ausgebaut – kommt hier richtig gut! Er ist unkompliziert, und die Restsüße harmoniert bestens mit der etwas schärferen Zubereitung.
Auch ein Gewürztraminer, sei er aus der Pfalz oder aus dem Elsass, passt hervorragend zu den Satéspießchen und der Erdnusssauce. Sie werden merken, selbst wenn der Wein noch Restsüße besitzt, puffert er auch gut die leichte Chilischärfe. Kommt der Gewürztraminer aus der Pfalz, können Sie ruhig zu einer Spätlese-Qualität greifen.

www.gu.de/
weinempfehlung55

Gebratene Entenbrust
mit Orangensauce

Für 4 Personen

Für die Entenbrust:
2 Entenbrustfilets mit Haut
  und Fettschicht (je 350 g)
Salz · frisch gemahlener Pfeffer

Für die Orangensauce:
4 Bio-Orangen
1 Bio-Zitrone
30 g Zucker
120 g eiskalte Butter in Stücken
150 ml Kalbsjus
  (aus dem Glas)
100 ml Geflügelfond
  (aus dem Glas)
80 g Schalotten
Salz · frisch gemahlener Pfeffer
1–2 EL weißer Curaçao
  (triple sec)

1 Die Entenbrüste parieren, mit Küchenpapier gut trocken tupfen und für 30 Minuten abgedeckt in das Tiefkühlfach legen.

2 Für die Orangensauce die Schale von 2 Bio-Orangen mit Hilfe eines Messers so abschälen, dass die weiße Haut mit entfernt wird. Dann die Orangenfilets zwischen den Trennhäuten herausschneiden und den Saft dabei auffangen. Drücken Sie auch die Trennhäute in einem Sieb gut aus, um den darin noch befindlichen Saft zu gewinnen.

3 Die übrigen Orangen und die Zitrone heiß waschen, trocken reiben und von der Schale dünne Zesten abschälen; am besten geht das mit einem Zestenreißer. Die Orangen auspressen. 200 ml Saft abmessen, die Zitrone separat auspressen. Heizen Sie den Backofen auf 100° C vor.

4 Die Entenbrüste mit einem scharfen Messer auf der Hautseite rautenförmig einschneiden, ohne das Muskelfleisch zu verletzen. Salzen und pfeffern Sie die Fleischstücke rundherum.

5 Die Entenbrüste in einem Bräter ohne Fettzugabe erst auf der Haut-, dann auf der Fleischseite je 3 Minuten braten. Den Bräter in den heißen Backofen stellen und das Fleisch mit der Hautseite nach oben 30 Minuten weitergaren.

6 Inzwischen den Zucker in einer Kasserolle mit 3 EL Orangensaft zu hellbraunem Karamell schmelzen. Die Hitze reduzieren, etwa 30 g Butter zugeben, Orangen- und Zitronenschalen darin unter Rühren glasieren. Geben Sie vom Kalbsjus 6 EL dazu und lassen Sie das Ganze bei kleiner Hitze 2 Minuten kochen. Die Schalen mit einem Schaumlöffel herausheben und beiseitestellen.

7 Die Schalotten schälen, fein würfeln, in den Topf geben und mit dem restlichen Kalbsjus, dem Fond, dem Orangensaft und 5 EL Zitronensaft aufkochen. Bei starker Hitze auf etwa 80 ml reduzieren.

8 Die Sauce durch ein feines Sieb in einen sauberen Topf passieren, nach und nach die restliche Butter einschwenken. Die Sauce mit Salz, Pfeffer und Curaçao abschmecken. Dann geben Sie die Orangenfilets und die glasierten Schalen in die Sauce.

9 Schneiden Sie die Entenbrust mit einem scharfen Messer schräg in Scheiben und servieren Sie sie mit der Orangensauce. Dazu passt gut Kräuterreis oder auch ein Kartoffelgratin.

Weinempfehlung

Dieses Gericht gehört zu den großen Klassikern der französischen Küche! Mein großer Favorit dazu ist ein Condrieu von der Rhône! Die für ihn verwendete Rebsorte Viognier bringt immer ein wunderbares Aroma von Orangen und Orangenblüten mit und dazu gleichzeitig viel Körper und viel Kraft. In den letzten Jahren wird der Viognier auch verstärkt in Kalifornien und Australien ausgebaut –

mit recht respektablen Ergebnissen. Wie der Chardonnay neigt der Condrieu zu etwas höheren Alkoholgehalten, die es gut mit der Ente aufnehmen können. Doch auch ein subtiler Spätburgunder mit etwas Holzfassreifung passt hier mindestens genauso gut. Der Barriqueausbau gibt ihm ätherische Öle, die an den Duft erinnern, der in die Nase steigt, wenn Sie eine Orange schälen.

Gänsebraten mit Speckäpfeln

Für 4–6 Personen

1 junge Gans (etwa 4 1/2 kg)
Salz · Pfeffer
1 TL getrockneter Majoran
4–6 sehr kleine Äpfel
  (etwa 500 g)
4 Scheiben Frühstücksspeck
  (Bacon)
8 Gewürznelken
1 Bund Suppengrün (etwa 300 g)
2 Zwiebeln
800 ml Geflügelbrühe
3 Lorbeerblätter
1–2 EL Speisestärke

Außerdem:
Zahnstocher zum Zustecken

1 Befreien Sie die Gans von sichtbarem Fett. Dann innen und außen kalt abspülen und trocken tupfen. Innen und außen mit Salz und Pfeffer würzen, innen zusätzlich mit Majoran.

2 Die Äpfel waschen und streifig schälen, Kerngehäuse mit einem Apfelausstecher ausstechen.

3 Umwickeln Sie die Äpfel mit je 1 Speckscheibe und stecken Sie diese mit je 2 Nelken fest. Die Äpfel in die Gans geben; die Bauchhöhle der Gans mit Zahnstochern zustecken.

4 Backofen auf 120° (Umluft nicht empfehlenswert) vorheizen. Suppengrün putzen und klein würfeln, die Zwiebeln schälen und in Spalten schneiden. Geben Sie das Suppengrün und die Zwiebeln in die Fettpfanne des Backofens.

5 Die Gans mit der Brust nach oben auf das Gemüse setzen und im heißen Backofen (unten) 3 Stunden braten.

6 Die Brühe mit den Lorbeerblättern aufkochen; die Gans alle 30 Minuten damit beschöpfen. Anschließend 2 1/2 Stunden weiterbraten, dann mit der Brust nach oben auf ein Blech setzen und weitere 30 Minuten braten.

7 Gießen Sie den Bratensatz aus der Fettpfanne durch ein Sieb und entfetten Sie ihn (s. Tipp). Lassen Sie die Sauce bei starker Hitze auf zwei Drittel einkochen. Stärke mit 50 ml kaltem Wasser glatt rühren, in die Sauce rühren, aufkochen, salzen und pfeffern.

8 Nach 6 Stunden Garzeit den Backofengrill zuschalten und die Gans kurz goldbraun übergrillen; dabei aufpassen, dass die Haut nicht verbrennt. Tranchieren Sie die Gans und servieren Sie sie mit Äpfeln und Sauce.

Tipp Zum Entfetten der Sauce das Fett im Topf aufsteigen lassen und mit einer Kelle abheben. Oder ein Entfettungskännchen verwenden: Um Fett und Sauce zu trennen, wird der gelöste heiße Bratensatz hineingegossen, und nach kurzer Zeit steigt das Fett auf. Da die Tülle unten ansetzt, kann die Sauce abgegossen werden; das Fett bleibt im Kännchen.

Weinempfehlung

Der hierzu passende Wein muss Schmackes haben und Muskeln mitbringen. Unter dieser Voraussetzung kann man die Gans sowohl mit einem Weiß- als auch einem Rosé- oder Rotwein begleiten. Bei mir zu Hause gibt es grundsätzlich Rotkohl zur Gans, und da profitieren natürlich die Rotweine so richtig: ein Spätburgunder Rotwein oder auch Lemberger im Barrique gereift – lecker!

Wenn es Weißwein sein soll, fahren Sie mit einem Chardonnay im kleinen Eichenholzfass ausgebaut sehr gut. Wenn Sie einen Rosé bevorzugen, sollte es keinesfalls ein zu leichter sein; schauen Sie sich am besten nach einem Weißherbst als Spätlese ausgebaut um. Oder Sie wählen einen Rosado bzw. Rosato aus einer heißeren Weinregion, der immer einen relativ hohen Alkoholgehalt mitbringt.

Wachtel auf Kürbisgemüse
mit Sherrysauce

Für 4 Personen

Für die Kürbismarinade:
20 Senfkörner · 10 Koriander-
körner · 5 Pfefferkörner
2 Knoblauchzehen
1 Sternanis · 2 Gewürznelken
1–2 EL Estragonblättchen
10 g Ingwerwurzel, fein gerieben

Für das Kürbisgemüse:
500 g Moschuskürbis
6 EL Zucker · 200 ml Weißwein
Salz · frisch geriebene Muskatnuss
Honig · 1–2 EL Estragonessig
2 EL gehackte glatte Petersilie

Für die Sherrysauce:
300 ml Geflügelvelouté (S. 72)
50 ml trockener Sherry
50 g eiskalte Butter in Stücken

Für die Wachteln:
4 Wachteln, bis auf Keulen und
  Flügel ausgelöst, jede geviertelt
Salz · frisch gemahlener Pfeffer
2 EL Sonnenblumenöl
1 Thymianzweig · 50 g Butter

1 Für die Kürbismarinade alle Gewürze zusammen im Mörser zerstoßen. Für das Kürbisgemüse aus dem Kürbis mit einem Esslöffel die Kerne herauskratzen und die Schale entfernen. Schneiden Sie das Fruchtfleisch in etwa 1 cm große Stücke und geben Sie es in einen Topf.

2 In einem zweiten, flachen Topf den Zucker zu hellem Karamell schmelzen. Mit dem Weißwein ablöschen und unter Rühren den Karamell loskochen. Die zerstoßenen Gewürze zugeben, mit Salz und Muskat würzen. Nehmen Sie das Kürbisgemüse von der Kochstelle und lassen Sie es 10 Minuten zugedeckt ziehen.

3 Die Marinade auf die Kürbiswürfel passieren, mit etwas Honig und Estragonessig würzen und die Kürbiswürfel darin in 8 bis 10 Minuten bissfest garen.

4 Für die Sauce die Geflügelvelouté mit dem Sherry einkochen lassen. Inzwischen die Wachtelteile von allen Seiten würzen und in heißem Öl rundherum goldbraun anbraten. Zusammen mit dem Thymianzweig in etwas Butter nachbraten und warm stellen – Garzeit insgesamt 5 bis 10 Minuten. Binden Sie die Sauce mit etwas kalter Butter.

5 Das Kürbisgemüse auf ein Sieb geben, die Marinade auffangen. Das Gemüse mit gehackter Petersilie vermischen und auf vorgewärmten Tellern anrichten. Nach Belieben mit ein wenig Marinade beträufeln. Richten Sie die Wachtelteile darauf an und übergießen Sie sie mit Sherrysauce.

Tipp Beim Braten der Wachteln sollten Sie die Keulen immer vor den Brüsten, die eine etwas kürzere Garzeit haben, einlegen.

Weinempfehlung

Trinken Sie ein Glas Sherry zu diesem Gericht! In Andalusien ist es nicht ungewöhnlich, sich zum Essen ein kleines Fläschchen Sherry zu bestellen. Mich überrascht immer wieder, wie günstig Sherrys bei uns angeboten werden. Wenn Sie einen guten Weinhändler vor Ort haben, probieren Sie mal einen Oloroso oder Amontillado. Beide sind etwas dunkler in der Farbe und wirken geschmacklich leicht nussig – perfekt in der Kombination mit dem Kürbisgemüse. Alternativ macht ein Elsässer Wein ebenfalls große Freude zur Wachtel – nehmen Sie beispielsweise einen Pinot Gris. Ich kann mich noch gut erinnern, dass diese Weine früher als Tokay d'Alsace angeboten wurden. Nach einem Einspruch durch die EU dürfen sie heute nur als Pinot Gris verkauft werden.

Kaninchenfilet
mit Kohlgemüse und Jägersauce

Für 4 Personen

Für das Kohlgemüse:
1 Spitzkohl
3–4 TL Zucker
50 ml weißer Portwein
200 ml Geflügelfond
  (aus dem Glas)
Salz · frisch gemahlener Pfeffer
frisch geriebene Muskatnuss

Für die Sauce:
250 g Champignons
3 Schalotten
1/2 Bund glatte Petersilie
100 g Butter
1/4 l trockener Weißwein
1/4 l Kalbsjus (aus dem Glas)
1–2 TL gehackte Estragonblätter
1 Spritzer Aceto balsamico
Salz · frisch gemahlener Pfeffer

Für das Kaninchenfilet:
8 Kaninchenrückenfilets
Salz · frisch gemahlener Pfeffer
Butterschmalz zum Braten
einige Zweige von Thymian,
  Petersilie und Rosmarin

1 Den Backofen auf 180° C vorheizen. Für das Kohlgemüse schneiden Sie vom Spitzkohl den Strunk keilförmig heraus. Die Blätter ablösen, kalt waschen und sehr gut abtropfen lassen. Mit einem Messer jeweils die Mittelrippe entfernen und dann die Kohlblätter in etwa 2 × 2 cm große Stücke schneiden.

2 Für die Sauce alle Zutaten vorbereiten: Champignons putzen, angetrocknete oder unschöne Stielenden dünn abschneiden und die Pilze in feine Scheiben schneiden. Sehr große Pilze halbieren Sie erst und schneiden sie dann quer in Scheiben.

3 Die Schalotten schälen und in feine Würfel schneiden. Die Petersilie waschen, trocken schütteln und fein hacken.

4 Salzen und pfeffern Sie die Kaninchenfilets und braten Sie das Fleisch in einem Bräter in Butterschmalz rundum etwa 5 Minuten an. Den Bräter anschließend für 10 Minuten in den heißen Ofen schieben.

5 Inzwischen für das Kohlgemüse den Zucker in einem weiten Topf karamellisieren. Den Kohl zugeben, mit Portwein ablöschen und unter Rühren den Zucker loskochen.

6 Gießen Sie den Geflügelfond auf und dünsten Sie den Kohl in 8 bis 10 Minuten gar. Das Kohlgemüse mit Salz, Pfeffer und Muskat abschmecken.

7 Während das Kohlgemüse gart, die Kräuter für das Kaninchenfilet waschen, trocken schütteln und auf einem Backblech verteilen. Geben Sie die Kaninchenfilets auf das mit den Kräutern belegte Blech und halten Sie sie im ausgeschalteten Backofen warm.

8 Für die Sauce die Butter zerlassen, Champignonscheiben und Schalottenwürfel darin kurz anschwitzen, mit Wein ablöschen, kurz aufkochen und durch ein feines Sieb passieren. Reduzieren Sie diesen Kochfond zusammen mit dem Kalbsjus um die Hälfte, dann Pilze, Schalotten und Estragon zugeben. Mit Essig, Salz und Pfeffer abschmecken.

9 Die Kaninchenfilets mit der Sauce anrichten. Dazu passen Nudeln, Spätzle oder Kartoffeln und glasierte Tomaten.

Tipp Besonders aromatisch wird die Jägersauce, wenn Sie die Champignons durch eine Mischung frischer Waldpilze ersetzen (beispielsweise durch Pfifferlinge, Steinpilze, Rotkappen, Morcheln und Egerlinge).

Weinempfehlung

Zur herzhaften Jägersauce passen prima warme Rotweine. Probieren Sie mal einen Blaufränkischen aus dem österreichischen Burgenland. Typisch für den Blaufränkischen ist sein pfeffriges Bukett und sein intensiver Duft von Brombeeren und Waldbeeren. Meist zeigt er jung noch eine kräftige Tanninstruktur. Doch nach zwei bis drei Jahren läuft er in der Regel so richtig zur Hochform auf.

In der letzten Zeit hat sich mehr und mehr herauskristallisiert, dass Roséwein mein Favorit zum Kaninchen ist. Ein wunderbar fruchtiger und cremiger Weißherbst aus Baden oder aus der Pfalz passt perfekt. Übrigens: Roséweine werden überall auf der Welt immer nur aus roten Traubensorten gewonnen. Ein Weißherbst hingegen muss zu 100 Prozent aus einer Rebsorte ausgebaut werden.

Chili con carne

Für 4 Personen

2 Zwiebeln
2 Knoblauchzehen
2 frische rote Chilischoten
3 EL Olivenöl
500 g Rinderhackfleisch
3 EL Tomatenmark
Salz · Pfeffer
1 TL gemahlener Kreuzkümmel
1 Dose stückige Tomaten
  (400 g Füllgewicht)
1/4 l Fleischbrühe
1 Dose Mais
  (etwa 400 g Abtropfgewicht)
1 Dose Kidneybohnen
  (etwa 400 g Abtropfgewicht)
1/2 Bund Koriandergrün
100 g saure Sahne

1 Die Zwiebeln und den Knoblauch schälen und in kleine Würfel schneiden. Die Chilischoten waschen und die Stiele entfernen. Halbieren Sie die Schoten und entfernen Sie die Kerne; die Chilis dann fein hacken.

2 Das Olivenöl in einem großen Topf erhitzen und die Zwiebeln darin glasig braten. Geben Sie das Hackfleisch, den Knoblauch und die Chilis zu den Zwiebeln und braten Sie alles unter Rühren bei starker Hitze krümelig.

3 Das Tomatenmark unterrühren und die Hackmischung mit Salz, Pfeffer und Kreuzkümmel würzen. Alles bei mittlerer Hitze kurz weiterbraten.

4 Die Tomaten und die Fleischbrühe unterrühren und das Ganze zugedeckt bei schwacher Hitze etwa 30 Minuten kochen lassen.

5 Nach dieser Zeit den Mais und die Bohnen in ein Sieb abgießen, abtropfen lassen und zum Hackfleisch geben. Lassen Sie alles offen etwa 15 Minuten kochen, dabei immer wieder umrühren.

6 Inzwischen das Koriandergrün waschen und trocken schütteln, die Blättchen abzupfen und hacken. Mischen Sie den Koriander mit der sauren Sahne.

7 Nach Ende der Garzeit das Chili con carne mit Salz und Pfeffer abschmecken und mit je 1 Klecks Koriandersahne darauf servieren.

Weinempfehlung

Bei einem solchen Gericht freut sich eigentlich jeder Rotwein! Und Sie müssen auch nicht den teuersten Wein wählen. Wenn Sie etwa einen einfachen Bordeauxwein haben, der zunächst noch etwas streng wirkt – in dieser Verbindung wird er bestimmt weich und rund. Fleisch ist immer ein guter Puffer für die Gerbstoffe. Super schmeckt auch ein Malbec aus Argentinien zum Chili con carne. Er zeigt sich meist ja sehr charaktervoll, etwas maskulin, aber nicht überladen. Für Überseewein kommt er in der Regel sehr subtil und ausbalanciert daher.

www.gu.de/
weinempfehlung56

Die Arbeit des Sommeliers

Um meinen Beruf der Sommelière bzw. des Sommeliers – wie Sie gerne auch die Damen nennen dürfen – werde ich zu Recht oft beneidet! Es war immer mein Traumberuf, und ich bin sehr glücklich darüber, dass ich in diesem Bereich arbeiten darf. Nun bin ich seit über zehn Jahren nicht mehr im Restaurant tätig, sondern arbeite selbstständig. Daher weise ich mich nicht mehr als Sommelier, sondern eher als Weinexpertin aus.

Der Sommelier ist der Weinkellner im Restaurant. Zu seinen Aufgaben zählen der Weineinkauf, die Pflege des Weinkellers sowie die Beratung des Gastes. Das wichtigste Kriterium für einen guten Sommelier ist für mich sein Einfühlungsvermögen. Mit viel Fingerspitzengefühl sollte er erst einmal herausbekommen, was der jeweilige Gast gerne mag, was er erwartet, und auch wie viel er für eine Flasche Wein ausgeben möchte. Nur zu sagen, »dieser Wein passt perfekt zu Ihrem Essen«, damit ist es nicht getan. Natürlich soll der Wein das Essen optimal unterstützen und zu einem noch größeren Genusserlebnis verhelfen, aber unter Umständen mag der Gast gar keine trocken ausgebauten oder Barrique-gereiften oder keine deutschen Weine…

Fairer Dienst am Gast

Außerdem gilt es herauszufinden, ob der Gast einen besonderen Anlass feiern möchte, dann sollte es vielleicht eine außergewöhnliche Flasche sein. Aber Vorsicht: Der Gast hat sich eventuell ein Budget von 30 Euro vorgestellt; wenn er nun etwa das Doppelte ausgeben muss, wird er vielleicht nicht wiederkommen. Als größten Fauxpas empfinde ich bei einer Weinempfehlung in der Tat, wenn der Sommelier Ihnen keinen Preis dazu nennt. Sie haben doch als Gast kein gutes Gefühl, wenn Sie nicht wissen, ob der Wein 20 oder 100 Euro kostet und werden sich außerdem schwer tun nachzubestellen, wenn er Ihnen mundet. Aber natürlich

Wissen Sie, woher der Begriff Sommelier stammt?

Eine Grande Dame der Ess- und Trinkkultur ist für mich Jeanne Loesch aus dem Elsass, die zahllose alte Geschichten kennt und viel Historisches weiß. Ihr habe ich es zu verdanken, hinter die Herkunft des Begriffs Sommelier gekommen zu sein: Sommelier wird auf Deutsch mit Säumer übersetzt. Der Säumer war früher bei den Lasttier-Karawanen über die Alpen für einen reibungslosen und sicheren Transport – unter anderem des Salzes nach Süden und des Weins nach Norden – zuständig. Und heute bringt der Sommelier den Wein auf perfekte Weise vom Winzer zum Gast.

können Sie nachfragen und deutlich Ihre Vorstellungen äußern.

Meine schönste Erfahrung im Restaurant war es, wenn die Gäste sagten: »Der Wein schmeckt genauso, wie ich ihn mir vorgestellt habe« oder »Er schmeckt exakt, wie Sie ihn beschrieben haben« oder auch »Ist die Flasche schon leer?« Das ist eigentlich das beste Zeichen: Denn dann haben Wein und Essen perfekt harmoniert.

Botschafter in Sachen Wein

Viele Gäste freuten sich, durch mich neue Weine kennenzulernen. So gab es etwa eine Zeitlang Vorurteile gegen Moselweine, obwohl die Rieslinge von dort zu den besten der Welt gehören! Wenn die Gäste dann ein großes Aha-Erlebnis mit einem solchen Wein haben, ist es doch wunderbar. Oder vielleicht sind Sie mal neugierig auf ein anderes Weinland wie Südafrika, Neuseeland oder Chile? Der Sommelier kann Ihnen nicht nur einen der dortigen Weine vorstellen, sondern Sie mit weiteren Informationen versorgen. Vielleicht geben Sie dieses Wissen nächstes Mal ja an Ihre Gäste weiter?

Ein guter Sommelier sucht auch immer nach neuen Weinen. Die sehr bekannten und teuren Weine kann ja nun jeder bestellen. Allerdings können natürlich auch Weine von jungen Winzern, die noch nicht so bekannt sind, und die daher zu noch sehr anständigen Preisen zu haben sind, überaus interessant sein. Deshalb besuchen Sommeliers Weinmessen und Weinregionen.

Eine weitere Aufgabe des Sommeliers ist die Pflege des Kellers. Er soll nicht nur ordentlich aussehen, er muss auch betriebswirtschaftlich geführt werden. Denn natürlich müssen Weine verkauft werden, bevor sie gekippt sind. Der beste Weg für einen Sommelier, einen bestimmten Wein zu verkaufen, ist sicherlich das passende Gericht dazu.

Leider verfügt nicht jeder Sommelier über solch edle Weinklimaschränke. Meist müssen die Weine erst einmal in den Keller geschleppt werden. Von dort aus werden dann täglich die Kühlschränke bestückt.

Auch die Gestaltung der Weinkarte obliegt dem Sommelier und trägt seine Handschrift. Die Weinkarte selber muss ständig überarbeitet werden. Wenn ein Wein ausgeht, kann der Sommelier nicht einfach nachbestellen, sondern muss sich vergewissern, ob der aktuelle Jahrgang auch die passende Qualität mitbringt. Und hier kommen wir zum schwierigsten Punkt beim Wein: Jeder Jahrgang ist wieder vollkommen neu. Es kann also vorkommen, dass die Kabinett-Qualität eines bestimmten Weines im Jahr XY besonders gut, im darauf folgenden Jahr jedoch unterdurchschnittlich ausgefallen ist.

Für einen guten Sommelier spricht es, wenn er sein Wissen weitergibt. Weiß im Restaurant nur einer Bescheid, kann es sein, dass er gerade keine Zeit für Sie hat oder gar nicht da ist. Die anderen Mitarbeiter im Service sollten ebenfalls Weinkenntnisse haben und den Gästen kompetent Auskunft geben können.

Lasagne bolognese

Für 4 Personen

1 Zwiebel
1 Möhre
1 Stange Staudensellerie
1 EL Olivenöl
300 g gemischtes Hackfleisch
1/2 TL getrockneter Oregano
1 kleine Dose geschälte Tomaten
  (400 g Füllgewicht)
1/8 l trockener Weißwein
1/8 l Fleischbrühe
Salz · Pfeffer
50 g Butter
50 g Mehl
3/4 l Milch
Muskatnuss, frisch gerieben
250 g Mozzarella
100 g Parmesan, frisch gerieben
etwa 200 g Lasagneplatten
  (ohne Vorkochen)

1 Die Zwiebel, die Möhre und den Sellerie schälen oder putzen und in kleine Würfel schneiden. Erhitzen Sie das Öl und braten Sie das Gemüse darin an. Geben Sie das Hackfleisch dazu und braten es an, bis es krümelig ist. Mit dem Oregano bestreuen.

2 Die Tomaten in der Dose klein schneiden und mit dem Wein und der Brühe zum Hackfleisch geben. Die Sauce mit Salz und Pfeffer würzen und offen bei mittlerer Hitze etwa 30 Minuten schmoren.

3 Für die Béchamelsauce die Butter in einem Topf schmelzen. Das Mehl darüberstauben und unter Rühren goldgelb werden lassen. Rühren Sie die Milch mit dem Schneebesen nach und nach unter.

4 Die Sauce bei mittlerer Hitze offen etwa 10 Minuten kochen lassen. Mit Salz, Pfeffer und Muskat abschmecken.

5 Den Backofen auf 180° vorheizen. Schneiden Sie den Mozzarella in dünne Scheiben. Rühren Sie die Hälfte des Parmesans unter die Béchamelsauce.

6 Eine große ofenfeste Form mit etwas Béchamelsauce ausstreichen. Darauf lagenweise Nudelplatten, Hackfleischsauce, Mozzarella und Béchamel schichten. Die letzte Schicht sollte Béchamelsauce sein. Streuen Sie den übrigen Parmesan auf.

7 Die Lasagne im heißen Ofen auf der mittleren Schiene etwa 40 Minuten backen, bis sie appetitlich gebräunt ist und die Nudelplatten weich sind. Vor dem Anschneiden 5 bis 10 Minuten stehen lassen.

Tipp Besonders intensiven Fleischgeschmack bekommt die Lasagne, wenn Sie in der Hackfleischsauce 3 bis 4 zerkleinerte Hähnchenlebern mitschmoren.

Weinempfehlung

Was trinkt man beim Italiener um die Ecke? Bardolino, Valpolicella, Chianti? Wunderbar unkomplizierte Weine, ohne große Ecken und Kanten, aber mit viel fröhlich-italienischem Palaver eingeschenkt! Ohne Wenn und Aber können wir mit unseren deutschen Rotweinen in dieser Liga mittlerweile auch mithalten. So finden Sie bei uns zum Beispiel Merlots, die sehr charmant daherkommen: dunkelfarbig, mit süßlichem Schmelz und mit Frucht unterlegt. Im Gegensatz zum klassischen Spätburgunder haben sie einen überzeugend südländischen Charakter – ideal zur Lasagne.

www.gu.de/
weinempfehlung57

Schweinekotelett
mit Paprikasauce

Für 4 Personen

Für die Paprikasauce:

200 g grüne Paprikaschoten
1 Knoblauchzehe
15 g frische Ingwerwurzel
100 g Zwiebeln
2 EL Olivenöl
1 gehäufter TL edelsüßes
 Paprikapulver
150 ml Weißwein
150 ml Fleischfond
Salz · frisch gemahlener Pfeffer
3 Stängel Koriandergrün

Für die Schweinekoteletts:

4 Stielkoteletts vom Schwein
 (je 180 bis 200 g)
Salz · frisch gemahlener Pfeffer
4 EL Olivenöl
Koriandergrün zum Garnieren

1 Für die Sauce die Paprikaschoten waschen, halbieren, Samen und Scheidewände entfernen. Das Fruchtfleisch 5 mm groß würfeln. Die Knoblauchzehe abziehen, den Ingwer sowie die Zwiebeln schälen und alles sehr fein hacken. In einer Kasserolle das Olivenöl erhitzen. Schwitzen Sie Knoblauch-, Ingwer- und Zwiebelstücke darin glasig an.

2 Paprikawürfel kurz mitbraten, mit dem Paprikapulver bestauben und alles vermischen. Löschen Sie mit Wein und Brühe ab und lassen Sie die Sauce bei reduzierter Hitze 10 Minuten köcheln.

3 Inzwischen die Korianderblättchen von den Stängeln zupfen und fein hacken. Die Sauce mit Salz und Pfeffer würzen, den Koriander einstreuen und unterrühren. Die Sauce bis zur Verwendung beiseitestellen.

4 Die Schweinekoteletts salzen und pfeffern. In einer entsprechend großen Pfanne das Öl erhitzen, die Koteletts nebeneinander einlegen und kräftig anbraten. Reduzieren Sie die Hitze und braten Sie die Koteletts von beiden Seiten etwa 4 Minuten.

5 Die Koteletts aus der Pfanne nehmen, auf vorgewärmten Tellern anrichten, mit etwas Sauce übergießen und mit einigen Korianderblättchen garnieren. Die restliche Sauce separat dazu reichen.

Tipp Nach Belieben Bratkartoffeln zu den Koteletts servieren. Dafür kleine, möglichst bereits am Vortag gekochte Kartoffeln schälen und der Länge nach vierteln. In Olivenöl von allen Seiten goldbraun braten. Mit Salz und Pfeffer würzen.

Weinempfehlung

Die Paprikasauce schreit regelrecht nach einem »grünen« Wein. Prima schmeckt beispielsweise ein Vinho Verde aus dem nördlichen Portugal dazu. Diese Weine zeichnen sich neben ihrem leichten Alkoholgehalt, und ihrer manchmal noch leicht moussierenden Art vor allem durch ihr sehr kräuteriges Aroma aus. Alternativ können Sie auch sehr gut einen Sauvignon Blanc zu diesem Gericht wählen, etwa einen Entre-Deux-Mers aus der Bordeaux-Region. Für den Rotweinliebhaber empfehle ich einen leichten Cabernet Sauvignon.

www.gu.de/
weinempfehlung58

Schweinerollbraten

mit Kartoffel-Sellerie-Püree

Für 6 Personen

**Für den Schweinerollbraten
mit Bratensauce:**

1,2 kg Schweinebauch ohne
  Knochen und Schwarte
Salz · frisch gemahlener Pfeffer
edelsüßes Paprikapulver
3 Knoblauchzehen · 1 Bund
Petersilie · 4 Lorbeerblätter
1 Zwiebel (80 g) · 1 Bund
Suppengrün · 3–4 EL Öl
650 ml heißer Geflügel- oder
  Kalbsfond (aus dem Glas)

Für das Kartoffel-Sellerie-Püree:

700 g Knollensellerie
800 g mehligkochende Kartoffeln
Salz · 200 ml Milch
75 g Butter · 200–250 g Sahne
1 TL Selleriesalz (oder Salz)
frisch gemahlener Pfeffer
frisch geriebene Muskatnuss

1 Würzen Sie den Schweinebauch
mit Salz, Pfeffer und Paprika.
Den Knoblauch abziehen und
sehr fein hacken.

2 Die Petersilie waschen, gut trocken schleudern und fein hacken.
Verteilen Sie den Knoblauch, die
Petersilie und die Lorbeerblätter
auf dem Fleisch, rollen Sie das
Fleisch auf, binden Sie den Rollbraten mit Küchengarn rund und
würzen Sie ihn auch von außen.

3 Backofen auf 220° C vorheizen.
Die Zwiebel schälen und würfeln.
Das Suppengrün putzen und
klein schneiden. Erhitzen Sie das
Öl in einem Bräter und braten Sie
das Fleisch darin von allen Seiten
an. Zwiebeln und Suppengrün
dazugeben, 1/2 l Fond angießen,
den Bräter in den vorgeheizten
Backofen stellen und den Braten
offen 20 Minuten garen.

4 Wenden Sie das Fleisch, reduzieren Sie die Temperatur auf
200° C und garen Sie den Braten
weitere 1 1/2 bis 2 Stunden.
Immer wieder Fond zugießen
und mit Bratensaft begießen.

5 Für das Püree Sellerie und
Kartoffeln schälen und würfeln.
Kochen Sie die Kartoffel- und
Selleriewürfel mit Salz, der Milch
und so viel Wasser, dass alles bedeckt ist, in einem Topf auf. Bei
mittlerer Hitze halb zugedeckt in
etwa 20 Minuten weich kochen.

6 Sind die Gemüsewürfel gar,
in ein Sieb abgießen, abtropfen
lassen, zurück in den Topf geben
und mit dem Kartoffelstampfer
zerdrücken. Erhitzen Sie Butter
und Sahne zusammen in einem
Topf, rühren Sie die Mischung
unter das Sellerie-Kartoffel-Püree
und schmecken Sie mit Selleriesalz, Pfeffer und Muskat ab.

7 Den Rollbraten ruhen lassen
(Step a). Den Bratansatz mit dem
übrigen Fleischfond aufgießen
und weiterverfahren, wie in den
Steps b und c gezeigt. Die Bratensauce abschmecken. Sauce und
Püree zum Braten servieren.

a Den Braten fest in Alufolie wickeln
und im ausgeschalteten Ofen warm
halten. Zum Servieren aufschneiden.

b Den Bratansatz in der ofenfesten
Form mit dem übrigen Fond ablöschen und unter Rühren loskochen.

c Den Bratenfond durch ein feines
Sieb in einen Topf passieren, bis zur
gewünschten Konsistenz reduzieren.

Weinempfehlung

Meine erste Wahl ist hier ein trocken ausgebauter Weißherbst. Und wer es ein bisschen raffinierter möchte, kann einen Blanc de Noirs probieren. Der »Weiße von roten Trauben« kommt einem Weißherbst recht nahe, er ist aber meist ganz weiß und wirkt im Duft recht markant. Er sollte so jung wie möglich getrunken werden. Einen richtigen Boom hat der Blanc de Noirs vor allem in den letzten fünf Jahren erfahren, obwohl ein berühmter Winzer von der Ahr bereits vor etwa zwanzig Jahren zu den Pionieren in Deutschland gehörte. Seinen Blanc-de-Noirs-Wein nannte er damals »Illusion«. Nicht zuletzt trinkt sich aber auch ein leichter Rotwein, wie ein Trollinger, der in Württemberg immer liebevoll als Nationalgetränk bezeichnet wird, perfekt zu diesem Braten.

Wiener Schnitzel

Für 4 Personen

4 dünne Kalbsschnitzel (je 125 g)
Salz · Pfeffer
2 kleine Eier (Größe S)
2 EL Milch
4 EL Mehl
8 EL Semmelbrösel
2 Zitronen
1 Bund krause Petersilie
etwa 150 g Butterschmalz
  zum Braten

1 Die Schnitzel trocken tupfen und leicht klopfen, sie sollen überall etwa 1/2 cm dick sein. Mit wenig Salz und Pfeffer würzen. In einem tiefen Teller die Eier mit der Milch und 1 Prise Salz verquirlen. Mehl und Semmelbrösel jeweils auf einem flachen Teller ausstreuen.

2 Die Zitronen vierteln. Die Petersilie waschen, trocken schütteln und harte Stiele entfernen.

3 In einer großen Pfanne bei mittlerer Hitze gut 1 cm hoch Butterschmalz heiß werden lassen.

4 Die Schnitzel nacheinander in Mehl wenden, überschüssiges Mehl abschütteln. Schnitzel durch die verquirlten Eier ziehen und in den Semmelbröseln wenden. Die Brösel leicht andrücken, überschüssige vorsichtig abschütteln.

5 Die Schnitzel pro Seite in 3 bis 4 Minuten goldgelb bis hellbraun braten, dabei die Pfanne ab und zu leicht rütteln. Die fertigen Schnitzel herausnehmen und auf Küchenpapier kurz abtropfen lassen. Mit Zitronenvierteln und Petersilie garniert servieren.

Tipp Die Schnitzel sollten möglichst gleichmäßig plattiert sein, damit sie in der kurzen Bratzeit auch überall gleichmäßig garen. Und geben Sie das Fleisch unmittelbar nach dem Panieren ins heiße Fett, sonst werden die Semmelbrösel feucht und daraufhin beim Braten hart.

Weinempfehlung

Klassischerweise trinkt man zum Wiener Schnitzel einen leichten Grünen Veltliner! In den Heurigen-Wirtschaften bekommt man ganz junge, frische Grüne Veltliner, die besonders für ihr »Pfefferl«, also ihre pfeffrig-würzigen Aromen bekannt sind. Wer mit dem Wein lieber in Deutschland bleiben will, der kann sich auch für einen leichten Rivaner oder Weißburgunder entscheiden. Welcher Wein auch immer, er darf nicht zu kräftig sein, sonst wirkt er zu dominant. Von daher passt natürlich auch ein Rosé ganz ausgezeichnet zum Wiener Schnitzel.

www.gu.de/
weinempfehlung 59

Cordon bleu
mit Wirsing

Für 4 Personen

Für die Cordon bleus:

4 Kalbsschnitzel aus der
  Oberschale (am besten
  mit schon eingeschnittener
  Tasche kaufen)
Salz · Pfeffer
Paprikapulver
4 Scheiben gekochter
  Schinken
4 Scheiben Emmentaler
1 Ei, leicht verquirlt
Mehl · Weißbrotbrösel
Butter zum Braten

Für die Wirsingfleckerl:

600 g Wirsing · Salz
80 g Zwiebeln
80 g rote Paprikaschote
60 g mild geräucherter
  durchwachsener Speck
50 g Butter
200 ml Kalbsfond
1/2 TL Salz
gemahlener Pfeffer
frisch geriebene Muskatnuss

1 Für die Fleckerl den Wirsing halbieren, den Strunk herausschneiden und die Blätter in kochendem Salzwasser blanchieren. Die Blätter herausheben, leicht abkühlen lassen, die harten Rippen herausschneiden und die Blätter in kleine Quadrate schneiden. Die Zwiebeln schälen und würfeln. Die Paprikaschote waschen, halbieren, Samen und Scheidewände entfernen und das Fruchtfleisch ebenfalls würfeln.

2 Den Speck in Würfel schneiden. Die Butter zerlassen und den Speck darin anschwitzen, Zwiebel- und Paprikawürfel kurz mitschwitzen. Die Wirsingfleckerl 2 bis 3 Minuten unter Rühren mitbraten. Kalbsfond angießen, alles mit Salz, Pfeffer und Muskat würzen und bei geringer Hitze 10 bis 20 Minuten garen. Warm halten.

3 Falls die Schnitzel noch keine Tasche haben, beim Abschneiden der Scheiben vom Fleischstück beim ersten Schnitt das Fleisch nicht ganz durchtrennen, sondern erst beim zweiten. Das Fleisch innen und außen mit Salz, Pfeffer und Paprika würzen und mit je 1 Schinken- und Käsescheibe füllen; fest zusammendrücken.

4 Ei, Mehl und Weißbrotbrösel separat in tiefe Teller füllen. Die Schnitzel im Mehl wenden, dann durch das Ei ziehen und in den Bröseln wälzen. Die Panade rundum gut andrücken. Butter zerlassen und die Cordon bleus darin auf beiden Seiten in 3 bis 4 Minuten knusprig braun braten; auf Küchenpapier entfetten.

5 Die Wirsingfleckerl auf vorgewärmte Teller verteilen. Die Cordons bleus darauf anrichten.

Weinempfehlung

Ein herzhafter, aromareicher Weißwein schmeckt wunderbar zum gefüllten Schnitzel mit Wirsinggemüse. Ganz gleich ob Sie einen trockenen Traminer aus Südtirol wählen oder einen trockenen Muskateller, dem Wirsing sind solche Bukettsorten nur recht. In der Verbindung mit dem Käse im Cordon bleu sollte der Wein aber auf keinen Fall zu viel Säure mitbringen.
Wer es mit den Bukettsorten nicht so hat, der kann zu diesem Gericht natürlich auch einen Chardonnay öffnen. Am besten passt er, wenn er etwas Barrique mitbringt.

www.gu.de/
weinempfehlung60

Kalbsschnitzelchen
mit Zitronensauce

Für 4 Personen

Für die Kalbsschnitzel:
4 Kalbsschnitzel (je 120 g)
2 EL Olivenöl
1 Zitrone, in Scheiben
  geschnitten, zum Garnieren
einige Blättchen Zitronenmelisse
  zum Garnieren

Für die Zitronensauce:
2 Zitronen (1 davon mit
  Bio-Qualität)
4 EL Olivenöl
frisch gemahlener weißer Pfeffer
25 g eiskalte Butter · Salz

1 Halbieren Sie die Kalbsschnitzel quer und plattieren Sie sie zwischen zwei Lagen Klarsichtfolie auf etwa 5 mm Dicke. Die Bio-Zitrone für die Zitronensauce heiß abwaschen und trocken reiben. Die Schale fein abreiben, den Saft auspressen.

2 Zitronensaft mit 4 EL Olivenöl kräftig verquirlen, mit wenig Pfeffer würzen und die abgeriebene Zitronenschale untermischen. Die Marinade über die Schnitzel gießen und diese abgedeckt im Kühlschrank mindestens 1 Stunde marinieren, dabei einmal wenden.

3 Erhitzen Sie in einer großen Pfanne das Olivenöl. Nehmen Sie die Kalbsschnitzel aus der Marinade und lassen Sie sie gut abtropfen. Dann im heißen Olivenöl von beiden Seiten je etwa 2 Minuten braten. Herausnehmen und zugedeckt beiseitestellen.

4 Gießen Sie die Zitronen-Öl-Marinade in die Pfanne und pressen Sie die zweite Zitrone aus. Den Saft ebenfalls in die Pfanne geben und alles zusammen kräftig aufkochen. Die Butter in die Sauce geben und unter Rühren darin zerlassen. Dann die Sauce mit Salz und Pfeffer würzig abschmecken.

5 Legen Sie die Schnitzel in die Sauce und lassen Sie sie nochmals richtig heiß werden. Dann jeweils 2 Schnitzelchen auf vorgewärmten Tellern anrichten, mit Sauce umgießen, mit Zitronenmelisse und Zitronenscheiben garnieren und sofort servieren. Dazu passen Bandnudeln.

Tipp Achten Sie vor allem auf eine gute Qualität des Kalbfleisches – damit die zarten Schnitzel beim Braten in der Pfanne nicht ihren Saft verlieren.

Weinempfehlung

Ein Riesling muss es hier sein – ohne Frage! Keine andere Rebsorte zeigt ein so typisches an Zitrusfrüchte erinnerndes Aroma. Ganz ausgeprägt finden Sie dieses bei den Rieslingen von Mosel, Saar und Ruwer. Sie glänzen dazu mit sehr geringen Alkoholwerten und einer unglaublichen Langlebigkeit. Probieren Sie mal einen vier oder fünf Jahre alten Riesling von der Mosel zu diesen Schnitzelchen.

Wenn Sie partout keinen Riesling mögen, schenken Sie soch einmal einen Gavi aus dem Piemont ein. Eigentlich ist diese Region ja für ihre Rotweine, beispielsweise Barolo, Barbaresco oder Barbera bekannt, jedoch sind die piemontesischen Süßweine fast schon als Spezialität zu sehen. So bringt der Gavi Zitrusaroma mit, im Unterschied zum Riesling aber meist auch einen geringen Säuregehalt.

Gegrilltes Kalbsmedaillon
mit Currysauce

Für 4 Personen

Für die Medaillons:

1 TL eingelegter grüner Pfeffer
1 TL schwarze Pfefferkörner
1 TL Szechuanpfeffer
3–4 EL Öl
4 Kalbsmedaillons (je 120 g)
Salz

Für die Sauce:

1 Apfel (z. B. Cox Orange)
15 g frische Ingwerwurzel
1 Schalotte
30 g Butterschmalz
1–2 EL mildes Currypulver
200 ml Geflügelfond
  (aus dem Glas)
200 ml ungesüßte Kokosmilch
50–70 g eiskalte Butter in Stücken
etwas Limettensaft
etwas brauner Zucker · Salz
frisch gemahlener weißer Pfeffer

1 Lassen Sie den grünen Pfeffer kurz abtropfen und hacken Sie ihn klein. Die schwarzen Pfefferkörner und den Szechuanpfeffer im Mörser grob zerstoßen. Alle drei Pfeffersorten mit 2 EL Öl verrühren und die Medaillons damit bestreichen. Abgedeckt beiseitestellen.

2 Den Apfel schälen, vom Kerngehäuse befreien und fein würfeln. Den Ingwer schälen und sehr fein reiben. Die Schalotte schälen und fein würfeln.

3 Das Butterschmalz erhitzen, Schalotten- und Apfelwürfel darin unter Rühren bei mittlerer Hitze farblos andünsten. Rühren Sie den Ingwer und das Currypulver unter und lassen Sie beides kurz mitdünsten. Mit Geflügelfond und Kokosmilch auffüllen, aufkochen und bei mittlerer Hitze offen 20 Minuten kochen.

4 Eine Grillpfanne erhitzen, wenig Öl hineingeben und die Kalbsmedaillons darin bei mittlerer Hitze auf jeder Seite 2 bis 3 Minuten grillen. Heben Sie die Medaillons dann heraus, wickeln Sie sie fest in Alufolie und lassen Sie sie 5 Minuten ruhen.

5 Inzwischen die Sauce pürieren und anschließend durch ein Sieb in einen sauberen Topf passieren. Kochen Sie die Sauce auf und schwenken Sie nach und nach die Butter ein.

6 Die Sauce mit einem kräftigen Spritzer Limettensaft, etwas braunem Zucker, Salz und weißem Pfeffer pikant abschmecken.

7 Die Medaillons aus der Folie nehmen, beidseitig salzen und mit der Currysauce anrichten. Dazu passen Reis und in Butter geschwenkte Kirschtomaten.

Weinempfehlung

Die Sauce wird vor allem durch ihre Fruchtigkeit dominiert. Der Apfel macht sie sehr frisch und fein. Ein strahlender Weißburgunder, der nach Äpfeln und Birnen duftet, lässt die Kalbsmedaillons noch feiner schmecken. Und auch eine Scheurebe, schlank mit exotischer Frucht und an Ananas und Maracuja erinnernd, passt gut dazu.
Bei einem so kräftigem Essen wie diesem Grillfleisch sollte der Wein mindestens als Kabinett ausgebaut sein, besser noch als Spätlese – je höher die Qualitätsstufe, desto höher der Alkoholgehalt.

www.gu.de/
weinempfehlung61

Gebratene Leber mit Salbei
und Apfel-Karamell-Sauce

Für 4 Personen

Für die Apfel-Karamell-Sauce:
2 säuerliche Äpfel
  (z. B. Cox Orange)
6 EL Zitronensaft
1 rote Chilischote · 2 Schalotten
40 g Zucker · 3 EL Obstessig
1/4 l heller Kalbsfond (aus
dem Glas) · 1/4 l Cidre brut
20 g Butterschmalz
100 g eiskalte Butter in Stücken
Salz · frisch gemahlener Pfeffer

Für die Leber:
600 g Kalbsleber in Scheiben
frisch gemahlener Pfeffer
2 EL Mehl · 12 Salbeiblätter
20 g Butterschmalz

Außerdem:
12 kleine Holzspießchen

1 Für die Sauce die Äpfel schälen, vierteln und entkernen. Schneiden Sie die Apfelviertel längs in je 4 Spalten und beträufeln Sie sie mit 4 EL Zitronensaft, damit sie sich nicht verfärben. Die Chili längs halbieren, Stielansatz, Kerne und weiße Trennwände entfernen und das Fruchtfleisch fein hacken.

2 Schälen Sie die Schalotten und würfeln Sie sie sehr fein. Den Zucker mit dem Obstessig und 3 EL Wasser in einen kleinen Topf geben und bei mittlerer Hitze, ohne zu Rühren, goldbraun karamellisieren (Step a). Mit Kalbsfond und Cidre ablöschen, die Schalottenwürfel zugeben und die Flüssigkeit bei starker Hitze auf etwa 150 ml reduzieren.

3 Die Kalbsleber in zwölf gleich große Stücke schneiden, mit Küchenpapier gut trocken tupfen und pfeffern. Geben Sie das Mehl auf einen Teller, mehlieren Sie die Leberstücke und klopfen Sie überschüssiges Mehl ab. Auf jedes Leberstück mit einem Holzspießchen 1 Salbeiblatt stecken. Das Butterschmalz in einer Pfanne erhitzen, die Leberstücke darin auf jeder Seite 2 Minuten braten. Herausheben und warm stellen.

4 Für die Sauce weiterverfahren wie in den Steps b und c. Die Sauce durch ein feines Sieb in einen Topf passieren, nach und nach die Butter einschwenken. Sauce mit Salz, Pfeffer, Zitronensaft und Zucker abschmecken, bevor die Äpfel zugegeben werden. Mit der Leber anrichten.

Tipp Dazu passt Kartoffel-Petersilienwurzel-Püree: 600 g Kartoffeln und 450 g Petersilienwurzeln schälen. Kartoffeln würfeln und mit Salzwasser bedeckt aufkochen. Die Petersilienwurzeln in 1 cm große Würfel schneiden, 20 Minuten mit den Kartoffeln kochen lassen. Das Gemüse abgießen und zweimal durch die Kartoffelpresse treiben. 120 ml warme Milch unterschlagen, salzen und pfeffern.

a Zucker-Essig-Mischung goldbraun karamellisieren lassen (nicht rühren!), mit Fond und Cidre ablöschen.

b Apfelspalten trocken tupfen, mit der Chili im Butterschmalz beidseitig je 1 Minute braten, herausheben.

c Die Pfanne mit der vorbereiteten Karamellreduktion ablöschen und den Bratansatz gründlich lösen.

Weinempfehlung

Ein trocken ausgebauter Grauburgunder Spätlese kann es gut mit der charaktervollen Apfel-Karamell-Sauce aufnehmen. Der Wein sollte allerdings sehr gehaltvoll und reich sein.

Hervorragend passt auch ein fruchtiger Rotwein, wie ein Samtrot oder Frühburgunder, dazu. Er darf möglichst nicht zu tanninbetont ausfallen, und eine gewisse Fruchtigkeit täte ihm gut.

Auch eine gute Wahl: ein Pinot Nero aus Italien. Er bringt viel Frucht mit und wirkt trotzdem in jungen Jahren schon recht samtig.

www.gu.de/weinempfehlung62

Pochierter Kalbstafelspitz

Für 6 Personen

1 Bund Suppengrün
1 Zwiebel
2 frische Lorbeerblätter
4 Gewürznelken
1 kg Kalbstafelspitz
Salz
300 g gleich dicke
   Bundmöhren
300 g Romanesco
500 g grüner Spargel
100 g Zuckerschoten
1 Bund krause Petersilie
200 g Schmand
1–2 EL Zitronensaft
Zucker
1 Bund Schnittlauch
1 Beet Gartenkresse
Pfeffer
150 g TK-Erbsen

1 Das Suppengrün waschen, putzen und in grobe Stücke schneiden. Das Suppengrün in einem großen Topf mit 4 l Wasser aufkochen. Die Zwiebel schälen, die Lorbeerblätter und die Nelken daraufstecken. Geben Sie das Fleisch, die Zwiebel und 1 EL Salz ins kochende Wasser. Reduzieren Sie die Hitze und lassen Sie das Fleisch zugedeckt bei kleiner Hitze in 1 1/4 Stunde gar ziehen.

2 Inzwischen das Gemüse waschen. Die Möhren putzen, dabei etwa 1 cm Grün an den Möhren lassen; die Möhren schälen. Teilen Sie den Romanesco in Röschen. Vom Spargel die holzigen Enden abschneiden, die Stangen nur im unteren Drittel schälen. Die Zuckerschoten putzen.

3 Petersilie waschen und trocken schütteln, die Blättchen abzupfen und mit dem Schmand und dem Zitronensaft pürieren. Den Schnittlauch waschen, trocken schütteln und in feine Röllchen schneiden. Schneiden Sie die Kresse mit einer Küchenschere vom Beet. Rühren Sie beides unter den Schmand und schmecken Sie alles mit 1 Prise Zucker, Salz und Pfeffer ab. Kalt stellen.

4 Das Fleisch aus der Brühe heben. Brühe in einen sauberen Topf sieben. 1 l Brühe abmessen. Halten Sie das Fleisch in der restlichen Brühe warm.

5 Die abgemessene Brühe aufkochen und die Möhren darin etwa 4 Minuten kochen. Romanesco und Spargel dazugeben und alles noch 5 Minuten kochen lassen. Zuckerschoten und Erbsen dazugeben und das Ganze noch 3 bis 4 Minuten kochen lassen.

6 Heben Sie den fertig gegarten Tafelspitz aus der Brühe und schneiden Sie ihn in Scheiben. Mit Gemüse und Kräutersauce anrichten. Dazu passen Salz- oder Pellkartoffeln.

Variante Geschmorter Kalbstafelspitz: Für 6 Personen 500 g Suppengrün waschen, putzen und in etwa 1 cm große Würfel schneiden. 300 g Tomaten waschen und vierteln. Den Backofen auf 160° vorheizen. 1 kg Tafelspitz salzen und pfeffern und in einem Bräter in 3 EL Öl rundum braun braten. Herausnehmen. Suppengrün im Bratfett unter Rühren 5 Minuten braten. Tomaten unterheben. Fleisch mit der Haut nach oben daraufsetzen. Je 1/4 l Kalbsfond und Weißwein angießen, zugedeckt aufkochen. Alles im heißen Ofen auf der mittleren Schiene 1 Stunde schmoren. Dabei das Fleisch zweimal wenden. Den Braten in Alufolie gewickelt im ausgeschalteten Backofen ruhen lassen. Den Schmorfond durch ein feines Sieb in einen Topf gießen. Salzen und pfeffern, zum aufgeschnittenen Braten servieren.

Weinempfehlung

Absoluter Kult in Österreich ist das Plachutta in Wien. Da bekommen
Sie den Tafelspitz gleich in drei Gängen serviert. Selbstverständlich trinkt
man dort einen Grünen Veltliner dazu, beispielsweise aus dem Weinviertel.
Dort sind die knackigen und pikanten Weißweine nicht wegzudenken!
Die Weine mit ihrem »Pfefferl« lassen sich wirklich jederzeit gut trinken
und sie sind dabei sehr bekömmlich.
Alternativ würde ich durchaus auch einen Rivaner oder Silvaner nehmen,
also einen leichten Weißwein mit wenig Säure.

www.gu.de/
weinempfehlung63

Biologischer und biologisch-dynamischer Weinbau

Meine Erfahrung ist, dass vor allem die Herren dem ökologischen Anbau oft etwas skeptisch gegenüberstehen. Dabei ist Wein ja ein Naturprodukt par excellence! Von daher war ich erst skeptisch, ob wir das Thema »bio« beim Wein überhaupt brauchen? Heute allerdings bin ich der Meinung: Wenn ein Winzer hochwertigen Wein machen will, ist es nur konsequent, auf ökologischen Weinbau umzustellen.

Biologischer Weinbau

Der Ausdruck ökologischer Weinbau ist übrigens gleichbedeutend mit den Begriffen biologischer oder biologisch-organischer Weinbau. Die Winzer verzichten dabei auf chemische und synthetische Substanzen sowie auf gentechnische Produkte.

Reben, die Pilzen trotzen

Eine weitere Möglichkeit für Winzer, chemische Spritzmittel einzusparen, ist, Rebsorten einzusetzen, die nur wenig oder sogar überhaupt nicht mehr gespritzt werden müssen. Die so genannten **PIWIS** (Pilzwiderstandsfähige Rebsorten) finde ich besonders interessant für Cuvées, also in der Vermählung mit anderen Rebsorten.

Das betrifft sowohl die Düngung und Unkrautvernichtungsmittel als auch die Schädlings- und Pilzbekämpfung.

Wenn ein Winzer auf chemische Spritzmittel verzichtet, muss er zum einen natürlich umso mehr auf das Wetter achten. Das lässt sich heute gut bewerkstelligen: Modernste Wetterstationen sind über das ganze Land verteilt, und man kann sich im Internet oder per Faxabruf informieren. So wissen die Landwirte beispielsweise, dass bei einer ganz bestimmten Witterung Mehltau droht, und können darauf reagieren.

Hat sich ein Winzer für das Biosiegel entschieden, muss er zum anderen die erlaubten ökologischen Mittel öfter einsetzen als ehedem die chemischen. Dabei handelt es sich vor allem um rebenstärkende Mittel: Pflanzenaufgüsse oder Gesteinsmehle werden hier eingesetzt. In schwierigeren Fällen können die Landwirte zu Netzschwefel oder zu immer noch umstrittenen Kupferpräparaten greifen. Bei den Kupfermitteln, die ökotoxisch sind und sich im Boden anreichern, schauen die Winzer natürlich, dass sie nur so wenig wie möglich verwenden – kein Vergleich mehr zu früher, als man sich noch kaum um Rückstände im Boden kümmerte. Der gesunde Boden ist im ökologischen Weinbau heute ein Hauptthema. Da wirkt es nahezu grotesk, wie stolz früher die Winzer waren, wenn kein Grashalm in ihrem Weinberg zu sehen war. Alles war abgespritzt!

Die Weinberge der Ökoweinbauern werden begrünt, das heißt, der Winzer sät beispielsweise Leguminosen, Gräser, Klee, Phacelia und Senf aus. Beste Voraussetzungen für ein aktives Bodenleben, das wiederum beste Voraussetzungen für die Nützlinge bietet. Der Boden wird damit viel lockerer, und es duftet außerdem so gut!

Was für eine Wohltat, wenn es in den Reben so gar nicht mehr nach Spritzmittel riecht! So habe ich mich auch überzeugen lassen. Ich war vor vielen Jahren bei einem Ökowinzer am Kaiserstuhl, wo mir zuallererst auffiel, dass es in einem Rebenstück ganz anders roch. Es kam mir so ehrlich und ursprünglich vor. Der Winzer holte dann einen Spaten aus dem Auto und grub damit tief in den Boden. Die Erde war ganz locker und krümelig, und es gab richtig viele Regenwürmer.

Ein berühmter Winzer aus dem Burgund stellte vor ein paar Jahren auf ökologischen Weinbau um. Seine Begründung imponierte mir sehr: Er vermisste die Regenwürmer, Käfer und Salamander in seinen Reben. Heute hat er wieder ein reges Bodenleben!

Bisher gelten die Richtlinien für den ökologischen Weinbau nur im Rebberg. Ebenso wünschenswert wäre die baldige Regelung für die ökologische Kellerarbeit.

Biologisch-dynamischer Weinbau

Eine Stufe strenger nach den Naturgegebenheiten als beim biologischen Weinbau wird beim biodynamischen Weinbau gearbeitet – nach den Theorien des Anthroposophen Rudolf Steiner. Dabei werden unter anderem auch die Mondphasen einbezogen, um den Zeitpunkt zu bestimmen, wann es am sinnvollsten ist, die Reben zu schneiden, die Trauben zu lesen oder die Weine abzufüllen … Um die Fruchtbarkeit des Bodens zu fördern, wird ein mit Kuhdung gefülltes Kuhhorn einmal im Jahr in der Erde vergraben. Im Frühjahr wird dann Regenwasser damit verrührt (dynamisiert).

Danach wird das Wasser in homöopathischer Dosis im Rebberg versprüht, ebenso wie Quarzstaub und verschiedene Kräuteraufgüsse. Dies mag für den einen oder anderen schwer nachvollziehbar sein, dennoch macht sich diese Wirtschaftsweise in der Qualität des Weins einfach bemerkbar!

Ich kann zwar nicht sagen, dass man in einer Blindverkostung eindeutig definieren kann: links steht der konventionelle und rechts der biologische Wein. Allerdings gehe ich davon aus, dass der intensivere und länger anhaltende Wein der ökologische ist. Heutzutage sind ökologische Weine absolut hochwertig, und sie werden mit ganz großer Sorgfalt ausgebaut. Und ich kann nur nochmals betonen: Wer höchste Qualität im Weinberg erzeugen will, kommt früher oder später zum ökologischen Weinbau.

Paprika-Rindergulasch
mit Rahm

Für 6 Personen

1 kg Rindfleisch
  (aus der Hüfte oder Schulter)
3 rote Paprikaschoten
500 g Zwiebeln
1/2 Bio-Orange
3 EL Butterschmalz
3 EL Tomatenmark
1/2 l Fleisch- oder Gemüsebrühe
Salz
2 EL edelsüßes Paprikapulver
Cayennepfeffer
200 g saure Sahne

1 Befreien Sie das Rindfleisch von dicken Fettstücken und von den Sehnen. Dann in etwa 3 cm große Würfel schneiden.

2 Die Paprikaschoten waschen und halbieren, Samen sowie Scheidewände entfernen und die Hälften in etwa 1 cm breite Streifen schneiden.

3 Die Zwiebeln schälen und in dünne Ringe schneiden. Die Orange heiß waschen, trocknen und in Spalten schneiden.

4 Das Butterschmalz in einem Schmortopf zerlassen und das Fleisch darin portionsweise bei starker Hitze 2 bis 3 Minuten unter Rühren anbraten, dann herausnehmen.

5 Geben Sie die Zwiebeln und die Paprikaschoten in den Topf und braten Sie alles etwa 5 Minuten an. Das Tomatenmark unterrühren, die Orangenspalten einlegen, das Fleisch dazugeben. Die Brühe angießen und das Ganze wenig salzen.

6 Lassen Sie das Gulasch im halb geschlossenen Topf bei kleiner Hitze 3 1/2 bis 4 Stunden schmoren, bis das Rindfleisch weich ist. Rühren Sie es dabei ab und zu um.

7 Nach dieser Zeit die Orangenspalten entfernen und das Gulasch mit Paprikapulver, Salz und Cayennepfeffer abschmecken. Zum Schluss rühren Sie noch die saure Sahne unter.

Weinempfehlung

So richtig fleischige, charaktervolle Rotweine jubilieren hier! Ganz gleich ob Sie einen Cabernet Sauvignon aus Chile wählen oder auch mal einen aus Bulgarien, zu dem Gulasch passen sie perfekt. Oder Sie probieren einmal eine deutsche Rotwein-Cuvée. Hierzulande bauen die jungen Winzer derzeit immer mehr Cuvées aus. Dabei werden für den Wein mehrere Rebsorten vermählt, beispielsweise Cabernet Sauvignon und Merlot oder auch regionale Sorten wie Spätburgunder, Lemberger und Schwarzriesling. So entstehen sehr vielschichtige Weine; Sie riechen hierin also nicht nur ein Bukett von Kirschen oder Himbeeren, sondern immer wieder etwas Neues. Zudem zeigen die Cuvées eine dunkle und intensive Farbe, und sie wirken insgesamt südländischer in ihrer Art.

Rostbraten mit Zwiebelsauce

Für 2 Personen

Für die Zwiebelsauce:
200 g weiße Zwiebeln
60 g Butter
1 TL Tomatenmark
100 ml Weißwein
1/2 l Rinderfond (aus dem Glas)
Salz · frisch gemahlener Pfeffer
2 TL gerebelter Majoran
1 Spritzer Aceto balsamico

Für die Röstzwiebeln:
500 g weiße Zwiebeln
4 EL Sonnenblumenöl
50 g Butter

Für den Rostbraten:
2 Scheiben von der Hohen Rippe
  vom Rind, ohne Knochen
  (je 200 g)
Salz · frisch gemahlener Pfeffer
1 EL Sonnenblumenöl
20 g Butter
1 EL Schnittlauchröllchen

1 Für die Sauce die Zwiebeln schälen, halbieren und in feine Streifen schneiden. Zerlassen Sie die Butter und braten Sie darin die Zwiebeln hell an. Das Tomatenmark einrühren und kurz mitbraten. Das Ganze mit Weißwein ablöschen, diesen fast völlig einkochen lassen.

2 Den Rinderfond in 4 Portionen angießen und jeweils unter Rühren fast vollständig reduzieren, zum Schluss sollte 1/4 l übrig bleiben. Würzen Sie die Sauce mit Salz, Pfeffer, Majoran und Essig.

3 Während die Sauce köchelt, für die Röstzwiebeln die Zwiebeln schälen, halbieren und in feine Streifen schneiden. In einer Pfanne das Öl zusammen mit der Butter erhitzen und die Zwiebelringe darin bei nicht zu starker Hitze unter Rühren knusprig hellbraun braten.

4 Nehmen Sie die Zwiebeln aus der Pfanne, entfetten Sie sie auf Küchenpapier und stellen Sie sie bis zur Verwendung abgedeckt warm. Das noch verbliebene überschüssige Fett aus der Zwiebelpfanne abgießen.

5 Die Fleischscheiben zwischen Frischhaltefolie gleichmäßig plattieren und den Fettrand mehrfach einschneiden. Die Scheiben salzen, pfeffern und in Öl anbraten (Step a). Die Butter zufügen und den Rostbraten bei nicht zu starker Hitze fertig braten (Step b), dabei immer wieder mit Bratfond beschöpfen.

6 Richten Sie den Rostbraten auf vorgewärmten Tellern an. Mit etwas Zwiebelsauce umgießen und mit den Zwiebeln belegen. Mit Schnittlauchröllchen bestreut servieren. Dazu passen Bratkartoffeln oder Kartoffelpüree.

a Das Öl in einer Pfanne erhitzen und das Fleisch darin anbraten.

b Die Fleisch wenden und auch von der anderen Seite anbraten.

Weinempfehlung

Bei diesem schwäbischen Traditionsrezept ist meine erste Wahl natürlich ein Württemberger Rotwein. Klassischerweise wird in den schwäbischen Weinstuben zum Zwiebelrostbraten ein Trollinger gereicht – ein hellfarbiger und leichter Rotwein. Eine pfiffige Winzerin sagte neulich: »Es ist kein Rotwein, aber ein roter Wein!« Diese Kombination geht sehr gut, denn der Wein bleibt eher im Hintergrund.

Ideal ist es, wenn Sie den Wein etwas kühler – bei 15 bis 16°C – servieren. Ein gleichwertiger Partner zum Steak ist dagegen eher der dunkelfarbigere, beerigere und kräftigere Lemberger Rotwein. Wer es (noch) nicht so mit den deutschen Rotweinen hat, dem empfehle ich dazu auch gerne einen Côtes-du-Rhône – ein warmer und gehaltvoller Rotwein aus dem Süden Frankreichs.

Entrecôte mit Meerrettich-Senf-Kruste
und Sauce bordelaise

Für 4 Personen

Für die Meerettich-Senf-Kruste:

1 Schalotte
10 g Butter · 1 Ei
20 g frisch geriebener
  Meerrettich
20 g Sahne
1–2 TL Meaux-Senf
1–2 EL frische Weißbrotbrösel

Für die Entrecôtes:

4 Entrecôtes vom Rind (je 200 g)
frisch gemahlener Pfeffer
Butterschmalz zum Braten · Salz

Für die Sauce bordelaise:

10 g Butter
60 g Schalotten, gewürfelt
1/4 l Beaujolais
4 Zweige Thymian
1 Lorbeerblatt
1 TL zerdrückte weiße
  Pfefferkörner
200 ml Kalbsjus (aus dem Glas)
Salz
frisch gemahlener Pfeffer
10 g eiskalte Butter in Stücken

1 Für die Meerrettich-Senf-Kruste die Schalotten schälen, in feine Würfel schneiden und in der Butter glasig anschwitzen. Lassen Sie die Schalottenwürfel anschließend etwas abkühlen.

2 Trennen Sie das Ei. Eigelb, Meerrettich, Sahne, Senf, Brot und Schalotten vermengen, mit Salz und Pfeffer würzen und 10 Minuten quellen lassen. Schlagen Sie das Eiweiß zu Schnee und heben Sie es behutsam unter die Meerrettichcreme. Bis zur weiteren Verwendung abgedeckt kühl stellen.

3 Pfeffern Sie die Entrecôtes und erhitzen Sie das Butterschmalz in einer großen Pfanne. Braten Sie das Fleisch in heißem Butterschmalz beidseitig jeweils 2 bis 5 Minuten (je nach gewünschtem Gargrad). Die Entrecôtes aus der Pfanne nehmen

und bis zur weiteren Verwendung im Ofen zugedeckt warm stellen.

4 Das Bratfett abgießen, dann für die Sauce Butter und Schalottenwürfel zugeben und farblos anschwitzen. Gießen Sie mit Wein auf und geben Sie die Gewürze dazu. Den Wein auf ein Drittel einkochen, mit Kalbsjus auffüllen und die Sauce bis zur gewünschten Konsistenz reduzieren.

5 Den Backofengrill auf höchster Stufe vorheizen. Die Sauce mit Salz und Pfeffer abschmecken, die kalte Butter nach und nach einrühren. Die Sauce durch ein feines Sieb passieren und warm halten.

6 Die Entrecôtes mit der Senfmasse bestreichen und einige Minuten unter dem heißen Backofengrill goldbraun überbacken. Mit Schnippelbohnen und Kartoffelgratin servieren.

Weinempfehlung

Ein Bordeauxwein liegt bei dieser Sauce sehr nahe. In Bordeaux werden die Entrecôtes meist auf Rebenholz gegart, mmh … Das Fleisch mit der gaumenfüllenden Sauce verträgt durchaus einen kraftvollen und gerbstoffreichen Wein. Keine Sorge: Auch wenn Sie immer nur von hochpreisigen Weinen hören – die meisten Weine aus der Bordeauxregion sind absolut bezahlbar. Wählen Sie einen Wein aus dem Médoc. Diese enthalten meist viel Cabernet Sauvignon, der reichlich Tannine mitbringt. Sie werden staunen: Der Wein wirkt zunächst noch etwas tanninbetont, sobald aber tierisches Eiweiß auf die Zunge kommt, schmeckt er weich und rund! Etwas fruchtiger und zugänglicher als die Bordeauxweine sind meist die Cabernet Sauvignons aus Übersee, beispielsweise aus Chile oder Australien.

Tournedos mit Sauce Choron

Für 4 Personen

Für die Sauce Choron:

15 g getrocknete Tomaten
2 Schalotten
6–8 Stängel Estragon
10 Stängel Kerbel
150 ml trockener Weißwein
2 EL Estragonessig
3 Eigelbe
200 g Butter
Saft einer Zitrone
Salz · weißer Pfeffer

Für die Tournedos:

4 Rinderfiletmedaillons
  (aus der Mitte, je 120 g)
Salz
frisch gemahlener Pfeffer
1 EL Öl
30 g Butter

1 Für die Sauce geben Sie die getrockneten Tomaten mit 8 EL Wasser in einen kleinen Topf, kochen sie zugedeckt auf und lassen das Ganze 5 Minuten bei kleiner Hitze kochen.

2 Die Tomaten kurz etwas abkühlen lassen, mit dem Pürierstab pürieren und durch ein feines Sieb passieren. Es sollten etwa 2 EL Püree entstehen. Ist die Masse sehr dünn, kochen Sie sie unter Rühren etwas ein und lassen Sie sie dann abkühlen.

3 Die Schalotten schälen und feinwürfeln. Estragon- und Kerbelblättchen von den Stielen zupfen. Hacken Sie den Kerbel grob, den Estragon fein. 1 EL Estragon abgedeckt beiseitestellen.

4 Die restlichen Kräuter mit Schalotten, Wein und Essig aufkochen und bei starker Hitze auf 2 EL reduzieren. Durch ein Sieb passieren und abkühlen lassen. Die Butter zerlassen und leicht abkühlen lassen.

5 Tupfen Sie die Medaillons mit Küchenpapier trocken und würzen Sie das Fleisch rundherum mit Salz und Pfeffer. Öl und Butter in einer Pfanne erhitzen, die Medaillons einlegen und bei mittlerer Hitze auf jeder Seite 2 bis 3 Minuten braten.

6 Dann das Fleisch herausheben, fest in Alufolie wickeln und mindestens 5 Minuten ruhen lassen.

7 Inzwischen für die Sauce die Eigelbe mit der Kräuterreduktion in einem Schlagkessel über einem heißen Wasserbad dick-cremig aufschlagen. Geben Sie nach und nach die zerlassene Butter dazu, dabei immer weiterschlagen.

8 Das Tomatenpüree unter die Sauce rühren und diese mit Zitronensaft, Salz und Pfeffer würzig abschmecken. Zuletzt den gehackten Estragon unterrühren.

9 Das Bratfett in der Pfanne wieder stark erhitzen. Braten Sie darin die Rindermedaillons auf beiden Seiten kurz nach und richten Sie sie mit der Sauce an. Dazu passen gut gegrillte Tomaten.

Tipp Wer die Sauce Choron noch fruchtiger mag, kann eine gehäutete und gewürfelte Fleischtomate unterheben.
Die Sauce passt übrigens auch sehr gut zu Lammfleisch, Fischgerichten und pochierten Eiern.

Weinempfehlung

Die Rindertournedos erscheinen in Begleitung der Sauce Choron sehr zart. Von daher wirken die meisten Rotweine zu mächtig, zu kräftig und zu schokoladig. Mit einem Spätburgunder oder Frühburgunder kommt das Gericht aber gut zum Tragen. Beide Roten rücken das Rindfleisch so richtig in den Mittelpunkt. Der Spätburgunder unterstützt die Kräuter in der Sauce und ist daher ein guter Begleiter. Der Frühburgunder (wird zwei Wochen vor dem Spätburgunder reif) wirkt manchmal noch etwas fruchtiger und verspielter. Und sogar mit den Tomaten kommt er gut zurecht.

www.gu.de/
weinempfehlung64

Rinderrouladen mit Paprika
und Schafkäse

Für 4 Personen

6 Rinderrouladen
  (aus der Oberschale, je 160 g)
2 rote Paprikaschoten
2 gelbe Paprikaschoten
120 g Schafkäse (Feta)
5 Zweige Thymian
3 Zweige Oregano
400 g Zwiebeln
Salz · Pfeffer
4 EL Olivenöl
2 EL Tomatenmark
1 EL Mehl (Type 405)
1/2 l kräftiger Rotwein
  (z. B. Cabernet Sauvignon)
3/4 l Gemüsefond
  (aus dem Glas)

Außerdem:
Küchengarn

1 Den Backofen auf 100° (Ober- und Unterhitze) vorheizen. Die Rinderrouladen trocken tupfen. Die Paprikaschoten waschen, halbieren, Samen und Scheidewände entfernen und die Hälften quer in grobe Streifen schneiden.

2 Schneiden Sie den Schafkäse in sechs fingerdicke Balken. Die Kräuter waschen, trocken schütteln, Blättchen abzupfen. Die Zwiebeln schälen, halbieren und in dünne Streifen schneiden.

3 Breiten Sie die Rouladen auf der Arbeitsfläche aus und würzen Sie sie mit Salz und Pfeffer. Jeweils auf dem unteren Drittel die Paprikastreifen verteilen und mit je 1 Käsestück belegen. Mit Thymian und Oregano bestreuen. Schlagen Sie die Seiten ein und rollen Sie die Rouladen auf. Mit Küchengarn zusammenbinden, salzen und pfeffern.

4 Etwa 3 EL Olivenöl in einem Topf (24 cm Ø) erhitzen, die Rouladen darin in etwa 5 Minuten ringsherum anbraten und herausnehmen. Restliches Öl mit den Zwiebeln in den Topf geben und 2 Minuten braten.

5 Das Tomatenmark einrühren und noch 2 Minuten bei mittlerer Hitze rösten. Mit Mehl bestauben und unter ständigem Rühren 2 Minuten braten.

6 Den Topfinhalt mit 1 Schuss Rotwein ablöschen und die Flüssigkeit vollständig einkochen lassen. Wiederholen Sie diesen Vorgang zweimal.

7 Gießen Sie den restlichen Rotwein und den Gemüsefond dazu, legen Sie die Rouladen ein und lassen alles aufkochen. Abgedeckt auf dem Ofenrost im heißen Ofen (Mitte) in etwa 3 Stunden und 40 Minuten garen. Dabei mehrmals mit einer Fleischgabel prüfen, ob das Fleisch schon weich ist.

8 Nach der Garzeit nehmen Sie den Topf aus dem Backofen, legen die Rouladen auf einen Teller und entfernen das Garn.

9 Die Sauce in etwa 15 Minuten sämig einkochen und mit Salz und Pfeffer abschmecken. Das Fleisch einlegen und aufkochen lassen.

10 Die Rouladen aufschneiden und pro Portion drei Hälften mit reichlich Sauce auf vorgewärmten Tellern anrichten. Nach Belieben mit frischem Oregano und Thymian garnieren und mit breiten Nudeln servieren.

Weinempfehlung

Ein einheimischer Cabernet Sauvignon ist hier mein Wein der Wahl. Lange
Zeit war man in Deutschland skeptisch, aber mittlerweile wissen wir, dass
die spät reifende Cabernet Sauvignon auch in unseren Breiten jedes Jahr zur
vollen Reife gelangt – vielleicht unter anderem wegen des Klimawandels.
Alternativ können Sie auch einen Cabernet Sauvignon aus Kalifornien
servieren. Diese Weine wirken noch etwas präsenter, fruchtiger und zugänglicher als unsere. Doch auch ein Merlot harmoniert gut mit diesem Gericht,
besonders mit den Rinderrouladen.

www.gu.de/
weinempfehlung65

Lammkarree mit Bretonischer Sauce

Für 4 Personen

Für das Bohnengemüse:
80 g weiße Perlbohnen
2 EL Räucherspeckwürfel
2 EL Olivenöl
1 EL Schalottenwürfel
2 Knoblauchzehen,
 fein gewürfelt
300 ml Geflügelfond
 (aus dem Glas)
Salz · frisch gemahlener Pfeffer
1 EL Bohnenkraut,
 grob geschnitten
40 g blanchierte Gemüsewürfel
 von Möhre, Sellerie und Lauch
 (etwa 1/2 cm groß)
40 g Sahne

Für das Lammkarree:
2 Lammkarrees (je 400 g)
Salz · frisch gemahlener Pfeffer
2–3 EL Öl zum Braten
80 g Schalotten, grob gewürfelt
75 ml Rotwein
6 Frühlingszwiebeln
60 g Butter
50 ml Geflügelfond
 (aus dem Glas)
Zucker
2 EL Weißbrotbrösel
1 EL Bohnenkraut,
 grob geschnitten

Für die Bretonische Sauce:
2 EL Tomatenmark
2 Knoblauchzehen, angedrückt
75 ml Rotwein
2 Zweige Bohnenkraut
200 ml Kalbsjus (aus dem Glas)
10 g eiskalte Butter in Stücken

1 Für das Bohnengemüse weichen Sie die Perlbohnen 12 Stunden ein. Am nächsten Tag den Backofen auf 180° C vorheizen. Bohnen in ein Sieb abgießen und abspülen. Die Speckwürfel im Olivenöl auslassen, Schalotten und Knoblauch zugeben und glasig anschwitzen. Bohnen und Geflügelfond dazugeben, aufkochen und bei schwacher Hitze zugedeckt in etwa 45 Minuten weich kochen.

2 Die Lammkarrees mit Salz und Pfeffer würzen und in einem Bräter im heißen Öl rundum anbraten. Geben Sie die Schalottenwürfel dazu und braten Sie das Fleisch im heißen Ofen 15 bis 20 Minuten. Dabei öfter wenden und mit Rotwein begießen.

3 Das Fleisch aus dem Bräter nehmen und zum Ruhen warm stellen. Tomatenmark und Knoblauchzehen in die Pfanne geben und 2 Minuten rösten. Mit dem Rotwein ablöschen und etwas reduzieren. Bohnenkraut und Kalbsjus zugeben, kurz durchkochen, dann die Sauce in eine Kasserolle passieren. Die Butter einrühren und die Sauce abschmecken.

4 Heizen Sie den Backofengrill vor und schneiden Sie die Frühlingszwiebeln in Ringe. Frühlingszwiebeln mit 30 g Butter und Fond aufkochen, die Flüssigkeit fast vollständig reduzieren.

5 Das Gemüse mit Salz, Pfeffer und Zucker würzen, zur Sauce geben. Anschließend belegen Sie die Lammkarrees mit Weißbrotbröseln, Bohnenkraut und der restlichen Butter in Flöckchen und gratinieren das Ganze kurz unter dem heißen Grill.

6 Von den weich gegarten Bohnen etwa ein Fünftel abnehmen und pürieren. Mit der Sahne und den Gemüsewürfeln wieder zurück in den Topf geben. Das Bohnengemüse mit Salz und Pfeffer abschmecken.

7 In die Mitte jeden Tellers Bohnengemüse geben, die Lammkarrees tranchieren und auf das Gemüse setzen, mit der Sauce umgießen und servieren. Dazu passt ein knuspriges Kartoffelgratin oder klassische Annakartoffeln (siehe Tipp).

Tipp Annakartoffeln als Beilage: Festkochende Kartoffeln schälen und in dünne Scheiben schneiden. Die Kartoffelscheiben in eine Form schichten und mit geklärter Butter (flüssigem Butterschmalz) übergießen. Die Kartoffeln im Backofen bei großer Hitze (200 bis 225° C) etwa 40 Minuten backen, bis sie gar und leicht gebräunt sind. Eventuell die Form mit Alufolie abdecken, damit die Kartoffeln nicht zu braun werden.

Weinempfehlung

Ein Lammkarree ohne einen guten Rotwein kann ich mir gar nicht vorstellen! Da das Lamm einen vergleichsweise kräftigen Eigengeschmack hat, passt es perfekt zu kräftigeren Rotweinen wie einem Cabernet Sauvignon oder Syrah. In Frankreich bekommen Sie oft zum Lamm einen Côtes-du-Rhône oder einen Gigondas serviert (das »s« beim Gigondas wird ausgesprochen).

Für Fans des Cabernet Sauvignon kann es ein eleganter Bordeaux aus dem Médoc sein, oder auch einer aus Chile bzw. Australien. Die Überseeweine haben den Vorteil, dass sie sich meist schon ein Jahr nach der Lese gut trinken lassen und dass sie fruchtiger ausgebaut sind. Mittlerweile haben wir ja auch gute Cabernet Sauvignons in Deutschland – ein solcher Wein passt natürlich auch hervorragend!

Lammrücken mit Kräuterkruste

und Sauce Foyot

Für 4 Personen

Für den Lammrücken:

1 Lammrücken (ausgelöst 600 g, die Knochen klein gehackt)
150 g Röstgemüse (Sellerie, Möhren, Lauch)
200 ml Rotwein
je 2 Zwiebeln und Tomaten, gewürfelt
2 Zweige Thymian
1 Zweig Rosmarin
Salz · Pfeffer
Öl zum Braten
180 g Butter
3 EL gemischte fein gehackte Kräuter
2 Eigelbe
60 g frische Weißbrotbrösel
1 TL Dijonsenf
Cayennepfeffer
1 Knoblauchzehe, angedrückt

Für die Sauce:

3 EL trockener Weißwein
4 EL Estragonessig
90 ml Geflügelfond (aus dem Glas)
1 Schalotte, fein gewürfelt
10 weiße Pfefferkörner, zerdrückt
frisch gehackter Estragon und Kerbel
3 Eigelbe
150 g eiskalte Butter
Salz · Cayennepfeffer
Limettensaft

1 Die gewaschenen Knochen in einem Bräter im Ofen Farbe nehmen lassen, Röstgemüse zugeben und ebenfalls Farbe nehmen lassen. Gießen Sie das Fett ab (Step a) und löschen Sie mit Rotwein und 100 ml Wasser ab. Die Flüssigkeit fast völlig einkochen, 100 ml Wasser zugießen, wieder fast völlig einkochen. 100 ml Wasser zugeben, aufkochen, Zwiebeln, Tomaten und die Hälfte der Kräuter zugeben. Zugedeckt 45 Minuten köcheln lassen.

2 Den Lammrücken salzen und pfeffern, in einem Bräter in etwas Öl beidseitig anbraten und dann, die Fettseite nach unten, bei 180° C im Ofen 30 Minuten braten. Schlagen Sie inzwischen für die Kräuterkruste die Butter gut schaumig. Kräuter, Eigelbe, Weißbrotkrumen und Senf zugeben und mit Salz, Pfeffer und Cayennepfeffer abschmecken. Die Masse ausrollen (Step b) und kühl stellen.

3 Geben Sie für die Sauce Wein, Essig, Geflügelfond, Schalotten, Pfefferkörner sowie einen Teil von Estragon und Kerbel in einen Topf. Aufkochen, um ein Drittel reduzieren, passieren, abkühlen lassen. Kurz vor Garzeitende für den Lammrücken den Rest der Kräuter und den Knoblauch zugeben. Nehmen Sie den fertigen Lammrücken aus dem Bräter und lassen Sie ihn 10 Minuten ruhen.

4 Die Lammglace aus dem ersten Arbeitsschritt durch ein feines Sieb passieren und einkochen lassen. Die Reduktion aus dem dritten Arbeitsschritt mit den Eigelben auf einem heißen Wasserbad cremig aufschlagen. Vom Wasserbad nehmen, die Butter nach und nach einrühren, die Lammglace zugeben. Würzen Sie mit Salz, Cayennepfeffer, Kräutern und Limettensaft. Die Kräuterkruste auf das Fleisch legen und unter dem heißen Backofengrill gratinieren.

a Nachdem das Röstgemüse im Ofen Farbe angenommen hat, das Fett abgießen oder abschöpfen.

b Die Buttermischung für die Kräuterkruste zwischen zwei Lagen Klarsichtfolie ausrollen.

Weinempfehlung

Lamm ist ein wunderbarer Geschmacksträger für guten Rotwein. Die Zubereitung mit dem Schmorgemüse schafft eine tolle Verbindung zu Barriquegereiften Weinen, denn die Röststoffe aus dem Gemüse verschmelzen mit den Toastingaromen vom Holzfassausbau. Zur Kräuterkruste eignet sich natürlich ein besonders kräuteriger Wein. Beispielsweise in der Provence finden Sie Weine, die im Duft an Thymian, Rosmarin und Lavendel erinnern – probieren Sie den Domaine de Trévallon! Auch Cabernet Sauvignon zeigt oft eine wunderbare Kräuterwürze. Mit einem gereiften Bordeaux oder Kalifornier liegen Sie ebenfalls goldrichtig. In den letzten Jahren sind zudem die Lemberger in Württemberg grandios gut geworden. Neben ihrer kraftvollen Art erinnern sie an einen ganzen Gewürzschrank.

Gefüllte Wildhasenkeule
mit Schokoladensauce

Für 4 Personen

Für die Wildhasenkeulen:

4 Wildhasenkeulen
Salz · frisch gemahlener Pfeffer
etwa 250 g Schweinenetz
3 EL Öl zum Braten

Für die Füllung:

1 Brötchen vom Vortag
1 Ei · 1 Schalotte
1 Knoblauchzehe
1 Apfel (z. B. Boskoop)
20 g Butter
40 g Geflügelleber
40 g Blutwurst · 50 ml Milch
fein gehackte Petersilie und
Thymian
Salz · frisch gemahlener Pfeffer
frisch geriebene Muskatnuss

Für die Schokoladensauce:

30 g Butter
40 g geräucherter Speck, gewürfelt
60 g Möhren, gewürfelt
40 g Sellerie, gewürfelt
3 Zwiebeln (240 g), gewürfelt
1 gehäufter EL Tomatenmark
400 ml kräftiger Rotwein
350 ml Wildfond (aus dem Glas)
150 ml Kalbsjus (aus dem Glas)
8 Knoblauchzehen, abgezogen
1 TL Wacholderbeeren
1 TL Pfefferkörner
1 Lorbeerblatt
4 Zweige Thymian
1 EL Senf
50 g dunkle Kuvertüre, gehackt
Salz · frisch gemahlener Pfeffer

1 Legen Sie bei den Hasenkeulen den Oberschenkelknochen mit einem Längsschnitt frei, so dass Sie ihn auslösen können und das Fleisch relativ flach ausgebreitet werden kann.

2 Würfeln Sie für die Füllung das Brötchen, geben Sie die Würfel in eine Schüssel und schlagen Sie das Ei darüber.

3 Schalotte und Knoblauch fein würfeln. Apfel schälen und in 5 mm große Würfel schneiden. Die Butter in einer Pfanne aufschäumen, Äpfel, Schalotten und Knoblauch darin anschwitzen und abkühlen lassen. Inzwischen die Geflügelleber und die Blutwurst in Größe der Äpfel würfeln. Die Milch erwärmen und zum Brötchen geben. Kurz quellen lassen.

4 Geben Sie Blutwurst, Leber und die Apfelwürfel mit den Schalotten und dem Knoblauch zum eingeweichten Brötchen und vermischen Sie alles. Die Masse mit den Kräutern und Gewürzen abschmecken.

5 Den Backofen auf 180°C vorheizen. Breiten Sie vier zum Einwickeln für das Fleisch ausreichend große Stücke Schweinenetz auf der Arbeitsfläche aus. Auf jedem Schweinenetz ein Stück Fleisch ausbreiten, die Füllung darauf verteilen, das Fleisch aufrollen, in das Schweinenetz einschlagen und die Päckchen mit Küchengarn verschnüren. Braten Sie die Hasenkeulen in einem Bräter in Öl an, dann herausnehmen und das Bratfett abgießen.

6 Für die Sauce die Butter im Bräter erhitzen. Speck, Möhren und Sellerie darin Farbe nehmen lassen, die Zwiebeln zugeben und braun braten. Das Tomatenmark etwa 2 Minuten mitrösten. Löschen Sie mit etwa 100 ml Rotwein ab. Die Flüssigkeit reduzieren, den restlichen Wein, Wildfond, Kalbsjus sowie Knoblauch, die Würzzutaten und Senf zugeben. Aufkochen und die Hasenkeulen zugeben.

7 Den Bräter in den heißen Backofen stellen und die Keulen etwa 1 Stunde schmoren. Herausnehmen und warm stellen. Die Sauce passieren, reduzieren, bis sie bindet und von der Kochstelle nehmen. Lösen Sie die Kuvertüre in der Sauce auf und schmecken Sie mit Salz und Pfeffer ab. Die Hasenkeulen mit der Sauce beträufelt servieren. Dazu passen gebratene Polenta-Taler.

Weinempfehlung

Hier kann der Rotwein gar nicht kräftig genug sein! Und auf alle Fälle sollte er auch im Barrique gereift sein. Durch den Ausbau im kleinen Eichenholzfass bekommt der Wein noch zusätzliche Aromen, wie die von gerösteten Mokkabohnen, geröstetem Toast oder Bitterschokolade – ideal zur Schokoladensauce in diesem Rezept. Oder Sie probieren mal einen Malbec aus Argentinien, einen Tannat aus Madiran (Südwestfrankreich) oder einen Nero d'Avola aus Sizilien. Wenn diese Trauben eine hohe Reife mitbringen, zeigen sie gleichzeitig auch oft eine sehr schokoladige Art.

www.gu.de/
weinempfehlung66

Hirschentrecôte mit Walnusskruste

mit Pfeffersauce

Für 4 Personen

Für die Walnusskruste:

100 g weiche Butter · 1 Eigelb
etwas flüssiger Honig
20 g gehackte Petersilie
60 g Walnusskerne, fein gehackt
30 g Semmelbrösel
frisch gemahlener weißer Pfeffer
Salz

Für das Hirschentrecôte:

600 g Hirschrücken
Salz · frisch gemahlener Pfeffer
Fett zum Anbraten

Für die Pfeffersauce:

20 g weißer Pfeffer, zerstoßen
2 EL Öl · 1 Spritzer Weinbrand
2 Scheiben Frühstücksspeck
2 Schalotten, gewürfelt
1/4 l Weißwein
1 Spritzer Aceto balsamico bianco
2 Zweige Thymian · 50 g Sahne
200 ml um die Hälfte
 eingekochter Wildfond
60 g eiskalte Butter in Stücken
Salz · frisch gemahlener Pfeffer

1 Für die Walnusskruste die
Butter schaumig rühren, das
Eigelb einarbeiten, Honig, Peter-
silie und Nüsse zugeben. Zuletzt
die Semmelbrösel unterheben.
Nach Belieben pfeffern und
salzen, dann kalt stellen. Den
Backofen auf 160° C vorheizen.

2 Salzen und pfeffern Sie den
Hirschrücken. In einem Bräter
etwas Fett erhitzen und den
Hirschrücken darin rundum anbraten. Den Bräter in den heißen
Backofen stellen und das Fleisch
darin 20 bis 30 Minuten garen.

3 Inzwischen für die Sauce den
Pfeffer im heißen Öl leicht rösten,
mit Weinbrand ablöschen und
flambieren. Geben Sie Speck
und Schalotten dazu und braten
Sie sie leicht an. Weißwein,
wenig Aceto balsamico und
den Thymian zugeben. Die Flüssigkeit vollständig einkochen.

4 Sahne und die Wildgrundsauce
zugießen. Sauce etwas reduzieren
und mit der kalten Butter binden.
Mit Pfeffer und Salz würzen und
die Sauce abgedeckt warm halten.
Entfernen Sie den Thymian vor
dem Servieren.

5 Bräter aus dem Ofen nehmen,
diesen abschalten. Die Walnuss-
masse auf dem Fleisch verteilen.
Den Bräter wieder in den Ofen
stellen, damit das Fleisch noch
etwas ruhen kann und die Kruste
einen schönen Schmelz bekommt
(5 bis 10 Minuten reichen aus).

Tipp Dazu passt gut Steck-
rübengemüse: Dafür 150 g Sahne
und 50 g Butter aufkochen,
1 EL gehackte Petersilie sowie
etwas frischen Thymian zugeben
und mit Salz und Muskatnuss
abschmecken. Mit dem Pürierstab
aufschäumen und 300 g Steck-
rübenstifte darin gar ziehen lassen.

Weinempfehlung

Wild verlangt nach wirklich fleischigen und vollmundigen Rotweinen,
etwa nach einem Shiraz aus Australien – der riecht schon nach Wild und
vor allem nach Pfeffer! An dem pfeffrigen Aroma erkennen Sie sogleich,
dass es sich um einen Shiraz oder – auf Französisch – Syrah handelt.
Ein Cornas oder St. Joseph – Syrahs von der Rhône – sind noch erschwing-
lich, und sie harmonieren großartig mit dem Hirsch. Die australischen
Shiraz wirken hingegen weicher und fruchtiger. Der große Vorteil dieser
Weine ist auch, dass sie ein Jahr nach der Lese schon prima zu trinken sind.

www.gu.de/
weinempfehlung67

Gebratene Rehkeule
mit Wacholdersauce

Für 4 Personen

Für die gebratene Rehkeule:
1 Rehkeule (1,4–1,6 kg, ggf.
  vom Metzger ausgelöst
  und in zwei Stücke geteilt)
Salz · frisch gemahlener Pfeffer
Öl zum Anbraten

Für die Wacholdersauce:
400 ml um die Hälfte
  eingekochter Wildfond
1 kleine Zwiebel (50 g)
2 EL Wacholderbeeren
1 Scheibe grüner Speck,
  ungesalzen und ungeräuchert
  (etwa 30 g)
1 EL eingekochte Preiselbeeren
abgeriebene Schale von je 1 Bio-
  Zitrone und 1 Bio-Orange
2 Zweige Thymian
2 cl Gin
50 g eiskalte Butter in Stücken

Außerdem:
Alufolie

1 Den Ofen auf 220° C vorheizen. Lösen Sie die Rehkeule aus und teilen Sie sie in zwei Stücke, wie in der Bildfolge unten gezeigt. Alternativ die Keule bereits vom Metzger auslösen lassen. Das Fleisch kalt abwaschen und gut trocken tupfen, rundherum mit Salz und Pfeffer einreiben und mit Küchengarn rund binden.

2 Erhitzen Sie Öl in einem Bräter und braten Sie das Fleisch darin rundum goldbraun an. Bräter in den heißen Ofen schieben die Keule 45 Minuten garen. Dann das Fleisch in Alufolie gewickelt bis zur weiteren Verwendung auf dem Rost im ausgeschalteten Backofen ruhen lassen.

3 Für die Sauce die Zwiebel schälen und fein würfeln. Drücken Sie die Wacholderbeeren im Mörser an. Die Zwiebelwürfel mit der Speckscheibe im Bratansatz vom Fleisch anschwitzen.

4 Preiselbeeren, Zitronen- und Orangenschale, Thymianzweige und die Wacholderbeeren zugeben und kurz mit anschwitzen. Mit der Wildgrundsauce auffüllen, alles aufkochen und offen bei starker Hitze etwas reduzieren.

5 Würzen Sie die Sauce mit Salz und Pfeffer und gießen Sie sie durch ein feines Sieb in einen Topf. Mit dem Gin abschmecken. Die Kochstelle ausschalten und nach und nach die kalten Butterstücke in die Sauce einrühren, so dass sie schön bindet. Die Sauce soll keinesfalls mehr kochen!

6 Die Rehkeulenstücke aus der Alufolie nehmen und mit einem scharfen Messer in gleichmäßige Tranchen schneiden. Richten Sie die Scheiben auf vorgewärmten Tellern an und umgießen Sie das Fleisch mit Wacholdersauce. Dazu passen Rotkohl und Schupfnudeln mit Mohn.

a Den Beckenknochen mit dem Messer anlösen und mit Schnitten gegen den Knochen aus dem Fleisch und dem Gelenk lösen.

b Den Oberschenkelknochen in seinem Verlauf ertasten, das Fleisch entlang dem Knochen aufschneiden und den Knochen freilegen.

c Den Oberschenkelknochen in der Gelenkkapsel vom Unterschenkel trennen. Die Keule in zwei Stücke schneiden.

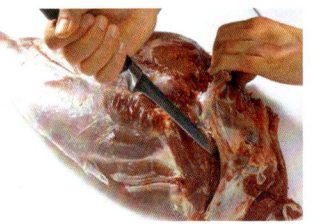
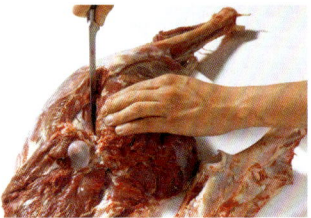
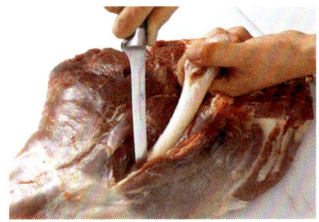

Weinempfehlung

Wenn Sie zur Rehkeule einen Barrique-gereiften Lemberger probieren, haben Sie den Eindruck, dass die Engel auf der Zunge tanzen. Der Holzfassausbau bringt dem Wein oft Aromen von ätherischen Ölen, die perfekt zu den Zitrusfrüchten in der Sauce passen. Lemberger ist für mich die Rebsorte der Zukunft. Kaum ein anderer Wein erinnert an so viele Gewürze. Wacholder, Muskatnuss, Thymian …

Sie stecken Ihre Nase in den Lemberger und werden sich daran nicht satt riechen können.
Ebenfalls passend, etwas mächtiger und mit mehr Alkohol ist ein Pinotage aus Südafrika, eine Kapeigene Kreuzung aus Pinot Noir und Cinsault. Pinotage könnte man wirklich als maskulin und fleischig umschreiben! Und der Wein hat eine Art »au goût« – wie die Wildgerichte.

Desserts

Mousse au chocolat

Für 4 Personen

150 g Edelbitter-Schokolade
   (70 % Kakao)
2 ganz frische Eier (Größe L)
2 EL Puderzucker
1 Msp. gemahlener Zimt
100 g kalte Sahne

Außerdem:
Schokoröllchen oder
   geraspelte weiße Schokolade zum Garnieren

1 Von der Schokolade etwa
2 EL fein reiben und beiseitestellen. Brechen Sie die übrige
Schokolade in Stücke und
lassen Sie sie über einem nicht
zu heißen Wasserbad schmelzen. Die Schokolade dann auf
Handwärme abkühlen lassen
und dabei ab und zu umrühren.

2 Die Eier trennen. Rühren Sie
die Eigelbe mit 1 EL Puderzucker
und dem gemahlenen Zimt mit
einem Schneebesen dickcremig
und weißschaumig.

3 Die gerade noch flüssige Schokolade mit dem Schneebesen
gleichmäßig unter die Eigelbcreme ziehen.

4 Die Eiweiße steif schlagen,
dabei 1 EL Puderzucker einstreuen. Den festen Eischnee
unter die Schokocreme ziehen.
Schlagen Sie die Sahne steif
und heben Sie diese zusammen
mit der geriebenen Schokolade
unter die Creme.

5 Die Mousse in Dessertschalen
füllen und zugedeckt im Kühlschrank in etwa 4 Stunden fest
werden lassen.

6 Nehmen Sie die Mousse au
chocolat 30 Minuten vor dem
Servieren aus dem Kühlschrank.
Mit Schokoröllchen oder
geraspelter weißer Schokolade
garnieren.

Weinempfehlung

Banyuls! Dieser rote Dessertwein aus dem Roussillon
riecht und schmeckt bereits wie flüssige Schokolade.
Er erinnert ein wenig an Portwein, wirkt aber noch
schokoladiger, noch verführerischer und etwas verspielter. Ich sollte Sie aber vorwarnen: Banyuls hat
meist etwa 16 Volumenprozent Alkohol – und kann
schnell in den Kopf steigen oder in die Knie gehen.
Während früher die Regel galt, dass mit Ausnahme
des Banyuls kein Wein zur Schokolade passt, erleben wir mittlerweile ganz viele außergewöhnliche
Kombinationen: Zur Mousse au chocolat können Sie beispielsweise auch einen Spätburgunder
Rotwein Beerenauslese aus Deutschland nehmen.
Viele Kellermeister bauen diese zudem im kleinen
Eichenholzfass aus, welches sich mit der dunklen
Schokolade perfekt verbindet.

Rote Beerengrütze

Für 4 Personen

500 g gemischte rote Beeren
(Erdbeeren, Himbeeren,
Johannisbeeren) und Kirschen
1/4 l roter Traubensaft
4 EL Zucker
2 EL Speisestärke
200 g saure Sahne
einige Blättchen Zitronenmelisse
zum Garnieren

1 Die Beeren waschen und putzen, die Kirschen waschen und entsteinen. Halbieren oder vierteln Sie große Erdbeeren.

2 Die Beeren und Kirschen mit dem Traubensaft in einen möglichst hohen Topf geben (Vorsicht, die Grütze spritzt) und alles einmal aufkochen lassen. Streuen Sie den Zucker ein und lassen Sie die Beeren offen 10 Minuten sprudelnd kochen, dabei öfter umrühren.

3 Die Stärke mit etwa 1/2 Tasse kaltem Wasser glatt anrühren, zu den Beeren gießen und unter kräftigem Rühren nochmals aufkochen lassen.

4 Verteilen Sie die Grütze auf Portionsschälchen und stellen Sie sie für etwa 1 Stunde kühl. Zum Servieren die saure Sahne glatt rühren und über die Grütze verteilen. Mit Zitronenmelisseblättchen garnieren.

Variante Grüne Grütze mit Granny-Smith-Äpfeln, Kiwis, kernlosen Weintrauben und Netzmelone: 500 g grüne Früchte waschen und putzen (Apfel, Weintrauben) oder schälen (Kiwis, Netzmelone) und das Fruchtfleisch klein schneiden. Halten Sie 3/4 l Birnensaft bereit. Verquirlen Sie etwa 100 ml davon mit 3 EL Speisestärke. Den restlichen Birnensaft mit 75 g braunem Zucker in einen Topf geben. 1 walnussgroßes Stück Ingwer schälen und dritteln, mit 1 Stück Schale einer Bio-Zitrone in den Topf geben. Lassen Sie das Ganze langsam aufkochen, geben Sie die Früchte hinein und lassen Sie alles 2 Minuten köcheln. Die angerührte Stärke dazugießen und alles noch 3 Minuten bei milder Hitze garen, bis die Flüssigkeit dicklich ist. Ingwer und Zitronenschale entfernen, die Fruchtmasse in eine kalt ausgespülte Schüssel füllen, etwas abkühlen lassen, dann abgedeckt 2 Stunden kalt stellen.

Weinempfehlung

So ganz süß braucht der Wein hier nicht zu sein, schließlich steht bei einer Grütze das Beerige und nicht so sehr die Süße im Vordergrund. Erfrischend und leicht wirkt zu diesem Dessert ein Rosésekt. Diese Sekte duften nach Beeren – Himbeeren, Johannisbeeren oder Brombeeren –, und sie sind in der Regel auch wenig säurebetont.
Wer gerne Dessertweine mag, dem kann ich auch einen Weißherbst Auslese ans Herz legen. Die Auslese kommt nicht allzu kompakt daher, und sie ist damit wie für die Beerengrütze komponiert.

www.gu.de/
weinempfehlung68

Flambierte Bananen

Für 4 Personen

2 Bio-Orangen
12 kleine Bananen (etwa 600 g)
70 g Butter
80 g brauner Zucker
Saft von 1 Limette
4 cl Grand Marnier oder ein
  anderer Orangenlikör
1 cl Arrak oder Rum
Ananasminze oder Zitronenmelisse zum Garnieren

1 Die Orangen sorgfältig mit heißem Wasser waschen und mit einem Tuch trocken reiben. Von 1 Orange die Schale mit einem scharfen Messer hauch-dünn abschälen. Achten Sie darauf, dass nichts von der weißen Haut mitabgeschält wird.

2 Die Orangenschale in feine Streifen schneiden. Beide Orangen auspressen. Saft durch ein feines Sieb gießen; bis zur weiteren Verwendung beiseitstellen.

3 Schälen Sie die Bananen und halbieren Sie sie längs. 40 g Butter in einer Flambierpfanne oder in einer Edelstahlpfanne mit hohem Rand zerlassen.

4 Die Bananenhälften darin bei starker Hitze von beiden Seiten braten. Bananen mit Bratfond aus der Pfanne auf eine Platte geben und warm stellen.

5 Die restliche Butter in der Pfanne zerlassen. Geben Sie die Orangenschalenstreifen und den Zucker zu. So lange rühren, bis der Zucker geschmolzen, aber nicht gebräunt ist. Mit dem Orangen- und dem Limettensaft ablöschen (Vorsicht: Spritzgefahr) und die Sauce bei starker Hitze 2 bis 3 Minuten einkochen lassen.

6 Gießen Sie Orangenlikör und Arrak oder Rum in die Pfanne. Die Pfanne etwas schräg halten und ein Feuerzeug oder ein ange-zündetes Streichholz an den Rand

der Pfanne halten – der Funken springt schnell über und setzt den Alkohol in Flammen. (Achten Sie darauf, dass sich in diesem Moment weder Gesicht noch Haare über der Pfanne befinden, denn die Flammen schlagen sofort hoch.) Die Flamme aus-brennen lassen.

7 Geben Sie die gebratenen Bananenhälften zusammen mit dem Bratfond in die Pfanne zurück und erhitzen Sie sie gut in der Flüssigkeit.

8 Die Bananen auf Tellern anrichten und mit einigen Blättchen Ananasminze oder Melisse garnieren.

Tipp Bestreuen Sie die Bananen vor dem Servieren mit gerösteten Mandelblättchen, und servieren Sie sie außerdem mit einer Kugel Vanilleeis pro Portion.
Auf die gleiche Art können Sie andere in Stücke geschnittene Früchte, beispielsweise Ananas oder Mango, zubereiten.
Zum Flambieren eignen sich auch Weinbrand, Whisky, Gin, Wodka, Kirsch- oder Zwetschgenwasser, Himbeergeist, Birnenschnaps oder Calvados. Entscheidend ist der Alkoholgehalt. Spirituosen mit mehr als 40 Prozent Alko-holvolumen sind zum Anzünden geeignet – je höher der Alkohol-gehalt, desto besser.

Weinempfehlung

Zu einem richtigen Traum werden die flambierten Bananen mit einem Muscat! Er bringt die passende Süße mit, duftet nach Orangenblüten und Honig. Es gibt ja verschiedene Muskatsorten, die unterschiedlich stark im Bukett ausfallen. Zu den hochwertigsten gehört der Muscat à petits grains, der auch als Grundlage für den Muscat de Beaumes-de-Venise dient, ein Wein, der zu den wunderbarsten Weinspezialitäten gehört, die an der Rhône wachsen. Alternativ passen auch Tokajerweine hervorragend zu den flambierten Bananen.

www.gu.de/
weinempfehlung69

Erdbeer-Orangen-Salat
mit Balsamico-Sabayon

Für 4 Personen

Für den Erdbeer-Orangen-Salat:

3 Orangen, davon
  1 mit Bio-Qualität
60 g Zucker
400 g Erdbeeren
6–8 große Basilikumblätter

Für das Sabayon:

80 ml weißer Portwein
3 Eigelbe
30 g Zucker
1–2 EL Aceto balsamico

1 Für den Erdbeer-Orangen-Salat die Bio-Orange heiß waschen und trocken reiben. Ziehen Sie mit einem Zestenreißer die Schale in Streifen ab (Step a). Halbieren Sie die Orange und pressen Sie sie aus.

2 Die restlichen Orangen filetieren. Dazu die Schale so großzügig abschneiden, dass keine weiße Haut mehr an der Frucht bleibt. Die Filets herausschneiden, den Saft dabei auffangen (Step b). Die verbleibenden Fruchthäute mit den Fingern ausdrücken und den Saft ebenfalls auffangen. Mischen Sie den aufgefangenen Saft mit dem ausgepressten Orangensaft.

3 100 ml Orangensaft abmessen und diesen in einem kleinen Topf mit dem Zucker und den Orangenschalenstreifen bei mittlerer Hitze erwärmen, bis sich der Zucker aufgelöst hat. In eine Schüssel geben und vollständig abkühlen lassen.

4 Waschen Sie die Erdbeeren, entkelchen Sie sie und halbieren oder vierteln Sie die Früchte. Mit den Orangenfilets und dem Orangensaft mischen.

5 Das Basilikum in sehr feine Streifen schneiden und etwa zwei Drittel davon unter den Obstsalat heben. Lassen Sie die Erdbeeren abgedeckt mindestens 30 Minuten marinieren.

6 Inzwischen für das Balsamico-Sabayon den Portwein, die Eigelbe und den Zucker in einen Schlagkessel geben und mit einem Schneebesen verrühren. Über einem heißen Wasserbad dickcremig bis kurz vor den Kochpunkt aufschlagen. Mit dem Aceto balsamico aromatisieren.

7 Richten Sie den Erdbeer-Orangen-Salat mit dem Sabayon an und bestreuen Sie ihn mit den restlichen Basilikumstreifen.

a Die Bio-Orange heiß waschen, trocken reiben, mit einem Zestenreißer die Schale in Streifen abziehen.

b Das Fruchtfleisch von den Trennhäutchen abschneiden, den dabei abtropfenden Saft auffangen.

Weinempfehlung

Hierzu den richtigen Wein zu finden, ist wirklich eine Herausforderung! Die Erdbeeren würden von einem sehr leichten Dessertwein wie einer restsüßen Auslese am besten begleitet werden. Diese hat aber zum Sabayon keine Chance. Zu Orangen ist dagegen der Muscat einfach ein Knaller, vor allem wenn er nach Orangen und Orangenblüten duftet. Einen solchen Wein empfehle ich zu diesem Dessert.

Hervorragende Muscatweine bekommen Sie unter anderem aus Griechenland, etwa von der Insel Samos, von Santorini, Kephalonia oder aus Patras. Längst ist griechischer Wein mehr als nur Retsina. Der Weinbau in diesem Land hat sich in den letzten Jahren enorm entwickelt.
Alternativ können Sie auch gerne einen deutschen Muskateller als Beerenauslese dazu kombinieren.

Bayerische Creme
mit Erdbeerpüree

Für 6 Personen

Für die Bayerische Creme:
1 dicke Vanilleschote
400 ml Milch
6 Blatt weiße Gelatine
4 sehr frische Eigelbe
  (Größe M)
70 g Zucker
200 g Sahne

Für das Erdbeerpüree:
500 g Erdbeeren
etwa 3 EL Puderzucker
1 EL Orangenlikör
  oder Erdbeersaft

1 Für die Creme die Vanilleschote längs aufschlitzen. Das Mark mit dem Messerrücken herausschaben. Die Schotenhälften quer durchschneiden und mit dem Mark und der Milch in einen Topf geben. Heiß werden lassen.

2 Lassen Sie die Gelatine in einer Schüssel von kaltem Wasser bedeckt 10 Minuten stehen, bis die Blätter weich werden.

3 Für das heiße Wasserbad eine Metallschüssel mit rund gewölbtem Boden in einen Topf mit Wasser setzen und erhitzen. Geben Sie Eigelbe und Zucker in die Schüssel und rühren Sie die Mischung mit dem Schneebesen schaumig. Die Vanilleschote aus der Milch fischen. Dann die Milch zur Eigelbcreme fließen lassen dabei immer kräftig rühren, bis die Creme warm und dickflüssig wird. (Wenn Sie sich das heiße Wasserbad sparen möchten: siehe Tipp).

4 Für ein kaltes Wasserbad in eine große Schüssel kaltes Wasser mit ein paar Eiswürfeln geben. Metallschüssel mit der Eigelbcreme hineinstellen. Die Gelatineblätter nach und nach abtropfen lassen und einzeln unter die jetzt noch warme Creme rühren, bis sie sich auflösen. Rühren Sie die Creme noch ein paar Minuten im kalten Wasserbad weiter, bis sie handwarm ist.

5 Jetzt die Sahne steif schlagen, auf die Vanillecreme häufen und mit dem Schneebesen unter die Creme heben. Sechs Förmchen (je 200 ml Inhalt) kalt ausspülen und kurz abtropfen lassen. Füllen Sie die Creme ein und stellen Sie sie für mindestens 4 Stunden in den Kühlschrank.

6 Für das Erdbeerpüree die Beeren vorsichtig waschen und putzen. Beeren würfeln und mit dem Puderzucker und dem Orangenlikör oder Erdbeersaft mit einer Gabel sehr fein zerdrücken. Das Püree nach Belieben durch ein feines Sieb streichen.

7 Vor dem Servieren lösen Sie die Creme mit einem Messer vom Rand der Förmchen. Auf jedes Förmchen umgedreht einen Teller legen, beides zusammen umdrehen und die Creme auf den Teller gleiten lassen. Mit dem Erdbeerpüree umgießen.

Tipp Wer die Creme ohne heißes Wasserbad zubereiten möchte, braucht Gefühl in Sachen Hitze: Die Eigelbe mit dem Zucker in einem Topf schaumig rühren. Die heiße Milch dazufließen lassen, dabei immer kräftig rühren. Die Creme bei schwacher Hitze langsam erwärmen, bis sie dickflüssig wird. Dabei rühren und vor allem nicht kochen lassen, sonst gerinnen die Eigelbe. Weiterverfahren wie im Rezept beschrieben.

Weinempfehlung

Insgesamt kommt diese Bayerische Creme mit Erdbeeren eher fruchtig und nicht allzu kompakt süß daher. So passt ein schlanker und ebenfalls fruchtbetonter Dessertwein perfekt dazu. Nirgendwo auf der Welt gibt es so feine und leichte Süßweine wie in Deutschland; sie haben oft Alkoholgehalte von weniger als 10 Volumenprozent. Und dann auch noch dieses Rebsortenspektrum! Eine Scheurebe oder eine Rieslaner Auslese rundet das Dessert wunderbar ab. Beides sind Kreuzungen aus den Rebsorten Riesling und Silvaner, und sie bringen eine sehr lebendige frische Säure mit und ein Bukett – klar mit exotischer Frucht. In Österreich finden Sie die Scheurebe unter dem Namen »Sämling«. Vor allem am Neusiedlersee bekommen Sie diese Rebsorte zu wunderbaren Dessertweinen ausgebaut.

Panna cotta
mit Orangensauce

Für 4 Personen

1 Vanilleschote
500 g Sahne
50 g Zucker
3 Blatt weiße Gelatine
2 Orangen
1 EL Zitronensaft
1 EL Ahornsirup (ersatz-
   weise milder Honig)
gemahlene Nelken

1 Schlitzen Sie die Vanilleschote längs auf und schaben Sie das Mark heraus. Ausgeschabte Schoten und das Vanillemark mit 400 g Sahne und Zucker in einem Topf warm werden lassen. Dann die Vanillesahne offen bei mittlerer Hitze etwa 10 Minuten leicht kochen lassen, dabei ab und zu umrühren.

2 Während die Sahne kocht, die Gelatine in einer Schüssel mit kaltem Wasser bedecken und etwa 10 Minuten einweichen. Holen Sie die Gelatineblätter nacheinander aus dem Wasser, drücken Sie sie leicht aus und rühren Sie sie unter die heiße Vanillesahne, bis sie sich aufgelöst haben.

3 Die Vanillesahne abkühlen lassen und anschließend für etwa 30 Minuten kalt stellen, bis sie anfängt, fest zu werden.

4 Schlagen Sie die restliche Sahne steif, häufen Sie sie auf die Sahnecreme und heben Sie sie locker unter.

5 Die Creme in vier Förmchen (je etwa 150 ml) füllen und etwa 4 Stunden kalt stellen. Panna cotta mit einem Messer vom Rand lösen und auf Teller stürzen.

6 Schälen Sie die Orangen so, dass auch die Fruchthaut der einzelnen Segmente mit abgeschnitten ist. Die Fruchtfilets aus den Trennhäutchen schneiden und die Kerne entfernen.

7 Das Orangenfleisch würfeln und mit Zitronensaft und dem Ahornsirup fein pürieren. Mit 1 kleinen Prise gemahlener Nelken abschmecken. Zum Anrichten die Orangensauce neben die Panna cotta löffeln.

Weinempfehlung

Panna Cotta mit einem Glas Vin Santo – das lässt sich nicht toppen. Ich würde einen aus der Toskana wählen. Der »heilige Wein« wird aus den Rebsorten Trebbiano und Malvasia hergestellt, aber auf eine besondere Art und Weise: Nach der Lese werden die Trauben getrocknet; in der klassischen Variante geschieht dies auf Strohmatten unterm Dach. Die Trauben rosinieren dabei, und die Zuckerkonzentration steigt. Dann werden die Trauben gekeltert. Der Wein reift in kleinen Eichenfässern. Es gibt sehr fruchtige und relativ trocken ausgebaute Varianten. Typisch ist der Duft von Honig, Rosinen, Aprikosen und Ahornsirup. Letzterer ist häufig auch bei deutschen Beerenauslesen anzutreffen; Sie können sich daher auch für einen Ruländer (Grauburgunder) oder Muskateller als Beerenauslese entscheiden.

Crème brûlée
mit Orangensauce

Für 4 Personen

Für die Crème brûlée:
1/2 l Milch
4 Eigelbe
125 g Zucker
60 g Speisestärke
100 ml frisch gepresster
  Orangensaft
100 g Schmand
Butter für die Form

Für die Orangensauce:
1 Stück frischer Ingwer
  (etwa 1/2 cm)
200 ml frisch gepresster
  Orangensaft
50 g Aprikosenkonfitüre
1 TL Zitronensaft
2–3 Tropfen Orangenblüten-
  wasser (aus der Apotheke)
4 Blättchen Zitronenmelisse

1 Den Backofen auf 200° vorheizen. Eine flache ofenfeste Form
einfetten. Die Milch aufkochen
lassen. Inzwischen die Eigelbe mit
100 g Zucker und der Speisestärke
glatt rühren. Rühren Sie die heiße
Milch portionsweise ein.

2 Die Mischung zurück in den
Topf gießen, unter ständigem
Rühren aufkochen lassen und
anschließend sofort von der
Kochstelle nehmen.

3 Mischen Sie den Orangensaft und den Schmand unter.
Die Masse in die Form füllen,
mit dem restlichen Zucker bestreuen und im Ofen auf der
oberen Schiene etwa 15 Minuten
backen. Herausnehmen und
etwa 1 Stunde abkühlen lassen.

4 Für die Orangensauce den
Ingwer schälen und reiben.
Verrühren Sie den Ingwer
mit dem Orangensaft und der
Aprikosenkonfitüre und lassen
Sie die Mischung aufkochen.

5 Die Sauce in 5 bis 7 Minuten
um die Hälfte einkochen lassen,
mit Zitronensaft und Orangen-
blütenwasser abschmecken.

6 Die Zitronenmelisse waschen
und trocken schütteln und
die Sauce damit dekorieren.
Servieren Sie die Crème brûlée
mit der Orangensauce.

Weinempfehlung

In Spanien bekommen Sie diesen großen Dessert-
klassiker unter der Bezeichnung Crema Catalan.
Dort reicht man einen »vino dulce« dazu, zum Beispiel einen herrlichen Moscatel aus Alicante. Diese
warten mit relativ wenig Alkohol für so eine heiße
Region auf! Vor allem bringen sie viel Frucht mit
– an getrocknete Aprikosen, Orangen und Honig erinnernd. Übrigens kann ein spanischer »vino dulce«
nicht nur in Weiß, sondern auch in Rosé oder Rot
angeboten werden.
Eine wunderbare Alternative ist ein Vouvray von
der Loire. Der feine Dessertwein wird aus der
Chenin-Blanc-Traube gewonnen und duftet intensiv
nach Honig und Nektar! Unter Kennern gehört
der Vouvray zu den hochwertigsten Dessertweinen,
und er verfügt über eine unglaubliche Langlebigkeit.

Tiramisu

Für 4 Personen

3 Eigelbe
1 EL Vanillezucker
80 g Puderzucker
400 g Mascarpone
5 EL Amaretto oder 3 Tropfen
  Bittermandelaroma
120 g Löffelbiskuits
1/4 l starker Espresso

Außerdem:
1 viereckige Form
1 EL Kakaopulver zum Bestauben

1 Die Eigelbe und den Vanillezucker in eine Rührschüssel
geben. Sieben Sie den Puderzucker darüber und rühren Sie
alles mit dem Mixer zu einem
dicken Schaum.

2 Den Mascarpone mit dem
Amaretto oder dem Bittermandelaroma glatt rühren. Die Eiermasse dazugeben und unter den
Mascarpone ziehen.

3 Ziehen Sie die Löffelbiskuits
kurz durch den Espresso und
legen Sie den Boden der Form
damit aus. Darauf eine Schicht
Mascarponecreme streichen. Das
Einschichten in dieser Weise fortsetzen, bis Biskuits und Creme
aufgebraucht sind. Die letzte
Schicht soll aus Creme bestehen.

4 Das Tiramisu abgedeckt etwa
3 Stunden in den Kühlschrank
stellen. Bestauben Sie es erst
unmittelbar vor dem Servieren
mit reichlich Kakaopulver.

Variante Tiramisu mit
grünem Tee: Für 4 Personen
3 TL grünes japanisches Macha-
Teepulver (aus dem Tee- oder
Asienladen) in eine große Tasse
geben, mit 1/4 l heißem Wasser
aufgießen und abkühlen lassen.
Inzwischen 2 EL Macha-Teepulver in 50 ml naturtrübem
Apfelsaft auflösen, mit Mascar-

pone und 3 EL Zucker verrühren.
Die Eiermasse wie im Rezept
links beschrieben zubereiten
und unter den Mascarpone
ziehen. Die Löffelbiskuits kurz
durch den Tee ziehen und den
Boden der Form damit auslegen.
Das Einschichten in dieser Weise
fortsetzen, bis die Löffelbiskuits
und die Creme aufgebraucht sind.
Die letzte Schicht soll aus Creme
bestehen. Abgedeckt 3 Stunden
kalt stellen. Nach Belieben mit
Macha-Teepulver bestreuen.

Tipp Für eine leichte Version
statt Mascarpone 200 g Sahne-
quark und 200 g steif geschlagene
Sahne verwenden.
Köstlich zu Tiramisu schmeckt
Mangosauce: 1 Mango waschen,
schälen, vom Stein befreien
und das Fruchtfleisch würfeln.
Mit 2 EL Honig oder Puderzucker, Saft von 1 Limette und
3 EL Wasser pürieren.

Weinempfehlung

Klassisch zum Tiramisu: ein Gläschen Amaretto und einen Espresso dazu.
Und wenn es ein Wein sein soll, ist hier meine erste Wahl natürlich ein
italienischer Dessertwein. Ideal passt dazu der Passito di Pantelleria von der
kleinen Vulkaninsel gleichen Namens südwestlich von Sizilien. Als »passito«
werden Weine aus rosinierten (getrockneten) Trauben bezeichnet. Grundlage für den süßen Wein ist Muscat bzw. Zibibbo, wie die Rebsorte auf
Pantelleria genannt wird. Neben seinem Aroma von Rosinen hat der Passito
di Pantelleria auch eine wunderbar würzige Art.

www.gu.de/
weinempfehlung70

Glasierte Quitten und Strudelplätzchen
mit Ricottacreme

Für 4 Personen

Für die Ricottacreme:
200 g Ricotta · 80 g Crème fraîche
Salz · Cayennepfeffer
Akazienhonig

Für die glasierten Quitten:
2 Quitten · 40 g Butter
80 g Puderzucker
1–2 EL Apfelsaft · 2 EL Weißwein

Für den Knusper:
150 g Strudelteig (Kühlregal)
Fett zum Frittieren
1 Ei · grobes Meersalz

1 Für die Ricottacreme verrühren Sie die Ricotta mit der Crème fraîche und schmecken die Creme dann mit Salz, Cayennepfeffer sowie etwas Akazienhonig ab.

2 Für die glasierten Quitten die Früchte schälen, halbieren und das Kerngehäuse mit einem spitzen Obstmesser keilförmig herausschneiden. Die Quittenhälften der Länge nach in gleichmäßig dicke Spalten schneiden.

3 In einer Kasserolle die Butter zerlassen und die Quittenspalten in der heißen Butter beidseitig leicht Farbe nehmen lassen. Mit Puderzucker bestauben und diesen karamellisieren lassen. Die Quitten mit Apfelsaft und Wein ablöschen und zugedeckt in gut 5 Minuten weich köcheln. Den Topf vom Herd nehmen und zugedeckt beiseitestellen.

4 Breiten Sie den Strudelteig vorsichtig auf einer leicht bemehlten Arbeitsfläche aus. Aus dem Strudelteig mit einem runden Ausstecher von etwa 7 cm Durchmesser insgesamt 36 Kreise ausstechen. Das Frittierfett auf 140° C erhitzen.

5 Das Ei verquirlen, zwölf Teigkreise damit dünn bestreichen, mit wenig Meersalz bestreuen. Auf jeden einen weiteren Teigkreis legen, ebenfalls dünn mit Ei bestreichen und salzen. Überall ein drittes Teigstück auflegen und mit den Fingern leicht andrücken. Die zwölf geschichteten Teigböden nacheinander im heißen Fett goldgelb frittieren und auf Küchenpapier entfetten.

6 Vier Dessertteller bereitstellen. Auf jeden Teller aus Ricottacreme und Strudelteig einen kleinen Turm schichten. Beginnen Sie jeweils mit Creme und schließen Sie mit Strudelteig ab. Verwenden Sie je drei Strudelplätzchen pro Teller. Die oberste Strudelschicht mit etwas Cayennepfeffer bestauben. Die Quittenspalten darum herum anrichten und das Dessert sofort servieren.

Weinempfehlung

Hmm, und dazu eine Beerenauslese vom Grauen Burgunder oder, wie er früher hieß, Ruländer. 2011 feiert er in Deutschland sein 300-jähriges Bestehen. Vielleicht rückt er dann wieder mehr in den Mittelpunkt. Lange Zeit stand der deutsche Grauburgunder leider im Schatten des italienischen Pendants Pinot Grigio. Die Beerenauslese wird aus von Botrytis befallenen, edelfaulen Trauben gewonnen.

Die Weine erinnern im Duft unter anderem an Honig, Ahornsirup, Karamell. Teils bringt die Botrytis einen leichten, durchaus erwünschten Bitterton mit, welcher gut mit den Quitten harmoniert. Ein Geheimtipp zu dem Dessert ist für mich persönlich ein Sémillon Late Harvest aus dem Hunter Valley in Australien. Er duftet oft nach Quitten und Karamell – der Hammer zu diesem Dessert!

Schneebällchen
mit Vanille-Karamell-Sauce

Für 4 Personen

Für die Vanille-Karamell-Sauce:
1 Vanilleschote
400 ml Milch
60 g Zucker
200 g Sahne
4 Eigelbe
15 g Speisestärke

Für die Schneebällchen:
4 Eiweiße · Salz
80 g gesiebter Puderzucker

1 Für die Sauce halbieren Sie die Vanilleschote der Länge nach und kratzen das Mark heraus. Von der Milch 8 EL abnehmen und beiseitestellen. Restliche Milch mit Vanilleschote und -mark aufkochen. Zugedeckt auf der ausgeschalteten Kochstelle 10 Minuten ziehen lassen.

2 Den Zucker und 6 EL Wasser in einem kleinen Topf mit schwerem Boden aufkochen und unter gelegentlichem Schwenken (nicht rühren!) bei mittlerer Hitze zu goldbraunem Karamell kochen. Von der Kochstelle nehmen, Sahne zugeben und rühren, bis der Karamell gelöst ist. Unter die Vanillemilch rühren.

3 Verquirlen Sie die Eigelbe mit der abgenommenen Milch und Stärke. Vanille-Karamell-Milch aufkochen, Vanilleschote entfernen. Eigelbmischung durchrühren und unter Rühren mit einem Schneebesen unter die kochende Vanille-Karamell-Milch schlagen. Unter Rühren erhitzen, bis die Sauce bindet; sie darf nicht kochen! Die Sauce in eine Schüssel umfüllen und in einem Eiswasserbad kalt schlagen.

4 Für die Schneebällchen die Eiweiße mit 1 Prise Salz steif schlagen, bis die Masse glänzt, dabei nach und nach den Puderzucker zugeben. Kochen Sie in einem weiten Topf reichlich Wasser und halten Sie es siedend. Vom Eischnee mit zwei nassen Esslöffeln Nocken abstechen, mit den Löffeln formen und mit Abstand zueinander in das siedende Wasser geben. Die Nocken zugedeckt 3 Minuten garen, bis sie aufgegangen sind. Die Schneebällchen mit einer Schaumkelle herausheben, kurz abtropfen lassen und dann sofort mit der Karamellsauce anrichten.

Weinempfehlung

Dieses Dessert ist in Frankreich der absolute Klassiker! Probieren Sie dazu unbedingt ein Glas Barsac! Wie der zweifellos bekanntere Nachbar Sauternes ist auch dies ein Dessertwein aus der Bordeaux-Region, und zwar ebenfalls einer von absolutem Weltruf! Beide Weine werden als Cuvée der Rebsorten Sémillon, Sauvignon Blanc und Muscadelle ausgebaut. Sie reifen im kleinen Eichenholzfass, bringen meist einen höheren Alkoholgehalt mit und schmecken nicht so fruchtig wie deutsche Süßweine. Wer hier einen leichteren Wein bevorzugt, sollte sich jedoch genau dazu entscheiden. Oft liegen die deutschen Dessertweine im Alkoholgehalt nur zwischen 6,5 und 11 Volumenprozent. Zu diesem Schneebällchen-Karamellsaucen-Dessert passt gut eine Beerenauslese von Gutedel oder Weißburgunder.

Der Digestif

Übersetzt heißt Digestif ganz einfach: die Verdauung fördernd. Nach einem recht üppigen Mahl kann ein hochprozentiges Getränk Wunder wirken. Denn der Alkohol hilft im Magen, das Fett zu lösen. In solchen Fällen trinke ich gerne einen **Bitter oder Kräuterlikör**. Diese riechen nicht nur wie Medizin, sie helfen auch entsprechend. Die Tradition, Kräuter und heilsame Zutaten in Alkohol zu lösen, geht bis zu den Alchimisten zurück. Später waren vor allem die Klöster in dieser Hinsicht ganz erfolgreich. Heute gehören die deutschen Hersteller Underberg und Jägermeister sicherlich auch international zu den bekanntesten Produzenten von Kräuterbitter und -likör.

Die Trink- und Essgewohnheiten waren in den letzten Jahren einem Wandel unterzogen. Es wird nicht mehr so fett gegessen und auch nicht mehr so viel getrunken. Das bekommen die Hersteller der Hochprozenter kräftig zu spüren. Ich denke: Alles zu seiner Zeit. Wenn Sie ein besonders feines Abendessen haben, kann ein Digestif dieses Dinner durchaus vollenden! Einen hochwertigen Obstbrand, ein Single Malt Whisky oder einen besonderen Grappa trinkt man sicherlich nicht jeden Tag, und man genießt ihn dann als etwas ganz Besonderes.

Obstbrände

Während viele Brände auf dem deutschen Markt aus den genannten Gründen Umsatz einbüßen mussten, erfreuen sich die Obstbrände allerdings unverändert großer Beliebtheit. Ich persönlich schätze sie wegen ihrer Bekömmlichkeit, und die Auswahl ist größer denn je. Das Hauptsortiment wird immer von Birne (Williamsbirnen eignen sich hervorragend), Kirsche, Mirabelle, Zwetschgen und Himbeeren dominiert sein. Allerdings setzen sich Quitten, alte Sorten von Äpfeln, Birnen oder Zwetschgen immer mehr durch. Gute Erzeuger ergänzen ihre Produktpalette mit Aprikosenbränden und Geisten aus allen Sorten von Beeren, wie beispielsweise Brombeeren, Heidelbeeren, Johannisbeeren oder Vogelbeeren.

Auch aus einigen Arten von Nüssen, aus Holunderblüten und Wacholder werden Brände oder Geiste hergestellt. Sie können sich tagelang damit befassen, die Welt der Obstbrände ist superspannend. Persönlich finde ich es schade, dass der **Calvados** eher nur noch selten zum Einsatz kommt. Dabei ist der Apfelbrand aus der Normandie nach einem üppigen Mahl wirklich sehr bekömmlich.

Tresterbrände

Seit einigen Jahren ist **Grappa** sehr angesagt! Bestimmt sind auch Sie nicht umhingekommen, ab und zu einen zu trinken. Die Italiener haben eben ein Händchen für die Vermarktung ihrer alkoholischen Spezialitäten (denken Sie auch an Prosecco, Pinot Grigio). Grappa heißt im Deutschen Trester, und das sind die ausgepressten Trauben, die dann gebrannt werden. Für eine gute Qualität sollten die Trauben nicht zu stark gepresst sein. Hochwertiger Grappa wird oft unter der Rebsorte vermarktet, aus der er gebrannt ist: etwa Picolit, Chardonnay oder Riesling. Manche Erzeuger lassen ihre Trester im Eichenholzfass reifen, was den

Geschmack positiv beeinflusst. In Frankreich standen die Tresterbrände noch vor zwanzig Jahren hoch im Kurs. Dort bekommen Sie sie unter der Bezeichnung »Marc« (das c wird nicht ausgesprochen). Marc de Champagne oder Marc de Bourgogne sind fast immer im Eichenholzfass gereift und gleichen in der Farbe dem Cognac.

Feinbrände

Die Klassiker Cognac und Armagnac sind schon etwas für die festlichen Anlässe, allein schon vom Preis … **Cognac**, nach dem gleichnamigen Städtchen in der Charente benannt, war schon immer weltweit das Vorbild für Weinbrand. Aus den dort typischen Rebsorten Ugni Blanc, Folle blanche und Colombard wird ein leichter Weißwein gewonnen, der in kleinen kupfernen Brennblasen gebrannt wird, woraufhin der Brand anschließend in Eichenholzfässern reift. Am meisten fasziniert mich in der Region, dass Sie von außen sehen, in welchen Häusern Cognac reift. Die Häuser

Whisky und Wasser

Nur wenige wissen hierzulande, dass man einen guten Single Malt Whisky durchaus mit Wasser verdünnen darf. Am besten eignet sich ein mineralarmes, weiches Wasser. Der Whisky wird dann natürlich viel leichter und er trinkt sich sagenhaft gut! Ich gebe bis zu 50 Prozent der Whiskymenge in Wasser hinzu. Die Schotten lieben es, auch schon mal am Nachmittag einen kleinen Whisky mit ganz viel Wasser zu trinken. Dagegen sind Eiswürfel oder Cola bei einem Single Malt Whisky ein absolutes No-Go.

sind von außen schwarz, welches vom »part des anges« – Anteil der Engel herrührt. Sie müssen sich vorstellen, dass jährlich 2 Prozent des Cognacs in den Holzfässern verdunsten! Der schwarze Hefepilz *Torula compniacensis* ernährt sich von diesen Alkoholdämpfen, was den Häusern dann schwärzliche Farbe gibt.

Armagnac, der andere berühmte und klassische französische Weinbrand, kommt aus der Gascogne – der Heimat der Musketiere. Oft bekommt man ihn in Bocksbeutelflaschen. International finden Sie die Weinbrände unter der Bezeichnung »Brandy«, und es gibt natürlich dem Cognac und Armagnac vergleichbare Qualitäten.

Whisky

Reizvoll finde ich die **Single Malts**. Während »Whisky« ohne weitere Spezifikation meist ein Verschnitt aus mehreren Destillerien ist, stammt Single Malt nur aus einer einzigen. Die berühmtesten sind die Scotch Single Malts, also die aus Schottland. »Malt« bedeutet, dass der Brand nur aus Gerstenmalz gewonnen wird – im Gegensatz zum Irish Whiskey oder American Bourbon, für die auch Malz von Weizen, Roggen oder Mais verwendet werden. Geschmacklich wirkt sich neben den verschiedenen Brennblasen auch stark das Wasser aus. Beim Single Malt Whisky wird auf klares und weiches Quellwasser Wert gelegt.

Rum

Rum wird immer beliebter. Je nach seiner Herkunft aus Kuba, Jamaika, Guadeloupe, Südamerika oder auch aus Indonesien schmeckt er sehr unterschiedlich. Fasziniert bin ich von den intensiven Gewürzaromen, die teils an tropische Früchte erinnern. Wenn Sie noch skeptisch sind, probieren Sie einmal guten Rum, der Ihnen im Restaurant empfohlen wird – Sie werden begeistert sein!

Klebreis
mit Mango

Für 4 Personen

250 g Klebreis
1/8 l Kokosmilch
60 g Zucker
1/4 TL Salz
2 vollreife Mangos (je 300 g)
30 g geröstete Kokosraspel

Für die Kokossauce:
1/8 l Kokosmilch
60 g Zucker

1 Den Reis 2 Stunden in kaltem Wasser einweichen, anschließend abgießen. Füllen Sie den Wok ein Drittel hoch mit Wasser und bringen Sie dieses zum Kochen.

2 Den Reis auf einem Dämpfeinsatz verteilen, den Einsatz über das kochende Wasser stellen und den Reis 15 Minuten dämpfen. Den heißen gedämpften Reis sofort mit Kokosmilch, Zucker und Salz vermischen.

3 Schneiden Sie die Mangos längs in jeweils drei Teile – im mittleren befindet sich der Stein. Von diesem die Schale ablösen. Den Stein auf die Arbeitsfläche drücken und mit einem Messer das anhängende Fruchtfleisch mit dem Saft vom Stein streifen. Beides unter den Reis mischen.

4 Lösen Sie das Fruchtfleisch der äußeren Mango-Drittel mit einem Esslöffel aus der Schale und schneiden Sie es in etwa 1,5 cm große Würfel.

5 Die Kokosmilch für die Sauce gründlich mit dem Zucker verrühren. Den Klebreis auf Schalen verteilen. Die Mangowürfel darauf anrichten.

6 Die Kokosraspel in einer heißen Pfanne (ohne Öl) unter Wenden hellbraun rösten, sofort von der Kochstelle nehmen. Beträufeln Sie das Reisdessert mit Kokossauce und bestreuen Sie es mit den gerösteten Kokosraspeln.

Weinempfehlung

Ganz klar braucht es hier eine strahlende Fruchtbombe! Eine Scheurebe oder ein Riesling als Auslese ausgebaut bringen der Mango noch einen richtigen Kick! Beide Rebsorten überzeugen stets mit ihrer so klaren, schlanken und an exotische Frucht erinnernden Art.
Wer möchte, kann auch einen Eiswein zu diesem exotisch-fruchtigen Reisdessert probieren. Der Eiswein bringt noch mehr Süße und Konzentration als eine Auslese mit und zeigt gleichzeitig ein glasklares, absolut sauberes Bukett. Die Trauben für deutschen Eiswein werden bei Temperaturen von -7° C und weniger gelesen und noch gefroren gepresst. Dabei tropft nur ganz konzentrierter Saft heraus, denn der größte Teil des Wassers verbleibt in Form von Eiskristallen im Trester.

Ananasreis

mit Cashewkernen

Für 4 Personen

1 Ananas (etwa 1,3 kg)
50 g Zucker · Salz
100 g Rundkornreis
abgeriebene Schale und Saft
  von 1 Bio-Zitrone
2 TL kandierter Ingwer,
  gehackt
20 g Cashewkerne,
  gehackt und geröstet

1 Die Ananas mit einem Säge-
messer der Länge nach so halbieren, dass die grüne Blattkrone an
der einen Hälfte verbleibt.

2 Von der anderen Fruchthälfte
die Schale abschneiden und
mit einem spitzen Obstmesser
die »Augen« herausschneiden.
Den harten Strunk entfernen.
Schneiden Sie das Fruchtfleisch
in 1 cm große Würfel und stellen
Sie es beiseite.

3 Die Ananashälfte mit dem
Grün mithilfe eines kleinen Messers und eines Löffels vorsichtig
aushöhlen. Das Fruchtfleisch
im Mixer mit Zucker und 1 Prise
Salz pürieren.

4 Streichen Sie das Ananas-
püree durch ein feines Sieb in
einen Messbecher. Mit Wasser
auf 400 ml auffüllen.

5 Den Reis waschen und abtropfen lassen. Das mit Wasser
vermischte Ananasmark in einem
Topf aufkochen. Den Reis unter
ständigem Rühren einrieseln
lassen. Mischen Sie die Zitronenschale, den Zitronensaft sowie
1 TL gehackten Ingwer unter.
Das Ganze aufkochen.

6 Den Reis unter gelegentlichem
Rühren bei schwacher Hitze
langsam ausquellen lassen, bis
er schön cremig ist – das dauert
etwa 20 Minuten.

7 Die Ananaswürfel unter den
Reis mischen und die Masse in
die ausgehöhlte Ananashälfte fül-
len. Setzen Sie die Ananas auf eine
Platte oder einen großen Teller.
Den Reis mit dem restlichen
Ingwer sowie mit den gehackten
Cashewkernen bestreuen und das
Dessert servieren.

Weinempfehlung

Viele Rieslinge duften schon wie eine ganze Ananasplantage! Ich persönlich finde ja, dass gerade diejenigen von Mosel, Saar und Ruwer besonders
häufig an Ananas, Zitrusfrüchte und andere exotische Früchte erinnern.
Eine hochwertige Riesling-Auslese macht sich außerdem auch hervorragend
zum Reis sowie zu den Cashewkernen.
Ein Rieslaner, Kreuzung aus Riesling und Silvaner, zeigt sich ebenfalls klar
und mit exotischer Frucht – vor allem an Ananas erinnernd – unterlegt.
Auch hier können Sie getrost zu einer Auslese greifen.

www.gu.de/
weinempfehlung 71

Erdbeer-Mango-Risotto
mit Pistazien-Pesto

Für 4 Personen

Für den Pistazien-Pesto:

40 g Marzipanrohmasse
50 g Pistazien, ohne Schale
6 EL Vin Santo (oder Creme-
  Sherry)
8 EL Orangensaft
5 Stängel Pfefferminze

Für den Risotto:

2–3 Bio-Orangen
1 l Milch
2 Vanilleschoten
500 g Erdbeeren
1 reife Mango
1 Limette
150 g Zucker
40 g Butter
300 g Risottoreis
3 EL Crème double

1 Für den Pistazien-Pesto das Marzipan würfeln, mit Pistazien, Wein und Orangensaft im Blitzhacker zu einer homogenen Masse verarbeiten. Pfefferminzblätter von den Stielen zupfen, fein hacken und unter die Pestomasse rühren.

2 Für den Risotto waschen Sie eine Orange heiß, reiben sie trocken und schälen die Schale dünn ab. Die Vanilleschoten aufschlitzen, das Mark herauskratzen und mit den Schoten und der Orangenschale in die Milch geben. Aufkochen und ziehen lassen.

3 Inzwischen waschen, entkelchen und vierteln Sie die Erdbeeren. Mango schälen, das Fruchtfleisch vom Kern schneiden und würfeln. Limette heiß waschen, trocknen, die Schale abreiben, den Saft auspressen. Erdbeeren, Mangowürfel, Limettenschale, 3 EL Limettensaft sowie 50 g Zucker mischen.

4 Die Orangen auspressen, 200 ml Saft abmessen und mit 100 g Zucker bei milder Hitze kochen lassen, bis der Zucker gelöst ist.

5 Zerlassen Sie die Butter in einem Topf. Den Reis darin bei mittlerer Hitze unter Rühren glasig dünsten. Drei Mal nacheinander je ein Drittel der heißen Milch zugießen und unter Rühren einkochen lassen. Den Reis (mit Orangenschale und Vanilleschoten aus der Milch) 30 bis 35 Minuten offen garen.

6 Geben Sie den Zucker-Orangensaft zum Reis und Garen Sie den Risotto unter Rühren weitere 5 Minuten, dann lauwarm abkühlen lassen. Vanilleschoten und Orangenschale entfernen, Crème double, Erdbeeren und Mangowürfel unterheben. Mit dem Pesto anrichten.

Weinempfehlung

Risotto, Pesto und die Zubereitung mit dem Vin Santo verraten es schon: Vin Santo – der »heilige Wein« setzt dem Dessert die Krone auf! Er reift in der Regel drei Jahre lang im kleinen Eichenholzfass. Die Reifung gibt dem Wein zusätzliche Dimensionen, und die feinen Röststoffe unterstützen großartig das Pistazien-Pesto. Bei uns leider nicht so bekannt sind die süßen Sherryvarianten. Zu diesem Dessert können Sie statt des Vin Santo nämlich auch einen »Oloroso Dulce« wählen. Am besten fragen Sie in Ihrem Weinfachgeschäft nach einem solchen Sherry.

www.gu.de/
weinempfehlung72

Mango-Lasagne
mit Kokos-Chili-Sauce

Für 6 Personen

Für die Kokos-Chili-Sauce:
45 g Butter
40 g Mehl
400 ml Kokosmilch
  (aus der Dose)
1–2 frische rote Chilischoten
2 Kaffirlimettenblätter
2 Stängel Zitronengras,
  leicht geklopft
2–3 EL heller japanischer
  Reisessig
Salz · frisch gemahlener Pfeffer

Für die Mango-Lasagne:
100 g Palmzucker
175 ml Kokosmilch
  (aus der Dose)
Saft von 1 Limette
1 Vanilleschote
1 Mango
1 Papaya
2 Ananas
9 Lasagneblätter
etwas Öl zum Bestreichen
frische Minze und geröstete
  Kokosraspel für die Garnitur

1 Für die Kokos-Chili-Sauce 35 g Butter in einem Topf nicht zu stark erhitzen. Das Mehl dazugeben und ohne Farbe anschwitzen. Gießen Sie die Kokosmilch und 200 ml kaltes Wasser unter ständigem Rühren zur Mehlschwitze. Die Béchamelsauce glatt rühren und bei schwacher Hitze etwa 20 Minuten köcheln lassen.

2 Inzwischen die Chilischoten waschen, von Samen und Scheidewänden befreien und in sehr feine Würfel schneiden. Die restlichen 10 g Butter in einem Topf erhitzen, die Chiliwürfel kurz darin anbraten. Die Kaffirlimettenblätter und das Zitronengras dazugeben. Mit 2 EL Reisessig ablöschen und die Kokosbéchamel dazugießen.

3 Die Sauce zugedeckt einmal aufkochen und 20 Minuten ziehen lassen. Nehmen Sie Limettenblätter und Zitronengras aus der Sauce und schmecken Sie diese mit Essig, Salz und Pfeffer ab.

4 Für die Mango-Lasagne den Zucker, 3 EL Wasser, die Kokosmilch und den Limettensaft in einen Topf geben. Die Vanilleschote längs aufschlitzen und dazugeben. Bringen Sie die Mischung zum Kochen und lassen Sie sie köcheln, bis sich der Zucker vollständig aufgelöst hat.

5 Mango, Papaya und Ananas schälen, Stein, Samenkerne bzw. inneren Strunk entfernen. Fruchtfleisch in etwa 1 cm große Würfel schneiden, in den Zucker-Kokosmilch-Fond einlegen und darin ziehen lassen.

6 Die Lasagneblätter in kochendem Salzwasser nach Packungsanweisung al dente garen. Aus dem Wasser nehmen, abtropfen lassen und mit wenig Öl einpinseln (damit sie beim Stapeln nicht zusammenkleben). Legen Sie die Blätter aufeinander und halbieren Sie diese quer, so dass 18 quadratische Stücke entstehen.

7 Für jede Portion in einen vorgewärmten tiefen Teller 1 Lasagneblatt legen, 2 bis 3 EL von dem warmen Früchteragout darauf geben, mit 1 Lasagneblatt bedecken. Nochmals Früchteragout darauf geben und mit 1 Lasagneblatt bedecken. Etwas von der Kokos-Chili-Sauce außen herum und auf die Lasagne geben.

8 Garnieren Sie die Lasagne nach Belieben mit Minze und gerösteten Kokosraspeln.

Weinempfehlung

Meiner Meinung nach ist der Muscat de Frontignan immer noch der berühmteste Dessertwein der Welt. Der als der feinste unter allen Muscatweinen geltende Frontignan kommt aus dem Süden Frankreichs: aus dem Languedoc. Er riecht und schmeckt wie ein ganzer Fruchtkorb – nach Mango, Pfirsich, Aprikosen, Orangen …
Am Muscat de Frontignan orientierten sich zudem schon immer andere Dessertweine, so auch der berühmte Vin de Constantia aus Südafrika. Für diesen Wein orderte man 1652 die ersten Rebenstecklinge aus Frontignan. Und der südafrikanische Dessertwein konnte sich schnell unter die Besten der ganzen Welt einreihen. Eine nette Anekdote besagt, dass Napoleon sich den Vin de Constantia in sein Exil St. Helena schicken ließ.

Geeister Vanillecouscous
mit Heidelbeersauce

Für 4 Personen

Für den Vanillecouscous:
1 Vanilleschote
150 ml Milch
30 g Orangenblütenhonig
60 g Couscous
200 g Sahne

Für die Heidelbeersauce:
300 g Heidelbeeren
5 EL roter Portwein
2–3 EL Zucker
1–2 EL Vanillepuddingpulver

Außerdem:
4 Förmchen (je 150 ml Inhalt)

1 Für den Couscous die Vanilleschote längs aufschlitzen und das Mark herauskratzen. Kochen Sie die Schote, das Mark und den Honig mit der Milch auf. Die Mischung lauwarm abkühlen lassen, die Vanilleschote entfernen, den Couscous einrühren und das Ganze abkühlen lassen.

2 Die Sahne steif schlagen und unter den Vanillecouscous heben. Die Masse in vier Portionsförmchen von je 150 ml Inhalt verteilen, glatt streichen und für mindestens 4 Stunden in das Tiefkühlfach stellen.

3 Die Sauce erst kurz vor dem Servieren zubereiten: Heidelbeeren verlesen, waschen, gut abtropfen lassen und etwa 50 g davon beiseitelegen. Geben Sie die restlichen Beeren mit Portwein und Zucker in einen Topf und kochen Sie das Ganze kurz auf.

Die Beeren pürieren und durch ein feines Sieb streichen.

4 Das Vanillepuddingpulver mit 3 EL kaltem Wasser anrühren. Die Sauce aufkochen, das Puddingpulver mit einem Schneebesen einrühren und unter Rühren einmal aufkochen. Rühren Sie die beiseitegelegten Heidelbeeren unter die Sauce.

5 Die Förmchen mit dem geeisten Vanillecouscous kurz in heißes Wasser stellen, den Rand mit einem kleinen Messer lösen und den Couscous auf Teller stürzen. Jede Portion mit etwas Heidelbeersauce garnieren und den Rest separat dazuservieren.

Tipp Sie können die Sauce auch mit anderen Früchten zubereiten, gut passen beispielsweise Himbeeren, Erdbeeren, Zwetschgen oder Mango.

Weinempfehlung

Hier empfehle ich dringend einen Portwein! Doch irgendwie sind diese Weine bei uns nie richtig angekommen. Dabei schmecken Vintage- oder Colheita-Ports (beide mit Jahrgangsbezeichnung) grandios gut! Vintage-Portweine werden relativ jung auf die Flaschen gefüllt, und sie bringen viel Fruchtigkeit mit – an dunkle Beeren und Kirschen erinnernd. Ein Gläschen eines solchen Ports passt natürlich genial zur Heidelbeersauce. Mein Tipp: Halten Sie bei Portwein nach kleinen Flaschen Ausschau! Bei einer geöffneten Flasche würde ich empfehlen, diese innerhalb von vier Wochen auszutrinken. Portwein schmeckt auch super zu Schokoladendesserts, Blauschimmelkäse und Gänseleber! Alternativ passt auch ein Cabernet Sauvignon edelsüß ausgebaut ganz gut hierher.

Schokoladenparfait mit Cranberrys
und Zimtsauce

Für 8 Personen

Für das Schokoladenparfait:
250 g Trockenpflaumen
200 ml starker Ceylon-Tee
4 cl Weinbrand
4 Eigelbe
150 g brauner Zucker
150 ml Milch
200 g Zartbitterkuvertüre
350 g Sahne

Für die Cranberrys:
200 g Cranberrys
  (oder Preiselbeeren)
1 EL Honig
60 g brauner Zucker
Saft von 1 Orange
100 ml Rotwein

Für die Zimtsauce:
3 Eigelbe
50 g Zucker
1/4 l Milch
1 Stück Zimtstange (etwa 4 cm)
1 Msp. gemahlener Zimt
120 g Sahne

Außerdem:
1 Rehrückenform

1 Für das Schokoladenparfait die Trockenpflaumen vierteln, dann im Tee aufkochen, den Weinbrand zugießen, den Topf vom Herd ziehen und 30 Minuten ziehen lassen. Durch ein Sieb gießen, den Sud auffangen.

2 Rühren Sie die Eigelbe mit dem Zucker cremig. Milch mit Pflaumensud aufkochen und in die Eigelbmasse rühren.

3 Die Creme unter Rühren über einem Wasserbad erhitzen, bis sie angedickt auf dem Kochlöffel liegen bleibt, dann passieren und im Wasserbad in 15 Minuten kaltrühren.

4 Die Kuvertüre schmelzen, unter die Creme rühren und erkalten lassen. Die Sahne steif schlagen und mit den Pflaumen unterheben. Die Creme in eine Rehrückenform füllen und 6 Stunden tiefkühlen.

5 Verlesen und waschen Sie die Cranberrys, dann gut abtropfen lassen. Honig, Zucker, Orangensaft und Rotwein zusammen 5 Minuten einkochen lassen.

6 Die Früchte zugeben, 8 Minuten bei kleiner Hitze kochen und anschließend auskühlen lassen.

7 Für die Zimtsauce die Eigelbe und den Zucker cremig rühren. Die Milch mit der Zimtstange aufkochen. Entfernen Sie die Zimtstange und rühren Sie die heiße Milch mit einem Schneebesen unter die Eigelbmasse. Den Zimt einstreuen.

8 Die Zimtsauce über einem heißen Wasserbad mit einem Holzlöffel rühren, bis sie diesen dicklich überzieht.

9 Die Sauce durch ein Sieb passieren. Die Schüssel in Eiswasser stellen und die Sauce kaltrühren. Schlagen Sie die Sahne steif und heben Sie diese unter.

10 Die Rehrückenform kurz in heißes Wasser tauchen, das Parfait auf eine Platte stürzen und in Scheiben schneiden. Die Parfaitscheiben auf Teller legen und mit der Sauce und den Cranberrys anrichten.

Weinempfehlung

Na klar, ein roter Dessertwein passt am besten zu allen drei Bestandteilen dieses Desserts: dunkle Schokolade, Cranberrys und Zimt. Auch in Deutschland werden neuerdings immer mehr Rotweine als Dessertweine ausgebaut. Die größte Auswahl hat auf diesem Sektor das Weingut Frey & Söhne aus der Pfalz, das im Übrigen fast ausschließlich edelsüße Weine offeriert. Es bietet sogar einen Merlot als Beerenauslese ausgebaut an, absolut perfekt zu dem hier vorgestellten Dessert. Alternativ kann ich einen roten Süßwein aus dem Weinbaugebiet Maury im Roussillon empfehlen. In jungen Jahren zeigen diese Weine sich oft noch tiefschwarz und sehr tanninbetont. Nach vier bis fünf Jahren schmecken sie wunderbar nach dunkler Schokolade, nach Kirschen und Preiselbeeren.

Feigenpudding mit Karamell-Kirschen

Für 4 Personen

Für den Pudding:

60 g Butter
100 g Zucker
Mark von 1 Vanilleschote
Salz
1 TL gemahlener Ingwer
3 Eier
50 g Blütenhonig
80 g getrocknete Feigen
100 g Mehl
Butter und Zucker
  für die Förmchen

Für die Karamell-Kirschen:

300 g Sauerkirschen (Glas)
70 g Zucker
70 g Butter
2 cl Kirschwasser
50 g Crème fraîche

Außerdem:

Alufolie
4 glattwandige Förmchen
  (je 150 ml Inhalt)

1 Heizen Sie den Ofen auf 150° C vor. Für den Pudding Butter mit 30 g Zucker, Vanillemark, Salz und Ingwer cremig rühren. Eier trennen, die Eigelbe einzeln unter die Buttercreme rühren. Den Honig untermischen. Feigen klein würfeln, mit dem Mehl mischen.

2 Die Eiweiße zu steifem Schnee schlagen, dabei den restlichen Zucker einrieseln lassen. Ein Drittel des Eischnees mit dem Holzspatel unter die Butter-masse rühren. Die Mehl-Feigen-Mischung und den restlichen Eischnee vorsichtig unterheben.

3 Fetten Sie die Förmchen mit Butter und streuen Sie sie mit Zucker aus. Den Teig bis 1 cm unter den Rand in die Förmchen füllen, diese mit gebutterter Alufolie verschließen. Die Förmchen auf einem tiefen Backblech in ein 80° C heißes Wasserbad stellen und im vorgeheizten Ofen 45 Minuten garen.

4 Inzwischen die Sauerkirschen in ein Sieb abgießen, den Saft dabei auffangen. Den Zucker mit 4 EL Wasser in einer Kasserolle hellbraun karamellisieren. Den Topf dabei nur schwenken, nicht rühren, sonst kristallisiert der Zucker aus. Messen Sie vom Kirschsaft 1/4 l ab, gießen Sie ihn zu und lassen Sie das Ganze 10 Minuten offen kochen. 50 g Butter einrühren.

5 Die restliche Butter in einer Pfanne zerlassen, die Kirschen darin kurz schwenken und er-hitzen. Mit dem Kirschwasser ablöschen. Die Karamellsauce zugießen und alles 1 bis 2 Minu-ten kochen lassen. Die Pfanne vom Herd nehmen und die Crème fraîche einrühren.

6 Entfernen Sie von den Feigen-puddings die Folien. Dann die Puddings auf Teller stürzen, mit den Kirschen anrichten und sofort servieren.

Weinempfehlung

Ein Traminer als Beerenauslese rundet das Dessert aufs Allerbeste ab. Wenn die Traminertrauben eine sehr hohe Reife erlangen, erinnert ihr Aroma oft auch an Feigen. Die etwas einreduzierte Sauce ver-langt einen komplexeren und konzentrierten Wein als Gegenspieler. Die Beerenauslese hält das perfekt. Spannend ist hier auch ein Tokajer. Der große Süßwein-Klassiker – er soll übrigens der erste seiner Art gewesen sein – gefällt mir immer mit seiner reichen und würzigen Art. So bringt er neben fruch-tigen Aromen, unter anderem an getrocknete Feigen und Aprikosen erinnernd, auch Aromen von Tabak, Karamell, Nüssen und vieles andere mit. Als Mit-glied der Confrérie »Vinum Regum Rex Vinorum« in Tokay könnte ich jetzt natürlich stundenlang ins Schwärmen über die wunderbaren Tokajer geraten.

Kaiserschmarrn

Für 4 Personen

1/4 l Milch
150 g Mehl · Salz
50 g Rosinen
4 Eier
4 EL Sahne
  (nach Belieben)
4 EL Butter
1 EL Puderzucker
  zum Bestreuen

1 Die Milch mit Mehl und 1 Prise Salz in einer Rührschüssel mischen. Die Rosinen heiß waschen und abtropfen lassen.

2 Die Eier trennen. Die Eigelbe verquirlen und mit dem Mixer unter die Milch-Mehl-Mischung rühren. Mischen Sie nach Belieben die Sahne unter. Die Eiweiße steif schlagen und in zwei Portionen unter den Teig heben.

3 Heizen Sie den Backofen auf 80° vor und stellen Sie eine ofenfeste Form mit Deckel hinein.

4 Den Schmarrn in zwei Portionen backen. Erhitzen Sie je 1 EL Butter in der Pfanne und geben Sie jeweils die Hälfte des Teigs etwa 1/2 cm hoch hinein. Mit jeweils der Hälfte der Rosinen bestreuen und auf der unteren Seite goldbraun backen.

5 Den Pfannkuchen mit der braunen Seite auf einen Teller gleiten lassen, je 1 EL Butter in Flöckchen obenauf geben. Mit der ungebackenen Seite wieder in die Pfanne gleiten lassen und in etwa 1 Minute fertig backen.

6 Reißen Sie den Pfannkuchen mit zwei Gabeln in kleine Stücke und lassen Sie diese unter Wenden etwas braun werden. Den Schmarrn in die vorgewärmte Form füllen und zugedeckt warm halten, bis der zweite Pfannkuchen gebacken ist; dabei geht er noch etwas auf. Mit Puderzucker bestreut servieren.

Tipp Dazu schmeckt Pflaumenkompott mit Rosmarin: 500 g Pflaumen waschen und entsteinen. 1 Zweig Rosmarin waschen und trocken schütteln, 1 EL Nadeln abstreifen und klein schneiden. 100 g Honig oder Zucker mit 2 EL Wasser in einem Topf erhitzen und karamellisieren. Pflaumen und Rosmarin untermischen, 100 ml Johannisbeersaft dazugießen, aufkochen lassen und die Pflaumen bei schwacher Hitze in etwa 8 Minuten garen. Oder Sie bereiten klassischen Zwetschgenröster zu: Dafür 500 g Zwetschgen waschen. In einem weiten Topf je 6 EL Weißwein und Wasser mit 1/2 Stange Zimt, 1 Gewürznelke, 1/2 TL abgeriebener Schale von einer Bio-Zitrone und 80 g Zucker aufkochen lassen. Die Zwetschgen dazugeben und offen bei schwacher Hitze sanft kochen lassen, bis die Früchte weich sind und sich die Schale zu lösen beginnt.

Weinempfehlung

Vielseits gerühmt ist der Ruster Ausbruch! Dieser österreichische Süßwein aus edelfaulen Trauben hat eine lange Geschichte – schon im 17. Jahrhundert war er sehr berühmt und verhalf der Stadt Rust, die am Neusiedlersee liegt, zu Ruhm und Wohlstand. So erkauften sich die Ruster etwa bei Kaiser Leopold I. mit 60.000 Gulden und 500 Eimern Ausbruch der Sorte Furmint das Freistadtrecht!

Generell werden Ausbruch-Weine überwiegend aus Furmint und Gelbem Muskateller ausgebaut (neben Chardonnay, Weißburgunder und Welschriesling). Das relativ warme und trockene Klima am Neusiedlersee wirkt sich auf die Edelfäule sehr positiv aus. Die Ausbruch-Qualitäten präsentieren sich wunderbar klar und dabei konzentriert. Sie duften nach Rosinen, Honig und getrockneten Früchten.

Topfenpalatschinken

Für 4 Personen

Für den Teig:

100 g Mehl · 1/8 l Milch
60 ml Sahne
2 Eier · Salz
1 TL Zucker
1 EL Sonnenblumenöl

Für die Quarkfüllung:

50 g Rosinen
20 ml brauner Rum
50 g weiche Butter
100 g Zucker · 1/4 TL Salz
abgeriebene Schale
  von 1 Bio-Zitrone
2 Eigelbe
400 g Quark (20 %)
2 Eiweiße

Für die Sauce royale:

1 Ei · 60 ml Sahne
1 EL Zucker

Außerdem

Butter zum Ausbacken und Fetten
Butterflöckchen
Puderzucker zum Besieben

1 Das Mehl in eine Schüssel sieben, mit Milch, Sahne, den Eiern, 1 Prise Salz, Zucker und Öl zu einem glatten Teig verrühren.

2 Lassen Sie den Teig mit einem Tuch bedeckt etwa 1 Stunde quellen. Inzwischen die Rosinen für die Füllung im Rum ebenfalls etwa 1 Stunde einweichen.

3 Den Teig gut durchrühren. In einer Pfanne mit 18 cm Durchmesser etwas Butter zerlassen und darin 8 bis 10 dünne Pfannkuchen goldbraun ausbacken.

4 Für die Füllung rühren Sie die weiche Butter mit der Hälfte des Zuckers, dem Salz und der Zitronenschale schaumig. Die Eigelbe zufügen und unterrühren.

5 Die Eimasse mit dem Quark und den eingeweichten Rosinen vermengen.

6 Die Eiweiße mit dem restlichen Zucker zu Schnee schlagen und diesen unter die Quarkmasse heben. Setzen Sie in die Mitte eines jeden Pfannkuchens einen dicken Strang der Quarkfüllung und schlagen Sie die Pfannkuchenseiten darüber.

7 Eine Auflaufform mit Butter ausstreichen und die Palatschinken mit der offenen Seite nach unten einlegen.

8 Für die Sauce royale das Ei mit der Sahne und dem Zucker verquirlen. Gießen Sie die Mischung über die Pfannkuchen und belegen Sie das Ganze mit Butterflöckchen.

9 Die Topfenpalatschinken im vorgeheizten Ofen bei 200° C 25 Minuten backen, herausnehmen, mit Puderzucker besieben und sofort servieren.

Weinempfehlung

Meine erste Wahl wäre hier ein Tokajer aus Ungarn. Je nachdem wie viele edelsüße Trauben zum Grundwein gegeben werden, erhält Tokajer die Bezeichnung 3, 4, 5 oder 6 Puttonyos (= Bütten, Gefäß/Flüssigkeitsmaß) auf dem Etikett. Darüber hinaus gibt es die »Tokaji Eszencia« (= Essenz) für besondere Anlässe. Der »Wein der Könige und König der Weine« hat in den letzten zwanzig Jahren einen großen Wandel erlebt. Internationale Investoren haben im Tokajer-Gebiet Kellereien und Kellertechnik modernisiert. Während die Weine früher eher in dunkler Bernsteinfarbe erschienen, sind sie heute goldgelb. Und sie sind frischer, fruchtiger und sauberer geworden. Eine Alternative zum Tokajer? Auch ein Muscat aus Frankreich, wie ein Muscat de Beaumes-de-Venise passt hervorragend zu den süßen Pfannkuchen.

Topfengratin
mit Erdbeeren

Für 4–6 Personen

1/2 Vanillestange
1/4 l Milch
70 g Puderzucker · Salz
2 TL Speisestärke
2 Eigelbe
200 g trockener Topfen
  oder Quark (20 %)
2 Eiweiße
1/8 l Sahne
250 g Erdbeeren

Außerdem:
Mandelblättchen und Puderzucker zum Garnieren

1 Schlitzen Sie die Vanilleschote längs auf und bringen Sie sie in einer Kasserolle zusammen mit der Milch, der Hälfte des Zuckers und 1 Prise Salz zum Kochen.

2 Die Stärke mit etwas kalter Milch anrühren und die kochende Milch damit binden, kräftig durchkochen lassen.

3 Die Vanilleschote aus der Milch nehmen, das Vanillemark herauskratzen und in die Milch zurückstreifen (die Schote beiseitelegen).

4 Schalten Sie die Kochstelle ab, lassen Sie den Topf jedoch darauf stehen. Nacheinander die Eigelbe mit dem Schneebesen unter die heiße Vanillemilch rühren.

5 Den Topfen durch ein feines Sieb streichen und mit dem Schneebesen unter die Creme ziehen. Die Eiweiße mit dem restlichen Zucker zu schnittfähigem Schnee schlagen und den Eischnee ebenfalls unter die Topfencreme heben. Schlagen Sie die Sahne steif und ziehen Sie sie unter die Creme.

6 Den Backofengrill vorheizen. Die Erdbeeren waschen, entkelchen, halbieren und auf Teller verteilen. Die Topfencreme darübergießen und das Ganze unter dem heißen Grill gratinieren, bis die Oberfläche leicht gebräunt ist.

7 Inzwischen die Mandelblättchen für die Garnitur in einer heißen Pfanne unter Wenden leicht anrösten. Die Gratin-Portionen damit bestreuen und mit dem Puderzucker besieben.

Weinempfehlung

Der passende Wein zu diesem Dessert muss nicht ganz so kompakt süß sein. Perfekt ist ein Spätburgunder Weißherbst als Auslese ausgebaut. Er duftet schon nach Erdbeeren und bringt eine feine und dabei nicht zu aufdringliche Süße mit. Wenn Sie keinen Dessertwein dazu mögen, können Sie sich auch für einen Sekt entscheiden. Ein Rosé als Brut oder trocken ausgebaut passt ganz prima dazu. Ein Sekt mit der Bezeichnung »brut« hat einen Restzuckergehalt von höchstens 15 Gramm je Liter, trocken ausgebauter Sekt enthält immerhin noch zwischen 17 und 35 Gramm Restzucker je Liter.

www.gu.de/
weinempfehlung73

Wein und Schokolade

Man mag es kaum glauben – aber jahrzehntelang wurde den Sommeliers gepredigt, dass Wein und Schokolade auf keinen Fall harmonieren! Einzige große Ausnahme: der rote Dessertwein Banyuls aus Südfrankreich. Dieser Wein aus dem Roussillon riecht und schmeckt schon wie flüssige Schokolade. Wenn Sie dann auch noch einen lauwarmen Schokoladenkuchen dazu genießen, werden Sie vollends begeistert sein.

Dass Wein und Schokolade nicht zusammenpassen, hat mich nie überzeugt, und so habe ich damit angefangen, zu Schokoladendesserts Ruländer Beerenauslesen oder Trockenbeerenauslesen zu reichen. Im Übrigen passen rote Portweine auch ganz exzellent dazu. Diese können Sie heute in kleinen 0,375-l-Flaschen kaufen. Und wenn die einmal geöffnet sind, sollten Sie diese in den nächsten Wochen auch austrinken, es wäre nämlich schade, wenn der Wein oxidiert (das riecht und schmeckt dann ein wenig wie Pflaumenmus).

Eine göttliche Kombination

Der Kakaobaum heißt mit seinem lateinischen botanischen Namen *Theobroma cacao*. Theobroma bedeutet »Speise der Götter«. Und bei den Römern und Griechen galt natürlich auch der Wein als göttlich! So verehrten die Griechen Dionysos, die Römer Bacchus als Gott des Weines.

Im Winter eignet sich so ein Glas Port auch herrlich als Aperitif – vielleicht haben Sie sogar einen offenen Kamin? … Entschuldigen Sie, jetzt bin ich ganz weggekommen von der Schokolade!

Die ersten Schokolade-Wein-Kombinationen habe ich mit einem Koch zusammen gezaubert. Er hat tolle Gerichte mit etwas Schokolade zubereitet, und das war richtig klasse zum Wein: beispielsweise Rehrücken in dunkler Schokoladensauce und dazu einen Merlot …

Ganz groß in Mode: hochwertige Schokolade

Seit die kultigen Schokoladen für Gourmets in Deutschland den Markt erobert haben, ist auch das Thema »Wein und Schokolade« in aller Munde. Allerweltsschokolade aus dem Supermarkt ist natürlich nicht unbedingt für den Genuss zum Wein gedacht. Vollmilchschokolade, besonders solche mit viel Zucker, schmeckt besser pur, zu Kaffee oder zu warmer Milch. Anspruchsvolle Schokolade enthält oft wesentlich mehr Kakao und entsprechend weniger Zucker. Da ich dunkle Schokolade vorziehe, habe ich schnell herausgefunden, dass Barrique-gereifte Rotweine besonders gut dazu passen.

Bei Weißwein und Schokolade war ich zunächst ziemlich skeptisch. Umso mehr hat mich vor Jahren Eberhard Schell von der gleichnamigen Schokoladenmanufaktur überrascht und überzeugt! Er kreierte sogar eigens für Riesling die passende Schokolade – eine Milchschokolade mit Orangen- und Zitronenzesten sowie grobem

Meersalz, das die Mineralität im Wein widerspiegelt. Und zu Grauburgunder passen Schokoladen mit Nüssen ganz hervorragend. Weiße Schokolade, habe ich festgestellt, harmoniert super mit edelsüßen Weinen.

Mittlerweile bin ich ein großer Fan der Kombination Wein und Schokolade. In diesem Zusammenhang muss ich immer an folgende Begebenheit denken, bei der ich einmal die Probe aufs Exempel machen wollte: Ich kam nachts von einer Veranstaltung nach Hause, meine Schwägerin Erika war zu Besuch und saß noch mit meinem Mann in der Küche. Ich hatte eine dunkle Schokolade mit frischem Thymian da und dazu den für mich absolut passenden Rotwein aus dem Languedoc. Dabei essen wir alle drei ganz selten Schokolade, und wir trinken eher Weißwein. Sie werden es kaum glauben: Die Schokolade war nach drei Minuten verzehrt und die Weinflasche zehn Minuten später leer.

Es war in dieser Kombination einfach ein gigantisch harmonisches Geschmackserlebnis – etwa so wie ein Blumenstrauß in den passenden Farben –, sodass man immer wieder noch einen Schluck Wein, noch ein Stück Schokolade nehmen musste! Selten habe ich erlebt, dass eine Schokolade den Wein wirklich noch um drei Etagen nach oben katapultiert. Seither suche ich immer wieder nach neuen, ebenso tollen Kombinationen – und immer wieder mit großem Erfolg!

Der gesunde Glücksbringer

Wie Wein enthält auch Schokolade Polyphenole. Diese Antioxidanzien gelten als sehr gesund, sie schützen vor allem vor Zellschädigungen, und sie wirken entzündungshemmend. Zu erwähnen sind die positiven Effekte der in Schokolade enthaltenen Omega-3-Fettsäuren, welche das schlechte LDL-Cholesterin senken und das gute HDL-

Damit Sie die Geschmacksexplosion von hochwertiger Schokolade in Kombination mit Wein erleben können, müssen Sie diesen trinken, während noch etwas Schokolade auf der Zunge schmilzt.

Cholesterin unterstützen. Diese stammen aus der Kakaobohne, und sie sind deshalb besonders stark in den dunklen Schokoladensorten vertreten.

Weithin bekannt ist auch, dass Schokolade glücklich macht! Sie enthält nämlich die Aminosäure Tryptophan, aus der das Glückshormon Serotonin gebildet wird. Und dass ein Gläschen Wein sehr entspannend wirken kann, brauche ich Ihnen gar nicht erst zu erzählen; also ran an die Schokolade und den Wein …

Crema fritta mit Sauerkirschsauce

Für 4 Personen

Für die Crema fritta:
1/2 l Milch
Mark von 1/2 Vanilleschote
125 g Mehl · 100 g Zucker
Salz · 4 Eier · 6 Eigelbe
40 g zerlassene Butter
150 g Semmelbrösel zum Panieren
Öl zum Frittieren
Puderzucker zum Bestauben
Pfefferminzblättchen
  zum Garnieren

Für die Sauerkirschsauce:
150 g Sauerkirschen
50 ml Rotwein
50 ml Orangensaft · 80 g Zucker
1 Msp. gemahlener Zimt
1 Msp. gemahlene Nelken
1/4 TL Speisestärke

1 Für die Crema fritta kochen Sie
die Milch mit dem Vanillemark
in einem Topf kurz auf und stellen
sie dann vom Herd. Das Mehl in
eine Schüssel sieben, den Zucker,
1 Prise Salz, 2 Eier und die Eigelbe
zugeben und alles mit einem
Schneebesen kräftig durchrühren.

Die heiße Milch durch ein Sieb
zugießen und unterrühren.

2 Die Mischung in einen Topf
umfüllen, unter Rühren aufkochen, die Hitze etwas reduzieren und das Ganze 5 Minuten köcheln lassen. Nehmen
Sie den Topf vom Herd und
rühren Sie etwa zwei Drittel der
zerlassenen Butter unter. Eine
15 × 15 cm große Form mit zerlassener Butter ausstreichen. Die
Creme einfüllen, glatt streichen
und die Oberfläche mit der restlichen zerlassenen Butter bestreichen. Die Creme im Kühlschrank
vollständig erkalten lassen.

3 Für die Sauce die Kirschen
waschen und entsteinen. Den
Rotwein in einem Topf erhitzen,
den Orangensaft durch ein Sieb
dazugießen, den Zucker zugeben
und alles aufkochen. Legen Sie die
Kirschen und Gewürze ein und
lassen Sie sie 5 Minuten köcheln.
Mit dem Pürierstab pürieren und
durch ein feines Sieb passieren.

Das Kirschpüree erneut aufkochen
und mit der in wenig Wasser
angerührten Speisestärke binden.
Abkühlen lassen.

4 Die Panade vorbereiten. Dafür
die übrigen beiden Eier in einem
tiefen Teller mit einer Gabel
verquirlen. In einen zweiten tiefen
Teller die Semmelbrösel geben.
Die erkaltete Creme auf eine Platte
stürzen und weiterverfahren, wie
in der Bildfolge unten gezeigt.
Erhitzen Sie das Öl zum Frittieren
auf 180° C und frittieren Sie die
Cremestückchen darin portionsweise goldgelb. Auf Küchenpapier
abtropfen lassen. Die Crema fritta
mit Sauerkirschsauce anrichten,
mit Puderzucker bestauben und
mit Minze garnieren.

Tipp Die Creme für diese
feinen Häppchen muss einige
Zeit vor dem Verzehr zubereitet
werden, denn sie sollte mindestens 1 Stunde im Kühlschrank
auskühlen, bevor sie stückweise
in Fett frittiert wird.

a Die erkaltete Creme auf ein Brett
oder eine Platte stürzen und mit der
Palette in 6 Streifen schneiden.

b Die Cremestreifen mit der Palette
quer in gleichmäßig große Rechtecke
(24 Stück) schneiden.

c Die Cremewürfel einzeln auf-
spießen, durch verquirltes Ei ziehen
und in Semmelbröseln wenden.

Weinempfehlung

Hierzu können Sie sich sowohl für einen weißen wie auch für einen roten Dessertwein entscheiden. Zu den frittierten Cremewürfeln schmeckt ein Sauternes sensationell gut. Er bringt nicht zu viel Säure mit, und der Holzfassausbau passt bestens zu den frittierten Aromen. Die Sauce hingegen harmoniert noch besser mit einem roten Dessertwein. Kaum eine andere Rebsorte bringt so ein an Kir-schen erinnerndes Aroma zustande, wie der Pinot Noir oder Spätburgunder. Ein Spätburgunder Beerenauslese oder Trockenbeerenauslese im Barrique gereift ist in dieser Kombination kaum zu übertreffen. Nicht immer einfach zu bekommen, aber ein wirklicher Knaller ist ein Recioto della Valpolicella Spumante – ein roter süßer Schaumwein, der wunderbar nach Sauerkirschen duftet.

Ziegenkäse-Frühlingsrollen

Für 4 Personen

120 g Ziegenfrischkäse
30 g Honig
20 g gehackte Cashewkerne
abgeriebene Schale von je
  1/2 Bio-Zitrone und
  Bio-Orange
1 Banane
8 Frühlingsrollenblätter
  (15 × 15 cm)
1 Eiweiß
Öl zum Ausbacken

Außerdem:
300 g exotische Früchte
  (etwa Ananas, Kiwi,
  Kumquats, Mango, Litchis)
3 EL Zuckersirup
1 EL Rum
50 ml Ananassaft
Zitronenmelisseblättchen

1 Frischkäse mit dem Honig glatt rühren. Cashewkerne und Zitrusschale unterrühren. Schälen Sie die Banane, würfeln Sie sie klein und rühren Sie die Bananenstückchen unter die Käsecreme.

2 Die Früchte für den Obstsalat waschen, putzen und in Stücke schneiden. In einer Schüssel mit Zuckersirup, Rum und Ananassaft vermischen.

3 Legen Sie je 2 Frühlingsrollenblätter übereinander und verteilen Sie jeweils ein Viertel der Käsecreme auf dem vorderen Drittel der Blätter, dabei links und rechts einen Rand frei lassen.

4 Das Öl zum Ausbacken in einem Topf oder in der Fritteuse auf 170°C erhitzen.

5 Inzwischen die drei freien Ränder jedes Frühlingsrollenteigblatts mit Eiweiß bestreichen, die Seiten einschlagen, aufrollen und den Teig festdrücken.

6 Backen Sie die Frühlingsrollen sofort nach dem Aufrollen im 170°C heißen Öl aus, sie dürfen nicht längere Zeit auf der Arbeitsfläche liegen bleiben, sonst weichen sie auf.

7 Heben Sie die Ziegenkäse-Frühlingsrollen, sobald sie appetitlich gebräunt sind, aus dem Fett und entfetten Sie sie kurz auf Küchenpapier. Die Rollen mit Obstsalat anrichten und mit Melisse garniert servieren.

Weinempfehlung

Ziegenkäse und Riesling sind wie füreinander geschaffen! Und dann noch eine Spätlese oder Auslese in der Verbindung zum Honig und zu den exotischen Früchten, das ist einfach genial!
Oder Sie probieren einmal einen Stroh- bzw. Schilfwein aus Österreich: Hierfür werden die Trauben auf Stroh- oder Schilfmatten getrocknet, und der Saft der Trauben wird dadurch konzentriert wie Nektar!

In Deutschland war diese Methode zur Gewinnung von Süßweinen übrigens – obwohl sie eine sehr alte ist – von 1971 bis 2009 verboten.
Sämling – oder Scheurebe, wie die Rebsorte bei uns heißt – wird in Österreich gerne im edelsüßen Bereich eingesetzt. Sie bringt wie kaum eine andere Rebsorte ein exotisches Fruchtspiel wie von Ananas, Maracuja und Mango mit.

Gebackener Rhabarber
mit Mascarponesauce

Für 4 Personen

Für den gebackenen Rhabarber:
500 g Rhabarber
3 EL Zucker
100 ml Grenadine
25 g gehackte Pistazien

Für die Mascarponesauce:
1 Eiweiß
2 Eigelbe
3 EL Zucker
1 EL Orangenlikör
250 g Mascarpone

1 Den Backofen auf 180°C vorheizen. Putzen Sie den Rhabarber und schneiden Sie die Stangen mit einem Messer schräg in 4 cm lange Stücke. Die Rhabarberstücke nebeneinander in eine ofenfeste Form legen und mit Zucker bestreuen. Grenadine darüber verteilen.

2 Den Rhabarber im Ofen 12 bis 15 Minuten backen, die Stücke sollen weich werden, aber noch nicht zerfallen. Nehmen Sie die Form aus dem Ofen und lassen Sie den Rhabarber abkühlen.

3 Für die Mascarponesauce das Eiweiß sehr steif schlagen und bis zur weiteren Verwendung kalt stellen. Die Eigelbe und den Zucker mit 1 EL warmem Wasser über einem heißen Wasserbad mit dem Schneebesen dick-cremig aufschlagen.

4 Schlagen Sie die Sauce auf einem Eiswasserbad kalt, geben Sie dabei den Likör zu und rühren Sie den Mascarpone unter. Den Eischnee unterheben. Den Rhabarber mit der Mascarponesauce anrichten und mit Pistazien garnieren.

Tipp Eine traditionelle Regel besagt, dass Rhabarber nur bis zum Johannistag, also bis zum 24. Juni geerntet werden sollte. Das stellte sicher, dass die Pflanze eine ausreichend lange Ruhephase nach der Erntezeit hatte, außerdem steigt der Gehalt an herb-saurer Oxalsäure zum Sommer hin beständig. Neu gezüchtete späte Sorten wie z. B. der milde Himbeer-Rhabarber können jedoch ohne Weiteres noch länger geerntet werden.

Weinempfehlung

In der Kombination zum Rhabarber soll der Wein, in diesem Falle idealerweise ein Dessertwein, möglichst nicht zu viel Säure mitbringen. Muskattrauben erfüllen diese Forderung! Ein feiner Tropfen zum gebackenen Rhabarber ist auch ein spanischer »Moscatel dulce«, den es in fantastischer Qualität und zu einem guten Preis-Leitungs-Verhältnis vor allem in der Region Valencia gibt. Darüber hinaus finde ich zum Rhabarber einen Rieslaner immer sensationell. Wenn Sie einen solchen als Auslese ausgebaut finden, passt er sich ganz harmonisch diesem Dessert an.

www.gu.de/
weinempfehlung74

Gebackener Obstsalat
mit Mandel-Joghurt-Sauce

Für 4 Personen

Für den Obstsalat:
80 g Datteln
2 säuerliche Äpfel
2 reife Birnen
1 Vanilleschote
30 g Butter
2 EL Zucker
120 ml Gewürztraminer

Für die Mandel-Joghurt-Sauce:
150 g Sahnejoghurt (10 % Fett)
3 EL weißes Mandelmus
  (Reformhaus)
3 EL Akazienhonig
2 Msp. Safranfäden
100 g Sahne

Außerdem:
gebuttertes Pergamentpapier

1 Den Backofen auf 200° C vorheizen. Für den Obstsalat die Datteln entkernen und vierteln. Äpfel und Birnen schälen, halbieren, das Kernhaus entfernen und in Spalten schneiden. Schlitzen Sie die Vanilleschote längs auf und kratzen Sie das Mark heraus.

2 Die Butter zerlassen, den Zucker darin schmelzen, das Vanillemark sowie die Äpfel und Birnen zugeben und mit der Buttermischung überziehen. Mischen Sie die Datteln unter.

3 Acht Bögen Pergamentpapier mit Butter bestreichen. Je zwei Bögen so aufeinander legen, dass eine gebutterte Seite oben liegt. Setzen Sie in die Mitte der Papierbögen jeweils ein Viertel der Obstmischung und beträufeln Sie diese mit 3 EL Wein.

4 Die Pergamentbögen jeweils zum Päckchen falten und zubinden, wie in der Bildfolge unten gezeigt. Backen Sie die Obstpäckchen im heißen Ofen auf dem Rost 10 bis 15 Minuten.

5 Inzwischen für die Sauce Joghurt, Mandelmus und Honig verrühren. Die Safranfäden in einer kleinen Pfanne leicht erwärmen, dann im Mörser fein zerstoßen und unter den Mandeljoghurt rühren. Schlagen Sie die Sahne steif und heben Sie sie unter den Mandeljoghurt.

6 Die Obstpäckchen auf Tellern anrichten und erst bei Tisch öffnen. Die Mandel-Joghurt-Sauce separat dazureichen.

a Das doppellagige Pergamentpapier mit den beiden Längsseiten über dem Obst zusammenfalten.

b Die offenen Seiten wie bei einem Bonbon zusammendrehen und mit Küchengarn gut zubinden.

Weinempfehlung

Dieses Dessert ist wie geschaffen für einen Gewürztraminer Auslese. Eine der wunderbarsten Seiten des
Gewürztraminers ist sein Bukett, das unter anderem
an frisch geriebene Muskatnuss, Kardamom und
Sternanis erinnert. Zur Mandelsauce passt die feine
Gewürzaromatik perfekt, während die im Obstsalat
enthaltenen Datteln ebenfalls hohe Anforderungen
an den Wein stellen. Ein frischer, fruchtiger Wein

täte sich da sehr schwer. Der Gewürztraminer
hingegen riecht und schmeckt schon wie getrocknete
Früchte – ideal in dieser Verbindung. Wunderbare
edelsüße Gewürztraminer finden Sie im Elsass.
Die Auslese würde dort einer »Vendange tardive«
entsprechen. Darüber hinaus gibt es noch die sehr
rare »Sélection des Grains Nobles«, welche mit einer
deutschen Beerenauslese vergleichbar ist.

Kokoswaffeln und Ananaskompott

mit Limetten-Sabayon

Für 6 Personen

Für das Ananaskompott:

1 große reife Ananas
1 Vanilleschote
100 ml Weißwein
200 ml Ananassaft
4 EL Limettensaft
1 EL Honig

Für das Sabayon:

4 EL Limettensaft
5 EL trockener Sekt
40 g Zucker
4 Eigelbe
100 g Sahne
1 TL abgeriebene Schale
  von 1 Bio-Limette

Für die Kokoswaffeln:

100 g Kokosraspel
125 g weiche Butter
80 g Zucker · Salz
2 Eier · 150 g Mehl
1 TL Backpulver
200 ml Kokosmilch, ungesüßt
Öl für das Waffeleisen
Puderzucker zum Bestauben

1 Für das Ananaskompott die Ananas schälen, vierteln, den Strunk entfernen und das Fruchtfleisch fein würfeln. Die Vanilleschote längs aufschlitzen, das Mark herauskratzen. Die Hälfte der Ananaswürfel mit Vanillemark, Weißwein, Ananas- und Limettensaft in einen Topf geben und 10 Minuten offen kochen.

2 Geben Sie den Honig dazu und pürieren Sie die Ananas. Die restlichen Ananaswürfel unterrühren, das Kompott weitere 10 Minuten kochen und dann abkühlen lassen.

3 Für das Sabayon Limettensaft, Sekt und Zucker in einem Schlagkessel verrühren. Die Eigelbe mit einem Schneebesen gut unterrühren, den Schlagkessel auf ein heißes Wasserbad setzen und die Masse dick-cremig bis kurz vor den Kochpunkt aufschlagen.

Rühren Sie das Sabayon im kalten Wasserbad kalt. Die Sahne steif schlagen und mit der Limettenschale unterheben.

4 Für die Waffeln rösten Sie die Kokosraspeln in einer beschichteten Pfanne ohne Fett goldbraun an. Butter mit Zucker und 1 Prise Salz sehr schaumig rühren. Nacheinander die Eier unterarbeiten. Mehl und Backpulver mischen, auf die Eier sieben und unterarbeiten, dabei die Kokosmilch zugeben. Kokosraspeln unterrühren.

5 Ein Waffeleisen erhitzen, mit Öl einpinseln und nacheinander sechs Waffeln backen. Die fertigen Waffeln auf dem Rost im Ofen bei 80° C warm halten. Bestauben Sie die Waffeln dünn mit Puderzucker und richten Sie sie mit Limetten-Sabayon an. Dazu das Kompott reichen.

Weinempfehlung

Ananas, Kokos und Limetten – alles ruft nach einem Sauvignon Blanc. In diesem Wein finden Sie die ganze Aromatik dieses Desserts wieder! Natürlich muss er ausreichend Süße mitbringen, damit er neben der süßen Leckerei nicht zu karg dasteht. Herrlich sind die Sauvignon Blanc Late Harvest aus Chile! Sie haben das exotische Fruchtaroma und dazu eine feine Süße, Körper und Länge!

Oder Sie genießen einen Riesling Eiswein aus der Pfalz dazu. Die exotische Fruchtigkeit in Verbindung mit der konzentrierten Süße und Säure – dieser Wein und das Dessert sind wie füreinander geschaffen. Es fasziniert mich immer wieder, wie klar und fruchtig Eisweine riechen und schmecken. Im Gegensatz zu anderen Dessertweinen sind die Trauben ja geschmacklich nicht von Edelfäulnis beeinflusst.

Profiteroles
mit Kaffeesauce

Für 6 Personen

Für den Brandteig:
100 g Mehl, gesiebt
1/8 l Milch
60 g Butter · Salz
1/2 TL Zucker
3–4 Eier

Für die Füllcreme:
50 g Zucker
20 g Speisestärke
2 Eigelbe
1/4 l Milch
Mark von 1/4 Vanilleschote
Puderzucker zum Besieben
300 g Sahne

Für die Kaffeesauce:
6 Eigelbe
80 g Zucker
1/2 l Milch
2 EL lösliches Kaffeepulver
Mark von 1 Vanilleschote
Salz · 2 cl Kaffeelikör

1 Backofen auf 220° C vorheizen. Mischen Sie für den Teig in einer Kasserolle Milch, Butter, 1 Prise Salz und Zucker. Lassen Sie alles unter Rühren einmal aufkochen. Das Mehl dazuschütten, dabei kräftig weiterrühren. Rühren, bis sich die Masse als Kloß vom Topf löst und eine weiße Haut den Topfboden überzieht.

2 Teig in eine Schüssel umfüllen und etwas abkühlen lassen. Rühren Sie 1 Ei unter, bis es sich mit dem Teig verbunden hat. Nacheinander weitere 2 bis 3 Eier einarbeiten, jedes Ei gut unterrühren, bevor das nächste folgt. Der Teig soll glatt und glänzend sein.

3 Teig in einen Spritzbeutel mit Sterntülle Nr. 9 füllen und die Profiteroles mit Abstand voneinander auf ein gefettetes Backblech spritzen. Im vorgeheizten Ofen 15 bis 20 Minuten backen. Herausnehmen und auskühlen lassen.

4 Für die Füllung verrühren Sie die Hälfte des Zuckers mit der Speisestärke, den Eigelben und etwa 6 EL von der Milch. Die restliche Milch mit dem verbliebenen Zucker in einem großen Topf mit dem Vanillemark zum Kochen bringen.

5 Die mit Milch angerührte Speisestärke nochmals durchrühren, langsam und gleichmäßig in die kochende Milch gießen

und gut unterrühren. Die Creme aufkochen, dabei gleichmäßig mit dem Schneebesen durchrühren.

6 Füllen Sie die Creme in eine Schüssel um, besieben Sie die Oberfläche der Creme dünn mit Puderzucker und lassen Sie die Creme erkalten.

7 Inzwischen die Kaffeesauce zubereiten. Eigelbe und Zucker mit dem Schneebesen cremig rühren. Kochen Sie die Milch mit Kaffeepulver, Vanillemark und Salz auf. Die Masse durch ein feines Sieb passieren und die heiße Milch nach und nach zur Eimasse gießen, dabei ständig rühren.

8 Die Mischung in einen Topf umfüllen und unter ständigem Rühren vorsichtig erhitzen, bis die Masse auf dem Kochlöffel leicht angedickt liegen bleibt, sie darf nicht kochen! Dann durchpassieren, den Kaffeelikör einrühren und die Sauce erkalten lassen.

9 Die Sahne steif schlagen, die erkaltete Füllcreme durch ein Sieb streichen und die Sahne mit dem Schneebesen unterziehen.

10 Die Profiteroles mit einem spitzen Messer auf der Unterseite leicht einstechen und die Creme mit einem Spritzbeutel mit Lochtülle Nr. 5 einfüllen. Auf jedem Teller einige Profiteroles anrichten und mit Kaffeesauce übergießen.

Weinempfehlung

Warum nicht mal ein Glas Baileys servieren? Er passt perfekt zu den Profiteroles.

Ganz anders, aber sehr spannend wäre dazu ein Sherry PX – Pedro Ximénez. Dieser Name ist zu einem Synonym für einen süßen Sherry geworden und gleichzeitig auch die Bezeichnung der Rebsorte. Wenn Sie den intensiv dunkelfarbigen Sherry mit etwas öliger Konsistenz im Glas betrachten, würde man nicht sofort auf eine weiße Rebsorte tippen. Nach der Lese werden die Trauben getrocknet, damit sie die Intensität und Konzentration erhalten. Das ist der Grund dafür, dass ein Sherry PX wirklich nach Kaffee, dunkler Schokolade und Rosinen sowie Thymian duftet. Jedes Mal, wenn ich ihn genießen darf, denke ich, dass man diesen hochwertigen Wein bei uns viel zu selten bekommt.

Orangensoufflé
mit Rosmarin-Vanillesauce

Für 4 Personen

Für die Rosmarin-Vanillesauce:

1 Vanilleschote
2 kleine Zweige Rosmarin
100 g Zucker
1/2 l Milch
5 Eigelbe
1 kleines Ei
2 EL Akazienhonig

Für die Soufflés:

2 Bio-Orangen
1 EL Orangenlikör
125 g abgetropfter
  Magerquark(20 %)
2 Eier
30 g Zucker
1 EL Speisestärke
1 Prise Salz

Außerdem:

4 Förmchen (je 150 ml Inhalt)
weiche Butter für die Förmchen
Zucker für die Förmchen

1 Für die Sauce schlitzen Sie die Vanilleschote längs auf und kratzen das Mark heraus. Die Schote, das Mark, den Rosmarin und den Zucker mit der Milch in eine Kasserolle geben und die Mischung aufkochen, dann zugedeckt bis zur weiteren Verwendung beiseitestellen.

2 Den Ofen auf 180° C vorheizen. Die Förmchen mit Butter fetten, mit Zucker ausstreuen und kalt stellen. Die Orangen heiß waschen und abtrocknen. Reiben Sie 1 EL Schale ab. Orangen filetieren, den Saft auffangen (Step a und b). Die Filets würfeln, den Saft auffangen, die Orangenstücke in die Förmchen geben.

3 Orangenschale, 3 EL Orangensaft und Likör in den Quark rühren. Die Eier trennen. Die Eigelbe mit 1 EL Zucker cremig aufschlagen. Erst die Stärke, dann den Quark unterrühren.

4 Die Eiweiße mit dem Salz steif schlagen und den übrigen Zucker einrieseln lassen. Den Eischnee unter die Eigelbcreme heben, die Masse auf die Förmchen verteilen und glatt streichen. Stellen Sie die Förmchen mit Abstand voneinander in eine Auflaufform und füllen Sie sie bis knapp unter den Förmchenrand mit heißem Wasser. Im Backofen auf der untersten Schiene 35 Minuten garen.

5 Schlagen Sie für die Sauce Eigelbe, Ei und Honig in etwa 5 Minuten cremig auf. Die Milch aus dem ersten Arbeitsschritt erneut aufkochen, durch ein Sieb passieren, mit dem Schneebesen in die Eimasse rühren. Die Eiermilch im Topf unter Rühren mit einem Holzlöffel erhitzen, bis sie dicklich ist und leicht am Löffel haftet. Die Sauce passieren und abkühlen lassen. Vor dem Servieren im Mixer aufschäumen und sofort mit den Soufflés anrichten.

a Die Schalen der Orangen mitsamt der weißen Haut großzügig abschneiden.

b Durch keilförmige Schnitte die Filets einzeln herauslösen. Austretenden Saft auffangen.

Weinempfehlung

Um einen Muskatellerwein kommen Sie hier kaum herum. Ich finde vor allem die französischen Muscats duften wie ein Orangenhain! Wenn Sie einen Muscat de Lunel probieren, werden Sie das leicht nachvollziehen können. Schon König Ludwig XIV. schätzte den Nektar aus dem Hérault und ließ ihn am Hof von Versailles ausschenken. In der südlichen Ecke Frankreichs bekommen die Weine aufgrund des Klimas und der Böden neben der feinen Süße und Fruchtigkeit auch eine außergewöhnliche kräuterige Art mit. Ob Muscat de Rivesaltes, Muscat de Frontignan, Muscat Beaumes-de-Venise etc. – sie alle passen ganz ideal.

Wer einen deutschen Wein sucht, könnte auch eine Riesling Beerenauslese von der Mosel als Träumchen zum Orangensoufflé sehen.

Schoko-Nuss-Soufflé

mit weißer Schokoladensauce

Für 4 Personen

Für die Schoko-Nuss-Soufflés:
70 g weiche Butter
2–3 EL Zucker
50 g Bitterschokolade
 oder dunkle Kuvertüre
 (70 % Kakao), grob zerkleinert
50 g Pecannusskerne
 (oder Walnusskerne)
3 Eier · Salz
60 g gesiebter Puderzucker
2 EL Orangenlikör

Für die Schokoladensauce:
4 Kardamomkapseln
100 g Sahne
100 g weiße Schokolade,
 fein gehackt

Außerdem:
4 Förmchen (je 120 ml Inhalt)

1 Für die Schoko-Nuss-Soufflés
1 EL Butter zerlassen, die Souffléförmchen damit auspinseln und
mit dem Zucker ausstreuen.
Losen Zucker ausschütten und
die Förmchen kalt stellen.

2 Schmelzen Sie die Schokolade
über einem heißen Wasserbad
und lassen Sie sie anschließend
leicht abkühlen. Den Backofen
auf 120° C vorheizen. Die Nüsse
fein mahlen.

3 Die Eier trennen, die Eiweiße
mit 1 Prise Salz steif und glänzend
schlagen, dabei nach und nach
die Hälfte des Puderzuckers
zugeben. Den Eischnee bis zur
weiteren Verwendung kalt stellen.

4 Rühren Sie die Eigelbe mit
dem restlichen Puderzucker
(30 g) und der übrigen Butter
(etwa 60 g) schaumig.

5 Die geschmolzene, abgekühlte
Schokolade zusammen mit dem
Orangenlikör unter die Ei-Butter-
Mischung ziehen. Geben Sie den
Eischnee auf die Masse, verteilen
Sie die Nüsse darüber und ziehen
Sie beides mit einem Teigspatel
behutsam unter.

6 Die Soufflémasse in die Förmchen füllen, diese in die Fettpfanne des Backofens stellen und
fingerhoch heißes Wasser in die
Pfanne gießen. Die Soufflés im
vorgeheizten Ofen etwa 25 Minuten backen.

7 Inzwischen für die Schoko-
densauce die Kardamomkapseln
mit der breiten Seite eines schweren Messers andrücken. Lösen Sie
die Samen heraus und zerstoßen
Sie sie im Mörser.

8 Den Kardamom zusammen
mit der Sahne in eine Kasserolle
geben, erhitzen und 10 Minuten
auf der ausgeschalteten Kochstelle
ziehen lassen.

9 Die Sahne aufkochen und
durch ein feines Sieb in einen
Schlagkessel über einem heißen
Wasserbad passieren. Lösen Sie
die weiße Schokolade unter Rühren in der Sahne auf.

10 Die Souffléförmchen aus dem
Wasserbad nehmen, mit einem
spitzen Messer am Rand lösen
und die Soufflés auf Teller stürzen. Mit der Schokoladensauce
überziehen und sofort servieren.

Weinempfehlung

Nicht alltäglich sind die Dessertweine aus der Schweiz – einem kleinen Weinland, in dem sich nur wenige Winzer diesen Spezialitäten widmen. Zur Mandel-Joghurt-Sauce finde ich einen Amigne Flétrie superspannend. Die nur in der Schweiz, genauer: im Wallis, vorkommende Rebe Amigne bringt eine überraschend würzige Art mit. Flétrie kann man in etwa mit dem Begriff welk übersetzen, das heißt die Trauben sind zum Zeitpunkt der Ernte schon etwas eingetrocknet. Während man in Deutschland bis vor zehn Jahren die Auffassung vertrat, dass die edelsüßen Kreszenzen nicht zu Schokolade passen, war ich persönlich ja schon lange anderer Meinung. Es bereitete mir immer große Freude, wenn ich meine Gäste mit einer Ruländer Beerenauslese aus Baden in dieser Kombination überzeugen konnte.

Strudel mit Quark
und Beeren

Für 4 Personen

Für den Strudelteig:
150 g Mehl · Salz
20 ml Sonnenblumenöl
75 ml lauwarmes Wasser
50 g flüssige Butter
  zum Bestreichen

Für die Quarkfüllung:
2 Eigelbe
80 g Zucker
250 g trockener Quark (20 %)
Mark von 1 Vanillestange
1 EL Vanillezucker
20 g Mehl · Salz
abgeriebene Schale
  von 1 Bio-Zitrone
125 g Himbeeren

Außerdem:
Mehl zum Bestauben
Puderzucker zum Besieben
einige Erdbeeren und
  Himbeeren zum Garnieren

1 Für den Strudelteig das Mehl auf eine Arbeitsplatte sieben. In die Mitte eine Mulde drücken, Salz und Öl hineingeben, verrühren, nach und nach das Wasser zugießen. Verkneten Sie alle diese Zutaten in etwa 10 Minuten zu einem geschmeidigen Teig. Diesen zur Kugel formen, in eine geölte Folie wickeln. 1 Stunde an einem warmen Ort ruhen lassen.

2 Inzwischen für die Füllung die Eigelbe mit dem Zucker verrühren. Quark, Vanillemark und -zucker, Mehl, 1 Prise Salz und Zitronenschale zufügen und alles glatt rühren. Ziehen Sie die Himbeeren vorsichtig unter.

3 Ein Küchentuch mit Mehl bestauben, den Teig möglichst lang und breit ausrollen. Greifen Sie unter den Teig und ziehen Sie ihn in Etappen von der Mitte nach außen hin hauchdünn aus.

4 Den Teig mit zerlassener Butter einpinseln. Die Füllung auf dem vorderen Drittel der Länge nach verteilen und die seitlichen Ränder des Teigrechtecks etwa 1 1/2 cm einschlagen. Rollen Sie den Strudel durch Anheben des Tuchs von der gefüllten Seite her langsam und behutsam auf.

5 Die Oberfläche des Strudels mit zerlassener Butter bestreichen, auf ein Blech legen und bei 200° C im vorgeheizten Ofen 12 Minuten backen.

6 Den fertigen Strudel mit Puderzucker besieben, einige Zeit ruhen lassen und erst dann in Stücke schneiden. Legen Sie den Strudel zum Servieren auf eine Platte und garnieren Sie ihn mit Erdbeeren und Himbeeren.

Weinempfehlung

Die weltgrößte Eiswein-Erzeugung befindet sich in … Kanada, am Ontariosee. Ich habe gestaunt, wie dort die Lese vor sich geht. Die Trauben für Eiswein werden ja bei mindestens -7° C gelesen. Bei uns gibt es das selten und meist nur nachts gegen 4.00 Uhr; die Erntehelfer müssen genau dann in den Rebberg. In Kanada dagegen herrscht wochenlang strenger Frost. Die Lese findet also entspannt am Tage statt.

Zum Strudel mit Beeren passt wunderbar ein Vidal Icewine. Die Vidalrebe, eine Neuzüchtung des Franzosen Jean-Louis Vidal, ist besonders winterfest. Der Wein bringt eine ordentliche Säure mit, was ihn sehr schlank erscheinen lässt. Seine Aromen erinnern an Beeren, vor allem auch an rote Johannisbeeren. Eine Scheurebe Auslese aus Deutschland oder Österreich wäre hierzu aber auch nicht zu verachten.

Haselnussauflauf mit Vanilleäpfeln
und Lebkuchensauce

Für 4 Personen

Für den Haselnussauflauf:
85 g Butter
80 g Zucker · Salz
Mark von 1 Vanilleschote
1 TL abgeriebene Schale
  einer Bio-Zitrone
3 Eier, getrennt
65 g Briochebrösel (oder Brösel
  von einem anderen trockenen
  süßen Hefegebäck)
35 g Mandeln, fein gemahlen
40 g Haselnüsse, fein gemahlen
etwas Amaretto
Butter und Zucker für
  die Förmchen

Für die Lebkuchensauce:
150 ml Milch
Mark von 1 Vanilleschote
20 g Zucker
1 Eigelb
15 g geriebener Lebkuchen
etwas Rum zum Aromatisieren

Für die Vanilleäpfel:
2 Äpfel
1 Vanilleschote
150 ml Apfelsaft
2 EL Zitronensaft
2–3 TL Zucker
1 TL Stärkemehl

Außerdem:
4 Förmchen

1 Heizen Sie den Backofen auf
180° C vor. Für den Haselnussauflauf die Butter mit 40 g Zucker,
1 Prise Salz, dem Vanillemark
und der Zitronenschale schaumig
schlagen. Die Eigelbe nacheinander zur Butter-Zucker-Mischung
geben und weiterschlagen, bis die
Masse eine homogene Konsistenz
aufweist. Brösel und gemahlene
Nüsse dazugeben.

2 Schlagen Sie die Eiweiße mit
dem restlichen Zucker zu sehr
steifem Eischnee, ziehen Sie
diesen behutsam unter die Butter-
Brösel-Masse und schmecken Sie
das Ganze mit etwas Amaretto ab.

3 Ofenfeste Portionsförmchen
gut buttern und mit wenig
Zucker ausstreuen. Die Auflauf-
masse einfüllen und die Förmchen im vorgeheizten Ofen etwa
30 Minuten backen.

4 Für die Lebkuchensauce
100 ml Milch mit dem Vanillemark aufkochen. Die übrige
Milch mit Zucker, Eigelb und
geriebenem Lebkuchen verrühren und in die kochende Milch
einrühren.

5 Die Sauce unter Rühren
langsam erhitzen, bis sie bindet,
aber keinesfalls kochen lassen.
Die Lebkuchensauce mit Rum
abschmecken und über einem
heißen Wasserbad warm halten.

6 Für die Vanilleäpfel schälen
Sie die Äpfel vierteln sie und
entfernen das Kerngehäuse. Die
Apfelviertel in Spalten schneiden.

7 Die Vanilleschote längs aufschlitzen, das Mark auskratzen.
Apfelsaft mit Vanilleschote und
-mark, Zitronensaft und etwas
Zucker aufkochen, die Apfelspalten darin 5 Minuten ziehen lassen, so dass sie noch Biss haben.

8 Die Äpfel herausnehmen, die
Vanilleschote entfernen, den
Kochfond mit in wenig Wasser
angerührter Stärke leicht binden.
Die Apfelspalten wieder dazuge-
ben und im Fond warm halten.

9 Die Aufläufe aus dem Ofen
nehmen, aus den Förmchen
stürzen, auf Teller setzen und mit
Puderzucker besieben.

10 Die Äpfel um die Aufläufe
herum anrichten und die Lebkuchensauce separat dazureichen.

Tipp Lassen Sie die Lebkuchensauce nicht zu lange stehen, denn
der geriebene Lebkuchen bindet
leicht nach.

Weinempfehlung

Großartig passt zu diesem Auflauf ein Recioto di Soave. Wie beim Strohwein (siehe Seite 348) werden die Trauben vor dem Keltern auf Strohmatten getrocknet. Die unter anderem in der Region Soave angebaute Rebsorte Garganega bietet als Recioto ein großes Spektrum: Frucht, aber auch würzige Aromen an Zimt und Pfeifentabak erinnernd, dazu einen feinen Rauchton. Klasse zur Lebkuchensauce und den Haselnüssen ist zudem ein Traminer. Alles was das Dessert verspricht, kann dieser Wein halten. Greifen Sie zu einer hohen Qualität – einer Beerenauslese oder sogar Trockenbeerenauslese.

www.gu.de/
weinempfehlung 75

Die Rezepte und ihre Weine

Rezept	Seite	Leichte, unkomplizierte Weißweine	Kraftvolle Weißweine	Bukettsorten	Leichte Rotweine	Kraftvolle Rotweine	Roséweine	Süßweine	Schaumweine
Ananasreis mit Cashewkernen	326							●	
Apfelsüppchen mit Gorgonzola	94	●	●					●	
Auberginenröllchen mit würziger Reisfüllung	186				●	●			
Auberginensalat, warm, mit Schafkäse	60	●							
Avocado mit zweierlei Saucen	52		●				●		
Bananen, flambiert	306							●	
Bärlauchgnocchi mit Walnusssauce	166	●							
Barolo-Risotto	146					●			
Bayerische Creme mit Erdbeerpüree	310							●	
Beerengrütze, rot	304							●	●
Blattsalat, bunt, mit Feigen und Roquefort-Dressing	50		●						
Bouillabaisse	84	●							
Briks, marokkanisch, mit Gemüse-Ei-Füllung	200	●	●	●					
Brunnenkresse mit Sprossen und Himbeeren	48	●							
Bruschetta mit Tomaten	110	●							
Buchweizenknödel, Südtiroler Art, mit Käse und brauner Butter	170					●			
Cannelloni mit Pilzfüllung	198	●				●			
Chili con carne	258					●			
Cordon bleu mit Wirsing	270		●	●					
Couscous mit grünen Bohnen	148	●			●				
Crema fritta mit Sauerkirschsauce	344							●	●
Crème brûlée mit Orangensauce	314							●	
Crêpes mit Mangoldfüllung	188		●		●				
Crostini mit Feta und gegrilltem Gemüse	104	●						●	
Dorade, gebraten, mit Kokossauce	224		●						

Rezept	Seite	Leichte, unkomplizierte Weißweine	Kraftvolle Weißweine	Bukettsorten	Leichte Rotweine	Kraftvolle Rotweine	Roséweine	Süßweine	Schaumweine
Entenbrust, gebraten, mit Orangensauce	250		■			■			
Entrecôte mit Meerrettich-Senf-Kruste und Sauce bordelaise	286					■			
Erbsensuppe, cremig	76	■							
Erdbeer-Mango-Risotto mit Pistazien-Pesto	328							■	
Erdbeer-Orangen-Salat mit Balsamico-Sabayon	308							■	
Feigenpudding mit Karamell-Kirschen	336							■	
Feldsalat mit gebratenen Steinpilzen und Holunder-Vinaigrette	58		■						
Fettuccine mit weißen Trüffeln	142		■			■			
Finkenwerder Scholle	220		■			■	■		
Fisch-Paella mit Calamares	234	■							
Fischragout, indonesisch	216			■		■			
Fischsuppe mit Zitronengras	102	■							
Flammkuchen	204	■			■				
Forelle, gebraten, mit Basilikum-Joghurt-Schaum	218	■							
Frühlingsrollen mit Garnelen	122	■							
Gänsebraten mit Speckäpfeln	252		■			■	■		
Garnelen-Zitronengras-Spieße	138	■					■		
Gemüse-Paella mit Oliven	160		■		■				
Gemüsequiche, warm	202				■	■			
Gemüsestrudel mit Kräuterjoghurt	208	■	■						
Gratin von ligurischem Gemüse	184	■			■				
Graupen mit Kürbis	162		■						
Graved Lachs	124		■						■
Hähnchen mit Mandelsauce	242		■						
Hähnchenbällchen, würzig	120		■			■			

Rezept	Seite	Leichte, unkomplizierte Weißweine	Kraftvolle Weißweine	Bukettsorten	Leichte Rotweine	Kraftvolle Rotweine	Roséweine	Süßweine	Schaumweine
Hähnchenbrust im Teigmantel	244		■		■				
Hähnchen-Speck-Saté	118		■			■			
Haselnussauflauf mit Vanilleäpfeln	364							■	
Heilbutt aus dem Ofen mit Rotwein-Fenchel-Sauce	230				■	■			
Heringssalat	214	■							
Hirschentrecôte mit Walnusskruste	298					■			
Jakobsmuscheln	140		■						
Kaiserschmarrn	338							■	
Kalbsmedaillon, gegrillt	274		■	■					
Kalbsschnitzelchen mit Zitronensauce	272	■							
Kalbstafelspitz, pochiert	278	■							
Kaninchenfilet mit Kohlgemüse und Jägersauce	256					■	■		
Kartoffelgratin mit Vacherin	182		■		■				
Kartoffelsalat mit Wirsing	54		■						
Kartoffelsuppe	82	■							
Kartoffelterrine, warm, mit Ratatouillesalat	190					■	■		
Käseomelett	130	■							
Käseplätzchen	106		■		■				
Käsesoufflé	132	■	■			■			
Käsesoufflé-Roulade mit Zucchinifüllung Tomatensalsa	194	■							
Kichererbsensuppe, indisch	98	■		■					
Klebreis mit Mango	324							■	
Kokoswaffeln und Ananaskompott mit Limetten-Sabayon	354							■	
Kräuter-Knoblauch-Sardinen	212	■							
Kräutersalat mit Ziegenkäse und Beeren-Vinaigrette	46			■		■			

Rezept	Seite	Leichte, unkomplizierte Weißweine	Kraftvolle Weißweine	Bukettsorten	Leichte Rotweine	Kraftvolle Rotweine	Roséweine	Süßweine	Schaumweine
Kräuterspätzle mit Appenzeller	174	■							
Kürbis-Brokkoli-Terrine	192	■	■						
Kürbisse, gefüllt	158		■				■		
Kürbissuppe, karibisch	88	■	■						
Lachs-Blätterteig-Plätzchen	136	■							
Lammkarree mit Bretonischer Sauce	292					■			
Lammrücken mit Kräuterkruste	294					■			
Lasagne bolognese	262				■				
Leber, gebraten, mit Salbei und Apfel-Karamell-Sauce	276		■			■			
Linsencurry mit Äpfeln	154		■						
Linsensuppe, rote, mit Fenchel	80		■						
Mandelsuppe, spanisch	96	■							
Mango-Lasagne mit Kokos-Chili-Sauce	330							■	
Mangold-Kohlrabi-Lasagne	196		■		■				
Meeresfrüchte-Pizza	232		■						
Möhrensuppe	90		■						
Möhren-Timbalen mit Mandelsauce	144		■						
Mousse au chocolat	302							■	
Nudelsalat, mediterran, mit Chorizo, Pecorino und Comté	62	■					■		
Nudelsuppe, Thai-Art	100	■		■					
Obstsalat, gebacken, mit Mandel-Joghurt-Sauce	352							■	
Orangensoufflé mit Rosmarin-Vanillesauce	358							■	
Panna cotta mit Orangensauce	312							■	
Paprikamousse, dreifarbig	72	■							
Paprika-Rindergulasch mit Rahm	282				■	■			

Rezept	Seite	Leichte, unkomplizierte Weißweine	Kraftvolle Weißweine	Bukettsorten	Leichte Rotweine	Kraftvolle Rotweine	Roséweine	Süßweine	Schaumweine
Pfannkuchen, gratiniert, mit Spargel und Käsesauce	180	■	■						
Pfifferlingsäckchen mit Kräuter-Sahne-Sauce	134		■						
Pizza-Baguette	112	■			■				
Profiteroles mit Kaffeesauce	356							■	
Quitten, glasiert, und Strudelplätzchen	318							■	
Räucherfischterrine	126		■						
Ravioli mit würziger Parmesanfüllung	168	■				■			
Rehkeule, gebraten, mit Wacholdersauce	300					■			
Reis, kreolisch	164				■	■			
Rhabarber, gebacken, mit Mascarponesauce	350							■	
Riesengarnelen, gegrillt, mit Kapern-Oliven-Aïoli	238		■			■			
Rinderrouladen mit Paprika und Schafkäse	290					■			
Rindfleischsalat, lauwarm	66					■			
Rostbraten mit Zwiebelsauce	284					■			
Rucolasuppe mit Spinatroulade	86		■	■					
Satéspießchen mit Erdnusssauce	248			■					
Schneebällchen mit Vanille-Karamell-Sauce	320							■	
Schnitzel, Wiener Art	268	■				■			
Schokoladenparfait mit Cranberrys und Zimtsauce	334							■	
Schoko-Nuss-Soufflé	360							■	
Schweinefiletsalat mit Papaya	64		■	■					
Schweinekotelett mit Paprikasauce	264	■	■			■			
Schweinerollbraten mit Kartoffel-Sellerie-Püree	266					■			
Seezungenfilet mit Champagnersauce	226	■	■						■
Spargel mit Sauce hollandaise	178		■						

Rezept	Seite	Leichte, unkomplizierte Weißweine	Kraftvolle Weißweine	Bukettsorten	Leichte Rotweine	Kraftvolle Rotweine	Roséweine	Süßweine	Schaumweine
Spargelkuchen	206	■	■						
Spargelsalat mit Schinken und Eier-Vinaigrette	56	■							
Spinat-Bärlauch-Soufflés	152	■			■				
Spinatnocken mit Salbeibutter	172		■			■			
Steinbutt mit Krustentiersauce	228		■						
Steinpilzknödel	150		■		■				
Strudel mit Quark und Beeren	362							■	
Sushi, gemischt	128				■				
Tagliatelle mit Languste und Käsesauce	236	■	■						
Tandoori-Hähnchen mit Kartoffelcurry	246		■						
Tiramisu	316							■	
Tomatensuppe	78		■				■		
Topfengratin mit Erdbeeren	342							■	■
Topfenpalatschinken	340							■	
Tournedos mit Sauce Choron	288				■				
Vanillecouscous, geeist, mit Heidelbeersauce	332							■	
Vitello tonnato mit Thunfischsauce	74	■	■						
Wachtel auf Kürbisgemüse mit Sherrysauce	254		■						
Wan-tans mit Papayachutney	114							■	■
Wildhasenkeule, gefüllt, mit Schokoladensauce	296					■			
Wirsingrouladen mit Kastanienfüllung	156		■						
Zander mit Kartoffelcurry und Rotweinsauce	222				■				
Ziegenkäse würzig eingelegt	70		■		■				
Ziegenkäse, gebraten, mit Paprikaschoten und Minze-Vinaigrette	108	■			■				
Ziegenkäse-Frühlingsrollen	348							■	

Rezeptregister

In diesem Register finden Sie alle Rezeptnamen und können Gerichte zudem nach ihren jeweiligen Hauptzutaten suchen.

Sachregister

In diesem Register finden Sie die Sachbegriffe aus dem ersten Teil des Buches »Essen und Wein«, aus den Extra-Seiten sowie aus den Weinempfehlungen bei den einzelnen Rezepten. Außerdem sind zahlreiche Gerichte sowie Lebensmittel – wie Fische, Fleischarten, Käsesorten – aufgelistet, zu denen im ersten Teil des Buches Weinempfehlungen gegeben werden.

Impressum

Copyright © 2011 GRÄFE UND UNZER VERLAG GmbH

Grillparzerstr. 12, 81675 München

HALLWAG ist ein Unternehmen der GRÄFE UND UNZER VERLAG GmbH, München, GANSKE VERLAGSGRUPPE

www.hallwag.de

leserservice@graefe-und-unzer.de

PROJEKTLEITUNG:
Anne-Sophie Zähringer
EXTERNE REDAKTION/LEKTORAT:
Claudia Lenz, Essen, mit Unterstützung von Gudrun Mach, Raubling
INNENGESTALTUNG/SATZ:
Knipping Werbung GmbH, Berg am Starnberger See
HERSTELLUNG: Markus Plötz
UMSCHLAGGESTALTUNG:
independent Medien-Design, Horst Moser, München
UMSCHLAGFOTO:
Jörn Rynio, Hamburg
DRUCK UND BINDUNG:
Firmengruppe APPL, Wemding

1. Auflage 2011
ISBN 978-3-8338-2299-5

Liebe Leserin und lieber Leser,
wir freuen uns, dass Sie sich für ein HALLWAG-Buch entschieden haben. Mit Ihrem Kauf setzen Sie auf die Qualität, Kompetenz und Aktualität unserer Bücher. Dafür sagen wir Danke! Ihre Meinung ist uns wichtig, daher senden Sie uns bitte Ihre Anregungen, Kritik oder Lob zu unseren Büchern. Haben Sie Fragen oder benötigen Sie weiteren Rat zum Thema? Wir freuen uns auf Ihre Nachricht!

Wir sind für Sie da!
Montag – Donnerstag:
8.00–18.00 Uhr
Freitag: 8.00–16.00 Uhr

Tel.: 0180-500 50 54*
Fax: 0180-501 20 54*
*(0,14 €/Min. aus dem dt. Festnetz/ Mobilfunkpreise max. 0,42 €/Min.)

E-Mail:
leserservice@graefe-und-unzer.de

GRÄFE UND UNZER Verlag
Leserservice
Postfach 86 03 13
81630 München

BILDNACHWEIS: Dirk Albrecht: S. 263; Barbara Bonisolli: Seiten 81, 269, 311; Eising Foodphotography, Martina Görlach: Seiten 37, 83, 129, 291, 305; Studio L'Eveque, Tanja und Harry Bischof: Seiten 79, 133, 239, 283, 313, 315, 317, 339; Armin Faber: S. 6; Foodartfactory, Klaus-Maria Einwanger: Seiten 127, 253, 259, 279; Fotos mit Geschmack, Ulrike Schmidt/Sabine Mader: S. 149; Dorothee Gödert, Frankfurt/Main: Seiten 63, 73, 87, 97, 109, 135, 139, 145, 151, 157, 159, 165, 169, 175, 181, 183, 191, 193, 197, 200, 201, 209, 217, 247, 325, 327; Manfred Jahreiß/Eva Wunderlich: S. 179; Margarete Janssen: Seiten 219, 221, 235; Jörg Lehmann: S. 85; Jörn Rynio, Hamburg: Seiten 8/9, 44/45, 46, 49, 51, 55, 59, 61, 67, 71, 75, 77, 91, 95, 101, 103, 105, 107, 111, 113,·131, 142, 147, 153, 161, 163, 185, 199, 203, 205, 207, 213, 215, 229, 231, 233, 237, 243, 245, 249, 251, 257, 267, 271, 275, 285, 295, 297, 302, 307, 319, 321, 329, 333, 337, 341, 347, 349, 355, 359, 361; Teubner Foodfoto, Füssen: Seiten 53, 57, 65, 72, 86, 89, 99, 114, 115, 118, 119, 121, 123, 136, 137, 140, 141, 155, 166, 167, 171, 173, 187, 188, 189, 195, 223, 225, 227, 255, 265, 266, 273, 276, 277, 284, 287, 289, 293, 294, 299, 300, 301, 308, 309, 331, 335, 343, 346, 351, 352, 353, 357, 358, 363, 365; Westermann Studios: S. 125; StockFood/Teubner Foodfoto: S. 13; getty images/Stuart O'Sullivan: S. 16; StockFood/Cephas/Wine Magazine: S. 19; Tim Hall/cultura/Corbis: S. 25; Errico, Jerry/the food passionates/Corbis: S. 30; Viel/photocuisine/Corbis: S. 40; StockFood/Cephas/Mick Rock: S. 69; mauritius images/Freshfood: S. 92; Boivin/PhotoCuisine/ Corbis: S. 116; StockFood/Kirchherr: S. 177; mauritius images/imagebroker/Otto Stadler: S. 211; StockFood/Feiler Fotodesign: S. 241; Blasius Erlinger/Corbis: S. 261; StockFood/Steven Morris: S. 281; StockFood/Anthony-Masterson: S. 345.

Brillant und formschön – SCHOTT ZWIESEL Kristallgläser

Es war der 5. Dezember des Jahres 1872, als die ersten 10 Kisten mit wertvollem Tafelglas die Zwieseler Tafelglashütte des Fuhr- und Handelsunternehmers Anton Müller verließen. Seither ist vieles passiert: technische Neuentwicklungen, kundenorientiertes Handeln und starke Partnerschaften haben das Unternehmen groß gemacht.

Zwei Garanten für höchste Qualität sind in der fast 140-jährigen Geschichte stets gleich geblieben: die Kompetenz des soliden Handwerks dank 500-jähriger Glasbläserkunst und der stete Wille zur Innovation und Verfeinerung von Kristallglas.

So gelingt bereits 1961 die erste vollautomatische Erzeugung eines Kelchglases. 1991 entwickelt SCHOTT ZWIESEL aus ökologischen Gründen ein hochwertiges blei- und bariumfreies Kristallglas. 2002 schließlich schafft das Unternehmen den Quantensprung in der Kristallglas-Herstellung: Durch veränderte Rohstoffe und ein neuartiges Herstellungsverfahren kommen die international patentierten Tritan®-Kristallgläser auf den Markt. Gastronomen wie Weinliebhaber erfreuen sich seither an einem Glas von besonderer Reinheit, dauerhafter Brillanz und höchster Stabilität. Da SCHOTT ZWIESEL auf eine nachhaltige Ökobilanz Wert legt, wird seit 2008 regelmäßig ein sogenanntes Ökoprofil für Tritan®-Kristallgläser erstellt.

Perfektion von Anfang an

Brillante Transparenz, ausgewogene Form und feinste Wandstärke: Erst diese drei Eigenschaften machen ein Weinglas perfekt und bringen alle Farb- und Geschmacksnuancen edler Weine un-verfälscht zur Geltung. Gourmetglasserien von SCHOTT ZWIESEL transportieren auf einzigartige Weise die sehr individuellen Charakteristika jeder Reb- und Weinsorte, vom preisgekrönten Spitzenwein bis zum einfachen Landwein.

Die Form entscheidet

Mit der Form des Glases wird der Wein zum Leben erweckt. Der Kelch ist bauchig und läuft nach oben hin enger zu. So sammeln sich die Aromen des Weins, die wir über feinsten bis üppigen Duft wahrnehmen.

Besonderes Augenmerk bei der Glasherstellung liegt auf der Formgebung des Kelches. Denn jeder Weintyp stellt andere Anforderungen. Weißwein will kühl getrunken werden. Die Gläser sind daher schlank mit etwas hochgezogenem Kelch, die Öffnung ist eher eng gehalten. Rotwein muss „atmen", um sein Bouquet zu entfalten, die Kelche sind großvolumiger und höher. Für junge, fruchtige Rotweine eignet sich ein Glas mit einem etwas kleineren Kelch, für kräftige, schwere Weine dagegen sollte man ein Glas mit einem großen, bauchigen Kelch wählen. Schaumwein wird gut gekühlt serviert, bei ihm kommt es vor allem auf die Perlage, das Entweichen von Kohlendioxidbläschen in feinsten Perlen, an. Damit sie lange sichtbar bleiben, sind die Gläser schlank und hoch und haben idealerweise eine Flöten- oder Tulpenform. Champagnergläser sind zudem etwas größer als Sektgläser, damit sich die komplexen Aromen des edlen Getränks besser entfalten können. Ein Süßweinglas ist schmal und hoch, die Öffnung klein.